Hamaker-Zondag
Häuserherrscher und Häuserbeziehungen

Karen M. Hamaker-Zondag

Häuserherrscher und Häuserbeziehungen

Aus dem Niederländischen von
Rolf Schanzenbach

Eine Buchreihe herausgegeben von Hajo Banzhaf

Die Originalausgabe erschien unter dem Titel
Huisheren en Huizenverbanden
bei Uitgeverij Schors, Amsterdam, Niederlande.

Die Deutsche Bibliothek – CIP-Einheitsaufnahme
Hamaker-Zondag, Karen:
Häuserherrscher und Häuserbeziehungen / Karen M. Hamaker-
Zondag. Aus dem Niederländ. von Rolf Schanzenbach. – München :
Hugendubel, 1999
(Kailash)
Einheitssacht.: Huisheren en huizenverbanden <dt.>
ISBN 3-88034-980-0

Umschlaggestaltung: Zembsch' Werkstatt, München
Produktion: Tillmann Roeder, München
Satz: SatzTeam Berger, Ellenberg
Druck und Bindung: Franz Spiegel Buch, Ulm-Jungingen
Printed in Germany

ISBN 3-88034-980-0

Inhalt

Vorwort

Das Arbeiten mit Häuserherrschern und Häuserbeziehungen ist nicht neu. Morin de Villefranche hat dieses Thema schon in seinem Buch »Astrologia Gallica« (Band 21) ausführlich behandelt; er knüpfte an das an, was zu seiner Zeit hierüber bekannt war. Bereits Ptolemäus hatte mit Häuserherrschern gearbeitet, und auch Cardanus hat sich mit diesem Thema beschäftigt, um nur einige Namen zu nennen. Bei Morin aber läßt sich zum ersten Mal eine systematische Vorgehensweise erkennen. Seine Deutungen stehen jedoch noch im Zeichen einer Zeit, in der der menschliche Geist zum großen Teil »terra incognita« war. Dadurch erscheinen uns viele seiner Aussagen und Deutungen, die sich hauptsächlich auf äußerliche Kennzeichen und Umstände beziehen, als veraltet. Die Astrologie ist schließlich immer psychologischer geworden.

Die Häuserherrscher und die Häuserbeziehungen stellen das Horoskop in eine umfassendere Perspektive; sie geben uns Antwort auf viele Fragen, die ansonsten unbeantwortet bleiben würden. So wird beispielsweise bei Jupiter im 2. Haus oft gesagt, daß der Betreffende immer ein gutes Einkommen haben wird. Wie ist es dann aber möglich, daß es Menschen mit Jupiter im 2. Haus gibt, die hier immer wieder Pech haben? Die Ursache dafür wird wahrscheinlich in der Tatsache begründet liegen, daß der Herrscher des 2. Hauses mit schwierigen Aspekten und Häuserbeziehungen in Verbindung steht, wodurch sich die Verheißungen von Jupiter im 2. Haus nur mühsam und nach vielen Mißerfolgen konkretisieren können. So ließen sich unzählige Beispiele nennen, aus denen klar hervorgeht, daß es unbedingt notwendig ist, die Häuserbeziehungen und die Häuserherrscher in die Deutung miteinzubeziehen.

Seit ich mich mit der Astrologie beschäftige, habe ich mit den Häuserbeziehungen gearbeitet. Dieses Buch stellt den Niederschlag der Erfahrungen dar, die ich damit gemacht habe. Ich

7

würde diesen Teil der Deutung um keinen Preis mehr missen wollen – und selbst wenn ich wollte, ich könnte es nicht. Darum stehe ich auch voll und ganz hinter der spontanen Bemerkung einer meiner Schüler, der einmal sagte: »Wenn man die Häuserherrscher und die Häuserbeziehungen nicht berücksichtigt oder nicht weiß, wie man damit arbeiten muß, dann kann man noch nicht einmal ein Viertel dessen aus dem Horoskop herausholen, was sonst möglich ist.« Ich hoffe, den Lesern mit diesem Buch eine systematische Vorgehensweise für die Arbeit mit diesem so wichtigen und leider noch nicht ausreichend gewürdigten Teil der Deutung an die Hand zu geben.

Wie immer möchte ich mich bei Hans, meinem Mann, bedanken, der mich unermüdlich unterstützte und kritisierte, der das Manuskript Zeile für Zeile durchgegangen ist und Kommentare lieferte, wodurch es an Lesbarkeit gewann und verständlicher wurde. Er ist mir in seiner hintergründigen Art als Stütze und Aufmunterung von unschätzbarem Wert.

Amstelveen, im Sommer 1984   Karen Hamaker-Zondag

Die verschiedenen Arten von Herrschaft

Die Zeichenherrscher

Jeder Planet weist durch seine Art und Eigenschaften eine spezielle Verwandtschaft zu einem bestimmten Zeichen auf. Diesen Planeten nennen wir den *Herrscher* des betreffenden Zeichens. Einige Planeten herrschen über zwei Zeichen. Umgekehrt gibt es auch Zeichen, die zwei Herrscher haben, einen Tag- und einen Nachtherrscher. Das ist die Folge der Entdeckung der transsaturnischen Planeten Uranus, Neptun und Pluto: Auch diese Planeten mußten in das System der Herrscher eingefügt werden.

Der Tagherrscher ist der Hauptherrscher eines Zeichens. Der Nachtherrscher, der zweite Herrscher, ist zwar wichtig für das Zeichen, spielt aber eine weniger bedeutende Rolle als der Tagherrscher. Der Begriff »Nacht« hat übrigens nichts mit der »dun-

Zeichen	Tagherrscher	Nachtherrscher
Widder ♈	Mars ♂	Pluto ♇
Stier ♉	Venus ♀	
Zwillinge ♊	Merkur ☿	
Krebs ♋	Mond ☽	
Löwe ♌	Sonne ☉	
Jungfrau ♍	Merkur ☿	
Waage ♎	Venus ♀	
Skorpion ♏	Pluto ♇	Mars ♂
Schütze ♐	Jupiter ♃	Neptun ♆
Steinbock ♑	Saturn ♄	Uranus ♅
Wassermann ♒	Uranus ♅	Saturn ♄
Fische ♓	Neptun ♆	Jupiter ♃

Tabelle 1: *Zeichen und ihre Herrscher*

9

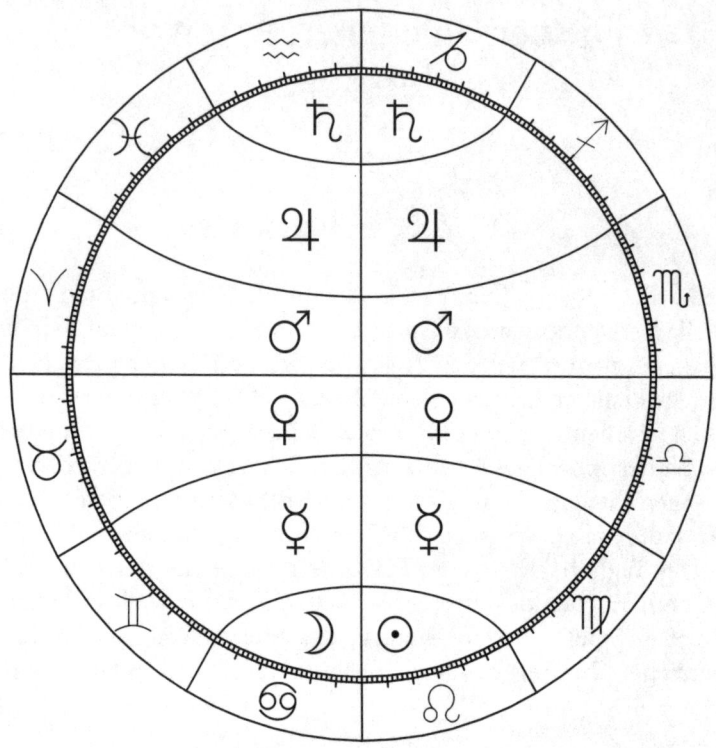

Graphik 1: *Die klassischen Zuordnungen*

klen Seite« eines solchen Planeten zu tun, genausowenig wie mit einer Nachtgeburt; er gibt nur an, daß dieser Planet an zweiter Stelle kommt.

Über die klassischen und die transsaturnischen Zuweisungen sind sich die Astrologen mehr oder wenig einig; nur bei der Frage, wohin Pluto gehört, gehen die Meinungen auseinander. Die Mehrzahl der Astrologen ordnet Pluto dem Skorpion zu – eine Minderheit aber neigt zum Zeichen Widder, mit der Folge, daß Mars in den Skorpion umziehen würde.

Wenn wir diese Zuordnungen näher betrachten, erkennen wir, daß ihnen eine Systematik zugrunde liegt. Dazu müssen wir die Zeichen des Tierkreises auf eine bestimmte Weise ordnen, wobei wir von den Zeichen Krebs und Löwe ausgehen, die vom Mond

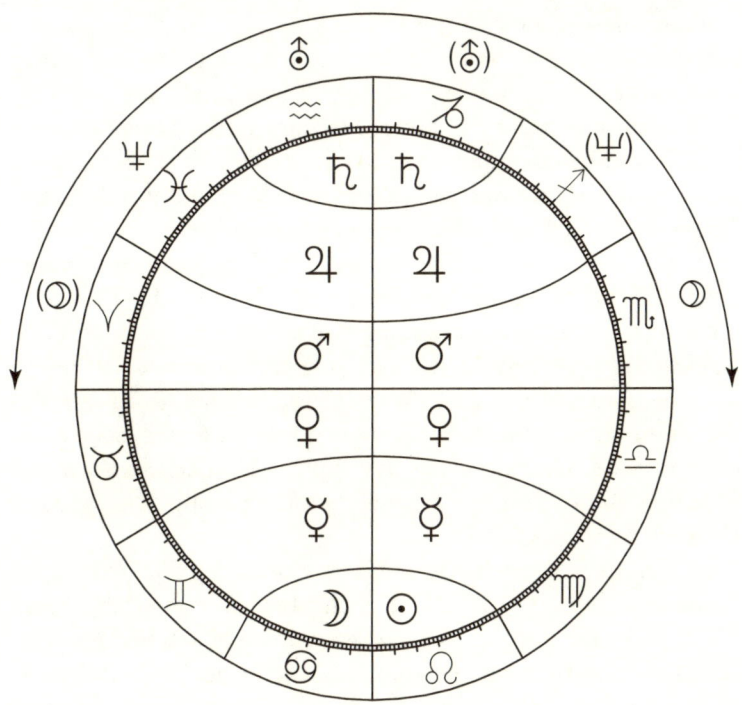

Graphik 2: *Die klassische Zuordnung der transsaturnischen Herrscher*

und von der Sonne beherrscht werden. Sonne und Mond stehen jeweils für das Männliche und das Weibliche, für Tag und Nacht, das Schaffende (Yang) und das Empfangende (Yin) und für das Bewußte und das Unbewußte. Sie werden die »Lichter« des Horoskops genannt, und sie gehören zu den wichtigsten Faktoren bei der Deutung. Nehmen wir nun die Sonne und den Mond mitsamt der Zeichen, die zu ihnen gehören, als Ausgangspunkt, so erhalten wir Graphik 1.

Indem wir die Zeichen wie in Graphik 1 anordnen, sehen wir, wie das Herrschaftssystem der klassischen Planeten von Merkur bis Saturn aufgebaut ist. Diese Einteilung der Herrscher galt so lange, bis Uranus entdeckt wurde. Von der Sonne und dem Mond aus geht es aufwärts bis zu Saturn. Dies spiegelt symbolisch und

11

markant die psychologische Entwicklung des Menschen wider. Der menschliche Geist besteht aus einem bewußten und einem unbewußten Teil (Sonne beziehungsweise Mond), und wir entwickeln durch unsere Kontakte (Merkur), durch unsere emotionalen Beziehungen und das Gefühl der Sicherheit (Venus), durch unser Handeln und unseren Ich-Trieb (Mars) und durch unsere lebensanschaulichen beziehungsweise religiösen Erfahrungen (Jupiter) eine bestimmte Ego-Prägung und ein Verantwortungsbewußtsein (Saturn). In meinem Buch »Deutung der Planeten« bin ich hierauf ausführlich eingegangen.

Diese aufwärts gerichtete Bewegung schlägt nach der Entdeckung der transsaturnischen Planeten um; sie führt zurück zur Basis, wodurch sich eine kreisförmige Symbolik ergibt – der Kreis oder auch der Uroboros, das Symbol der Ewigkeit in Form der Schlange, die sich in den eigenen Schwanz beißt. Dies wird in Graphik 2 dargestellt.

In diesem Schema herrscht Uranus über den Wassermann – Uranus ist, wie wir Tabelle 1 entnehmen konnten, aber auch Nachtherrscher des Steinbocks. Der frühere Herrscher des Wassermanns, Saturn, wird nun zum Nachtherrscher dieses Zeichens, er ist aber der Tagherrscher des Steinbocks geblieben. Faktisch werden Steinbock und Wassermann also durch dieselben zwei Planeten beherrscht, nur ist für jedes Zeichen einer der Planeten jeweils etwas wichtiger. Der Tagherrscher ist immer am stärksten, und wir werden im folgenden auch hauptsächlich mit ihm arbeiten.

Bei Schütze/Fische treten dieselben Symptome auf: Neptun wird jetzt zum Herrscher der Fische, während Jupiter als Nachtherrscher dieses Zeichens nun an zweiter Stelle kommt. Jupiter bleibt aber der Tagherrscher oder auch Hauptherrscher des Schützen, Neptun wird zu dessen Nachtherrscher.

Pluto wird zum Tagherrscher des Skorpions, wodurch Mars der Nachtherrscher dieses Zeichens wird. Mars bleibt Tagherrscher des Widders, Pluto übernimmt die Nachtherrscherschaft für dieses Zeichen.

Die übrigen Zeichen – die Paare Stier/Waage und Zwillinge/Jungfrau – müssen sich mit *einem* Herrscher per Paar begnügen.

Krebs und Löwe wiederum haben beide einen Tagherrscher, aber keinen Nachtherrscher. Dies alles erweckt den Anschein, als sei das System noch nicht vollständig. Das ist auch verständlich – auch die Menschheit ist in ihrer Entwicklung noch weit von der Vollkommenheit entfernt. Ähnlich, wie in den vergangenen zwei Jahrhunderten drei Planeten aufgespürt wurden, was eine Zeit von stürmischen Entwicklungen einläutete, könnte es sehr gut möglich sein, daß noch das eine oder andere entdeckt oder weiter ausgearbeitet wird. Es gibt beispielsweise einen Asteroidengürtel, Bruchstücke von Felsen, die um die Sonne kreisen. Manche Astrologen halten sie für die Überreste eines Planeten; und einige meinen, daß der Asteroidengürtel dem Zeichen Jungfrau zuzuordnen sei, während andere wiederum der Ansicht sind, daß bestimmte Asteroiden zur Jungfrau und andere zur Waage gehören. Die Meinungen hierüber sind noch sehr geteilt. Neu ist auch die Entdeckung des Bruchstücks, das Chiron genannt wird, welches zwischen Saturn und Uranus eine eigenständige Bahn um die Sonne beschreibt. Chiron wurde 1977 entdeckt; der potentielle Einfluß, der mit ihm verbunden ist, wurde durch Astrologen in der ganzen Welt untersucht. Wenn auch die Meinungen noch auseinandergehen, so werden die Stimmen doch immer lauter, die ihn der Waage zuordnen wollen. Das alles könnte bedeuten, daß das System der Herrscher über die Zeichen zukünftig noch weiterentwickelt und -verfeinert wird, um so mehr, als noch ein Planet hinter Pluto als wahrscheinlich gilt.

Es spielt für die Deutung des Horoskops und für die Arbeit mit den Herrschern keine große Rolle, ob es Planeten gibt, die bisher nicht entdeckt sind. Schließlich wird davon ausgegangen, daß ein Planet erst ab dem Moment, in dem er wahrgenommen oder wahrnehmbar wird, sich auf der Erde manifestiert. »Wie oben, so unten«: Erst dann, wenn er am Himmel entdeckt ist, wird seine Wirkung auf der Erde fühlbar und erkennbar.

Die Häuserherrscher

Jedes Haus beginnt in einem bestimmten Zeichen; die Spitze eines jeden Hauses steht in einem bestimmten Zeichen. In welche Zeichen die Häuserspitzen fallen, hängt von dem Augenblick der Geburt ab. Dieser legt die Einteilung der Häuser des Horoskops fest.

Angenommen, jemand wird mit dem Aszendenten Löwe geboren. Das heißt nichts anderes, als daß die Spitze seines 1. Hauses in das Zeichen Löwe fällt. Der Häuserherrscher ist der Planet, der als (Tag-)Herrscher das Zeichen regiert, das an der Spitze des betreffenden Hauses steht. In unserem Fall: Die Sonne ist Herrscher des Löwen und herrscht damit über das 1. Haus. Wir nennen die Sonne hier den Herrscher des 1. Hauses.

Hätten wir das Zeichen Skorpion als Aszendenten, so wäre Pluto als Tagherrscher des Skorpions der Herrscher des 1. Hauses. Auch die anderen Häuserspitzen beginnen in einem bestimmten Zeichen. Wenn beispielsweise die Spitze des 6. Hauses (also der Anfangspunkt des 6. Hauses) in den Schützen fällt, wird Jupiter – der Tagherrscher des Schützen – zum Herrscher des 6. Hauses.

Wie zuvor beschrieben, gibt es Zeichen, die mehr als einen Herrscher haben – sie weisen zusätzlich einen zweiten (wenn auch weniger wichtigen) Herrscher, den Nachtherrscher, auf. Die Frage erhebt sich, inwiefern dieser zweite Planet ebenfalls als Häuserherrscher anzusehen ist. Die Praxis lehrt, daß ein solcher zweiter Herrscher tatsächlich eine Rolle spielt, allerdings immer von dem Tagherrscher des Zeichens, in das die Spitze dieses Hauses fällt, überschattet wird. Wir können also ohne weiteres den Nachtherrscher auf zusätzliche Informationen hin untersuchen, müssen uns aber darüber im klaren sein, daß ihm viel weniger Gewicht zukommt.

Es ergibt sich recht häufig, daß ein Haus in einem bestimmten Zeichen beginnt und nicht im darauffolgenden Zeichen, sondern erst im nächsten endet. Das Zeichen, in das keine Häuserspitze fällt, nennen wir *eingeschlossen*. Nicht alle Horoskope weisen eingeschlossene Zeichen auf, aber es kommt doch oft vor. In Horoskop 1 beginnt das 6. Haus im Zeichen Schütze und das 7. Haus im Zeichen Wassermann. Das bedeutet, daß das dazwischenliegende Zeichen Steinbock zur Gänze in das 6. Haus fällt und damit eingeschlossen ist. Wenn nun ein Zeichen eingeschlossen ist, geht der Einfluß seines (Tag-)Herrschers nicht verloren; dieser wird Mitherrscher oder auch Mitregent des Hauses, in das das eingeschlossene Zeichen fällt. Das 6. Haus hat also in unserem Beispiel zwei Häuserherrscher, nämlich Jupiter (von Schütze) und Saturn (von Steinbock).

Wir müssen uns hierbei merken, daß der Hauptherrscher immer der Planet ist, der über das Zeichen herrscht, das sich an der Häuserspitze befindet – auch dann, wenn diese am Ende eines Zeichens liegt.

In unserem Fall ist Jupiter also der Hauptherrscher des 6. Hauses und Saturn der etwas weniger wichtige Mitherrscher. Die Botschaft, die Saturn uns liefert, dürfen wir allerdings keinesfalls vernachlässigen; der Mitregent kann oftmals wichtige zusätzliche Informationen anzeigen.

Vielleicht kommt in diesem Stadium ein wenig Verwirrung auf. Wir sprechen von dem Hauptherrscher und dem Mitherrscher eines Hauses – und Schütze und Steinbock kennen beide auch Nachtherrscher (Neptun beziehungsweise Uranus). Die Nachtherrscher bleiben bei dieser Betrachtung aber unberücksichtigt: Es geht hier um die Herrscher der *Häuser* (Haupt- und Mitherrscher), nicht um die Herrscher der *Zeichen* (Tag- und Nachtherrscher).

Es kann vorkommen, daß ein Haus mitten in einem Zeichen anfängt. Wir wollen beispielsweise annehmen, daß das 11. Haus bei 16 Grad im Stier beginnt. Das bedeutet, daß die restlichen 14 Grad von Stier in das 11. Haus fallen, während die ersten 16 Grad dieses Zeichens – also der größte Teil davon – noch zum 10. Haus gehören. Aus diesem Grund könnten wir denken, daß der Tagherrscher des Stiers (die Venus) nicht nur über das 11. Haus herrscht (das im Stier beginnt), sondern auch noch Informatio-

1 nen über das 10. Haus erkennen läßt. Diese Annahme liegt nahe,
2 sie trifft aber nicht zu:
3
4
5 *Der (oder die) Herrscher eines Hauses ist (sind) immer durch*
6 *das Zeichen bestimmt, in das die Spitze dieses Hauses fällt so-*
7 *wie – falls dies zutrifft – durch das Zeichen, das in diesem Haus*
8 *eingeschlossen ist.*

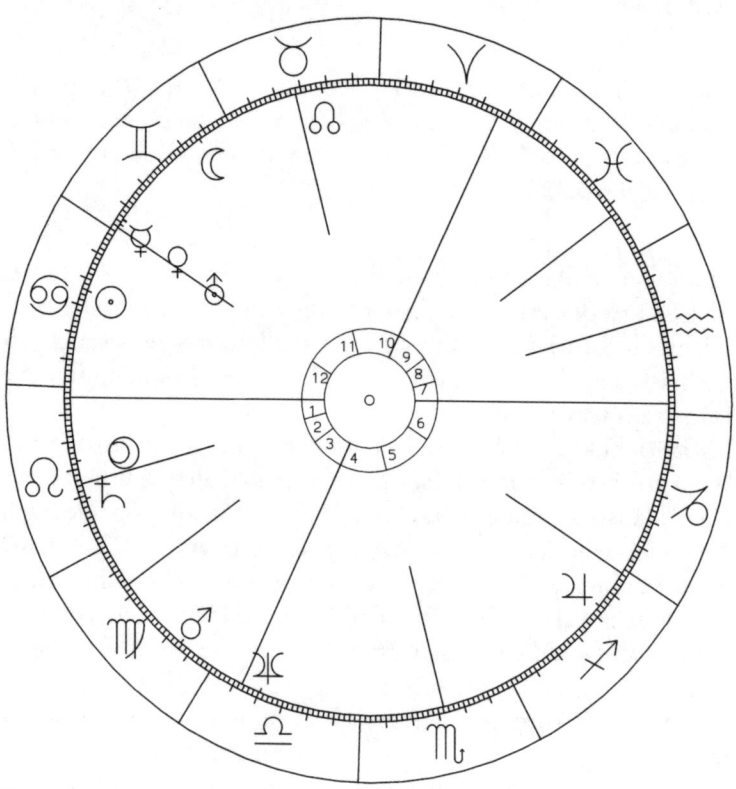

Horoskop 1

Wenn wir uns Horoskop 1 näher ansehen, können wir darin die
folgenden Häuserherrscher ausmachen:

Herrscher des 1. Hauses:	Sonne
Herrscher des 2. Hauses:	Sonne
Herrscher des 3. Hauses:	Merkur
Herrscher des 4. Hauses:	Venus
Herrscher des 5. Hauses:	Pluto
Herrscher des 6. Hauses:	Jupiter und Saturn (Mitherrscher)
Herrscher des 7. Hauses:	Uranus
Herrscher des 8. Hauses:	Uranus
Herrscher des 9. Hauses:	Neptun
Herrscher des 10. Hauses:	Mars
Herrscher des 11. Hauses:	Venus
Herrscher des 12. Hauses:	Merkur und Mond (Mitherrscher)

Alle Planeten spielen also eine Rolle als Herrscher. Wie wir sehen, gibt es Planeten, die über mehr als nur ein Haus herrschen, und es gibt solche, die ihre Herrschaft über ein Haus mit einem anderen Planeten teilen. Weil sich die Aufteilung der Herrscher über die Häuser durch das individuelle Horoskop bestimmt, hat nur ein Teil aller Menschen die Sonne als Herrscher des 1. Hauses oder den Mond als Herrscher des 10. Hauses. Das bedeutet, daß es große Unterschiede gibt – woraus der große Wert bei der Arbeit mit den Häuserherrschern resultiert: Sie lassen ausgesprochen individuelle Aussagen zu. Weil die Planeten (mit Ausnahme des Mondes) sich an einem Tag nicht sehr weit bewegen, wird in den Horoskopen aller Menschen, die an dem Tag geboren sind, für den Horoskop 1 aufgestellt wurde, eine Konjunktion zwischen Venus, Merkur und Uranus zu finden sein. Hierbei handelt es sich um eine Konjunktion, die sogar mehrere Tage lang dauert, allerdings natürlich mit Unterschieden in der Genauigkeit des Aspekts.

Wenn auch all diese Menschen die Konjunktion zwischen Venus, Merkur und Uranus mitsamt den dazugehörigen Merkmalen aufweisen, wird doch nur ein Teil von ihnen Venus als Herrscher des 4. und des 11. Hauses haben. Bei anderen von ihnen – geboren zu einer anderen Stunde oder an einem anderen Ort oder auch beides – könnte beispielsweise die Venus über das 2. und das 9. Haus herrschen.

Es ist für die Interpretation von wesentlicher Bedeutung, welcher Planet über welches Haus herrscht: Der Herrscher eines Hauses drückt nämlich durch seine Plazierung in Zeichen und Haus und durch seine Aspekte dem Haus, über das er herrscht, unverkennbar seinen Stempel auf. In Horoskop 1 sagt die Stellung der Venus somit nicht nur etwas über ihre Auswirkung als Planet aus (also über unser Bedürfnis nach Harmonie, Gleichgewicht und emotionalen Kontakten) – als Herrscher des 4. und des 11. Hauses läßt sie auch Näheres zu den häuslichen Umständen und der inneren emotionalen Basis (4. Haus) und zu der Haltung Freunden und Gleichgesinnten (11. Haus) gegenüber erkennen.

Ein Planet erfüllt in einem Horoskop also immer eine doppelte Funktion: als Planet mit einer eigenen charakteristischen Art und Weise und als Herrscher über ein oder mehrere bestimmte Lebensgebiete.

Die Funktion als Häuserherrscher

Wenn der Herrscher eines Hauses uns soviel Informationen verschaffen kann, gilt es, den Inhalt dieser Funktion genauestens abzugrenzen, um Regeln zur Deutung geben zu können. Als erstes stellt sich die Frage, ob sich der Häuserherrscher ausschließlich auf die Lebensumstände auswirkt. Diese Frage entspringt dem Gedanken, daß die Häuser die Umstände der verschiedenen Lebensgebiete eines jeden Menschen widerspiegeln und die Herrscher über diese Bereiche folglich auch Einfluß auf die Lebensumstände haben müßten. Wenn wir die Rolle der Häuserherrscher aber auf die Umstände beschränken würden, täten wir ihnen unrecht. Durch meine jahrelange Erfahrung in der Praxis habe ich einen anderen Eindruck gewonnen.

Die Häuser des Horoskops spiegeln nicht nur die äußeren Umstände wider, sondern auch unsere (zumeist unbewußten) Erwartungen und Bedürfnisse. Angesichts der Tatsache, daß Inneres und Äußeres nicht voneinander zu trennen ist, können wir die Ausbildung des Charakters in Verbindung mit den Lebenserfahrungen sowohl an den Häusern als auch an den Merkmalen

der Planeten in den Zeichen festmachen. Die Häuser haben ebenfalls mit dem Bedürfnismuster zu tun, was der Grund dafür ist,
daß wir sie auch psychologisch interpretieren können (wie ich in
meinem Buch »Deutung der Häuser« dargelegt habe). Der Häuserherrscher weist also nicht nur auf die Umstände hin, unter denen das Potential des betreffenden Hauses Form bekommen
kann; er zeigt auch ein bestimmtes Bedürfnis an und wirkt insofern bei der Charakterbildung mit.

Bei den astrologischen Progressionen sehen wir dies bestätigt.
Diese Form der Astrologie umfaßt diverse Methoden, in Verbindung mit den verschiedenen Lebensstufen Planeten im Rahmen
des Geburtshoroskops zu verschieben. Damit gehen sowohl bestimmte äußerliche Ereignisse als auch innerliche Entwicklungen
des einzelnen einher. Zudem kann bei einem bestimmten progressiven Aspekt eine Kombination von innerlicher Entwicklung
und äußerem Ereignis stattfinden.

Wenn ein Planet von einer vorgeschobenen, progressiven Position aus zeitweise im Aspekt zu einem anderen Planeten steht,
wirken die betreffenden Planeten nicht nur gemäß ihrer eigenen
Art und Weise – also entsprechend dem Inhalt, den sie als Planeten haben –, sondern auch als Herrscher eines oder mehrerer
Häuser. Bei progressiven Aspekten spielen also auch die Lebensumstände (die Häuser) eine Rolle. Würden wir die Häuser nur äußerlich, also in Form von Ereignissen, deuten, müßten progressive
Aspekte immer mit Geschehnissen, die uns vom Äußerlichen her
berühren, einhergehen. Und das ist in der Praxis eindeutig nicht
der Fall, ganz im Gegenteil: Sehr häufig stehen Progressionen der
Häuserherrscher mit innerlichen Entwicklungen in Verbindung,
was ein Hinweis darauf ist, daß die Lebensgebiete und die Umstände, mit denen es der Mensch dort zu tun hat, untrennbar mit
seinen eigenen inneren Bedürfnissen und Erwartungsmustern
verbunden sind.

Den Häuserherrschern wohnt also wie den Planeten auch eine
psychologische Dimension inne. Dies läßt sich anhand eines Beispiels vielleicht am besten illustrieren. Merkur ist der Planet, der
etwas über die Art und Weise aussagt, wie jemand redet, Kontakte knüpft, denkt, mit Tatsachen umgeht und so weiter. Der

Herrscher des 3. Hauses liefert uns Hinweise, wie jemand dem Lebensgebiet Form gibt, das Kontakte, Information, das Reden, Denken und so weiter umfaßt. Ein schwieriger progressiver Aspekt zwischen Merkur und Neptun, der für eine gewisse Zeit Bestand hat, kann eine Phase von Lernproblemen anzeigen, das Denken behindern oder das Traumleben aktivieren. Dieselben Erscheinungen aber lassen sich auch bei einem Aspekt zwischen dem Herrscher des 3. Hauses und Neptun beobachten.

Ein Horoskop umfaßt so viele Deutungsfaktoren, daß die Ausdrucksweise aller Planeten in jedem Horoskop anders ist. Diese Unterschiede verdanken wir der Stellung in den Zeichen und den Häusern. Merkur als Planet vertritt immer denselben psychischen Inhalt; in jedem Horoskop aber wirkt er sich anders aus. Durch die Häuserherrscher erhalten wir hier nähere Informationen, indem wir das Gebiet, auf dem der betreffende Planet seine Tätigkeit entfaltet, eingehender betrachten. Wie wir bereits sahen, weist das 3. Haus eine deutliche Verwandtschaft zum Planeten Merkur auf – weil es ja auch etwas über unsere persönliche Art, Informationen zu sammeln, zu denken, zu kommunizieren und Verbindungen herzustellen, aussagt. Die Rolle, die der Herrscher des 3. Hauses in unserem Horoskop spielt, kann uns viele Erkenntnisse zu der Art und Weise verschaffen, wie Merkur sich entfaltet. Dabei spielt es keine Rolle, um welchen Planeten es sich hier handelt – ein gut gestellter Neptun beispielsweise kann ein ausgezeichneter Herrscher des 3. Hauses sein!

Wenn Merkur in einem Horoskop stark und ohne schwierige Aspekte steht, aber mit einem problematisch gestellten Herrscher des 3. Hauses zusammenwirken muß, werden die verbalen und kommunikativen Fähigkeiten des Geborenen mit mehr Problemen verbunden sein, als aufgrund der guten Stellung von Merkur allein zu erwarten wäre. Im umgekehrten Fall kann ein schwieriger Merkur, der durch einen gut gestellten Herrscher des 3. Hauses Unterstützung findet, in merkurischer Hinsicht oft bessere Möglichkeiten und Kapazitäten bieten, als wir zunächst vielleicht denken würden. Wir sollten deshalb erst dann Aussagen über die verbalen oder kommunikativen Fähigkeiten oder potentielle Lernprobleme und ähnliches treffen, wenn wir den betreffenden Planeten *und* den Herrscher des dazugehörigen Hauses analysiert haben.

Vielleicht erhebt sich jetzt die Frage, ob in unserem Beispielfall die Planeten, die im 3. Haus stehen, nun ihrerseits überhaupt keine Rolle mehr spielen. Das ist nicht der Fall – sie haben sehr wohl ihren Stellenwert bei der Deutung, ausschlaggebend ist allerdings die Rolle des Herrschers des Hauses. Eine goldene Regel bei der Interpretation besagt:

Die Planeten in einem Haus beinhalten ein Versprechen (das vielleicht angenehm oder auch heikel ist) – der Herrscher des Hauses aber läßt erkennen, auf welche Weise dieses Versprechen Wahrheit werden kann.

Ein Beispiel: Wenn Jupiter im 2. Haus steht, gibt es oft günstige Prognosen für den Erwerb »von festem Boden unter den Füßen« und Sicherheit in Form von materiellen Werten (darum wird dieser Planetenstellung auch Reichtum zugeschrieben). Wenn aber der Herrscher des 2. Hauses an schwierigen oder unterminierenden Aspekten beteiligt oder auf andere Arten problematisch gestellt ist, wird sich die Verheißung von Sicherheit nur durch harte Arbeit und das Überwinden von Widerständen und Mißerfolgen bewahrheiten – wobei es fragwürdig ist, ob die Verheißungen dieses Hauses überhaupt Erfüllung finden werden.

Der Unterschied zwischen Herrscher und Planet

Wir dürfen – wie bereits gesagt – den Herrscher eines Hauses nicht als Planet interpretieren. Der Planet als solcher spiegelt ein archetypisches Reaktionsmuster wider, einen kollektiven menschlichen psychischen Inhalt, der sich im Lauf einer unbekannten Anzahl von Jahrhunderten immer mehr differenziert hat. Demgegenüber ist der *Häuserherrscher* etwas vollkommen Individuelles; er zeigt psychische Reaktionen als Folge von Erfahrungen an. Das müssen keine bewußten Erfahrungen sein, es kann sich zum Beispiel auch um Eindrücke der Säuglingszeit oder vielleicht sogar schon der embryonalen Phase handeln, des weiteren solcher des Kindes und des Erwachsenen. All diese Erfahrungen werden durch die Häuser widergespiegelt und die Häuserherrscher bringen in dem archetypischen Muster der Planeten folglich die individuellen Kennzeichen zum Ausdruck. Ich habe den Eindruck, daß die Häuserherrscher auch etwas mit ererbten Familienzügen zu tun haben – sehr oft können wir sehen, daß Kinder entweder die Planetenstände ihrer Eltern oder Großeltern erben oder Häuserbeziehungen, die in Analogie zu deren Planetenständen stehen. So bekommt ein Krebs-Vater vielleicht einen Sohn, der zwar ein Wassermann ist, der aber eine Sonne im Aspekt zum Herrscher des 4. Hauses, dem Herrscher des »Krebs-Hauses«, hat. Auf diese Weise hätte der Sohn doch etwas von den Merkmalen des Zeichens Krebs in sich, was sich in Verbindung mit seinen Erfahrungen auch deutlich manifestieren dürfte. Die Untersuchung von astrologischen Familienzusammenhängen bringt oft solche Erkenntnisse ans Licht.

Sowohl Planeten als auch Häuserherrscher lassen sich psychologisch deuten, ihre Hintergründe aber unterscheiden sich voneinander. Wir werden das einmal näher anhand des Beispiels von Merkur und dem Herrscher des 3. Hauses betrachten: Merkur stellt das allgemeine menschliche Bedürfnis nach Kommunikation und dem geistigen Herstellen von Verbindungen dar. Er äußert sich auf eine persönliche Weise gemäß dem Hintergrund des Zeichens und des Hauses, in die er zu stehen kommt, und den Aspekten, an denen er beteiligt ist. Auch das 3. Haus hat mit Kommunikation und dem geistigen Herstellen von Verbindungen zu tun, allerdings noch mit mehr, weil es auch die psychisch formenden Faktoren angibt. Es hängt unter anderem auch mit den Geschwistern und den Nachbarn zusammen. Wenn nun beispielsweise der Herrscher des 3. Hauses in Konflikt zu Saturn steht, ist die Wahrscheinlichkeit groß, daß wir entweder keine Geschwister haben oder es sich durch bestimmte Umstände ergab, daß wenig oder kein Kontakt zu ihnen bestand oder daß es auf diesem Gebiet zu Problemen oder Mißerfolgen gekommen ist. Es sind unzählige Auswirkungen dieses Aspekts möglich. Um nur einige wenige zu nennen: Nach einer Scheidung werden die Kinder zwischen Vater und Mutter aufgeteilt und damit voneinander getrennt. Oder es handelte sich um das »schwarze Schaf« der Familie. Oder ein anderes Kind war der Außenseiter oder es war sehr oft krank, wodurch der Kontakt zu ihm erschwert wurde. Ich habe auch Kinder mit dieser Stellung gesehen, zu denen man kaum Zugang fand – die durch ihre Reserviertheit und ihr Bedürfnis, allein zu spielen, den Eltern und Geschwistern wenig Möglichkeiten boten, fröhlich und spontan mit ihnen umzugehen.

Wie dem auch sein mag, eins steht fest: In diesem Fall hat es während der Kinderjahre bei den spontanen, kurzen, sich von selbst ergebenden Kontakten Probleme gegeben, woraus dann ein Mangel an bestimmten Erfahrungen oder Erlebnissen hervorgegangen ist. Folglich handelt es sich hier dann um einen Menschen, dem es in späteren Jahren nicht leichtfällt, auf einfache und selbstverständliche Weise informelle Kontakte herzustellen. Diese Erfahrungen – beziehungsweise ihr Fehlen – färben den Charakter; sie beeinflussen die Art der Kommunikation und des Denkens.

Wir sehen also, daß die Rolle eines Planeten – des kollektiven menschlichen Bedürfnisses – auf individuelle Art gemäß den persönlichen Erfahrungen zum Ausdruck kommt, wie sie mit der Manifestationsform des mit diesem Planeten korrespondierenden Hauses einhergehen. Dabei ist es eigentlich nicht weiter wichtig, ob diese Erfahrungen nun die Folge von Umständen sind, die die betreffende Person als äußerliche erlebt (wie beispielsweise die Trennung von den Geschwistern nach der Scheidung der Eltern) oder als Folge des eigenen Handelns oder der eigenen Haltung (wie beispielsweise die Reserviertheit, die kaum spontane Reaktionen aufkommen läßt). Diese individuellen Erfahrungen lassen sich also sowohl dem Haus als auch dem betreffenden Häuserherrscher zuschreiben. Das ist der Grund, warum wir bei der Deutung eines Lebensgebiets sowohl den betreffenden Planeten als solchen als auch den Planeten in der Funktion als Häuserherrscher berücksichtigen müssen.

Ein anderes Beispiel, um die unterschiedlichen Funktionen eines Planeten weiter zu illustrieren: Das Zeichen Schütze wird von Jupiter beherrscht; Jupiter ist der Tagherrscher des Schützen.

Jupiters Funktion als Herrscher dieses *Zeichens* beeinflußt alle Planeten, die im Schützen stehen. Seine Funktion als *Häuserherrscher* dagegen beeinflußt alle Planeten, die in dem Haus stehen, an dessen Spitze sich das Zeichen Schütze befindet (auch diejenigen, die in diesem Haus im Steinbock stehen). Es gehen folglich zweierlei Arten von Einfluß von Jupiter aus. Bei einer schwierigen Stellung stößt Jupiter als Inhalt dann auf Probleme – und alle Planeten, die im Schützen stehen, geraten in Verbindung mit ihrem Herrscher unter Druck. Das Zeichen Schütze funktioniert als Ganzes dann schwieriger: Die Zeichen funktionieren ja in Übereinstimmung mit der Art und Weise, wie ihre Herrscher zum Ausdruck kommen. Das bedeutet, daß es allein schon aufgrund der verschieden gestellten Herrscher Unterschiede zwischen den Menschen desselben Sonnenzeichens gibt.

Weiterhin ist Jupiter auch Herrscher eines Hauses; als *Häuserherrscher* gibt er an, auf welche Weise sich die Verheißungen dieses Bereiches verwirklichen werden. Und außerdem hat der Planet Jupiter eine starke Affinität zum 9. Haus (wir nennen ihn dann auch den Herrscher dieses Hauses). Das 9. Haus ist bekanntlich das Haus der Reisen, sowohl im buchstäblichen (die Koffer packen und wegfahren) als auch im übertragenen geistigen (Studieren, lebensanschauliche Fragen und ähnliches) Sinn. Es hat darüber hinaus mit unserer Urteils- und Meinungsbildung zu tun. Jupiter ist der Planet, der mit Reisen, Lernen und der Urteils- und Meinungsbildung zusammenhängt. Er ist mit dem 9. Haus des Horoskops verwandt – wobei er in keiner Weise der Herrscher des 9. Hauses sein muß! Zum Beispiel könnte sich das Zeichen Stier an der Spitze des 9. Hauses befinden, womit Venus zum Herrscher dieses Hauses würde. In diesem Falle würde uns die Stellung der Venus im Horoskop Hinweise zu den Freuden und Leiden des betreffenden 9. Hauses geben.

Wie ist nun die Beziehung zwischen Zeichen, Planet, Haus und Häuserherrscher einzuschätzen? Das *Zeichen* stellt den immer wirksamen Hintergrund dar; es gibt an, wie der Planet zum Ausdruck kommt und funktioniert. Die Position des *Zeichenherrschers* liefert darüber hinaus Informationen, inwieweit wir hier Erfolg haben oder nicht. Was unser Beispiel betrifft, zeigt uns die

Stellung von Jupiter also, wie die Schütze-Funktion zum Ausdruck kommt. Der Planet als solcher steht für ein archetypisches Verhaltensmuster des Menschen, für das angeborene Bedürfnis, einen bestimmten Teil des Menschseins auszudrücken. Im Falle von Jupiter geht es um das religiöse Bedürfnis, den Drang nach Reisen im weitesten Sinne sowie um den Wunsch, eine eigene Meinung und Vision zu haben und zu einer Synthese aller Eindrücke zu kommen. Wir können Jupiter und jeden anderen Planeten auch als ein Instrument ansehen: ein Bedürfnismuster, das allen Menschen gemeinsam ist, und als Mittel dient, um irgend etwas Form zu verleihen. Es ist gleichzeitig eine Triebfeder: Wir alle spüren den inneren Drang, ihm Gestalt zu geben, und zwar jeder auf seine Art.

Das 9. Haus, das eine so große Affinität zu Jupiter aufweist, stellt das Arbeitsfeld dar, und es verschafft auch das Material. Es gibt an, auf welche zutiefst individuelle Weise wir der Jupiter-Funktion Ausdruck zu geben versuchen, wie wir das Instrument einsetzen wollen. Planeten im 9. Haus sind dabei das Baumaterial, das beim Aufbau und der Verwirklichung helfen kann. Der Herrscher des 9. Hauses gibt durch seine Stellung und seine Aspekte an, wie wir mit den Baumaterialien umgehen und welche Möglichkeiten wir haben beziehungsweise welche Schwierigkeiten zu bewältigen sind. Am Herrscher des 9. Hauses ist also abzulesen, in welcher Form und auf welche Weise die archetypische Triebfeder, für die der Planet steht (in unserem Beispiel Jupiter), Gestalt annehmen kann.

Die Häuserherrscher sind also von allergrößter Wichtigkeit für die Deutung. Sie verschaffen uns Information über

- die individuellen Erfahrungen, die zu dem Gebiet gehören, das das betreffende Haus umfaßt
- die Art und Weise, wie die Verheißungen dieses Hauses Wahrheit werden können
- individuelle Erfahrungen, die charakterbildend wirken und die Funktion des Planeten unterstützen, der zu dem betreffenden Haus in Analogie steht.

25

Häuserbeziehungen

Allgemeine Hinweise

Bei der Deutung der Häuserherrscher und der Häuserbeziehungen müssen wir einige Regeln beachten. Weil alles von der Frage abhängt, in welchem Haus ein Planet steht, sollten wir uns folgendes gut merken:

a) Wenn ein Planet 4 oder weniger Grad vor der Spitze (dem Beginn) eines Eckhauses steht, entfaltet sich seine Wirkung erst im Eckhaus. Eckhäuser sind das 1., das 4., das 7. und das 10. Haus.

b) Steht ein Planet 3 oder weniger Grad vor der Spitze der übrigen Häuser, wirkt er ebenfalls im nächsten Haus.

c) Es sind deutlich geringere Gradzahlen beziehungsweise Orben anzusetzen, wenn sich ein Planet *rückläufig* bewegt. Nur wenn ein solcher rückläufiger Planet sehr dicht an der Spitze eines Hauses steht, wird er noch zu diesem gerechnet, sonst nicht. Es ist schwierig, präzise Orben für rückläufige Planeten anzugeben. Ein rückläufiger Merkur beispielsweise wird in der Sekundärprogression bei einer durchschnittlichen Lebensdauer mit Sicherheit wieder direktläufig werden und dann ins nächste Haus laufen (was bei einem rückläufigen Neptun oder Pluto sehr unwahrscheinlich ist). Für einen rückläufigen schnellen Planeten können wir deshalb etwas größere Werte gelten lassen als für einen rückläufigen, langsam laufenden Planeten. Bei den schnelleren Planeten erstreckt sich der Orbis meiner Meinung nach bis maximal 1 1/2 Grad.

Um diese Regeln anwenden zu können, muß die Geburtszeit genau bekannt sein (im Zweifelsfall kann uns die Geburtszeitkorrektur weiterhelfen): Schon geringfügige Zeitunterschiede können schließlich zur Folge haben, daß ein Planet zu einem anderen Haus zu rechnen ist als ursprünglich angenommen, was große Folgen für die Deutung hätte. Die Regeln haben also grundsätzlich ihre Berechtigung, müssen aber mit Umsicht angewendet werden.

Wenn wir bestimmt haben, in welchen Zeichen sich die Häuserspitzen befinden und in welchen Häusern folglich die Planeten stehen, wissen wir auch, in welchen Häusern die Häuserherrscher zu stehen kommen (jeder Planet herrscht ja über ein oder mehrere Häuser). Betrachten wir Horoskop 1 (Seite 16), dann sehen wir, daß Pluto im 1. Haus steht. Pluto gehört zum Zeichen Skorpion, und das Zeichen Skorpion ist an der Spitze des 5. Hauses zu finden. Pluto ist folglich Herrscher des 5. Hauses und folglich können wir an ihm bezüglich der betreffenden Person Hinweise zu den Angelegenheiten des 5. Hauses ablesen. Wir formulieren also, daß der Herrscher des 5. Hauses im 1. Haus steht. Beide Häuser sind in diesem Fall miteinander verbunden – weil der Herrscher des einen Hauses in diesem anderen Haus steht. Wir haben es hier also mit einer *Häuserbeziehung* zu tun. Es ist sehr wichtig zu wissen, welcher Herrscher in welchem Haus steht. Für die Deutung ist es dabei ein großer Unterschied, ob der Herrscher des 5. Hauses im 1. Haus steht oder der Herrscher des 1. Hauses im 5. Haus. Bei den Häuserbeziehungen gilt immer die Regel:

Das Haus, das von einem Planeten beherrscht wird, richtet sich nach dem Haus, in dem dieser Planet steht.

Ein einfaches Beispiel soll dies verdeutlichen. Wenn der Herrscher des 1. Hauses im 7. Haus steht, dann richten wir uns in unserer Selbstdarstellung (1. Haus) nach beziehungsweise an dem anderen aus, dem Partner in geschäftlicher oder privater Hinsicht (7. Haus). Steht aber der Herrscher des 7. Hauses im 1. Haus, so ist es der andere – der Partner in geschäftlicher oder privater Hinsicht –, der sich nach uns richtet. Beim Herrscher des 1. Hauses im 7. Haus handelt es sich darum, sich an dem anderen zu orientieren; beim Herrscher des 7. Hauses im 1. Haus wird sich der Betreffende an uns auszurichten haben. In beiden Fällen aber sind das 1. und das 7. Haus eng miteinander verbunden; sie sind stark aufeinander bezogen (die ausführlicheren Deutungen der Häuserbeziehungen finden sich in Teil II dieses Buches).

Es kann vorkommen, daß die Herrscher zweier Häuser jeweils im Haus des anderen stehen, beispielsweise der Herrscher des 7. Hauses im 1. Haus und der Herrscher des 1. Hauses im 7. Haus. In solch einem Fall sprechen wir von einer *Häuserrezeption*. Damit ist eine sehr starke Bezogenheit der Häuser aufeinander verbunden – sie gehen gewissermaßen ineinander auf. Mit anderen Worten ist es in diesem Fall so, daß überall, wo das 7. Haus eine Rolle spielt, auch das 1. Haus einbezogen ist. Die Häuser können dann nicht unabhängig voneinander gesehen werden, ihre Wirkungen fließen ineinander über.

Bei der Deutung der Häuserherrscher müssen wir uns immer vor Augen halten, daß der Planet als Herrscher vollkommen losgelöst von seiner Funktion als Planet an sich gesehen werden muß. Seine Art dürfen wir also niemals bei der Interpretation miteinbeziehen. Dabei ist es vollkommen unwichtig, welcher Planet es nun ist, der über ein bestimmtes Haus herrscht; es geht hier ausschließlich um Informationen über das betreffende Haus. Wichtig ist nur, ob der Planet gut oder schwierig gestellt ist und in welchem Haus er sich befindet.

Steht beispielsweise das Zeichen Skorpion an der Spitze des 3. Hauses, so ist Pluto dessen Herrscher. Es wäre nun ganz falsch anzunehmen, daß die betreffende Person in ihrem Reden Zwanghaftigkeit zum Ausdruck bringt und in bezug auf das Weitergeben von Informationen große Zurückhaltung an den Tag legt – um nur zwei Beispiele herauszugreifen. Pluto in seiner Funktion als Häuserherrscher verliert seine Bedeutung als Pluto; er nimmt in dieser Beziehung die Qualitäten des 3. Hauses an. Alles, was sich um diesen Pluto abspielt, hat einen direkten Einfluß auf das 3. Haus. Als kleine Eselsbrücke ist es vielleicht hilfreich, dabei an den Planeten zu denken, der von Natur aus eine Affinität zum

3. Haus hat: Merkur. Es handelt sich hier darum, daß wir das Instrument (Merkur) niemals mit dem Wirkungsbereich und dem Material verwechseln dürfen. Mit anderen Worten: Pluto als Herrscher des 3. Hauses wird in unserem Fall merkurhafte Eigenschaften zeigen. Pluto wird natürlich seinerseits kein zweiter Merkur werden (es gibt schließlich nur einen archetypischen Inhalt, der durch Merkur symbolisiert wird); er hat aber trotzdem etwas zu sagen, was die Art und Weise betrifft, wie wir Informationen sammeln, reden, denken, analysieren, Kontakte knüpfen und mit anderen Angelegenheiten des 3. Hauses umgehen. Diese Rolle ist ausschließlich damit verbunden, wie Pluto hier als *archetypischer Inhalt* funktioniert, nicht mit dem archetypischen Inhalt selbst. Darum dürfen wir die Bedeutung des Planeten und die Funktion als Häuserherrscher nicht miteinander verwechseln.

Die Aspekte, an denen Pluto in unserem Beispiel beteiligt ist, sind nicht nur als Aspekte von Pluto zu deuten, sondern auch als Aspekte des Herrschers des 3. Hauses. Beide Faktoren – also Pluto als Planet mit eigener archetypischer Bedeutung und Pluto als Herrscher des 3. Hauses – müssen vollkommen unabhängig voneinander gesehen werden.

Dies kann schon einmal paradoxe Folgen haben und zu Mißverständnissen führen. Der Inhalt eines Planeten steht bei weitem nicht immer in Übereinstimmung zu dem Inhalt des Hauses (der Häuser), über das (die) er (Mit-)Herrscher ist. Manchmal scheint die Rolle des Planeten als solcher am wichtigsten zu sein, ein anderes Mal seine Rolle als Herrscher – und in anderen Fällen wiederum scheint es sich um eine Wechselwirkung zwischen beiden zu handeln. Wir wollen einmal untersuchen, was damit verbunden sein kann, wenn Pluto als Herrscher des 3. Hauses im 1. Haus steht.

Pluto im 1. Haus

Diese Stellung bedeutet viel psychische Kraft und einen großen Geltungsdrang im Hinblick auf die Außenwelt, sie bewirkt innerliche Gespanntheit und Wachsamkeit. Mit ihr kommt ein großes Bedürfnis nach Macht und Anerkennung mitsamt einer deutlich ausgeprägten Kampfbereitschaft zum Ausdruck. Der Betroffene verlangt viel von den Menschen, zu denen er in Kontakt steht; er gibt aber nur wenig von sich selbst preis. Er beobachtet die Menschen seiner Umgebung sehr genau, er ist bestrebt, sie auszuloten und ihre Motive und Triebfedern zu erkennen, und er sucht nach Hintergründen und den zugrunde liegenden Strömungen. Die Menschenkenntnis, die er sammelt, kann er positiv anwenden, aber in Verbindung mit seinem Machtbedürfnis auch mißbrauchen. Seine Willenskraft ist sehr groß.

Der Herrscher des 3. Hauses im 1. Haus

Ein solcher Mensch hat ein großes Bedürfnis nach vielerlei Kontakten und stellt sich im allgemeinen nach außen hin fröhlich und kontaktfreudig dar. Er ist an den verschiedensten Informationen interessiert, liebt Unterhaltungen und ist neugierig auf alles, was sich in seiner Umgebung abspielt. Oft ist er ein guter Redner, der gern das große Wort führt; er erkennt schnell Zusammenhänge zwischen Personen beziehungsweise Dingen. Er interessiert sich für alles mögliche, und manchmal verzettelt er sich dabei. Kontakte jeglicher Art sind dann auch ausgesprochen wichtig für seine Haltung nach außen hin.

Wir sehen, daß zwischen diesen zwei Deutungen große Unterschiede vorhanden sind – einige Punkte stehen sogar im Widerspruch zueinander. Wenn wir solche Widersprüche antreffen, dürfen wir niemals sagen, daß die Inhalte einander neutralisieren! Ganz im Gegenteil: *Jeder Inhalt will zum Ausdruck kommen, und jeder Inhalt wird sich auch manifestieren.* Anders gesagt: Einander entgegengesetzte Inhalte heben sich nicht gegenseitig auf, sondern verursachen eine gewisse Spannung im Charakter.

Pluto als Herrscher des 3. Hauses im 1. Haus führt zu solchen einander entgegengesetzten Bedürfnissen: Mit Pluto zeigen wir uns bedeckt und lassen uns nicht gern in die Karten schauen; bei dem Herrscher des 3. Hauses geht es dagegen um das Bedürfnis, sich mitzuteilen, manchmal sogar in zutraulich-naiver Form.

Pluto im 1. Haus sucht nach Tiefgang und stellt hohe Anforderungen, was natürlich auch in Kontakten und Beziehungen zum Ausdruck kommt; der Herrscher des 3. Hauses im 1. Haus dagegen ist an einer Vielzahl von Kontakten und Informationen interessiert, ohne dabei besondere Forderungen zu stellen. Bei dieser Stellung sind die folgenden Auswirkungen wahrzunehmen:

- Einmal sind wir sehr reserviert, dann wieder offen und gesprächig. Diese Stimmungen wechseln einander ab.
- Wir sind neugierig auf alles mögliche und stellen mühelos Kontakte her (Herrscher des 3. Hauses) – ohne uns aber wirklich offen zu zeigen. Das bedeutet, daß wir hier entweder eine bestimmte Rolle spielen oder aber die Zügel in die Hand nehmen werden, um die Situation im Griff zu haben. Insofern würde es sich um eine Kombination beider Faktoren des Horoskops handeln.
- Es ist auch möglich, daß Pluto die Überhand bekommt. Nach außen hin würde sich das durch eine reservierte Haltung manifestieren, während wir unsere Neugier durch unauffälliges Beobachten befriedigen und den informativen Aspekt des 3. Hauses beispielsweise dadurch zum Ausdruck bringen würden, daß wir einen informierten und belesenen Eindruck machen möchten.

Es hängt hier natürlich viel von dem Hintergrund der Zeichen ab; grundsätzlich aber geht es darum, daß die Auswirkungen von ein und demselben Planeten in seiner Funktion als Planet und als Herrscher eines Hauses in Widerspruch zueinander stehen können.

Die Plazierung des Häuserherrschers in den Häusern

Wie im vorigen Abschnitt beschrieben wurde, wirkt sich der Häuserherrscher in dem Haus aus, in dem er steht. Weil er so prägend ist für das Haus, über das er herrscht, richtet sich dieses mitsamt all den Planeten darin nach dem Haus, in dem der Herrscher steht. Wenn wir ein bißchen kombinieren können, werden wir schon bald feststellen, daß dies keine Schwierigkeiten bei der Deutung macht, auch wenn die eine Kombination vielleicht etwas problematischer ist als die andere.

Bei der Deutung von Häuserbeziehungen sollten wir am besten

a) uns mit der Bedeutung des Hauses beschäftigen, über das der betreffende Planet herrscht
b) die Bedeutung des Hauses erfassen, in dem der betreffende Häuserherrscher steht
c) eine sinnvolle Verbindung formulieren, basierend auf dem Gedanken, daß das Haus, von dem wir ausgehen (a), sich auf das Haus bezieht, in dem der Herrscher des Hauses steht (b). Dabei sollten wir nicht in zu starren Kategorien denken. »Sich beziehen auf« kann auch gelesen werden als »zum Ziel haben« oder »zu … führen« und so weiter. Wichtig ist, daß wir uns merken, daß das Haus, in dem der Häuserherrscher steht, der *Endpunkt* oder auch das *Ziel* ist. Oft ist der Herrscher des Hauses (und das Haus, das er vertritt) ein Instrument des Hauses, in dem er steht – im weitesten Sinne.

Ein Beispiel kann dies vielleicht näher veranschaulichen. Nehmen wir einmal an, daß sich der Herrscher des 3. Hauses im 9. Haus befindet. Wie kommen wir nun zur Bedeutung dieser Häuserbeziehung? Zunächst einmal schauen wir uns die Bedeutung des 3. Hauses an. Es ist das Haus der Kommunikation, der Kontakte, des Austauschs, der Information, des Denkens und Ordnens, um nur einige der vielen Stichwörter zu nennen.

Dann beschäftigen wir uns mit dem 9. Haus, das mit unserer Urteilsbildung zu tun hat und mit der Art und Weise, wie wir unseren Horizont erweitern. Es ist das Haus, das unsere Ausbildung und unsere Reisen, unsere Meinungsbildung, den Ausdruck unserer Schlußfolgerungen und unserer Ansichten widerspiegelt. Es ist auch das Haus, das die Synthese unserer

Denkmuster, unserer Lebensvision und unserer Lebensanschauung darstellt.

Nun suchen wir nach einer Formulierung, die erkennen läßt, daß das 3. Haus auf dem Gebiet des 9. Hauses zum Ausdruck kommt (weil in unserem Beispiel der Herrscher des 3. Hauses im 9. Haus steht). Eine mögliche Aussage wäre: Das Sammeln von Information und der Wissenserwerb (3. Haus) stehen im Dienst der Meinungsbildung oder der Formung einer Synthese oder einer Vision. Mit anderen Worten: Mit dem Herrscher des 3. Hauses im 9. Haus sammeln wir Informationen, um zu einem Urteil zu kommen und eine Vision zu erlangen. Auch unsere (kurzen) Kontakte tragen hierzu bei. Und das Denken ist darauf gerichtet, Übersicht zu gewinnen.

Wenn wir den Herrscher des 9. Hauses im 3. Haus haben (den umgekehrten Fall), stehen die beiden Häuser ebenfalls miteinander in Verbindung, allerdings mit vertauschten Rollen. Nun ist das 9. Haus auf das 3. gerichtet, was bedeutet, daß wir ausgehend von einer Meinung, einem Urteil, einem bestimmten Gedanken oder einer Vision nach Informationen suchen, möglicherweise, um die Vision zu verfeinern, zu beweisen, zu stärken oder weithin bekanntzumachen. Es geht darum, daß hier bereits ein Ausgangspunkt gegeben ist, von dem aus wir nach weiteren Informationen suchen. Mit dem Herrscher des 3. Hauses im 9. Haus dagegen startet der Mensch eher »meinungslos« und entwickelt dann später gemäß den Fakten seine Lebensanschauung.

In beiden Fällen wirken das Zusammentragen von Informationen und die Ausbildung einer Lebensanschauung zusammen – beide Male aber ergibt sich ein vollkommen anderes Bild. Natürlich ließe sich noch mehr über diese Häuserbeziehung sagen; das Angeführte soll nur als *ein* Beispiel für den Unterschied in der Wirkung dienen.

Inmitten der Häuser, in denen die Häuserherrscher stehen, nimmt das Haus, in dem sich der Herrscher des Aszendenten befindet, eine wichtige Stellung ein. Es spielt eine große Rolle für den Geborenen, wie sie im Einzelfall auch beschaffen sein mag. Bei der Deutung müssen wir diesem Haus ein besonderes Gewicht zumessen, wodurch auch die Situation rund um dieses

Haus (also die Planeten darin, die Rolle des Häuserherrschers und so fort) schwerer wiegt.

Es gibt einen weiteren Fall, in dem ein Haus besonders betont ist, nämlich dann, wenn der Häuserherrscher im eigenen Haus steht. Auch dieses Haus bekommt ein besonderes Gewicht – weil sich der Herrscher hier auf eigenem Terrain befindet. Die Deutung ist einfach: Es geht darum, sich die Bedeutung des Hauses als solches vor Augen zu führen und sich dann bewußt zu machen, daß es für die betreffende Person von herausragender Wichtigkeit ist. Dabei muß allerdings berücksichtigt werden, daß die Häuserherrscher durch ihre Stellung zwar ein Bedürfnis ausdrücken, jedoch erst das Horoskop in seiner Gesamtheit erkennen läßt, inwiefern die Befriedigung dieses Bedürfnisses auf Widerstand stößt beziehungsweise Unterstützung findet. Die Betonung eines Hauses ist nicht unbedingt immer eine angenehme Sache.

Wir wollen beispielsweise den Fall untersuchen, daß der Herrscher des 1. Hauses im 1. Haus steht. Dieser ist dann vollständig auf das Gebiet gerichtet, das er beherrscht. Dadurch verstärkt sich die Ich-Betonung ebenso wie der Drang, sich nach außen hin zur Geltung zu bringen. In Abhängigkeit von dem Rest des Horoskops kann solch ein Mensch der Außenwelt als eine starke Persönlichkeit erscheinen, aber auch als jemand, der viel zu sehr auf sich selbst bezogen ist. Das Bedürfnis, sich zur Geltung zu bringen, ist groß, es kann aber auch Faktoren im Horoskop geben, die seine Befriedigung verhindern oder zumindest erschweren.

Angenommen, jemand hat Stier – ein eher reserviertes Zeichen – als Aszendenten mit Venus im 1. Haus. Wir haben dann den Herrscher des 1. Hauses im 1. Haus. Wenn Venus als Herrscher des 1. Hauses überdies im Quadrat zu Saturn steht, wird die Tendenz zur Reserviertheit noch verstärkt, wodurch das Bedürfnis, sich deutlich zur Geltung zu bringen (Herrscher des 1. Hauses im 1. Haus), behindert würde. Wir wissen aber, daß ein Faktor niemals einen anderen neutralisiert: Insofern wird ein solcher Mensch in sich eine Spannung spüren zwischen der Tendenz zur Zurückhaltung und Schüchternheit und dem Bedürfnis, sich selbst darzustellen und am liebsten im Scheinwerferlicht zu stehen. Ganz allgemein können wir aber festhalten, daß der Häuserherrscher im eigenen Haus die Wichtigkeit dieses Bereiches deutlich hervorhebt. Ein solches Haus wird in dem Leben des Geborenen eine große Rolle spielen, sei es direkt oder indirekt.

Zusammenfassend ist also darauf hinzuweisen, daß bei der Beurteilung eines Horoskops unbedingt auf das Haus zu achten ist, in dem der Herrscher des 1. Hauses steht. Des weiteren spielen Häuser, die ihren eigenen Herrscher beherbergen, eine sehr große Rolle.

Wir wollen nun näher auf ein paar Häuserbeziehungen im Horoskop von Fred (Seite 43) eingehen, um zu sehen, wie sie sich im täglichen Leben auswirken. Fred hat Skorpion als Aszendenten. Pluto, der darüber herrscht, steht im 9. Haus; bei Fred befindet sich somit der Herrscher des 1. Hauses im 9. Haus. Das bedeutet, daß Freds Auftreten nach außen (Aszendent/Herrscher des 1. Hauses) im Dienste von Angelegenheiten des 9. Hauses steht: Reisen im wörtlichen oder übertragenen Sinn (Ausland oder Studium, Lebensanschauung und so weiter). Mit dem Herrscher des 1. Hauses im 9. Haus befaßt er sich gern mit dem, was durch das 9. Haus angezeigt ist. Allerdings ist es nicht einfach, aus dem Horoskop zu erschließen, um welches Gebiet es hier tatsächlich geht. Bei Fred steht das Ausland an erster Stelle. Er reist außerordentlich gern und würde am liebsten alle Länder dieser Welt kennenlernen. Der Bildungsaspekt des 9. Hauses spielt dagegen bei ihm keine große Rolle. Er ist mehr ein Mann der Praxis, jemand, der seine Hände gebrauchen möchte (siehe hierzu auch die Sonne und Mars in Stier im 6. Haus). Mit dem Herrscher des 1. Hauses im 9. Haus hat Fred das Bedürfnis, seinen Horizont zu erweitern und sich aufgrund seiner persönlichen Erfahrungen und Erlebnisse eine Meinung zu bilden (das 9. Haus ist schließlich auch das Haus der Urteils- und Meinungsbildung).

Wenn wir uns für die weitere Analyse den Herrscher des 9. Hauses ansehen, stellen wir fest, daß sich an der Spitze dieses Hauses das Zeichen Löwe befindet. Damit steht also der Herrscher des 9. Hauses – die Sonne – im 6. Haus. Freds Aktivitäten hinsichtlich des 9. Hauses richten sich also auf das 6. Haus. In konkreteren Worten: Freds Bedürfnis nach Reisen im wörtlichen oder im übertragenen Sinne, nach Erweiterung des Horizonts und nach einer eigenständigen Meinung und Weltanschauung kommen auf dem Gebiet der Selbstkritik und Analyse, der Arbeit und Arbeitsumstände, der Krankheit und Gesundheit und der kollektiven Anpassung zum Tragen. Die geistige Entwicklung als Folge der Erweiterung des Horizonts wird ihm bei seiner Arbeit dienlich sein und auch den Blick auf die eigene Person beeinflussen (der Faktor Selbstkritik hat schließlich ebenfalls mit dem 6. Haus zu tun). Fred wird dazu neigen, die Erfahrungen, die er macht, für sich selbst zu nutzen (das 6. Haus richtet sich auf konkrete Nutzanwendung und Dienstbarkeit). Es ist auch nicht auszuschließen, daß jemand mit dieser Stellung im Rahmen der Arbeit Kontakte mit dem Ausland unterhält oder im Ausland tätig ist. Die überlieferte Behauptung, daß diese Stellung Erkrankung im Ausland bedeutet, hat sich in keinem mir bekannten Fall bewahrheitet. Es gab nur einmal einen Zusammenhang zwischen Ausland und Krankheit: bei einer Person, die ehrenamtlich bei medizinischen Projekten in Entwicklungsländern half. Was Fred betrifft, arbeitete er hin und wieder im Ausland, um seine großen Ausgaben für die Weltreisen bestreiten zu können. Seine Erfahrungen im Ausland haben ihm allerdings zu einer gänzlich anderen Sicht auf seine Arbeit, die Beziehungen und sich selbst verholfen.

In Freds 6. Haus befindet sich auch Mars, der über das 5. Haus herrscht. Das bedeutet, daß alles, was mit Hobbys, Selbstbestätigung, Selbstausdruck, Spiel und Spaß (5. Haus) zu tun hat, auf das Haus der Arbeit, Analyse, Dienstbarkeit, Krankheit und Gesundheit gerichtet ist. Konkret besagt dies, daß Arbeit für Fred eine Art Hobby ist oder zumindest sein sollte und daß ihm seine Arbeit beziehungsweise seine dienstbare Einstellung Bestätigung und Autorität verschafft. Hobbys können zu Arbeit führen oder zur Unterstützung der Arbeit eingesetzt werden. Es könnte auch um das Bedürfnis nach Selbständigkeit und Entfaltungsmöglichkeiten (5. Haus) in Verbindung mit dem Wunsch, in dienstbarer

Form Arbeit zu verrichten, gehen oder um den Drang, zu seinem eigenen Vergnügen (5. Haus) für andere dazusein (6. Haus).

Die Freunde von Fred können letzteres bestätigen. Fred hilft oft zu seinem eigenen Vergnügen, woraus er auch zum Großteil sein Selbstvertrauen schöpft. Er hilft anderen gern mit konkreter Arbeit, in Verbindung mit dem Einrichten von Häusern und dem Heimwerken. Er entspannt sich gern und mag Unterhaltung; es gibt aber etwas in ihm, das immer wieder die Arbeit bevorzugt (der Herrscher des 5. Hauses im 6. Haus bewirkt, daß das 6. Haus der »Endpunkt« ist). Hätte er den Herrscher des 6. Hauses im 5. Haus, würden Arbeit und Hobby zwar auch zusammenhängen, allerdings würde er der Arbeit nicht ständig den Vorzug geben. Dann würden ihm sein eigener Spaß und das, was ihm Entspannung bietet, wichtiger sein. Im Fall von Fred mit dem Herrscher des 5. Hauses im 6. Haus sehen wir also, daß der Selbstausdruck auf das Gebiet von Arbeit und Dienstbarkeit gerichtet ist. Die Hilfsbereitschaft ist groß; sie dient in diesem Fall auch dazu, Bestätigung zu erfahren – wozu auch die Sonne im 6. Haus ihren Beitrag leistet. Das Haus, in dem die Sonne steht, spielt nun einmal eine sehr wichtige Rolle im Horoskop.

Freds 6. Haus beginnt im Zeichen Stier, wodurch Venus zum Herrscher des 6. Hauses wird. Venus steht im 7. Haus, so daß wir also den Herrscher des 6. Hauses im 7. Haus haben. Alles, was mit Dienstbarkeit, Arbeit und so weiter zu tun hat, richtet sich deshalb auf das Gebiet der Partnerschaften. Bevor Fred zu reisen begann, war er in abhängiger Stellung tätig. Man konnte hier nicht von einer geschäftlichen Partnerschaft sprechen, allerdings arbeitete er sehr eng mit einem Kollegen zusammen, mit dem es so gut wie keine Probleme gab. Mit dem Herrscher des 6. Hauses im 7. Haus spielt auch der Lebenspartner für Fred eine sehr wichtige Rolle bezüglich der Arbeit, der Gesundheit und der Dienstbarkeit. Fred ist sehr hilfsbereit gegenüber seiner Partnerin, unternimmt soviel wie möglich mit ihr zusammen und schätzt ihre Mitarbeit und ihren Rat. Die Zusammenarbeit mit Partnern wird höchstwahrscheinlich gedeihlich sein – vorausgesetzt, das Horoskop weist auch ansonsten in diese Richtung. Die Eigenschaft der Kritik (6. Haus) bezieht sich auf das Lebensgebiet der

Partnerschaft (7. Haus), was sich als eine anspruchsvolle Haltung im Hinblick auf den Partner auswirken könnte, in dem Sinne, daß den Details der Beziehung viel Beachtung geschenkt wird. Auch dies zeigt sich bei Fred sehr deutlich.

Beim Kombinieren der Häuser in den Häuserbeziehungen müssen wir Flexibilität beweisen. Es geht darum, starre abstrakte Formulierungen so weit wie möglich zu vermeiden beziehungsweise die Deutung in alltägliche Begriffe und Ausdrücke zu kleiden. Nach etwas Übung wird das nicht schwer fallen.

Es kann übrigens nicht genug betont werden, daß wir uns niemals auf nur einen Horoskopfaktor versteifen dürfen. Wir sollten immer bestrebt sein, das, was wir an einer Stelle gefunden haben, durch weitere Fundstellen zu belegen. Wenn etwas einmal in Erscheinung tritt, handelt es sich um eine *Möglichkeit*. Bei zwei Belegstellen haben wir es mit einer *Wahrscheinlichkeit* zu tun. Erst bei dreimaligem oder häufigerem Auftreten dürfen wir mehr oder weniger mit *Sicherheit* von etwas ausgehen und können begründete Aussagen machen. Auch im Fall der Häuserbeziehungen müssen wir also immer dem Rest des Horoskops Beachtung schenken, um zu erkennen, ob das, was wir entdeckt haben, an anderer Stelle Bestätigung findet.

Wichtige Häuser

Das stärkste Haus

Bisher haben wir gesehen, daß bestimmte Häuser bei der Deutung mehr Gewicht haben als andere. Es gibt eine Methode herauszufinden, ob ein oder zwei Häuser noch auf eine andere Weise eine besondere Rolle spielen. Dies hat nichts damit zu tun, in welchem Haus der Herrscher des 1. Hauses steht oder ob Häuser vorhanden sind, in denen der eigene Herrscher steht. Es geht um den folgenden Gedankengang:

Wir alle zeichnen uns durch – zumeist unbewußte – Muster aus, die unser Tun und Lassen prägen. Sobald sich etwas ereignet, wird unsere Neigung zu einer bestimmten Verhaltens- und Reaktionsweise deutlich. Die Art und Weise unseres Reagierens läßt sich zum Teil von den Planeten in den Zeichen und Häusern herleiten – die Häuserbeziehungen aber bieten uns die Möglichkeit, hierbei Prioritäten zu setzen. Wir müssen dazu die Häuserherrscher in eine Rangfolge bringen. Zunächst finden wir heraus, wo der Herrscher des 1. Hauses steht. Anschließend suchen wir den Herrscher des Hauses, in dem der Herrscher des 1. Hauses steht; danach das Haus, in dem der Herrscher dieses Hauses steht und so weiter. Wir könnten dann beispielsweise die folgende Kette bekommen: der Herrscher des 1. Hauses steht im 7. Haus, der Herrscher des 7. Hauses im 9. Haus, der Herrscher des 9. Hauses im 2. Haus, der Herrscher des 2. Hauses im 11. Haus, der Herrscher des 11. Hauses im 7. Haus. Diese Reihenfolge verschafft uns Einsicht in ein Reaktionsmuster, das für diese Person mit ihrem 1. Haus zusammenhängt (wir haben ja mit dem Herrscher des 1. Hauses angefangen). Wir können hier alle Häuserherrscher untersuchen. Die Kette, die sich daraus ergibt, sagt uns etwas über die gleichbleibenden Verhaltensweisen der betreffenden Person in bezug auf das betreffende Lebensgebiet. Oft sind die Muster so fest verwurzelt, daß wir uns hier ohne weiteres auf die sprichwörtlichen ausgetretenen Pfade beziehen können, die gewissermaßen von der Psyche in bestimmten Situationen beschritten werden.

Im obengenannten Beispiel können wir davon ausgehen, daß folgendes geschieht: In seiner Manifestation nach außen hin (1. Haus) richtet sich der Geborene unmittelbar und wie von selbst auf den Partner aus (der Herrscher des 1. Hauses befindet sich im 7. Haus). Das muß keinesfalls augenfällige Unterwürfigkeit bedeuten – es geht zumeist eher darum, daß eine solche Person unbewußt darauf achtet und berücksichtigt, was der Partner in bestimmten Situationen tut und denkt und sich zum Teil oder ganz darauf einstellt. Er ist auf den anderen bezogen, das ist die Bedeutung des Herrschers des 1. Hauses im 7. Haus.

Der Herrscher des 7. Hauses wiederum steht im 9. Haus: Das heißt, daß es für den Geborenen sehr wichtig ist, jemanden zum Partner zu haben, mit dem er philosophieren und im Idealfall auch die Lebensphilosophie oder Weltanschauung teilen kann (beziehungsweise der zumindest ähnliche Gedanken hat), der daran interessiert ist, neues Wissen zu erlangen und seinen Horizont zu erweitern (was auch durch Reisen geschehen kann). Dabei richtet sich der Partner (7. Haus) zumeist nach der Sichtweise des Geborenen oder erkennt sie zumindest an. Mit anderen Worten ist es für den Geborenen wichtig zu wissen, daß seine Sichtweise vom Partner mehr oder weniger geteilt wird – es geht nicht darum, daß er seine Sichtweise dem Partner verdankt (was beim Herrscher des 9. Hauses im 7. Haus der Fall sein würde).

Als nächstes sehen wir, daß der Herrscher des 9. Hauses im 2. Haus steht: Die Ausbildung und das Teilen einer Lebensphilosophie oder Weltanschauung – hauptsächlich mit dem Partner (der Herrscher des 7. Hauses steht im 9. Haus) – kann dem Geborenen ein Gefühl des Halts und der Sicherheit verschaffen. Dabei sollte berücksichtigt werden, daß das 2. Haus mitnichten auf Geld und Besitztümer zu beschränken ist. In erster Linie liegen diesem Haus der Faktor Sicherheit und Lust- beziehungsweise Unlustgefühle zugrunde; Geld und Güter sind Folgen hiervon. Der Geborene muß seine Lebensanschauung und seine neuen Erkenntnisse mit jemandem teilen können, um für sich selbst ein

Gefühl der Sicherheit zu bekommen. Nicht selten ist bei dieser Häuserbeziehung dann auch eine markante Lebensphilosophie vorhanden, die dem Betreffenden Halt und Sicherheit gibt.

Mit dem Herrscher des 2. Hauses im 11. Haus wird der Geborene sich mit der Sicherheit, die er auf diese Weise gewonnen hat, im Kreis seiner Freunde und Gleichgesinnten zum Ausdruck bringen können – seine Sicherheit hängt eng hiermit zusammen. Die Reaktionen dieser Gruppe von Menschen können ihm das Gefühl geben, bestätigt oder aber abgelehnt zu werden. Sein Gefühl von Sicherheit hat sehr viel damit zu tun. Die diesbezüglichen Reaktionen sowie das Streben nach Bestätigung sollten die Beziehung zum Partner bereichern und ihr nicht im Wege stehen, weil sich der Herrscher des 11. Hauses wiederum im 7. Haus befindet. Die Haltung des Partners ist in diesem Fall von großem Einfluß auf die Entfaltungsmöglichkeiten im 11. Haus.

Wir sehen hier also ein Verhaltensmuster, das wir – um eine kurze Zusammenfassung zu geben – folgendermaßen beschreiben können: Der Geborene ist in seiner Manifestation nach außen direkt oder indirekt sehr auf seinen Partner bezogen, und er braucht einen Partner, der seine Sichtweisen und Meinungen teilt. So kann er ein Gefühl von Sicherheit entwickeln; auf diese Weise fühlt er festen Boden unter seinen Füßen. Sein Sicherheitsempfinden testet er bei Freunden und Gleichgesinnten – ausschlaggebend aber ist in allem die Meinung und die Haltung des Partners. Das Ganze ist unabhängig davon, ob der Betreffende dies bewußt erkennt oder nicht: Es ist dies ein Muster, in das er immer wieder verfällt, sobald das 1. Haus eine Rolle bei ihm spielt (wir sind ja vom 1. Haus ausgegangen).

Dabei ist zu beachten, daß bei jedem Glied in solch einer Kette alle vorangegangenen Glieder eine Rolle spielen, nicht nur das unmittelbar vorangegangene. In unserem Beispiel spielte für das 11. Haus nicht nur die Sicherheit (2. Haus) eine Rolle, sondern auch das Bedürfnis, die persönliche Sichtweise mit dem Partner teilen zu können.

Auf diese Weise können wir alle Häuser einer Analyse unterwerfen und im Hinblick auf jedes Haus ergründen, wie sich der Geborene verhält. Dabei wird sich herausstellen, daß wir es immer wieder mit bestimmten Beziehungen zu tun haben. Die damit einhergehenden Bedürfnisse und Haltungen beziehungsweise Einstellungen sind dann kennzeichnend für den betreffenden Menschen.

Es gibt eine Anzahl von Regeln, die wir beachten sollten:

1. Die Orbisregel: Ein Planet 3 Grad vor der Häuserspitze (4 Grad, wenn es sich um ein Eckhaus handelt) wird dem folgenden Haus zugerechnet (es sei denn, daß er rückläufig ist – dann ist der Orbis viel niedriger anzusetzen).
2. Bei der Bestimmung der Beziehungen ist ausschließlich der Tagherrscher des Zeichens, das sich an der Häuserspitze befindet, zu berücksichtigen. Die Herrscher der eingeschlossenen Zeichen spielen also keine Rolle.
3. Die Kette endet dann, wenn sich die Reihe zu wiederholen beginnt (mit dem letzten Haus vor der Wiederholung).
4. Die Kette hat auch dann ein Ende, wenn sich ein Häuserherrscher im eigenen Haus befindet.

Punkt 3 läßt sich anhand des bereits angeführten Beispiels illustrieren. Wir hatten die Reihe: Herrscher des 1. Hauses im 7. Haus, Herrscher des 7. Hauses im 9. Haus, Herrscher des 9. Hauses im 2. Haus, Herrscher des 2. Hauses im 11. Haus, Herrscher des 11. Hauses im 7. Haus. Zwei der Häuserherrscher dieser Kette stehen also im 7. Haus: der Herrscher des 1. Hauses und der Herrscher des 11. Hauses. Würden wir diese Reihe fortsetzen, dann würde sich die Reihe Herrscher des 7. Hauses im 9. Haus, Herrscher des 9. Hauses im 2. Haus und so weiter wiederholen. Das ergäbe einen endlosen Kreis. Darum unterbrechen wir bei dem Haus, das zum zweiten Mal in einer Reihe der Endpunkt ist – in diesem Fall das 7. Haus.

Wir können die obengenannte Reihe auch kürzer und übersichtlicher aufschreiben:

1   7   9   2   11   7

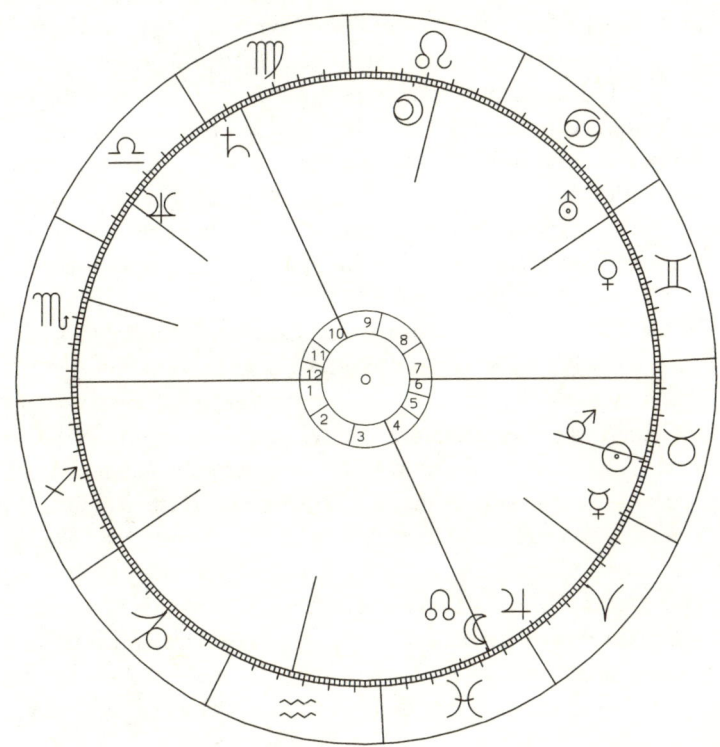

Horoskop von Fred

Das 7. Haus ist hier der Endpunkt. Schreiben wir nun die Reihe der Häuserbeziehungen für jedes Haus einzeln auf, so stellen wir fest, daß nicht nur bestimmte Beziehungen häufiger in Erscheinung treten als andere, sondern auch, daß es meistens ein oder zwei Häuser gibt, in denen auffallend viele Häuserketten enden. Das Haus beziehungsweise diese Häuser spielen ebenfalls eine wichtige Rolle für den Geborenen: Sie bilden die Achse, um die sich bei den verschiedenen Häuserbeziehungen immer wieder alles dreht.

Die Ermittlung dieses oder dieser wichtigen Häuser ist die *Bestimmung des stärksten Hauses.* Dem stärksten Haus sollten wir auch bei der Beurteilung des Horoskops eine besondere Bedeutung zukommen lassen.

Das stärkste Haus muß nicht unbedingt ein Haus sein, in dem viele Planeten stehen, auch wenn das manchmal der Fall ist. Manchmal könnten wir sehr überrascht sein, welches Haus das stärkte ist. Wohlgemerkt: Auch hier bedeutet *stark* nicht, daß es sich um ein »gutes« Haus handelt oder um einen Lebensbereich, in dem alles wie von selbst läuft. Das Wort *stark* zeigt vielmehr an, daß das vom Haus symbolisierte Bedürfnis eine Kernfunktion beziehungsweise ein Kernbedürfnis darstellt, dessen Befriedigung auch andere Bereiche beeinflußt.

Wir wollen uns nun ein konkretes Beispiel ansehen. Das Horoskop von Fred weist einige Planeten auf, die Grenzfälle darstellen. So steht sein Mond dicht vor der Spitze des 4. Hauses – nach der Orbisregel ist es diesem zuzurechnen. Seine Sonne befindet sich auf 10 Grad 39 Minuten und die Spitze des 6. Hauses auf 11 Grad 14 Minuten in Stier. Mit der Orbisregel ist also auch die Sonne zum 6. Haus zu zählen. Wie steht es nun mit den Häuserbeziehungen von Fred?

Der Herrscher des 1. Hauses steht im 9. Haus, der Herrscher des 9. Hauses im 6. Haus, der Herrscher des 6. Hauses im 7. Haus und der Herrscher des 7. Hauses im 7. Haus. Beim 7. Haus tritt die erste Wiederholung auf; demzufolge endet hier die Reihe. Wir können dies folgendermaßen aufschreiben:

1 9 6 7 7

Wenn wir die anderen Häuser auf dieselbe Weise untersuchen, erhalten wir – in kurz gefaßter Schreibweise – die folgenden Reihen:

1. 9 6 7 7.
2. 4 10 5 6 7 7.
3. 8 5 6 7 7.
4. 10 5 6 7 7.
5. 6 7 7.
6. 7 7.
7. 7.
8. 5 6 7 7.
9. 6 7 7.

10. 5 6 7 7.
11. 7 7.
12. 9 6 7 7.

Das Beispiel von Fred ist sehr einfach. Es gibt in ihm nur ein ein-
ziges Haus, das als stärkstes in Frage kommt: das 7. Haus – es
stellt den Endpunkt aller zwölf Ketten dar. Das Zusammensein
mit dem anderen, dem Lebenspartner, ist für Freds Wohlbefinden von alles entscheidender Bedeutung. Von der Partnerschaft
hängt für ihn letztlich alles ab, die Befriedigung auf allen Lebensgebieten; Fred muß sich von ihm wirklich in jeder Hinsicht stimuliert fühlen. Sehr, sehr viel dreht sich für ihn um den anderen.
Natürlich müssen wir das 7. Haus und seinen Herrscher intensiv
analysieren, um herauszufinden, wie Fred diesem Bedürfnis Ausdruck verleihen wird.

Das 7. Haus hätten wir wahrscheinlich nicht unbedingt als Ergebnis erwartet. Schließlich stehen im 6. Haus zwei wichtige persönliche Inhalte (Sonne und Mars), und im 4. Haus finden wir
außer Jupiter auch den Mond, wodurch auch dieses Haus für
Fred wichtig ist. Bei den Häuserbeziehungen aber ragt das
7. Haus deutlich heraus; es handelt sich hier um einen Bereich,
den Fred in der Praxis nicht außer acht lassen kann. Natürlich
sind auch das 4. und das 6. Haus wegen der wichtigen Inhalte
darin und das 9. Haus (mit dem Herrscher des 1. Hauses) von
großer Bedeutung. Aber unabhängig davon, ob die Bedürfnisse
auf allen anderen Lebensgebieten (wie sie durch die anderen
Häuser symbolisiert werden) mehr oder weniger Energie, Kampf
beziehungsweise Aufmerksamkeit verlangen – in gewisser Weise
stehen sie alle im Dienst des einen – des 7. – Hauses. Dieses ist es,
das engstens mit der Befriedigung dessen, was die anderen Häuser anzeigen, zu tun hat, mitsamt aller damit zusammenhängenden Aktivitäten.

Bei Paul sehen wir die folgenden Beziehungen:

1. 9 3 10 9.
2. 3 10 9 3.
3. 10 9 3.
4. 8 8.

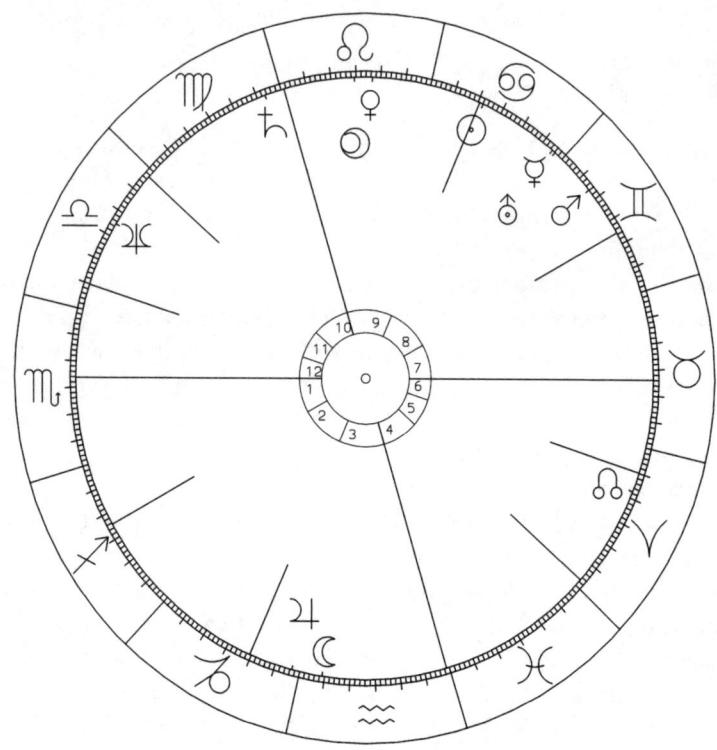

Horoskop von Paul

5.	8	8.		
6.	8	8.		
7.	9	3	10	9.
8.	8.			
9.	3	10	9.	
10.	9	3	10.	
11.	9	3	10	9.
12.	9	3	10	9.

Bei Paul endet die Kette fünfmal im 9. Haus, viermal im 8. Haus, zweimal im 3. und einmal im 10. Haus. Das 9. und das 8. Haus stehen also stark im Vordergrund. Das ist vielleicht nicht ganz überraschend, da sich in jedem davon drei Planeten befinden, darunter persönliche wie die Sonne und Merkur. Wir bekommen hier als Ergebnis einige Häuser, die viel eher den Erwartungen entsprechen als das eine Haus in unserem vorigen Beispiel bei Fred.

Paul hat aus einem starken philosophisch-psychologischen Interesse heraus Theologie studiert. Es ist klar, daß das 8. und das 9. Haus hiermit direkt zusammenhängen. Diese Häuser sind im Horoskop übrigens in mehrfacher Hinsicht besonders betont:

– Im 9. Haus steht der Herrscher des 1. Hauses (Pluto). Es handelt sich hierbei weiterhin um ein starkes Haus bei den Häuserbeziehungen.
– Das 8. Haus beherbergt seinen eigenen Herrscher, und es ist ebenfalls in bezug auf die Häuserbeziehungen stark.
– Zudem stehen in jedem dieser beiden Häuser drei Planeten, darunter persönliche (es ist wichtig, dies bei der Beurteilung zu berücksichtigen). Auch aus diesem Grund kommt ihnen eine besondere Bedeutung zu.

Bei einem solchen starken Nachdruck, der auf diesen zwei Häusern liegt, ist es kein Wunder, daß sie sich bei Pauls Studium, bei seinen Interessen und seiner Arbeit deutlich manifestieren.

Der Zusammenhang zwischen Arbeit, Interessen und dem stärksten Haus wird auch am Beispiel eines prominenten niederländischen Politikers deutlich. Die Häuserbeziehungen sehen bei ihm wie folgt aus:

1.	9	3	10	10.
2.	10	10.		
3.	10	10.		
4.	5	11	12	5.
5.	11	12	5.	
6.	10	10.		
7.	4	5	11	12	5.
8.	3	10	10.	
9.	3	10	10.	
10.	10.			
11.	12	5	11.	
12.	5	11	12.	

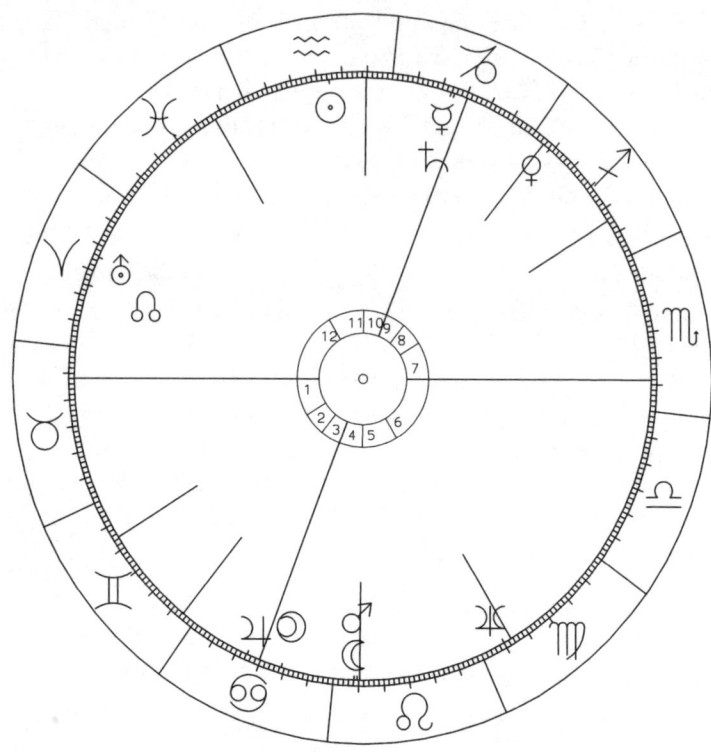

Horoskop eines Politikers

Wir sehen hier siebenmal das 10. Haus als Endhaus, dreimal das 5. Haus, einmal das 11. und einmal das 12. Haus. Das 10. Haus ist sehr passend für jemanden, der immer leitende Funktionen in der Öffentlichkeit bekleidet hat. Zu diesem Haus gehören schließlich das Erstellen von Vorschriften, Gesetzen und Regeln und Leitungsfunktionen in gesellschaftlicher Hinsicht.

In diesem Horoskop müssen wir auch wieder die Orbisregel zur Anwendung bringen. Mond und Mars stehen beide an der Spitze des 5. Hauses. Der Mond ist fraglos zum 5. Haus zu zählen. Mars ist rückläufig – er ist theoretisch noch zum 4. Haus zu rechnen, wenngleich es sich bei ihm um einen Grenzfall handelt (es besteht noch keine Übereinkunft, ab welchem Orbis ein rückläufiger Planet zu dem folgenden Haus gerechnet werden muß).

In diesem Fall ist Mars jedoch unwichtig; er ist lediglich Mitherrscher im 12. Haus, und Mitherrscher spielen bei dieser Art der Betrachtung keine Rolle.

Venus steht an der Spitze des 9. Hauses und wird zu diesem gerechnet. Jupiter steht an der Spitze des 4. Hauses, bewegt sich aber rückläufig. Weil er jedoch weiter als 2 Grad von der Spitze des 4. Hauses entfernt ist, entfaltet er seine Wirkung im 3. Haus. Auch Neptun ist ein Grenzfall: Er steht an der Spitze des 6. Hauses, bewegt sich aber ebenfalls rückläufig. Er ist gut 1 1/2 Grad von der Häuserspitze entfernt und wird folglich noch zum 5. Haus gerechnet, um so mehr wegen seiner langsamen Bewegung: Selbst wenn er im Laufe des Lebens dieses Politikers in der Sekundärprogression vorwärtslaufen würde, würde er für die meiste Zeit doch im 5. Haus stehen und dort wirken.

Das Beispiel dieses Politikers soll keinesfalls bedeuten, daß jeder mit einem starken 10. Haus »zwangsläufig« in der Politik landen wird. Allerdings können wir diesen Typ Mensch doch oft in Positionen sehen, die Autorität verkörpern. Dies kann sich aber auch im kleinen (bis hin zur Familie) äußern – die Größenordnung tut nämlich nichts zur Sache. Sogar Menschen mit einem starken 10. Haus, deren Horoskop sonst überhaupt keine derartigen Auswirkungen nahelegt, können sich in irgendeiner Hinsicht als Führungs- oder Leitungspersönlichkeiten hervortun, wenngleich vielleicht mehr hinter den Kulissen. Ein diesbezügliches Bedürfnis ist aber fraglos vorhanden.

Selbst aus dem stärksten Haus ist nicht zu ersehen, was jemand nun damit anfangen wird. Ich habe bereits an früherer Stelle gesagt, daß wir auch darauf achten müssen, welche Planeten darin stehen und – dies ist von alles überragender Wichtigkeit – was für eine Rolle der Häuserherrscher im Horoskop spielt. Für jedes Haus besteht weiterhin eine unerschöpfliche Skala an Auswirkungsmöglichkeiten zwischen den Extremen destruktiv und konstruktiv. Es kann sehr gut sein, daß wir es im Hinblick auf ein Lebensgebiet mit einem Extrem zu tun haben, vielleicht aber auch sogar mit beiden.

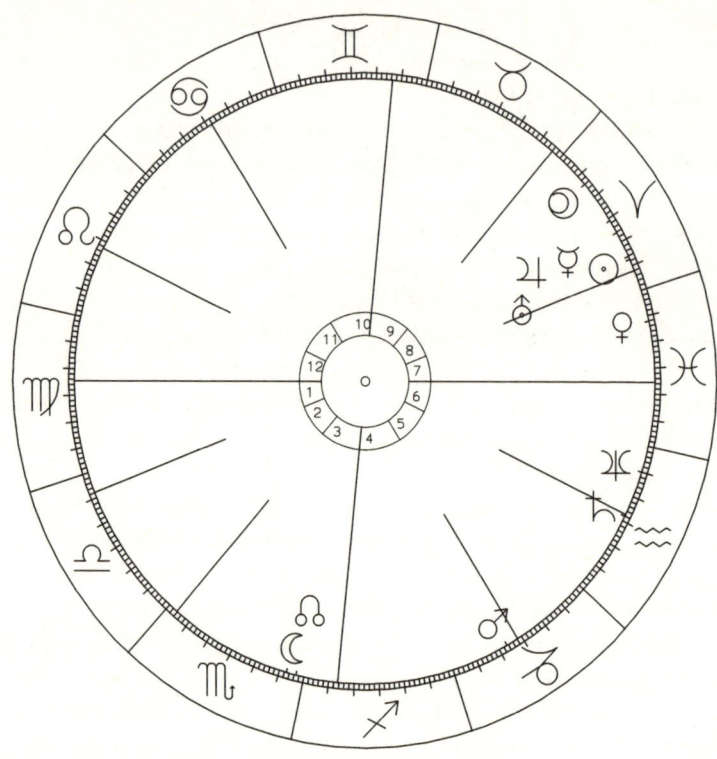

Horoskop von Wilhelm C. Röntgen

Dies läßt sich gut bei Wilhelm C. Röntgen nachweisen, dem Entdecker der nach ihm benannten elektromagnetischen Strahlen. Bei ihm sehen wir die folgenden Häuserbeziehungen:

1.	8	5	6	8.	
2.	7	6	8	5	6.
3.	8	5	6	8.	
4.	8	5	6	8.	
5.	6	8	5.		
6.	8	5	6.		
7.	6	8	5	6.	
8.	5	6	8.		
9.	7	6	8	5	6.

10. 8 5 6 8.
11. 3 8 5 6 8.
12. 8 5 6 8.

Als Resultat haben wir siebenmal das 8. Haus, viermal das 6. und einmal das 5. Das 8. Haus ist also eindeutig das stärkste Haus, gefolgt vom 6. Es muß wohl nicht weiter erläutert werden, daß Röntgens Erforschung der in der Materie verborgenen Kräfte und Geheimnisse sehr gut zum 8. Haus paßt, das in seinem Horoskop so deutlich betont ist. Dem Gedanken von Leben und Tod, den wir im 8. Haus wiederfinden, hat er mit seiner Entdeckung Ausdruck verliehen: Eine richtige Dosierung kann lebensrettend wirken, eine zu hohe Dosis den Tod zur Folge haben.

Mord und Totschlag werden manchmal auch heute noch diesem Haus zugeschrieben; sie stellen aber absolut keine notwendigen Erscheinungsformen eines starken 8. Hauses dar (allerdings ist natürlich möglich, daß dergleichen schon einmal vorkommt).

Wir können nicht aus dem Horoskop allein schlußfolgern, daß beziehungsweise welche Faktoren sich destruktiv auswirken. Darum sollten wir ausgesprochen vorsichtig sein, wenn sich ein unserer Meinung nach »schwieriges« Haus als stärkstes herausstellt. Schon aus diesem Grunde ist das Horoskop von Röntgen so informativ. Zu allem Überfluß nämlich steht der Herrscher des 8. Hauses, Mars, auch noch im Quadrat zu vier der insgesamt fünf Planeten des 8. Hauses. Die veraltete Astrologie mit ihren Schwarz-Weiß-Urteilen hätte hieraus ohne weiteres negative Schlüsse gezogen. Von einer humanistischen statt einer moralisierenden Perspektive aus urteilt die moderne, eher psychologisch orientierte Astrologie dagegen glücklicherweise anders: Mit diesem Horoskop besteht zwar eine gewisse Gefahr, weil der Geborene das Bedürfnis hat, sich auf Extreme einzulassen, anstatt auf einem einfacheren beziehungsweise ungefährlicheren Weg durchs Leben zu gehen. Andererseits symbolisiert dieses 8. Haus mit seinen Quadraten ein gewaltiges kreatives Potential, das den Betreffenden hoch emporheben kann – sowohl in gesellschaftlicher Hinsicht als auch in der Persönlichkeitsentwicklung.

Auch im Horoskop von Röntgen müssen wir die Orbisregel zum Einsatz bringen. Mars steht an der Spitze des 5. Hauses, und zwar auf 11 Grad 39 Minuten, während die Spitze des 5. Hauses sich bei 14 Grad 09 Minuten im selben Zeichen befindet. Der Unterschied von 2 Grad 30 Minuten ist kleiner als die 3 Grad, wie sie die Regel vorschreibt (Ausnahme: 4 Grad bei Eckhäusern), so daß Mars also zum 5. Haus zu rechnen ist. Saturn steht auf 15 Grad 56 Minuten in Wassermann, während das 6. Haus bei 16 Grad 20 Minuten in Wassermann beginnt. Saturn wird damit zum folgenden Haus, dem 6., gerechnet.

Würden wir diese Regel nicht beachten, so wäre der Nachdruck auf dem 8. Haus noch stärker. Mars stünde dann ebenfalls im 4. Haus, und durch die Häuserrezeption zwischen dem 4. und dem 8. Haus (Jupiter als Herrscher des 4. Hauses im 8. Haus und Mars als Herrscher des 8. Hauses im 4. Haus) würden dann so gut wie alle Häuserbeziehungen im 8. Haus enden. Das könnte zwar dem Anschein nach ins Bild passen, allerdings zu Lasten der Rolle des 6. Hauses mitsamt seiner analytischen und arbeitsamen Eigenschaften gehen und dieses Haus hat im Leben von Röntgen unverkennbar ebenfalls eine wichtige Rolle gespielt.

Die Deutung des stärksten Hauses

Wie gehen wir nun mit dem stärksten Haus bei der Deutung um? Zunächst einmal ist es als Haus an sich zu deuten, als ein wichtiges Bedürfnis beziehungsweise als Charakterzug. Es gibt hier für die Häuser die folgenden Deutungsmöglichkeiten, wobei ich keinerlei Vollständigkeit angestrebt habe, sondern lediglich einige erhellende Anmerkungen machen möchte:

1. Haus

Das 1. Haus als stärkstes Haus bewirkt ein kräftiges Bedürfnis, sich in der Welt zum Ausdruck zu bringen. Die betreffende Person möchte einen starken Eindruck hinterlassen und auf sich aufmerksam machen, was ihr allerdings nicht bewußt sein muß. Für gewöhnlich wird jemand mit diesem Horoskopmerkmal tatsächlich auch nicht unbeachtet bleiben.

Der Drang, sich zu behaupten, ist gut entwickelt, und das Bedürfnis, auf äußerliche Anregungen zu reagieren, groß. Daneben besteht der Wunsch, auf Neues einzugehen und Abenteuer zu suchen. Diese Menschen haben einen Riecher für das Neue und für Aktivitäten – die sie manchmal durch ihre bloße Anwesenheit auslösen. Mit der Betonung des 1. Hauses machen sie oft das, wozu sie Lust haben, was ihre natürliche Neigung zur Ichbezogenheit und Eigensinnigkeit verstärken kann.

2. Haus

Das 2. Haus als stärkstes Haus symbolisiert das Bedürfnis, auf Nummer Sicher zu gehen und festen Grund unter die Füße zu bekommen. Das hat zur Folge, daß diese Menschen erst einmal eine sichere Basis brauchen, bevor sie sich auf neue Situationen einlassen können. Das 2. Haus ist stark im Materiellen, dem Greifbaren und der damit verbundenen Sicherheit, verwurzelt. Deshalb kann das Bedürfnis nach finanzieller Sicherheit und Geborgenheit hier eindeutig im Vordergrund stehen. Das kann möglicherweise zu der Frage »Und was habe ich davon?« führen, vielleicht aber auch zu der Einstellung, sich nicht der Materie zu unterwerfen, sondern die Materie nach eigenem Gutdünken einzusetzen oder sie der eigenen Person dienstbar zu machen und sie zum Ausdruck der eigenen Lust- und Unlustgefühle zu benutzen. Ein Sinn für Kunst und handwerkliches Geschick kann deshalb ebenfalls mit einem starken 2. Haus verbunden sein.

3. Haus

Wenn das 3. Haus das stärkste Haus ist, besitzt der Mensch ein deutlich ausgeprägtes Bedürfnis nach Austausch, Diskussionen, Informationen (auch in Form von Lektüre), nach dem abwägenden Umgang mit Fakten und Gedanken und nach mentaler Analyse, ob nun im Gespräch oder für sich allein. Selbst dann, wenn es sich um ein ziemlich »reserviertes« Horoskop handelt, dürften wir es hier mit einem Menschen zu tun haben, der gern oder viel redet, der vielleicht sehr gut mit Worten umzugehen weiß und der im allgemeinen über besondere kommunikative Gaben verfügt. Mit seiner lebendigen mentalen Aktivität sichtet und ordnet er die verschiedensten Fakten und Informationen, die auf ihn einströmen. Es könnte sich auch um jemanden handeln, der ein außerordentlich großes Wissen besitzt. Eine Begabung für Sprachen wie auch Geschäftsgeist können weitere besondere Merkmale dieser Stellung sein.

4. Haus

Das häusliche Leben, die eigenen Gefühle und Emotionen ebenso wie die der anderen spielen eine wichtige Rolle für uns, wenn wir das 4. Haus als stärkstes Haus haben. Damit besitzen wir ein großes Bedürfnis nach emotionaler Geborgenheit und Sicherheit und sind bestrebt, uns auf den Kreis von vertrauten Menschen zu konzentrieren, zu denen wir eine gefühlsmäßige Bindung haben.

Für diese Menschen kann der Wunsch nach behaglicher Gemütlichkeit bestimmend sein, was manchmal der Grund für eine gewisse Zurückgezogenheit ist. Diese Person hat das Bedürfnis, fortwährend Situationen zu ergründen und die Dinge so zu organisieren, daß sie und andere sich damit »wie zu Hause« fühlen können. Die gefühlsmäßige Bindung an die Vergangenheit und an stimmungsvolle Objekte ist groß; diese Menschen können sich nur schwer von ihnen trennen, so daß ihre Häuser schon einmal voller Gegenstände und Nippsachen stecken können, die allesamt eine bestimmte Erinnerung symbolisieren. Normalerweise besteht ein großes Bedürfnis nach einem festen, soliden Familienleben. Vielleicht bieten aber auch Freundschaften die Gelegenheit, das Bedürfnis, für andere zu sorgen, auszuleben.

5. Haus

Das Bedürfnis, die eigene Individualität zu erleben, sich selbst ins Zentrum zu rücken und sich als Mittelpunkt zu fühlen, ist bei einem starken 5. Haus deutlich ausgeprägt. Häufig ist aufgrund der Haltung, die aus diesem Bedürfnis hervorgeht, ein natürliches Führungstalent gegeben. Diese Menschen sind geneigt, in erster Linie die Dinge zu tun, die ihnen persönlich Spaß und Freude bereiten oder aus denen sie Selbstbestätigung schöpfen können. Sie besitzen eine Neigung zum »Berufshobbytum«. In ihren Beziehungen zu anderen Menschen ist ihnen die Stärkung ihres Selbstvertrauens und des Gefühls ihrer persönlichen Würde sehr wichtig.

Manchmal kann auch die Neigung vorhanden sein, andere herumzukommandieren beziehungsweise anderen die unangenehmen Arbeiten zu überlassen. Diese Menschen sind auch nicht diejenigen, die sich voller Eifer mit Kleinigkeiten beschäftigen: Viel eher liegt es ihnen, die Dinge im großen Rahmen anzupakken – falls sie Lust dazu verspüren. Durch das Bedürfnis, sich selbst in den Mittelpunkt zu rücken, laufen sie Gefahr, als egozentrisch zu gelten. Hierzu ist auch noch die Stellung des Herrschers des 5. Hauses zu untersuchen.

6. Haus

Jemand mit diesem Haus als dem stärksten ist auf das Praktische und das Konkrete ausgerichtet: Er hat das Bedürfnis, aktiv zu sein und seine Hände zu gebrauchen. Dienstbarkeit, Hilfsbereitschaft und Arbeitswilligkeit sind hier zumeist gut entwickelt. Für einige dieser Menschen ist die Arbeit ein Mittel, sich selbst zum Ausdruck zu bringen. Das Nützliche ist ihnen wichtig, und häufig lautet ihre Devise: »Erst die Arbeit und dann das Vergnügen.«

Die Wichtigkeit von Regeln und Normen, wie sie für dieses Haus typisch ist, äußert sich in Anpassungsbereitschaft an das Kollektive. Darüber hinaus ist häufig auch eine kritisch-analytische Einstellung zu verzeichnen und das Bedürfnis nach Objektivität. Manchmal sehen wir ein Interesse an Dingen, die mit Krankheit und Gesundheit zu tun haben, oder auch eine Beschäftigung auf diesem Gebiet.

7. Haus

Der Partner – in privater oder in geschäftlicher Hinsicht – spielt eine sehr wichtige, häufig sogar ausschlaggebende Rolle im Leben desjenigen, bei dem sich das 7. Haus als das stärkste erweist. Der Geborene erwartet viel von der Beziehung, vom Freund oder dem Partner, und er investiert auch viel psychische Energie in die Beziehung. Er braucht die Stimulierung, die von dem anderen ausgeht, und oft sucht er deshalb schon früh nach Verbindungen.

Das 7. Haus muß hier jedoch nicht unbedingt Erfolg in dieser Beziehung bedeuten; es weist nur auf die Tatsache hin, daß der Betreffende die Beziehung über alles stellt. Die Fähigkeit zur Zusammenarbeit und gesellige Talente sind hier oft sehr gut entwickelt, ebenso Kompromißbereitschaft. Ein Nachteil ist manchmal die zu starke Abhängigkeit vom anderen.

8. Haus

Wenn das 8. Haus das stärkste ist, lebt der Mensch ständig im Bewußtsein der eigenen Verletzlichkeit. Das 8. Haus spiegelt sowohl Verdrängungen als auch verborgene Gaben und Talente wider. Wenn ein so starker Nachdruck auf diesem Haus liegt, weiß der Betreffende (zumeist unbewußt), daß er hier Probleme hat. Das kann ihn dazu bringen, eine Haltung anzunehmen, die nichts von seiner Verletzlichkeit erkennen läßt. Er kann es sich seiner Meinung nach nicht erlauben, sich in die Karten schauen zu lassen; sein Kampf spielt sich hauptsächlich im Inneren ab. Er hat ein großes Bedürfnis nach Tiefgründigkeit und einen Hang für alles, was im Verborgenen liegt, sowohl in sich selbst als auch in anderen. Aber auch das Gebiet der Wissenschaften zum Beispiel könnten davon betroffen sein. Seine tiefschürfenden und durchdringenden Fähigkeiten sind meist gut entwickelt.

Bei positiver Entwicklung sehen wir große Kreativität und sehr starke regenerative Fähigkeiten; in negativer Hinsicht kann es schnell zu Krisen kommen. Der Glaube dieser Menschen, sich im Angesicht von Gefahren bewähren zu müssen, zieht oft das Bedürfnis nach sich, sich und das Leben immer wieder herauszufordern.

9. Haus

Das Bedürfnis nach Expansion und Erweiterung des Horizonts zieht sich wie ein roter Faden durch das Leben desjenigen, der das 9. Haus als stärkstes hat. Reisen – in der Realität oder im Geiste – ist für ihn von zentraler Bedeutung. Er will sich ein eigenes, unabhängiges Urteil bilden und seine eigene Meinung äußern. Das kann vielleicht sogar missionarische Züge annehmen und belehrend oder moralisierend wirken.

Meist besteht das Bedürfnis, Fakten und Erscheinungen in einem größeren Rahmen zu sehen und zu einer Synthese zu bringen. Damit könnte verbunden sein, daß sich eine bestimmte Lebensanschauung oder Lebenshaltung entwickelt, die auf einer Religion basiert. Die eigenen Gedanken und Auffassungen sind das, was diesem Menschen wichtig ist, und auch, sie tatsächlich zum Ausdruck zu bringen. Oft wird eine höhere Ausbildung absolviert – zumindest dann, wenn auch andere Horoskopfaktoren dafür sprechen.

10. Haus

Das 10. Haus als stärkstes Haus hat das Bedürfnis zur Folge, auf die eine oder andere Weise Verantwortung zu übernehmen oder zumindest für einen Teil der Gemeinschaft in einem gewissen Maße die Zügel in den Händen zu haben und Regeln und Gesetze aufzustellen. Diese Menschen lassen sich nicht leicht beeinflussen (sie sind sich ihrer Verantwortung bewußt). Am liebsten ist es ihnen, wenn sie es sind, die die Regeln festlegen; in Verbindung damit verfügen sie oft auch über organisatorische Qualitäten und können Führungspositionen bekleiden. Die Außenwelt mit allem, was damit zusammenhängt, und ihr ordnendes und regelndes Wirken darin sind für sie zumeist von alles entscheidender Wichtigkeit.

57

Nicht selten mißt eine solche Person der Rolle, die sie in der Gesellschaft spielt, einen so großen Wert zu, daß sie sich damit mehr oder weniger vollständig identifiziert. Strukturen sind für sie von großer Bedeutung; dies bezieht sich nicht nur auf das Konkrete und das Gesellschaftliche, sondern auch darauf, dem eigenen Ego Form zu verleihen. Das Bedürfnis, sich als Autorität anerkannt zu fühlen, tritt damit im allgemeinen auch deutlich hervor. Dies kann unter Umständen eine ausgeprägte Ichbezogenheit mit sich bringen.

11. Haus

Derjenige, bei dem das 11. Haus das stärkste Haus ist, hat ein sehr großes Bedürfnis, in Kontakt mit Gleichgesinnten und Gleichdenkenden zu stehen – mit Freunden, Vereinsmitgliedern, Parteigenossen und so weiter. Durch den Umgang und den Gedankenaustausch mit ihnen ist es ihm möglich, seine Position zu relativieren und den eigenen Platz zu bestimmen. Er lernt dabei auch, die anderen als Individuen mit eigenen Bedürfnissen und Wertvorstellungen zu sehen. Andere als gleichberechtigt zu akzeptieren und von einer Basis der Toleranz aus in Kontakt mit den Mitmenschen zu treten ist ein deutlich ausgeprägtes Bedürfnis bei diesem Horoskopmerkmal. Eine solche Person scheut nicht davor zurück, allzu starre Grenzen zu durchbrechen, die die eigene Entfaltung oder die der anderen behindern.

12. Haus

Wer das 12. Haus als stärkstes im Horoskop hat, fühlt ein großes Bedürfnis nach Ruhe und Abgeschiedenheit und dem Erleben einer Einheit. Das 12. Haus muß in diesem Zusammenhang jedoch ganz und gar nicht die Auflösung der eigenen Persönlichkeit oder irgendeinen Verlust anzeigen. Es ist das deutlich wahrnehmbare Bedürfnis nach Besinnung beziehungsweise der Wunsch vorhanden, innerlich ins Reine zu kommen, in welcher Hinsicht auch immer. Dies kann sich auf das Religiöse richten, aber auch in Form von Yoga, Meditation, dem Wandern durch die Natur, dem ergriffenen Lauschen von Musik und so weiter geschehen.

Die Dienstbereitschaft für das Kollektiv, das Bedürfnis, sich auf selbstlose Weise in der Gesellschaft nützlich zu machen, insbesondere für die Unterdrückten und Hilfsbedürftigen, ist bei dieser Horoskopstellung ebenfalls oft sehr deutlich auszumachen.

Vielleicht besteht damit auch die Neigung, in Träume zu flüchten oder vagen, undeutlichen Idealen nachzujagen – gleichermaßen denkbar ist aber, das große Einfühlungsvermögen dafür einzusetzen, sich auf noch nicht an die Oberfläche gekommene und folglich auch noch nicht konkret wahrnehmbare, neue gesellschaftliche Entwicklungen einzustimmen. Dies geschieht zumeist auf vollkommen unbewußte Art und Weise. Auch die zugrunde liegenden Gefühlsströmungen innerhalb der Gemeinschaft, in der sich diese Person zu Hause fühlt, können davon betroffen sein.

Das Haus, das sich als das stärkste im Horoskop erweist, hat eine herausragende Stellung innerhalb der Häuserbeziehungen; es steht für ein Bedürfnis, das wir auf keinen Fall vernachlässigen dürfen. Dabei ist entscheidend, daß das Haus wegen seiner *Funktion* hervorragt, nicht wegen seiner *Eigenschaften*. Das soll heißen, daß das dazugehörige Bedürfnis keinesfalls automatisch erfüllt wird. Die Planeten in diesem Haus, die Stellung des Häuserherrschers und anderes mehr geben Aufschluß über die Frage, wie es jemandem insgesamt in bezug auf dieses Haus ergeht. Die Wichtigkeit, die dieses Haus hat, hat auch nichts mit »gut« oder »schlecht« zu tun. Es geht hier einzig und allein um das Bedürfnis, das den Endpunkt eines persönlichen Musters bildet, einer Kette von Bedürfnissen. Nur die Erfüllung auf diesem letzten Gebiet kann die Anstrengungen auf den vorangegangenen Gebieten zu einem Erfolg machen und ihnen einen Sinn verleihen (oder auch zur Antriebskraft werden, sich gegen Widerstände erfolgreich zu behaupten).

Aus all dem bislang Behandelten wird deutlich, daß die Häuser sich auf sehr unterschiedliche Art und Weise bemerkbar machen können. Manchmal haben die Häuser, auf denen solch großer Nachdruck liegt, nichts miteinander zu tun – weitaus häufiger aber ist, daß eine begrenzte Anzahl von Häusern von verschiedenen Gesichtspunkten aus betont wird und dadurch noch mehr an Bedeutung gewinnt. Häuser, die eine wichtige Rolle spielen, sind unter anderem:

1. das Haus, in dem der Herrscher des 1. Hauses steht
2. ein Haus, das seinen eigenen Herrscher beherbergt
3. das Haus, in dem die Sonne steht
4. ein Haus, in dem viele Planeten stehen, ganz besonders dann, wenn es sich dabei um persönliche Planeten handelt
5. ein Haus in seiner Funktion als stärkstes Haus.

Individuelle und kollektive Häuserherrscher

Im ersten Abschnitt haben wir gesehen, daß sich die astrologische Herrschaft sowohl auf Zeichen als auch auf Häuser beziehen kann. Die *Zeichenherrscher* gelten für alle Menschen – weil jedes Zeichen nun einmal fest zu einem bestimmten Planeten oder Planetenpaar gerechnet wird. Die *Häuserherrscher* dagegen unterscheiden sich von Person zu Person – weil die Einteilung hierbei von der individuellen Häusereinteilung abhängig ist, die ihrerseits wiederum auf dem höchst individuellen Moment der Geburt basiert. Die Häuserherrscher sind damit als *individuelle Herrscher* zu bezeichnen.

Wir können noch eine weitere Art von Herrschaft anführen, die auf dem Zusammenhang zwischen Zeichen und Häusern beruht. Die Bedeutung eines jeden Hauses hängt zusammen mit einem bestimmten Tierkreiszeichen. Aber auch die Reihenfolge der Zeichen und die der Häuser korrespondieren miteinander. So ist die Bedeutung des 1. Hauses analog zu Widder, dem 1. Zeichen, die Bedeutung des 2. Hauses analog zu Stier, dem 2. Zeichen, und so weiter für alle zwölf Häuser und Zeichen (für eine ausführlichere Analyse hierzu siehe das Buch »Deutung der Häuser«).

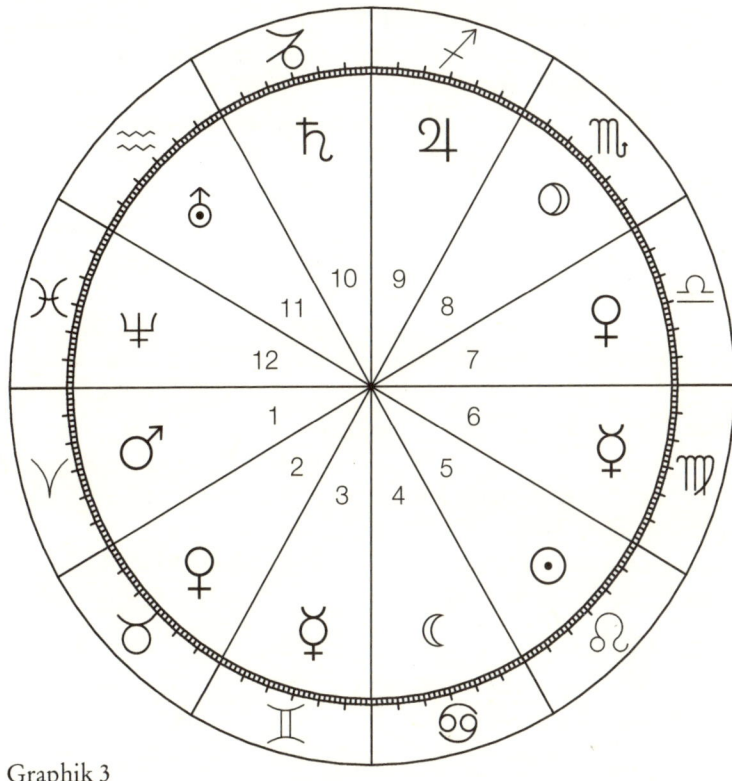

Graphik 3

In Graphik 3 wird dieser schematische Zusammenhang darge-stellt. Alle Zeichen haben, wie bereits gesagt, bestimmte Tagherr-scher. Diese sind in der Graphik angegeben. Dort stehen das Zei-chen Widder, der Planet Mars und das 1. Haus zusammen, ebenso das Zeichen Steinbock, der Planet Saturn und das 10. Haus, um nur zwei Beispiele zu nennen. Der zu einem Haus ge-hörende Planet wird ganz allgemein dessen Häuserherrscher ge-nannt (manchmal wird er auch als dessen *mundaner* Herrscher bezeichnet). Auch hier spielt also wieder der Tagherrscher des Zeichens, von dem die Bedeutung des Hauses abgeleitet wird, die entscheidende Rolle. Im Prinzip hat also jeder Mars als allgemei-nen oder auch mundanen Herrscher des 1. Hauses. Merkur herrscht über das 3. Haus, Uranus über das 11. und so weiter.

Diese mundanen Herrscher können mit den individuellen Herrschern übereinstimmen – was aber meist nicht der Fall ist und reiner Zufall wäre. Wir haben es also mit einem individuellen Herrscher (der von diesen beiden Herrschern übrigens der weitaus wichtigere ist) und einem kollektiven zu tun, der für alle gleich ist.

Der kollektive Herrscher eines Hauses spielt eine wichtige Rolle, wenn er im Aspekt zu dem individuellen Herrscher dieses Hauses steht. Nehmen wir einmal an, daß jemand einen Löwe-Aszendenten hat. Der *individuelle* Herrscher des 1. Hauses ist in diesem Fall die Sonne, der mundane Herrscher dieses Hauses dagegen ist immer Mars. Ist nun ein Aspekt zwischen Sonne und Mars vorhanden, so müssen wir zunächst einmal ermitteln, um welchen es sich hier handelt. Solche Aspekte zeigen, in welchem Maße unsere individuelle Art, einem Haus Ausdruck zu verleihen, mit dem kollektiven Zeitgeschehen beziehungsweise mit einer kollektiveren Qualität von Zeit übereinstimmt. Hierzu ist folgendes anzumerken:

- Bei Konfliktaspekten kommt es häufig zu Mißgeschicken und Enttäuschungen, weil das, was wir auf einem bestimmten Lebensgebiet wollen, in Konflikt steht zu dem, was in diesem Augenblick möglich ist beziehungsweise was von uns erwartet wird.
- Bei harmonischen Aspekten fällt es uns relativ leicht, uns auf den betreffenden Lebensgebieten zum Ausdruck zu bringen; vielleicht können wir auch die Menschen um uns herum einfacher zu dem bewegen, was wir wollen.
- Bei einer Konjunktion gehen das Kollektive und die individuelle Äußerungsform Hand in Hand, was den Effekt der Äußerung meistens verstärkt.
- Wenn der kollektive und der individuelle Herrscher übereinstimmen, ähnelt die Wirkung der der Konjunktion.
- Wenn es keinen Aspekt gibt, ist die Situation neutral; es kann dann von keinem erkennbaren Muster gesprochen werden.

Die Verbindung zwischen mundanen und individuellen Häuserherrschern bildet einen zusätzlichen Deutungsfaktor, der allerdings nicht dazu geeignet ist, schwerwiegende Aussagen zu begründen! Er gibt jedoch interessante Informationen über viele kleine Dinge des täglichen Lebens, Dinge, für die zumeist keine Erklärung auf der Hand liegt, mit denen wir es aber immer wieder zu tun haben.

Ein Beispiel: Wenn der allgemeine oder mundane Herrscher des 11. Hauses, Uranus, in Konflikt zu unserem individuellen Herrscher des 11. Hauses steht, wird es des öfteren passieren, daß Freunde immer dann, wenn der Betreffende Lust hat, etwas mit ihnen zu unternehmen, unabkömmlich sind oder nicht ans Telefon gehen – oder anderes mehr. Es kostet in diesem Fall recht viel Mühe, damit es tatsächlich zu den Aktivitäten kommt, die dem 11. Haus zugeschrieben werden. Die Freunde wiederum könnten ihrerseits zu gänzlich unpassenden Zeiten mit erwartungsvollen Gesichtern vor der Tür stehen.

Aus der Beziehung zwischen dem kollektiven und dem individuellen Häuserherrscher können wir ableiten, wie weit wir es mit gewissen kleinen Widerständen und Fehleinschätzungen zu tun haben beziehungsweise ob es uns leicht fällt, auf dem Lebensgebiet eines Hauses die Initiative zu ergreifen. Es geht dabei zumeist um die Frage des Timings, der (spontanen) Wahl in einem bestimmten Augenblick. Diese Beziehung sagt aber ansonsten überhaupt nichts aus bezüglich des Verlaufs und der Qualität der Aktivitäten in dem betroffenen Lebensgebiet.

Wir können die Deutung am besten so angehen, daß wir uns zunächst mit der Bedeutung des Hauses an sich beschäftigen und untersuchen, welche Aktivitäten beziehungsweise Beschäftigungen damit zusammenhängen können. Damit sind dann die kleineren oder größeren Glücksfälle oder auch Enttäuschungen in Verbindung zu bringen, die sich hier spontan immer wieder ergeben. Um es noch einmal zu sagen: Schwerwiegende oder alles beherrschende Probleme sind hieraus nicht abzuleiten, nur die kleinen alltäglichen Mißgeschicke.

Wenn Mars zu dem individuellen Herrscher des 1. Hauses in Konflikt steht, können wir von einem 1.-Haus-Konflikt reden.

Bei Venus im Quadrat, in Opposition oder im Quincunx zum individuellen Herrscher des 2. Hauses haben wir es mit einem 2.-Haus-Konflikt zu tun und so weiter. Steht Mars dagegen im Sextil oder im Trigon zum individuellen Herrscher des 1. Hauses, so ist von einer 1.-Haus-Übereinstimmung zu sprechen.

Ein Beispiel aus der Praxis: Bei einem Paar hat der Mann Jupiter (den kollektiven Herrscher des 9. Hauses) in Opposition zu seinem individuellen Herrscher des 9. Hauses. Somit besteht bei ihm ein 9.-Haus-Konflikt. Bei seiner Frau steht Jupiter im Trigon zum individuellen Herrscher des 9. Hauses, womit eine 9.-Haus-Übereinstimmung gegeben ist. Beide Partner haben ihre eigene Art, sich mit dem Gebiet der Lebensanschauungen zu beschäftigen. Jedesmal, wenn der Mann ihr oder Freunden beziehungsweise Bekannten seine Ideen darlegt, ergeben sich Probleme. Das kann sowohl auf aktive Weise geschehen – beispielsweise durch das Äußern einer an sich vernünftigen Idee in der falschen Gesellschaft – als auch in passiver Form: Indem andere ihn einfach reden lassen, ohne wirklich auf seine Ideen einzugehen, wegen der Art und Weise, wie er seine Ideen präsentiert, oder weil er garantiert immer zu einem »falschen« Zeitpunkt über sie sprechen will. Seine Frau trifft bei der Äußerung ihrer Ideen auf weniger Widerstand von außen; sie stößt auf Zustimmung, weil bei ihr kein 9.-Haus-Konflikt gegeben ist. Das soll jedoch in keiner Weise bedeuten, daß nun die Frau mit ihrer Sichtweise recht hätte und ihr Mann nicht. Die Frau hat es nur leichter, geneigte Zuhörer zu finden; ihre Version ist jedoch durchaus nicht immer ausgewogen und vollständig durchdacht.

Daß der Mann hier mehr Widerstände überwinden muß, ist für ihn lästig. Andererseits bedeutet ihm dies jedoch auch eine Hilfe – weil ihn all diese kleinen Widerstände motivieren, mit fundierten und durchdachten Argumenten für seine Ideen zu werben. Sie spornen ihn an, besser zu formulieren, er ordnet damit die Gedanken und kann Fakten, die seine Sichtweise unterstützen, mehr Aufmerksamkeit widmen. Die Widerstände haben ihn dazu gezwungen, die Angelegenheiten des betreffenden Lebensgebietes (9. Haus) besser zu organisieren. Seine Frau fühlte diese Notwendigkeit kaum beziehungsweise gar nicht. Sollte sie in diesem Bereich einen Weg einschlagen, der nicht zu ihr paßt und der ihr nicht weiterhilft, so kann sie mit dem harmonischen Aspekt zwischen dem individuellen und dem allgemeinen Herrscher des 9. Hauses lange in die Irre gehen, gerade wegen des Mangels an Widerstand.

Beim 12. Haus sollten wir uns übrigens darüber im klaren sein, daß es selten auf Gefängnisse oder geschlossene Anstalten hinweist! 12.-Haus-Konflikte wirken sich hier oft in dem Sinne aus, daß das Bedürfnis, allein zu sein und in der Einheit aufzugehen, häufig durch äußerliche oder innerliche Faktoren gestört wird. Jemand nimmt sich beispielsweise ein Wochenende frei, um in aller Ruhe zu sich zu kommen, und die Nachbarn feiern bis zum frühen Morgen ein rauschendes Fest. Oder jemand hat gerade angefangen zu meditieren, und dann klingeln gleichzeitig Telefon und Türglocke.

Es erhebt sich in diesem Zusammenhang die Frage: »Läßt sich hiergegen etwas machen?« Mit Ja zu antworten kann niemals die ganze Wahrheit sein, weil sich die entscheidenden Augenblicke und Widerstände nicht planen lassen. Bei einem Haus-Konflikt wissen wir, daß wir es auf einem bestimmten Lebensgebiet mit Widerständen zu tun haben und daß sich Probleme ergeben werden – in welcher Form und zu welchem Zeitpunkt läßt sich aber nicht vorhersagen; das heißt, daß wir uns also auch nicht gut darauf vorbereiten können. Wir können zwar bestimmte Faktoren ausschalten (wenn wir meditieren, könnten wir beispielsweise den Hörer vom Telefon nehmen und die Türglocke abstellen) – es ist aber nicht möglich, unerwartete Faktoren vorherzusagen. Der Konflikt kann es auch mit sich bringen, daß wir dieses oder jenes schlichtweg übersehen.

Häuserherrscher
im Aspekt zueinander

Die Aspekte im allgemeinen

Psychologisch ausgedrückt verbindet ein Aspekt zwei oder mehr psychische Inhalte miteinander. Er gibt wieder, wie diese Inhalte zusammenwirken oder ob sie einander behindern. Im astronomischen Sinne sehen wir von der Erde aus, daß Planeten in einem bestimmten Winkel zueinander stehen. Aus der Erfahrung und der Überlieferung wissen wir, bei welchen Winkeln von einem Aspekt die Rede ist und bei welchen nicht. Es gibt verschiedene Arten von Aspekten; die wichtigste Einteilung ist die in Haupt- und Nebenaspekte. Hauptaspekte sind die *Konjunktion*, das *Sextil*, das *Quadrat*, das *Trigon* und die *Opposition*, nach Meinung vieler Astrologen (aufgrund neuer psychologischer Einsichten) auch der *Quincunx*. Alle anderen Aspekte werden Nebenaspekte genannt. (Eine Übersicht ist in »Deutung von Aspekten und Aspektfiguren« zu finden.)

Im allgemeinen beziehen wir uns auf die Hauptaspekte, allerdings sollten wir die Nebenaspekte nicht ohne weiteres zur Seite schieben. Die Wirkung der Hauptaspekte ist augenfälliger, sie ruft deshalb auch weniger Diskussionen hervor. In den folgenden Beispielen werden wir uns auf die Hauptaspekte beschränken, die aufgezeigten Regeln und Methoden gelten aber genauso für die Nebenaspekte.

Jeder Aspekt eines Planeten zu einem anderen bietet wieder ein neues Spektrum an Auswirkungsmöglichkeiten. Aspekte können uns, wenn wir die Herrschaftsbeziehungen berücksichtigen, mehr Informationen über das Horoskop verschaffen. Jeder Planet symbolisiert, wie wir bereits sahen, nämlich nicht nur einen psychologischen Inhalt, er vertritt auch noch ein oder mehrere Häuser des Horoskops. Durch die Aspekte, an denen er als Häuserherrscher beteiligt ist, können wir weitere Erkenntnisse dazugewinnen, welche Bedeutung das betreffende Haus trägt und welche Auswirkungen mit ihm verbunden sind. Dadurch kann ein einziger Aspekt auf verschiedene Weise betrachtet und analysiert werden.

Nehmen wir als Beispiel wieder das Horoskop von Fred (S. 43). Freds Horoskop weist eine Konjunktion zwischen Sonne und Mars in Stier auf. Diese Sonne/Mars-Konjunktion können wir nun entsprechend den Regeln deuten (siehe zum Beispiel »Deutung von Aspekten und Aspektfiguren«). Aber Sonne und Mars sind auch beide Herrscher eines Hauses: Die Sonne ist der Herrscher des 9. Hauses, Mars herrscht über das 5. Haus. Folglich handelt es sich auch um eine Konjunktion zwischen dem Herrscher des 9. und dem Herrscher des 5. Hauses. Dabei steht der Herrscher des 9. Hauses in Konjunktion zu Mars und der Herrscher des 5. Hauses in Konjunktion zur Sonne. Kurz zusammengefaßt: Wir können diesen einen Aspekt also vierfach deuten. In allen vier Fällen werden wir wieder andere Informationen erhalten, die ganz speziell auf Fred zutreffen. Wir haben also

– die Sonne in Konjunktion zu Mars,
– die Sonne in Konjunktion zum Herrscher des 5. Hauses,
– den Herrscher des 9. Hauses in Konjunktion zu Mars,
– den Herrscher des 9. Hauses in Konjunktion zum Herrscher des 5. Hauses.

Die Regeln für die Deutung der Aspekte zwischen den Häuserherrschern untereinander und zwischen den Häuserherrschern und den Planeten sind dieselben. Auch der Orbis, der für die Aspekte zwischen den Herrschern untereinander anzusetzen ist, entspricht dem der Planeten. Um es noch einmal zu sagen: Sobald wir einen Planeten als *Häuserherrscher* deuten, tritt seine Bedeutung als Planet in den Hintergrund. Wir müssen den Aspekt also entweder in bezug auf den Planeten oder auf den Häuserherrscher betrachten; wir dürfen nicht den Häuserherrscher als Planet mit seinen besonderen Eigenschaften auffassen. Grundsätzlich gesehen ist es also vollkommen unwichtig, daß hier die Sonne der Herrscher des 9. Hauses ist. Ein anderer Planet in derselben Stellung und mit denselben Aspekten würde als Häuserherrscher hier dieselbe Bedeutung haben. In bezug auf Fred heißt das, daß sein Herrscher des 9. Hauses als solcher ausschließlich etwas über das Lebensgebiet des 9. Hauses aussagt, also über seine Urteilsbildung, sein Bedürfnis, den Horizont zu erweitern und so weiter.

Wie bereits an früherer Stelle erwähnt, haben zwei Menschen, die am gleichen Tag geboren wurden, häufig dieselben Planeten in denselben Zeichen und mehr oder weniger identische Aspekte (mit Ausnahme des Mondes). So hat jeder, der am selben Tag wie Fred geboren ist, eine Sonne/Mars-Konjunktion im Horoskop – aber längst nicht jeder, der an diesem Datum zur Welt kam, hat eine Konjunktion zwischen dem Herrscher des 9. Hauses und dem Herrscher des 5. Hauses in seinem Geburtsbild. In anderen Horoskopen werden Sonne und Mars über andere Häuser herrschen, wodurch diese Konjunktion in drei der vier oben angeführten Hinsichten anders zu interpretieren ist. Einzig und allein die Konjunktion von Sonne und Mars gilt in all diesen Fällen – die Herrschaftsbeziehungen aber sind andere. Aus diesem Grund ist die Arbeit mit Aspekten etwas, das uns mehr Einsicht verschafft; es gibt nichts, das persönlicher wäre als das, was von der individuellen Geburtszeit abzuleiten ist.

Aspekte zwischen den Planeten und den Häuserherrschern

Im vorangegangenen Abschnitt sahen wir, daß wir einen Aspekt zwischen zwei Planeten in der Deutung auf vier verschiedene Arten beleuchten können. Zwei davon beziehen sich auf den Aspekt zwischen einem Planeten und dem Herrscher eines Hauses. Die Deutung dazu ist nicht weiter schwierig. Zur Not können wir uns mit der Eselsbrücke behelfen, daß auf den Herrscher eines Hauses fast dieselben Stichworte zutreffen wie auf dessen allgemeinen oder mundanen Herrscher – unter der Voraussetzung, daß wir den prinzipiellen Unterschied zwischen diesen beiden nicht aus dem Auge verlieren.

Wir greifen wieder auf das Horoskop von Fred zurück. Seine Sonne/Mars-Konjunktion bedeutet zum Beispiel Mars in Konjunktion zum Herrscher des 9. Hauses. Bei einer Konjunktion verbinden sich zwei Inhalte miteinander. Das bedeutet unter anderem, daß die Wirkung des einen nicht losgelöst von der des anderen gesehen werden darf. Bei Fred sehen wir also das Bedürfnis nach Erweiterung des Horizonts, nach einer Lebensanschauung und der Verkündung derselben, nach Reisen im wirklichen oder übertragenen Sinne, in enger Verbindung mit der Energie und den Zielen und dem Drang, sich zu behaupten und sich nicht »unterkriegen« zu lassen (Mars).

Der eine oder andere könnte nun einwenden, daß diese Formulierung derjenigen zum Verwechseln ähnlich ist, die wir zur Mars/Jupiter-Konjunktion von uns geben würden. Es läßt sich in der Tat nicht leugnen, daß manche Facetten nur schwer auseinanderzuhalten sind, besonders in Hinblick auf die praktischen Auswirkungen. Darum sollten wir uns soweit wie möglich von statischen Eigenschaften und Bezeichnungen lösen und eine dynamische Perspektive einnehmen.

Jupiter als archetypischer Inhalt ist der Antrieb, der uns ein Leben lang dazu anhält – und die Energie dazu liefert –, in einem möglichst umfassenden Rahmen nach einem Sinn und einer Synthese zu suchen. Die Art und Weise und das Lebensgebiet, auf dem er Energie zu entfalten versucht, kommen durch das Zeichen und das Haus zum Ausdruck, in dem er sich befindet. Die Aspekte zu Jupiter sagen etwas darüber aus, inwiefern es ihm gelingt, diese Energie effektiv zum Einsatz zu bringen, und welche psychischen Inhalte und Lebensgebiete hiermit in Verbindung stehen. Wohlgemerkt, Jupiter gibt das Streben an, die Energie, die uns nach einer Synthese, einer inneren Wahrheit suchen läßt – er sagt aber nichts darüber aus, wie und worin wir die Synthese dann tatsächlich finden. Diese Synthese ist eine Angelegenheit des ganzen Horoskops, weil sie notwendigerweise auf der Integration *aller* Faktoren beruht. Fraglos steht nur fest, daß wir nach ihr suchen werden.

Wir wissen, daß es ein Lebensgebiet gibt – das 9. Haus – das uns Informationen darüber verschafft, wie wir zu einer bestimmten Synthese kommen können. Dabei spielt es keine Rolle, ob diese nun einseitig oder dubios sein mag. Das 9. Haus kann beispielsweise anzeigen, welche philosophischen oder lebensanschaulichen Richtungen uns am liebsten sind und ob andere Richtungen, die wir ablehnen oder ignoriert haben, nicht vorteilhafter für uns wären. Weiterhin kann es hier um die Rolle gehen, die Reisen oder Bildung in unserem Leben spielen, und was für Reisen wir unternehmen oder was für Studien wir betreiben. Das Haus als solches gibt also die Umstände und das Material wieder, mit deren Hilfe wir einer Synthese Gestalt geben.

Die Tatsache, daß Jupiter als allgemeine menschliche Triebfeder in jedem wirksam ist, beinhaltet automatisch, daß wir uns dem Lebensgebiet, das bestimmt, worauf sich unser Streben richtet und das das Material dazu liefert, dankbar widmen werden. Das 9. Haus steht für verschiedene Ausdrucksmöglichkeiten und vertritt ein Bedürfnis, auch deshalb, weil es eine Triebfeder beherbergt (in unserem Beispiel Jupiter). Denken wir uns dagegen ein leeres 9. Haus – ohne Planeten also –, dann fällt es schwer, dieser statischen Gegebenheit etwas zuzuschreiben, das die sich entwickelnde, dynamische Funktion dieses Hauses mit Leben erfüllen könnte. Hiermit kommen wir zur Rolle der Häuserherrscher. Von ihrem Funktionieren und ihren Manifestationsformen beziehen die Häuser ihre Dynamik: Sie stehen stellvertretend für die wechselhaften und fluktuierenden Geschehnisse eines Lebensgebietes. Sie vertreten darüber hinaus das Bedürfnis, das von dem jeweiligen Haus symbolisiert wird. Aber um es noch einmal zu wiederholen: Es handelt sich um ein Bedürfnis, das nur deshalb Erfüllung suchen kann, weil es einen Jupiter-Antrieb gibt. Bei der Interpretation einer Konjunktion zwischen Mars und Jupiter oder dem Herrscher des 9. Hauses und Mars ist dieser Unterschied sehr schwer in Worte zu fassen.

Ein anderer Unterschied zwischen einem Planeten als kollektivem und als individuellem Herrscher besteht darin, daß der Häuserherrscher zwar die Eigenschaften eines Hauses symbolisiert, aber dabei bestimmte Qualitäten vermissen läßt, die ein Planet durchaus besitzen kann. Jupiter beispielsweise kann dick machen, ein Herrscher des 9. Hauses nicht. Das führt auch zu unterschiedlichen Deutungen. So könnte eine Mars/Jupiter-Konjunktion auf Probleme mit Ärzten hinweisen, weil Jupiter auch eine Rolle als Heiler spielt. Bei einer Konjunktion zwischen dem Herrscher des 9. Hauses und Mars spielt dieser Faktor dagegen absolut keine Rolle.

Mit all diesen Gedanken im Hinterkopf können wir Freds Konjunktion zwischen dem Herrscher des 9. Hauses und Mars verschiedene Auswirkungsmöglichkeiten zuschreiben, beispielsweise:

- Er wird sich sehr aktiv, energisch und manchmal vielleicht auch überstürzt (Mars) auf ein Studium werfen, sich mit etwas auseinandersetzen, etwas in einen umfassenderen Rahmen stellen oder sich dem Reisen oder Herumziehen widmen (Herrscher des 9. Hauses). Auf der anderen Seite könnte er sich aktiv für etwas einsetzen, das mit dem Ausland, der Rechtsprechung, der Erziehung, der Lebensanschauung oder anderen Angelegenheiten des 9. Hauses zu tun hat.
- Seine Urteile werden wegen der Mars-Konjunktion ständig sehr pointiert und markant sein. Wahrscheinlich bildet er sich sehr schnell eine Meinung; die Urteilsbildung geht bei Mars-Aspekten oft sehr rasch vonstatten. Mars bedeutet schließlich häufig, daß der Mensch handelt und nicht denkt! In Zusammenhang mit dem 9. Haus kann dies zu sehr ausgeprägten und brüsken Urteilen führen, mit dem Risiko natürlich, daß vorschnell geurteilt wird. Zusätzlich können bei etwas problematischeren Mars-Auswirkungen auch die Gedanken, die zu diesem Haus gehören, so unbedacht, undiplomatisch oder abrupt vorgebracht werden, daß daraus Unstimmigkeiten oder Konflikte erwachsen.
- Nicht selten ist mit der Kombination von Mars und dem 9. Haus der Glaube verbunden, daß wir uns im Ausland (9. Haus) besser entfalten und aktiver sein können (Mars) als im eigenen Land. Deshalb bestehen unter Umständen bei der Verbindung von Mars und dem 9. Haus Pläne, ins Ausland umzusiedeln.

Von allen möglichen Deutungen kommen einige zum Tragen, längst nicht alle denkbaren Facetten wirken sich konkret aus. Es hängt mit dem restlichen Horoskop zusammen, was zutage tritt und was nicht. Nach wie vor aber ist es schwierig, genau das aus dem Horoskop herauszufiltern, was dann tatsächlich eine Rolle spielt. Es kann auch sein, daß in einer bestimmten Lebensphase andere Ausdrucksformen eines Hauses vorherrschen als in späteren Perioden.

Beim Umgang mit Fred sticht schon bald seine schnelle Meinungsbildung hervor. Sein Urteil ist zumeist sehr scharf, manchmal provozierend; auch war er schon immer gern auf Reisen und ist der Ansicht, daß er im Ausland mehr Möglichkeiten hat als zu Hause. Dies sind die deutlichsten Auswirkungen der Konjunktion zwischen Mars und dem Herrscher des 9. Hauses im Horoskop von Fred.

Wie bereits an früherer Stelle erwähnt, sind es die Häuserherrscher, die für den großen Unterschied zwischen den Horoskopen von Menschen verantwortlich sind, zwischen deren Geburt nur wenige Stunden Unterschied liegen. Einige Stunden nach der Geburt von Fred beispielsweise war die Sonne schon längst nicht mehr Herrscher des 9. Hauses, folglich fehlt damit dann schlicht und einfach der Teil von Freds Eigenschaften, den wir beschrieben haben.

Wir wollen noch einmal ein anderes Beispiel betrachten. In Kapitel 3 sahen wir, daß in Pauls Horoskop (Seite 46) das 8. und das 9. Haus als die stärksten hervortraten. Ich habe bereits darauf hingewiesen, daß dies nicht als positiv oder negativ interpretiert werden kann, nicht nur deshalb, weil mit jedem Haus Äußerungsmöglichkeiten verbunden sind, die als positiv und als negativ erfahren werden können, sondern auch, weil wir wissen müssen, ob der Betreffende mit den stärksten Häusern gut zurechtkommt oder nur an ihnen »herumdoktert«. Die Planeten in diesen Häusern und die Situation rund um die Häuserherrscher sind unverzichtbare Voraussetzungen für weitere Aussagen.

Betrachten wir in Pauls Horoskop den Herrscher des 9. Hauses genauer, so sehen wir, daß das 9. Haus ihm einige Schwierigkeiten bescheren wird – und das bei der Tatsache, daß es eines der stärksten ist. Der Herrscher des 9. Hauses, der Mond, steht im

3. Haus im Wassermann und ist an den folgenden Aspekten beteiligt: Quincunx zu Saturn, Opposition zu Venus, Quincunx zu Merkur und Quincunx zu Uranus. Faktisch bildet der Mond damit die Spitze einer Yod-Figur (ein Aspektmuster, das aus zwei Quincunx- und einem Sextil-Aspekt besteht) mit dem Sextil zwischen Saturn und Merkur/Uranus als Basis (mehr Informationen zur Yod-Figur finden sich im Buch »Deutung von Aspekten und Aspektfiguren«).

Wir können die Situation des 9. Hauses konkreter deuten, wenn wir die Position des Mondes als Herrscher dieses Hauses untersuchen. Daß der Mond Bestandteil der Yod-Figur ist, läßt für sich bereits erkennen, daß es Paul in allem, was mit einem Studium oder höheren geistigen Aktivitäten zusammenhängt, nicht leicht haben wird. Die Yod-Figur weist auf Konfrontationen von ungreifbarer Art hin, auf das Gefühl, mit dem Rücken zur Wand zu stehen, was letztlich zu einer Krise führt. Eine solche Krise verschafft jedoch zumeist auch Zugang zu einer Gabe, die, wenngleich sie immer mit einem Gefühl der Unsicherheit in Verbindung steht, grundsätzlich kreativ ist und vieles möglich macht. Übertragen auf das 9. Haus bedeutet das: Es ist sehr wahrscheinlich, daß sich Paul ein oder mehrere Male mit einer Studienrichtung beschäftigt, die nicht zu ihm paßt oder ihm in seiner persönlichen Entwicklung nicht mehr angemessen ist. Wenn Paul die Krise überwunden haben wird, die mit der Yod-Figur einhergeht, kann er wahrscheinlich sehr differenzierte Urteile über dieses und jenes von sich geben – aus der Überzeugung heraus, daß so etwas wie die einzige Wahrheit nicht existiert, sondern daß jeder Mensch seine eigene Wahrheit sucht und erschafft.

Der Herrscher des 9. Hauses als Bestandteil eines Yod-Musters macht es für den Menschen noch zwingender, nach Antworten zu suchen – Antworten auf die Frage nach dem Sinn des Lebens, nach dem Warum der Dinge und nach Wahrheit und Gerechtigkeit. Dieses Aspektmuster äußert sich fortwährend in dem unbefriedigten Gefühl, daß es im Leben mehr und einen größeren Zusammenhang geben muß, der bislang noch nicht deutlich geworden ist.

Ein solch konfliktreicher Herrscher des 9. Hauses kann durchaus auf Probleme beim Studium hindeuten. Allerdings möchte ich mit Nachdruck darauf hinweisen, daß ich auch Menschen mit den problematischsten 9. Häusern ihr Studium habe beenden sehen. Etwas positiver betrachtet, zwingen uns derartige Konflikte ja gerade dazu, unsere Angelegenheiten besser zu regeln und zu ordnen.

Der Herrscher des 9. Hauses im Quincunx zu Saturn bewirkt für gewöhnlich wenig Selbstvertrauen hinsichtlich der Aufnahme eines Studiums (die wohlbekannten Minderwertigkeitsgefühle). Manch einer wird bei solch einem Aspekt gar nicht erst ein Studium anfangen, weil er meint, »es sowieso nicht zu schaffen«. Auf der anderen Seite können uns gerade diese Minderwertigkeitsgefühle dazu motivieren das Gegenteil zu beweisen. Die andere Seite von Saturn wäre also, daß wir Ausdauer und Hartnäckigkeit zum Ausdruck bringen.

Der Herrscher des 9. Hauses im Quincunx zu Uranus verleiht das Bedürfnis, eine sehr individuelle und authentische Lebensvision zu entwickeln, unter Einschluß von humanistischen Idealen, was allerdings mit inneren Spannungen verbunden sein könnte. Vielleicht ist diese Vision auch nicht sehr realistisch – die Gefahr, in utopische Vorstellungen zu verfallen, liegt bei Uranus- und Neptun-Konflikten mit dem Herrscher des 9. Hauses immer auf der Hand. Uranus im Quincunx zum Herrscher des 9. Hauses weist auf einen ruhelosen Geist hin, was auch für Uranus in Konjunktion zu Merkur und Merkur im Quincunx zum Herrscher des 9. Hauses gilt. Wenn mehrfach Hinweise auf eine bestimmte Gegebenheit vorhanden sind, ist eine diesbezügliche Auswirkung auch sehr wahrscheinlich.

Paul war sich gefühlsmäßig all dessen bewußt. Sein Geist war von klein auf sehr rege. Paul war idealistisch und religiös veranlagt und begann ein Studium, um Priester zu werden. Seine Lehrer waren unterschiedlicher Meinung über ihn: Der eine dachte, daß Paul es nicht weit bringen würde, weil ihm der Sinn für das Materielle fehle; der andere meinte jedoch, daß viel mehr in ihm stecke, als äußerlich zu erkennen sei, und daß man ihn, ohne daß er außergewöhnlich intelligent wäre, aufgrund seiner Fähigkeit zu harter Arbeit nicht unterschätzen sollte.

Paul ist tatsächlich ein suchender Mensch, aber einer, der mit der Tatsache, daß er sucht, glücklich ist. Die Suche ist Teil seines Lebens und seiner Persönlichkeit; sie steht in Verbindung mit seinem Verlangen, sich in allerlei Fragen philosophischer, psychologischer und religiöser Art zu vertiefen. Er kehrte dem Priesterseminar den Rücken, beschäftigte sich aber weiterhin mit diesem Gebiet, indem er sich einem Studium der Vergleichenden Theologie widmete. Während dieses Studiums geriet er vollständig in den Bann eines Philosophen, mit dessen Werk er sich intensiv auseinandersetzte; er wollte im Laufe seines Studiums sogar eine Arbeit zu diesem Philosophen schreiben. Aber wieder »schlug« die Yod-Figur zu: Als es schließlich soweit war, war sein Interesse an dem Mann verblaßt. Paul hatte sich in eine andere Richtung entwickelt; er hatte angefangen, die Dinge in einem anderen Licht zu sehen, und mußte sich nun zu dieser Arbeit zwingen. Sich in ein anderes Thema einzuarbeiten, hätte zuviel Zeit in Anspruch genommen, und es war nun einmal so, daß er viel Wissen über diesen Philosophen gesammelt hatte. Wieder einmal war es bei ihm zu einer Richtungsänderung gekommen.

Hinsichtlich des Studiums und der Urteilsbildung ergeben sich also bei Paul immer wieder Probleme, Abbrüche und Neuanfänge. Daraus resultieren ständig neue Urteile und Visionen. Es läßt sich allerdings mit einem suchenden Menschen wie Paul sehr angenehm reden, gerade weil er es bei seiner Suche gelernt hat, den Visionen anderer offen zu begegnen.

Wir haben soeben in sehr kurzen Zügen eine Deutung von Pauls Yod-Figur mit dem Herrscher des 9. Hauses an deren Spitze vorgenommen. Über jeden einzelnen der angeführten Aspekte ließen sich viele Seite füllen. Es ist unmöglich, ein Buch zu schreiben, in dem alle denkbaren Deutungen für alle Aspekte der Häuserherrscher zu den Planeten oder der Häuserherrscher zu den anderen Häuserherrschern erschöpfend behandelt würden. Wichtig ist hier das Prinzip. Aus diesem Grund werde ich an dieser Stelle einige Aspekte aus Pauls Horoskop etwas ausführlicher ausarbeiten, um aufzuzeigen, wie wir zu einer Deutung der Aspekte zwischen Planeten und den Häuserherrschern kommen können.

Zunächst müssen wir versuchen, uns ein Bild von dem Haus zu machen, dessen Herrscher wir näher betrachten wollen. Der Häuserherrscher trägt die Bedeutung dieses Hauses. Das heißt, das Haus kommt durch seine Wirkung zur Entfaltung. Sein Wesen und seine Eigenschaften zeigen an, wie wir dem Bedürfnis des Hauses, über das er herrscht, Form geben können.

Wir sollten versuchen, jedes Haus für sich allein als abgegrenzten Bereich zu sehen. Als Beispiel wollen wir uns mit einem Haus beschäftigen, das für gewöhnlich als »schwierig« zu deuten gilt, nämlich das 8. Das 8. Haus spiegelt unseren Drang, das Leben im Schatten des Todes herauszufordern und Risiken auf uns zu nehmen, wider; es symbolisiert unseren Drang, zu den tiefsten Geheimnissen des Lebens außerhalb von uns und zu den tiefsten psychischen Inhalten in uns selbst vorzustoßen. Insofern enthüllt dieses Haus auch unsere Komplexe und Neurosen und die Art und Weise, wie wir damit umgehen. Dieses Haus gibt unsere unbewußte Haltung gegenüber unserem Partner an und stellt zusätzlich unseren inneren Kampf dar. Es beinhaltet sowohl Angst vor dem Tod als auch Angst vor den Anforderungen des Lebens, welche – scheinbar ein Paradox – aus dem Todestrieb und dem Lebensdrang dieses Hauses hervorgehen. Das 8. Haus beherbergt einen starken Lebenswillen und gleichzeitig unsere wichtigsten, jedoch noch im verborgenen liegenden Gaben und Talente.

Der Herrscher des 8. Hauses prägt dieses Haus. Er kann uns also Informationen darüber verschaffen, auf welche Weise jemand seine Probleme verarbeitet und seinen Komplexen und Neurosen zu Leibe rückt. Er läßt Näheres dazu erkennen, welche Kämpfe der Mensch in sich führt und wie es um seine Willenskraft bestellt ist, die ihn weiter antreibt. An ihm können wir ablesen, wie jemand mit seinem Lebensdrang und seiner Lebensangst umgeht. Und natürlich dürfen wir niemals vergessen, daß – falls sich Planeten in diesem Haus befinden – der Herrscher des 8. Hauses auch die Art und Weise prägt, wie die Planeten darin zum Ausdruck kommen.

Paul hat Merkur als Herrscher des 8. Hauses. Merkur ist, wie wir sahen, bei ihm Bestandteil der Yod-Figur. Er steht in Konjunktion zu Uranus, im Sextil zu Saturn und im Quincunx zum Mond. Was bedeutet nun im Licht des eben Angeführten die Konjunktion zwischen dem Herrscher des 8. Hauses und Uranus?

Nachdem wir uns ein Bild davon gemacht haben, für welchen Inhalt der Herrscher des 8. Hauses steht, geht es nun darum, daß wir uns mit der Bedeutung von Uranus beschäftigen. Uranus ist unser Bedürfnis nach Ursprünglichkeit und Individualität sowie der Drang, einengende Grenzen zu durchbrechen. Durch Uranus ist angezeigt, daß wir uns zu Menschen entfalten wollen, die mit einer ausgeprägt eigenständigen Identität ihren eigenen Weg gehen. Er steht auch für unseren Drang – sowie zu einem gewissen Teil für unsere Fähigkeit –, uns zu verändern, zu erneuern, Durchbrüche zu erzielen und die Grenzen des Bekannten zu überschreiten. Er kann launenhaft und impulsiv sein, gleichermaßen aber auch anregend und einmalig.

Diese Kennzeichen von Uranus müssen wir jetzt mit der Bedeutung des Herrschers des 8. Hauses verbinden – weil sich Uranus im Aspekt zu diesem befindet. Die Art des Aspekts ist dabei zunächst nicht sonderlich wichtig; entscheidend ist, daß es einen Aspekt gibt und daß beide Inhalte miteinander vermischt sind. Das Wesen des Aspekts werden wir erst in einem späteren Stadium der Deutung berücksichtigen, wie wir bald sehen werden.

Der Herrscher des 8. Hauses im Aspekt zu Uranus bedeutet hier zum Beispiel die folgenden Auswirkungsmöglichkeiten: Paul wird das Bedürfnis fühlen, seinem Lebensdrang auf überraschende und höchst individuelle Weise Ausdruck zu verleihen, wodurch er von seinem tiefsten Inneren aus eine Haltung einnimmt, die das Leben herausfordert oder es gar provoziert. Er sucht in dieser Hinsicht nach neuen Formen, um Fortschritte zu erzielen. Er wird Einsichten in bezug auf sich selbst, seine Probleme und Möglichkeiten immer wieder auf blitzartige und schockierende Weise wahrnehmen; und er täte gut daran, wenn er mit diesen auf eine mehr oder weniger unkonventionelle Weise damit umgehen würde. Während der Herrscher des 8. Hauses angibt, wie Paul seine diesbezüglichen Probleme anpackt, zeigt der

Aspekt des Herrschers zu Uranus, daß nach unvermittelten Geschehnissen und Vorfällen Pauls Leben eine andere Wendung nehmen kann (was sich auf das Innere, manchmal aber auch auf das Äußere beziehen kann), und weiterhin, daß Paul das Bedürfnis hat, bei seinen Problemen und deren Lösung einen höchst individuellen Kurs zu steuern. Nun ist Uranus aber auch der Planet der Gleichheit und Kameradschaft. Ein kameradschaftlicher Therapeut, einer, mit dem er auf gleichrangiger Ebene verkehrt, oder einer, der für das Neue offen ist, wird bei Paul infolge dieser Verbindung zwischen dem 8. Haus und Uranus Anklang finden.

Uranus hat sozusagen eine ausgeprägte Allergie gegenüber dem, was Rost angesetzt hat; mit einem Aspekt zwischen dem Herrscher des 8. Hauses und Uranus dürfte Paul sich immer wieder aufs neue in Situationen hineinmanövrieren, in denen er sich plötzlich mit sich selbst konfrontiert sieht. Dieselbe Stellung gibt ihm jedoch die Kraft und die Möglichkeit, diesen Situationen die Stirn zu bieten, trotz der Tatsache, daß es sich um eine Yod-Figur handelt. Allerdings können die an dieser Figur beteiligten Planeten beziehungsweise Häuserherrscher die Angelegenheiten ab und zu gewissermaßen auf die Spitze treiben.

Da es sich um eine Konjunktion handelt, sind zwei Inhalte untrennbar miteinander verknüpft – ohne daß hiermit ein Urteil über »gut« oder »schlecht« gefällt werden könnte. Wäre zwischen dem Herrscher des 8. Hauses und Uranus ein Quadrat oder eine Opposition vorhanden, so würden sich die Konfrontationen von Uranus sehr viel unangenehmer, abrupter und heftiger auswirken als bei einem Trigon oder einem Sextil. Auch mit einer Konjunktion sind oftmals sehr heftige Auswirkungen verbunden. Doch unabhängig davon, um welchen Aspekt es sich handelt, steht die Tatsache im Vordergrund, daß eine Verbindung vorhanden ist. Die Art des Aspekts gibt nur an, ob wir mit dieser gut oder nicht so gut umgehen können.

Paul hat den Herrscher des 8. Hauses auch im Sextil zu Saturn. Das bedeutet, daß wir das, wofür Saturn steht, auch mit dem 8. Haus in Zusammenhang bringen müssen. Saturn ist in vielerlei Hinsicht der Gegenpol zu Uranus. Die Beziehung zwischen einem Herrscher und dem Gegenpol führt natürlich einerseits immer zu Spannungen; andererseits können diese wiederum auch anspornend wirken und zu einem Gleichgewicht führen. Wir werden das einmal näher betrachten.

Saturn symbolisiert das Beschränkende; er steht für unseren Drang, das Ich – oftmals infolge von schmerzlichen Erfahrungen – abzugrenzen. Er ist unsere schwache Stelle, der Teil von uns, den wir am liebsten nicht fühlen oder erfahren wollen. Erst dann aber, wenn wir bereit sind zu riskieren, uns den Kopf zu stoßen oder angesichts einer Aufgabe zu versagen, lernen wir unsere Grenzen kennen. Dann belohnt uns derselbe Saturn mit Ruhe und Gelassenheit, Tiefgang und Zielgerichtetheit, Einfachheit und Durchhaltevermögen. Wenn wir jedoch sofort den Kopf in den Sand stecken, müssen wir immer weiter weglaufen oder immer mehr kompensieren, um Saturn zu verdrängen. Dann kommt es zu Ausweichmanövern, zum Ignorieren von Tatsachen, zum krampfhaften Festklammern aus Angst vor dem Neuen, zu Pessimismus und anderem mehr.

Saturn im Aspekt zum Herrscher des 8. Hauses macht das an sich bereits empfindliche 8. Haus (es hat schließlich mit unseren Komplexen und Neurosen zu tun) noch verletzlicher. Deshalb haben Menschen mit einer Verbindung zwischen Saturn und dem 8. Haus sowohl bei einfachen als auch bei schwierigen Aspekten oftmals die Neigung, den Kopf in den Sand zu stecken und zu hoffen, daß nichts geschehen wird. »Morgen sieht alles vielleicht schon ganz anders aus«, sagen sie leichthin; doch dieser scheinbar leichte Ton entspricht nicht ihrem Inneren. Tief in ihnen schlummert die Angst vor Konfrontationen; und der Aspekt zwischen Saturn und dem Herrscher des 8. Hauses kann diese verborgene Angst deutlich fühlbar werden lassen. Nicht selten habe ich bemerkt, daß Menschen mit einer Verbindung zwischen dem Herrscher des 8. Hauses und Saturn große Schwierigkeiten mit ihrer Haltung gegenüber der Obrigkeit und Autorität haben (Saturn ist das Gesetz!), daneben noch Probleme mit dem Abgrenzen der Form, die sie dem Leben geben wollen. Wohlgemerkt: Dies kann auch mit harmonischen Aspekten einhergehen! Manchmal scheint das eine oder andere in einer problematischen Beziehung zum Vater in der Jugend begründet zu sein.

Natürlich kann auch Saturns andere Seite in Erscheinung treten. Diejenigen, denen das Versteckspiel aufgefallen ist und die mit dem Mut der Verzweiflung – welcher Saturn und auch dem 8. Haus so sehr eigen ist – intensiv an den Problemen zu arbeiten beginnen, können es nach einem langen, harten Kampf durchaus zu einer positiven Ausdrucksform bringen. Es ist hier möglich, die Probleme in den Griff zu bekommen, zum Beispiel durch strukturiertes Vorgehen (eine besondere Eigenschaft Saturns). Insofern kann in diesem Fall eine recht systematische Auseinandersetzung im Umgang mit den Lebensproblemen und Ängsten zu verzeichnen sein. Auf eine solche Weise kann Saturn mit Gründlichkeit und Ausdauer ans Werk gehen, so lange, bis sich die Probleme geklärt haben. Klarheit muß nicht bedeuten, daß dann alle Probleme gelöst wären – Saturn ist realistisch genug einzusehen, daß auch der Lösung von Problemen Grenzen gesetzt sind: Mensch zu sein heißt nun einmal, Probleme zu haben. Aufgrund dieses Realismus kann eine Verbindung zwischen Saturn und dem 8. Haus bedeuten, daß wir diese Begrenzung in uns selbst akzeptieren und danach streben können, bewußt darauf hinzuwirken, daß Saturn uns nicht durch unbedachte Handlungen (ebenfalls eine Eigenschaft des 8. Hauses) von außen her mit unseren Schwächen konfrontiert.

Paul hat, wie wir sahen, mit gegensätzlichen Aspekten zu kämpfen. Einerseits gibt es da den erneuernden und herausfordernden Uranus, andererseits den eingrenzenden und auch oft ängstlichen Saturn; beide stehen im Aspekt zum Herrscher des 8. Hauses. Wenn wir wissen wollen, welcher der beiden Planeten stärker ist, müssen wir herausfinden, welcher astrologisch am stärksten steht – dieser ist es, der zumeist die größere Aussagekraft besitzt. Bei Paul sehen wir Saturn in Jungfrau im 10. Haus; Saturn steht also sowohl durch das Zeichen als auch durch das Haus sehr stark. Uranus in Krebs im 8. Haus hat dagegen keine Chance. Dennoch will und wird Uranus sich äußern; nur läßt sich anhand der Plazierung beider Planeten in den Zeichen und Häusern feststellen, daß die saturnische Antriebskraft größer ist. Das führt im Hinblick auf das 8. Haus zu der Neigung, am Alten festzuhalten und abzuwarten. In negativem Sinne kann das bedeuten, daß Paul dazu tendiert, den Kopf in den Sand zu stecken, und bei Konfrontationen mit dem weniger starken Uranus immer wieder einen Weg findet, den Problemen aus dem Wege zu gehen. Aber es gibt auch positive Auswirkungsmöglichkeiten: Paul kann mit dieser Kombination Ruhe, Gelassenheit und Bedachtsamkeit entwickeln, um die Probleme des 8. Hauses aufzugreifen, und sich dabei auf die genialen Einfälle und die Authentizität von Uranus stützen, ohne durch diesen vom Ziel abgelenkt zu werden. Auf diese Weise kann seine Ruhe für ihn eine Quelle von Kreativität sein, die ihm mehr Tiefgang verschafft.

Eine Kombination zwischen gegensätzlichen Planeten und Häuserherrschern kann also durchaus kreativ und fruchtbar genutzt werden, auch wenn sich nicht verschweigen läßt, daß es dabei von Zeit zu Zeit zu problematischen Geschehnissen kommen kann. Mit dem Aspekt zwischen dem Herrscher des 8. Hauses und Saturn könnte Paul sich zu den traditionellen Richtungen der Psychologie und der Psychotherapie hingezogen fühlen (womit nicht gemeint ist, daß er zwangsläufig auf der Couch eines Psychiaters landen wird). Uranus weist jedoch, wie wir sahen, in die entgegengesetzte Richtung. Bei Paul ergaben sich hier eher harmonische Auswirkungen: Er kam gut mit der Lehre der klassischen Psychologen wie etwa Sigmund Freud zurecht, ohne es aber zu unterlassen, sich eine eigene Meinung dazu zu bilden und mit anderen darüber zu diskutieren. Mit anderen Worten: Die Informationen und Vorfälle mußten zu seinen eigenen individuellen Überzeugungen passen (Uranus), um sein Interesse zu wekken. Und so ist Paul in der Lage, Individualität (Uranus) und Tradition (Saturn) miteinander zu vereinbaren. Trotzdem kann seine kritische Einstellung und sein eigener Beitrag auf dem Gebiet der Psychologie ihn schon einmal in die Bredouille bringen. Seine Dozenten werden aller Voraussicht nach seine individualistischen Meinungen und unkonventionellen Auffassungen nicht immer begeistert aufnehmen.

Pauls Herrscher des 8. Hauses steht auch im Quincunx zu seinem Mond. Eine Beziehung zwischen Mond und dem 8. Haus bedeutet oft sehr intensive Gefühle und Emotionen, was dem Betroffenen zu schaffen machen kann. Spannungsaspekte zwischen dem Herrscher des 8. Hauses und dem Mond oder der Mond im 8. Haus werden häufig auch mit Hysterie in Zusammenhang gebracht. Meiner Meinung nach ist diese Aussage nicht differenziert genug und stellt ein Pauschalurteil dar; natürlich kann es Fälle geben, in denen intensive Gefühle und Emotionen nach einem Ventil suchen – es gibt hier aber doch noch sehr viele andere Äußerungsformen als allein die Hysterie.

Der Mond steht für die Haltung, in die wir gern dann verfallen, wenn wir uns unsicher fühlen; er spiegelt unser Bedürfnis wider, es anderen gefühlsmäßig recht zu machen und sie, emotional gesehen, zu hegen und zu pflegen. Zeichen, Haus und Aspekte des Mondes geben uns Aufschluß über diese Haltung. Bei Paul steht der Mond in Wassermann im 3. Haus. Sobald Paul unsicher ist oder das emotionale Wohlbefinden für ihn im Vordergrund steht, wird er sich in sich selbst zurückziehen (Mond in einem fixen Zeichen) und seine Probleme auf mentale Weise ausbrüten. Auf diese Weise kann er zu einer Entscheidung gelangen, die ihm ein Gefühl der Ruhe und Entspannung verschafft. Im 3. Haus tritt diese mentale Facette noch verstärkt hervor. Es gibt hier auch die Möglichkeit, das Lesen, Schreiben und den Kontakt zu anderen ganz allgemein als Mittel zu gebrauchen, wieder auf die Beine zu kommen. Dieser Sachverhalt an sich bildet bereits einen Widerspruch zu seiner Sonne in Krebs, einem Wasserzeichen, das die Umwelt hauptsächlich anhand von Emotionen betrachtet und Menschen, Objekte und Situationen aufgrund der Gefühle beurteilt, die sie in ihm hervorrufen. Der Mond in einem Luftzeichen und einem Lufthaus bildet also einen Spannungspol zu Sonne in Krebs. So merken wir wieder einmal, daß es auch ohne die »roten« Aspekte Spannungen in einem Horoskop geben kann – genauso, wie wir auch ohne »blaue« oder »grüne« Linien Harmonie sehen können!

Ich führe diesen Hintergrund hauptsächlich deshalb an, weil Planeten in ihrer Gesamtsituation betrachtet werden müssen, bevor wir sie an die einen oder anderen Horoskopfaktoren koppeln können. Bislang haben wir uns auf die Häuserherrscher und die Planeten beschränkt – jetzt gehen wir einen Schritt weiter und betrachten die Situation des Planeten im breiteren Rahmen, um ihn dann schließlich in Verbindung mit dem betreffenden Häuserherrscher zu bringen. Wir wissen nun, daß der Mond im Wesen von Paul für Spannungen sorgt, und auch, daß Paul dadurch einen starken Konflikt zwischen dem Fühlen (Krebs/Wasser) und dem Denken (Wassermann/Luft) in sich erlebt (für eine ausführliche Analyse der Dualitäten zwischen den Elementen siehe das Buch »Elemente und Kreuze«).

Der Mond steht außerdem an der Spitze einer Yod-Figur, was bei Paul für viel Unruhe sorgt. Paul fällt in der Tat immer wieder der Spannung, der Unsicherheit und dem Zwang zum Suchen zum Opfer, die mit einer Yod-Figur verbunden sind. Sobald wir uns unsicher fühlen, nehmen wir das Verhalten an, das von unserem Mond angezeigt ist. Kommt es bei Paul dazu, so erfährt er die Yod-Spannung wieder einmal in voller Heftigkeit, zusätzlich verstärkt durch die Dualität zwischen seinem Wesen (Sonne) und dem Streben nach emotionaler Sicherheit (Mond). Da der Mond im Quincunx zum Herrscher des 8. Hauses steht, konfrontiert ihn sein Mond direkt mit dem, was wir normalerweise lieber verdrängen: Probleme, Neurosen und Konflikte. Der Herrscher des 8. Hauses gibt an, wie der Mensch hiermit umgeht. Der Quincunx zum Mond zeigt in diesem Licht, daß Paul in dieser Beziehung zumindest anfangs große Probleme hat und diese hauptsächlich mittels seines Gefühls und des Elements des Weiblichen oder eines weiblichen Partners (Mond) angehen kann – und zwar in Verbindung mit Konflikten (der Quincunx).

Ein Aspekt zwischen dem Herrscher des 8. Hauses und dem Mond zeigt bei Männern in vielen Fällen, daß sie auf der Suche nach einer faszinierenden Frau sind und das Bedürfnis haben, ihre Beziehung mit dem Partner sehr intensiv und tief zu erleben. Sie legen hierbei eine Alles-oder-Nichts-Haltung an den Tag und brauchen auch einen Partner, der ihnen dabei helfen kann, unbewußte und verdrängte Inhalte ans Licht zu holen. Verbindungen zwischen dem Herrscher des 8. Hauses und dem Mond zeigen darum oft zumindest anfänglich vorhandene Probleme in Beziehungen – aus dem Grund, weil hier sehr intensive und heikle

Emotionen mitschwingen. Längst nicht jeder Partner ist in der Lage, derart machtvolle Projektionen zu ertragen. Machtkonflikte mit dem Partner sind bei einer solchen Beziehung dann auch nicht auszuschließen; das 8. Haus hat schließlich unter anderem mit dem Machtstreben zu tun, alles in den Griff zu bekommen, was uns Probleme bereiten könnte.

Faktisch sagt dieser Aspekt nichts anderes aus, als daß Pauls unbewußte innerliche Frau, seine *Anima*, unmißverständlich Aufmerksamkeit fordert und daß er, mit dem Quincunx-Aspekt, damit anfänglich nicht gut umgehen kann. Nun ist, psychologisch gesehen, die innere Integration von Anima beziehungsweise Animus keine einfache Angelegenheit, viele von uns haben hiermit ihre Probleme. Bei Paul aber liegen die Dinge etwas anders: Er kann es sich wegen der Konfrontationen und der ihn fortwährend bedrohenden Krisen nicht leisten, seine Probleme zu verdrängen. Er wird schließlich bei allem, was er denkt oder tut, damit konfrontiert, so daß er einfach nicht vor sich selbst weglaufen kann. Er kann diesen Schwierigkeiten weniger als jeder andere entrinnen.

Paul hat in seinen Beziehungen im Anfangsstadium eine Vielzahl von Problemen erlebt; intensive Bezogenheit aufeinander, Unverständnis und Machtkonflikte haben sich dabei abgewechselt. Jedesmal hat er aufs neue versucht, die Sache rational anzugehen, jedesmal aber kam er wieder zu dem Schluß, daß dies allein nicht ausreichte. Auch die Bedürfnisse seiner Krebs-Sonne spielen hier eine wichtige Rolle!

Es wird nun deutlich, daß der Aspekt zwischen dem Mond und dem Herrscher des 8. Hauses in Pauls Leben eine sehr dominante Rolle spielt, um so mehr, als der Mond als Herrscher des Krebses auch noch über seine Sonne herrscht. In Pauls Leben kommt dieser Aspekt deutlich zum Ausdruck, zweifellos aber auch im positiven Sinn. Paul ist dazu bereit, über seine Gefühle nachzudenken, sie zu objektivieren und sie der Prüfung und der Kritik zu unterwerfen, wobei er sich stets aufs neue fragt, was da eigentlich in seinem Inneren vor sich geht. Natürlich ist auch er nicht frei von Vorurteilen und falschen Annahmen – keiner von uns ist das. Der Quincunx bringt dabei zum Ausdruck, daß ihm hier nichts geschenkt wird. Mit dem Ausloten und Analysieren seiner Emotionen und seiner Gefühle kann er große Fortschritte machen. Die so oft als schwierig bezeichnete Verbindung zwischen dem Herrscher des 8. Hauses und dem Mond hat nämlich einen sehr wichtigen positiven Aspekt zum Inhalt. Paul erfährt einen enormen Konflikt zwischen dem Fühlen und dem Denken in sich, wobei er die Seite des Denkens beinahe zwanghaft hervorhebt. Der Quincunx zwischen dem Herrscher des 8. Hauses und dem Mond konfrontiert ihn jedoch immer und immer wieder mit der Tatsache, daß er außerordentlich emotional ist und seine Gefühle auch tatsächlich akzeptieren muß, auch wenn er häufig mit ihnen wenig anzufangen weiß. Mit diesem Aspekt muß er tagein, tagaus der Seite von ihm, die er zu vernachlässigen droht, ins Auge sehen: dem Gefühl. In Wirklichkeit aber führt ihn dieser Konflikt zu seinem Wesen zurück, zu seiner Sonne in einem Gefühlszeichen. Daß dies nicht einfach ist, mit Beziehungsproblemen einhergeht und ein fortwährendes Suchen bedeutet, ist wahrscheinlich der Preis, den er zahlen muß, um es zu einem gewissen Gleichgewicht zwischen seiner »superioren« und »inferioren« Funktion zwischen Sonne und Mond zu bringen (für nähere Informationen hierzu siehe »Elemente und Kreuze«).

Wir alle haben im Leben den Preis für wirkliche Individuation zu zahlen. Wir sollten aber niemals vergessen, daß die Aspekte, die uns Schwierigkeiten machen, gleichzeitig den Aufhänger darstellen, den wir zur Lösung der Schwierigkeiten benutzen können. Gleichermaßen kann von ihnen die Motivation ausgehen, alle psychischen Inhalte und Facetten, die in ihrer Gesamtheit unsere Psyche bilden, auf eine einzigartige, individuelle Weise miteinander zu verschmelzen – zu dem einzigartigen Individuum, das jeder von uns ist. Das gilt auch für den Herrscher des 8. Hauses im Quincunx zum Mond. Die Intensität und die emotionale Unsicherheit ergeben in ihrem Zusammenspiel Spannungen und Probleme. Wenn sich aber der betreffende Mensch den Gefühlen und den Konfrontationen stellt und sich damit auseinandersetzt – auch in Form von Lektüre oder Gesprächen –, kann er es in seinem Leben zu einer ausbalancierten emotionalen Verfassung bringen. Diese resultiert dann aus der Tatsache, daß er sich mit diesem Aspekt dazu gezwungen hat, seinen Problemen wirklich ins Auge zu sehen. Mit dieser sich allmählich vollziehenden Integration wird eine gewisse Ruhe kommen, was gleichermaßen Ursache und Folge ist, daß die Spannung im 8. Haus nachläßt. Auf diese Weise können wir ein besseres Verständnis für uns gewinnen und uns akzeptieren lernen.

Aspekte zwischen den Häuserherrschern

Weil jeder Planet ebenfalls Häuserherrscher ist, können wir auch Aspekte zwischen dem Herrscher des einen Hauses und dem Herrscher eines anderen Hauses in die Interpretation einbeziehen. Von Paul wissen wir, daß sein Herrscher des 9. Hauses (der Mond) im Quincunx zu Saturn, Merkur und Uranus steht. Wenn wir diese Planeten in ihrer Rolle als Häuserherrscher deuten wollen, haben wir es mit dem Herrscher des 9. Hauses im Quincunx zum Herrscher des 3. Hauses, dem Herrscher des 8. (und dem Mitherrscher des 10.) und dem Herrscher des 9. Hauses zu tun.

Bei der Deutung der Aspekte zwischen den Häuserherrschern gehen wir folgendermaßen vor: Wir beginnen mit den Bedeutungen der betreffenden Häuserherrscher, wie wir das im vorangegangenen Abschnitt gelernt haben. Anschließend kombinieren wir die Bedeutung dieser Häuser im einzelnen. Aspekte zwischen den Häuserherrschern geben an, daß die betreffenden Häuser einander beeinflussen. Also: Wenn wir den Herrscher des 9. Hauses im Quincunx zum Herrscher des 3. Hauses haben, heißt das, daß jedesmal, wenn wir es mit dem Gebiet des 9. Hauses zu tun haben, automatisch das 3. Haus miteinbezogen ist und umgekehrt. Der Aspekt bringt zum Ausdruck, auf welche Weise dieses Zusammenspiel geschieht – die Art des Aspekts rundet also das Urteil ab. Das Wichtigste ist, daß eine Beziehung zwischen beiden Häusern besteht (so, wie das mit Aspekten zwischen den Häuserherrschern und den Planeten der Fall war).

Wir werden das anhand des Horoskops von Paul beispielhaft erläutern. In seinem Horoskop ist die Sonne der Herrscher des 10. Hauses und Neptun Mitherrscher des 4. Hauses (die Mitherrscher sind bei der Deutung der Aspekte zwischen den Häuserherrschern ohne weiteres als gleichrangig zu bewerten). Sonne und Neptun stehen im Quadrat zueinander, was einem Quadrat zwischen dem Herrscher des 10. Hauses und dem Mitherrscher des 4. Hauses entspricht. Als erstes müssen wir nun die Bedeutung beider Herrscher unter die Lupe nehmen und anschließend die Häuser miteinander in Verbindung setzen.

Das 4. Haus spiegelt unser Bedürfnis nach emotionaler Geborgenheit und Sicherheit und unser Verhalten im häuslichen Kreis wider, auch in Verbindung mit den Erfahrungen aus der Vergangenheit. Es ist unser Bedürfnis, zu hegen und zu pflegen, und unser Gefühl für Familie, Tradition und Geschichte. Der Herrscher des 4. Hauses liefert Informationen über die Art und Weise, wie wir diese Bedürfnisse zum Ausdruck bringen, wie es bei uns mit Haus und Herd bestellt ist und wie wir zur Familie und den emotional geprägten Kontakten stehen.

Das 10. Haus symbolisiert in psychologischer Hinsicht unser Bedürfnis, eine Identität abzustecken und nach einem deutlichen Bild unserer selbst zu streben, von dem ausgehend wir dann eine festumrissene gesellschaftliche Position erreichen wollen. Es gibt an, wie wir unsere Autorität geltend machen und wie wir aufgrund unseres Ich-Bildes selbst auf Autorität und auf die Außenwelt reagieren. Im allgemeinen wird das 10. Haus auch mit unserer konkreten Position in der Gesellschaft in Verbindung gebracht und mit der Maske, zu der wir Zuflucht nehmen, um uns zu behaupten. Der Herrscher des 10. Hauses zeigt, wie wir mit all dem umgehen und welche Reaktionen wir hier zeigen.

Steht nun der Herrscher des 10. Hauses im Quadrat zu dem (Mit-)Herrscher des 4. Hauses, so erfahren wir in uns selbst oder auch von außen her einen Konflikt zwischen unserer gesellschaftlichen Funktion einerseits (10. Haus) und unserem häuslichen Leben andererseits (4. Haus). Dieser Konflikt kann sich auf zahllose Arten äußern, zum Beispiel bei einer beruflichen Tätigkeit, die uns dazu zwingt, unser häusliches Leben ständig zu vernachlässigen, oder durch eine Arbeit, die zu Hause erledigt wird, wobei das Private und Geschäftliche schwer voneinander zu trennen sind, so daß das Familienleben darunter leidet. Es kann aber auch umgekehrt sein, dann nämlich, wenn die häusliche Situation unsere sozial-gesellschaftliche Entfaltung fortwährend behindert oder besondere Vorkehrungen notwendig werden läßt.

Es sind jedoch auch innere Auswirkungen möglich, die eigentlich die wichtigeren sind. Das Bedürfnis, andere zu versorgen und anderen den Eindruck zu vermitteln, sich wie zu Hause zu fühlen (um emotionale Anerkennung zu bekommen – 4. Haus), möchten wir mit der Verbindung zum 10. Haus gern nach außen hin erkennbar werden lassen. Mit anderen Worten: Wir wollen, daß andere diese Fürsorglichkeit in unserer gesellschaftlichen Position wahrnehmen. Dieser Sachverhalt hat eine sehr große Bedeutung. Er kann dazu führen, daß wir einen Beruf wählen (auf dem ja schließlich unser gesellschaftlicher Status beruht), der beispielsweise mit der Versorgung von Älteren oder Kindern zu tun hat oder mit der Betreuung von bestimmten Personenkreisen, oder eine andere Tätigkeit, bei der wir für andere sorgen. Da es jedoch einen Konflikt zwischen dem Herrscher des 10. Hauses und dem Mitherrscher des 4. Hauses gibt, haben wir Schwierigkeiten mit diesem Bedürfnis. Vielleicht beachten wir es auch in dem einen Augenblick zu sehr und im nächsten zu wenig (bei einem Spannungsaspekt hat der Mensch meistens Mühe, das richtige Maß zu finden). Es könnte auch sein, daß wir nicht recht wissen, wie wir konkret an die Dinge herangehen sollen. Mit Geduld und ernsthafter Bemühung können wir es im Lauf der Zeit aber schaffen, beide Faktoren in eine harmonische Übereinstimmung zu bringen (all das ist kennzeichnend für einen Spannungsaspekt). Wenn wir gelernt haben, die Energie besser zum Einsatz zu bringen, können wir aktiv und effektiv damit beginnen, unsere fürsorglichen Eigenschaften in gesellschaftlicher Hinsicht erkennbar werden zu lassen.

Eine weitere Auswirkungsmöglichkeit dieses Quadrats besteht darin, daß das gesellschaftliche Funktionieren für uns gefühlsmäßig problematisch ist; wir fühlen uns einfach nicht wohl dabei. Wir suchen dann vielleicht nach einer anderen Situation, beispielsweise nach einer anderen Arbeitsstelle, um dann aber die Erfahrung machen zu müssen, daß wir auch dort unter derselben gefühlsmäßigen Unsicherheit zu leiden haben. Darum sind bei Konflikten zwischen dem Herrscher beziehungsweise Mitherrscher des 4. Hauses und dem Herrscher des 10. Hauses durchaus schon einmal (große) Veränderungen bei der Arbeit oder in bezug auf die gesellschaftliche Situation zu verzeichnen. Wenn uns jedoch klar wird, daß wir die Quelle dieser emotionalen Unruhe und Unsicherheit in uns selbst suchen müssen, können wir diesen Konflikt schließlich zu einer kreativen Lösung führen.

Menschen mit Spannungsaspekten zwischen dem Herrscher des 4. Hauses und dem Herrscher des 10. Hauses neigen eher als andere dazu, ihre Unzufriedenheit mit ihrer Arbeit zu Hause auszuleben. Auch das Umgekehrte trifft zu: Sie sehen sich in ihrer gesellschaftlichen Position durch eine unbefriedigende häusliche Situation behindert. Die Öffentlichkeit und das Zuhause sind bei einem derartigen Spannungsaspekt schließlich auf das engste miteinander verbunden.

Angesichts dessen, daß die Achse 4. Haus/10. Haus auch angibt, wie wir unsere Eltern in den ersten Lebensjahren erlebt und erfahren haben, können Spannungen zwischen dem Herrscher des 4. Hauses und dem des 10. Hauses auf problematische Situationen in frühester Kindheit hindeuten. Dabei muß es sich nicht unbedingt um fortwährende Streitigkeiten zwischen den Eltern handeln oder um deren Scheidung. Für gewöhnlich kann hier auch nicht von einer Schuld geredet werden. Um ein Beispiel zu nennen: Ich habe diesen Aspekt regelmäßig bei Kindern gefunden, deren Eltern sich zwar sehr auf sie gefreut hatten, die aber zu einer Zeit geboren wurden, in der die Eltern hart für ihre gesellschaftliche Position arbeiteten. Das kann so ausgesehen haben, daß der Vater nur sehr selten zu Hause war oder auch dort viel arbeiten mußte, während die Mutter aushalf, wo sie nur konnte. Oder der Vater hatte keine Arbeit, was für das ganze häusliche Leben prägend war; dies ist eine andere Form der Spannung zwischen dem 4. und dem 10. Haus. Hierbei handelt es sich um Situationen, die die Eltern nicht in der Hand haben, die aber dennoch das Kind prägen, das in dieser Atmosphäre aufwächst.

Wir wollen noch ein anderes Beispiel erläutern: In Freds Horoskop steht Mars im Quadrat zu Pluto. Mars ist der Herrscher des 5. Hauses, und Pluto herrscht über zwei Häuser: das 12. und das 1. Dieser Aspekt von Pluto ist also zweimal zu deuten. Wir haben sowohl den Herrscher des 1. Hauses im Quadrat zum Herrscher des 5. Hauses als auch den Herrscher des 12. Hauses im Quadrat zu diesem. Oft zeigen Stellungen wie diese widersprüchliche oder zumindest sehr unterschiedliche Charakterzüge und Bedürfnisse an. Aber auch hier gilt, daß alles sich zu äußern versucht und zu einer Form kommen will. Es kann also sehr wohl ein einziger Aspekt – wie der Herrscher des 5. Hauses im Quadrat zum Herrscher des 1. und des 12. Hauses – zweierlei, einander widersprechende Bedürfnisse anzeigen.

Das 1. Haus spiegelt unsere direkte, undifferenzierte Haltung nach außen hin wider. Es gibt an, wie wir – sowohl geistig als auch körperlich – auf Reize von außen reagieren, wie wir der Außenwelt entgegentreten und wie wir diese in uns aufnehmen, auf eine Weise, die weder durch die Außenwelt noch durch die Art der Reize beeinflußt wird. Der Herrscher des 1. Hauses verdeutlicht, wie wir dieser Haltung konkreten Ausdruck verleihen.

Das 5. Haus wird des öfteren das »Haus der Freude« genannt; es gibt an, wie wir mit dem umgehen, was Freude schenkt, wie beispielsweise Sport, Spiel, Spaß, Liebesaffären und so weiter. Es symbolisiert unser schöpferisches und kreatives Verlangen und unser Bedürfnis, im Mittelpunkt stehen. Es läßt auch erkennen, ob wir nach einer Führungsrolle streben oder uns lieber abseits halten, und verdeutlicht, ob wir womöglich über dem, was wir angenehm finden, die Pflichten vergessen. Eine mehr oder weniger ichbezogene Haltung ist dem 5. Haus dann auch nicht fremd.

Der Herrscher des 5. Hauses ist folglich in Verbindung mit dem Bedürfnis zu sehen, eine wichtige Rolle zu spielen und vor allem das zu tun, was wir angenehm finden. Da bei Fred eine Verbindung zwischen dem 1. und dem 5. Haus besteht, wird dies für die Außenwelt an seiner Haltung auf jeden Fall deutlich werden. Der Herrscher des 1. Hauses im Quadrat zum Herrscher des 5. Hauses kann sich unter anderem so auswirken, daß Fred sich nach außen hin sehr markant darstellt und dabei auch von der Bedeutung der eigenen Person überzeugt ist. Er hat das Bedürfnis, Aufmerksamkeit zu erregen und möchte gern wahrgenommen werden. Daß dies im Gegensatz zu dem Bedürfnis seiner Stier-Sonne im 6. Haus steht, verändert nichts daran – es verschärft nur noch den inneren Konflikt zwischen Bescheidenheit und dem Wunsch, eine wichtige Persönlichkeit sein zu wollen. Dies wird auch an anderer Stelle im Horoskop deutlich.

Der Herrscher des 5. Hauses als das Bedürfnis, im Mittelpunkt zu stehen, befindet sich aber im Konflikt zum Herrscher des 1. Hauses, mit der Gefahr, daß Fred nach außen hin nicht immer überzeugend wirkt. Einmal erscheint er sehr dominierend und tut genau das, wozu er gerade Lust hat, im nächsten Moment ist alles ganz anders, und er stimmt widerspruchslos dem zu, was ein anderer von ihm verlangt. Muß er dann ausführen, was er akzeptiert hat, tritt sein Eigensinn aber wieder zutage; dann läßt er seine eigenen Ansichten und Meinungen wieder in die Arbeit einfließen. Von Zeit zu Zeit braucht er auch ein anerkennendes Schulterklopfen beziehungsweise ein lobendes Kompliment (das 5. Haus ist schließlich das Löwe-Haus); wegen des Spannungsaspektes aber weiß er nicht so recht, wie er sich verhalten soll, wenn er dann tatsächlich gelobt und ihm Anerkennung zuteil wird. Er reagiert dann entweder etwas von oben herab oder auf eine ironische oder gar zynische Art, was jeden, der Fred nicht gut kennt, davon abhalten wird, ihm jemals wieder ein Kompliment zu machen. Und dann muß Fred sich noch mehr anstrengen, um es zu der so sehr gewünschten Anerkennung zu bringen. Bei einer Beziehung zwischen dem 1. und dem 5. Haus ist eine solche Stimulierung nun einmal sehr wichtig – mit dem Quadrat aber durchkreuzt Fred des öfteren durch sein eigenes Verhalten die Erfüllung dieses Bedürfnisses. Dieser konfliktreiche Aspekt kann auch auf Unsicherheiten hinsichtlich der eigenen Person weisen, eine Unsicherheit, die zu Überkompensationen führen kann, welche das Gegenteil vermuten lassen.

Fred fühlt sich jedoch mit diesem Konflikt in einer Umgebung wohl, in der er er selbst sein und davon ausgehen kann, anerkannt zu werden, auch wenn die anderen ihn nicht ständig loben. Komplimente, die in einem leicht spöttischen Tonfall vorgebracht werden, passen gut zu ihm – sie bieten ihm die Möglichkeit, seine Ratlosigkeit im Umgang mit Lob zu verbergen. Wenn Fred dieses innere Problem in den Griff bekommt, wird er die Energie, die seine Unsicherheit und Überkompensationen jetzt aufsaugen, dazu benutzen können, wirklich kreativ zu sein und Aufmerksamkeit zu wecken. Dabei ist kreativ nicht unbedingt mit künstlerisch gleichzusetzen. Fred ist handwerklich begabt; er kann die verschiedensten Dinge herstellen. In dieser Beziehung vertrauensvoll nach außen zu treten (Herrscher des 5. Hauses im Quadrat zum Herrscher des 1. Hauses) kann auch für seine Stier-Sonne im 6. Haus entspannend wirken, die am liebsten Konkretes schafft.

Der Konflikt zwischen dem Herrscher des 5. Hauses und dem Herrscher des 12. Hauses stellt für Fred ein noch größeres Problem dar. Weil das 12. Haus fraglos schwierig zu deuten ist, werden wir uns etwas länger damit beschäftigen. Die althergebrachte Deutung, »daß der Mensch alles verlieren wird, was mit dem 12. Haus in Verbindung steht«, ist so übertrieben wie unsinnig. Das 12. Haus symbolisiert unser Bedürfnis nach Rückzug und Loslösung, um die Einheit hinter der Verschiedenheit zu finden, die Einheit, die alles miteinander verbindet. Im 12. Haus geht es um den Hang zu einer mystischen »Einswerdung« und um Verständnis für das Universale im Leben, was aber bedeutet, daß wir die Persönlichkeit, die Beschränkungen der Gesellschaft und das Streben nach Geld relativieren oder ganz beiseite lassen müssen. Ansonsten werden wir niemals zum Wesen dieses Hauses vordringen.

Mir ist aus Untersuchungen, die ich selbst durchgeführt habe, deutlich geworden, daß die kaum zu überschätzende Rolle des 12. Hauses als Lebensgebiet hauptsächlich durch das bestimmt wird, was wir in der Säuglingszeit (vielleicht sogar auch während der embryonalen Phase) erlebt haben, und die Art und Weise, wie wir dies bewältigten. Die Erfahrungen, die wir in dieser Zeit unbewußt machen, sind in vielerlei Hinsicht bestimmend für die spätere Lebenshaltung. Konflikte in Zusammenhang mit dem 12. Haus stehen, wie ich mehrfach festgestellt habe, sehr häufig in Verbindung mit Konflikten zwischen den Eltern des Säuglings oder gesellschaftlichen Schwierigkeiten, die auf das Kind zurückwirken. Aus diesem Grund hat das 12. Haus auch mit verborgenen Ängsten zu tun, mit Ängsten, die wir nicht auf bewußt erlebte Ereignisse zurückführen können. Unser Bewußtsein war zu dieser Zeit noch nicht ausgebildet, so daß wir auch nichts verdrängen konnten.

Der Herrscher des 12. Hauses zeigt in diesem Licht, wie wir mit unserem Bedürfnis, uns als Einheit mit etwas zu erleben, umgehen, sei es positiv in der Form von sozialem Engagement, Opferbereitschaft, Meditation oder ähnlichem, sei es negativ in Form von Sucht, Abhängigkeit oder Zerrüttung der Persönlichkeit. Beide Extreme können in einen Rausch münden, der uns die Einheit erfahren läßt.

Auch zeigt dieses Haus unsere Fähigkeit zum Relativieren und Loslösen vom Persönlichen sowie die Art und Weise, wie wir mit unbegründbaren Ängsten umgehen. Des weiteren gibt der Herrscher des 12. Hauses an, wie es mit unseren Ahnungen und unserem Einfühlungsvermögen bestellt ist. Das 12. Haus versetzt uns in die Lage, auf eine nicht bewußte Weise in Kontakt zu unseren Mitmenschen zu treten und zu fühlen, was sie beschäftigt, was sie vielleicht bedrückt, möglicherweise auch, was mit ihnen geschehen wird und so weiter. Hellseherei, prophetische Träume und ähnliches mehr entspringen allesamt dem 12. Haus. Und der Herrscher des 12. Hauses läßt erkennen, wie wir hiermit umgehen. Ein Horoskop sagt nichts darüber aus, in welchem Maße jemand hellseherisch oder prophetisch veranlagt ist – jeder Mensch hat diese Fähigkeit latent in sich, der eine mehr, der andere weniger. Der Herrscher des 12. Hauses zeigt dann auch nicht, *ob* wir über hellseherische Gaben verfügen, sondern lediglich, was wir mit diesen latenten Fähigkeiten anfangen. Konflikte im 12. Haus oder in Verbindung mit dem Herrscher des 12. Hauses weisen auch oft auf Probleme während der Säuglingszeit oder sogar der gesamten mystischen Phase des Kindes (die im Durchschnitt bis zum siebten Lebensjahr dauert) hin.

Fred hat den Herrscher des 12. Hauses im Quadrat zum Herrscher des 5. Hauses, was sich folgendermaßen auswirken kann: Verborgene Ängste und Unsicherheit (12. Haus) wirken hinder-

lich auf das Selbstvertrauen und die Anerkennung, die Fred sucht
(5. Haus), wobei er sich emotional sehr unsicher in bezug auf seinen Selbstausdruck, seine Hobbys und seine Führungseigenschaften fühlt. Wegen des Konfliktes des Herrschers im 12. Haus
kämpft er entweder mit der Neigung, seine eigene Position zu
untergraben, oder aber mit dem Problem, selbst nicht recht zu
wissen, was er eigentlich will. So ist er ständig bestrebt, wenig-
stens etwas Selbstvertrauen und Identität zu entwickeln, und bekommt die Schwierigkeiten doch nicht in den Griff. Ich habe
wiederholt gesehen, daß Konflikte um den Herrscher des 12.
Hauses mit dem 5. oder dem 10. Haus mit einer Situation einher-
gingen, in der das Kind von Mutter und/oder Vater nicht richtig
verstanden wurde und in der es nicht seinem eigenen Wesen gemäß stimuliert wurde, woraus ein Mangel an Selbstvertrauen re-
sultierte. Auch hier ist jegliche Frage nach der Schuld unsinnig.
Ein Kind, das mit einer solchen Stellung geboren wird, gibt seinen Eltern nicht selten zu wenig Anhaltspunkte, um erkennen zu
lassen, was sie eigentlich fördern sollen.

Wie dem auch sein mag, dieses Kind wird anfänglich wenig
Selbstvertrauen haben und nicht recht wissen, was es will. Häufig resultiert hieraus ein suchendes Verhalten, mit allen dazugehörigen Möglichkeiten der Überkompensation oder der
Flucht in eine Traumwelt. Mit dem Quadrat hat das Kind die
Möglichkeit, Aktivitäten auf dem Gebiet des 12. Hauses zu entfalten: zu träumen und zu phantasieren, was sich später vielleicht
einmal zu dem Talent auswachsen könnte, Märchen oder auch
Drehbücher für Filme oder anderes mehr zu schreiben. Aber es
sind auch andere Äußerungsformen bei einer Verbindung zwischen dem 12. und dem 5. Haus möglich: Musik und andere Formen von kreativem Gefühlsausdruck, wobei der Betreffende ja
über lange Zeit allein übt, zeichnet oder malt, schreibt oder was
auch immer.

Hypnose, Religion, Gebet, das Okkulte, Sozialarbeit und so
weiter könnten hier zu einem Hobby werden. Fred hat lange Zeit
Unterwassersport getrieben. Anschließend ist er viel herumge-
reist (Herrscher des 1. Hauses im 9. Haus). Sehr wichtig auf all
diesen Reisen war für ihn das Erfahren der Stille in der vollkom-

menen Ruhe der unberührten Natur. So blieb er monatelang in den Wäldern und Wüsten Australiens, wo er geistig »auftankte«. Auch spannungsreiche Aspekte zwischen dem Herrscher des 12. Hauses und dem Herrscher des 5. Hauses können also auf eine angenehme und kreative Art zum Ausdruck kommen – was jedoch nichts daran ändert, daß Fred mit Minderwertigkeitsgefühlen, Verletzbarkeit und Unsicherheiten als anderen Auswirkungsmöglichkeiten zu tun hat.

Wir haben jetzt in einem Aspekt – nämlich dem Quadrat zwischen Mars und Pluto – zwei unterschiedliche Beziehungen zwischen Häuserherrschern betrachtet. Beim Aspekt zwischen dem Herrscher des 5. Hauses zum Herrscher des 1. Hauses (Quadrat) handelt es sich um das intensive Bedürfnis, Lustgefühlen nachzugehen und sich zur Geltung zu bringen, während beim Herrscher des 5. Hauses im Quadrat zum Herrscher des 12. Hauses das Problem auftritt, daß der Betreffende nicht recht weiß, was er tun möchte (zusätzlich zu dem Sachverhalt, daß es zu Anfang auch an Selbstvertrauen mangelt, um den Lustgefühlen tatsächlich nachzugehen). Beide Beziehungen können sich unabhängig voneinander auswirken, einander aber auch beeinflussen. Die Unsicherheit, die durch den Aspekt zum Herrscher des 12. Hauses verursacht wird, kann – wenn der Herrscher des 5. Hauses im Quadrat zum Herrscher des 1. Hauses sich unbedingt zur Geltung bringen will – zu einer starken Überkompensation führen, aber gleichzeitig auch zu größerer Sensibilität in diesem Bereich.

Die obigen Beispiele illustrieren, wie wir die Deutung eines Horoskops mit der Berücksichtigung der Häuserherrscher ausweiten und verfeinern können; diese lehren uns gleichzeitig, warum jemand zu bestimmten Handlungen, Aussagen oder Überkompensationen neigt. Wir müssen jedoch immer nach Faktoren im Horoskop suchen, die unsere Erkenntnisse stützen. Dabei ist es schwierig, bei der Behandlung der Beispiele sich nicht zu sehr von den anderen Horoskopfaktoren beeinflussen zu lassen, gerade weil in der Psyche alles miteinander zusammenhängt. Die Aspekte von Freds Herrscher des 5. Hauses beispielsweise, die wir gerade behandelt haben, müssen natürlich auch im Licht der

Planeten im 5. Haus und der sonstigen Aspekte des Herrschers des 5. Hauses betrachtet werden, wobei auch die Rolle der Sonne wichtig ist. Ohne diese Faktoren können wir nicht zu einem ausgewogenen Urteil kommen. Und so könnte es passieren, daß wir unsere Aussagen etwas abändern oder differenzieren müssen. Bevor wir die Häuserherrscher bei der Horoskop-Interpretation tatsächlich einbeziehen, sollten wir zur Übung das Prinzip in den Vordergrund stellen, und zwar, indem wir bei unseren Beispielen die Nebenfaktoren unberücksichtigt lassen.

Aspekte zwischen den Häuserherrschern bestätigen häufig andere Faktoren des Horoskops, wodurch gewissermaßen der Eindruck entstehen könnte, daß sie überflüssig wären. So könnten wir Freds Bedürfnis, das zu tun, wozu er Lust hat, auch der Sonne in Konjunktion zu Mars im eigensinnigen Zeichen Stier zuschreiben, verstärkt durch das Quadrat beider Planeten zu Pluto. Auch dies steht für das Bedürfnis, sich gegenüber anderen abzugrenzen aufgrund des Wunsches, die eigene Individualität zu erhalten. Aber der Hintergrund dieser Kombination – also das Motiv dieser Haltung – unterscheidet sich, wie wir gesehen haben, beträchtlich von der angesprochenen Häuserbeziehung.

Daß ein Aspekt zwischen Freds Häuserherrschern das Grundmuster seiner Planeten bestätigt, gibt uns die Sicherheit, daß Fred tatsächlich mit diesem Problem zu tun hat. Wenn wir nun sagen würden, daß wir eine solche Auswirkung auch schon aus einer anderen Stelle des Horoskops abgeleitet hatten und wir den Aspekt zwischen den Häuserherrschern deshalb vernachlässigen können, ist das im besten Fall nur teilweise richtig. Im Beispiel von Fred (und in vielen anderen Fällen) bestätigen oder verstärken solche Aspekte andere Faktoren – in anderen Fällen wiederum bilden die Aspekte zwischen den Häuserherrschern für sich stehende Faktoren, die Auswirkungen zur Folge haben, welche von keinem anderen Horoskopfaktor herzuleiten sind. Würden wir dann die Aspekte zwischen den Häuserherrschern außer acht lassen, so blieben diese höchst persönlichen Akzente unberücksichtigt.

Wenn auch die Sonne/Mars-Konjunktion nicht nur für Fred Gültigkeit hat, sondern für alle, die am Tag seiner Geburt zur

Welt kamen (und sogar während der Tage kurz davor und danach!), werden doch längst nicht alle dieser Personen mit einer Betonung dieses Faktors durch den Konflikt zwischen dem Herrscher des 5. Hauses und denen des 1. und des 12. Hauses zu tun haben. Insofern wird bei Fred ein sehr allgemeiner Planetenaspekt (an welcher Stelle dieser auch im Horoskop stehen mag) aufgrund der höchst individuellen Häusereinteilung im Horoskop sehr markant unterstrichen.

Es ist unmöglich, alle Aspekte zwischen den Häuserherrschern zu behandeln. Ich will aber noch ein Beispiel anführen, mit dem Schüler oft ihre Probleme haben: die Beziehung zwischen dem 8. und dem 12. Haus. Das Deuten der Aspekte zwischen den beiden Herrschern dieser Häuser wird zumeist als sehr schwierig empfunden. Wenn wir uns aber an die Regeln halten, lösen sich die Probleme. Untersuchen wir einmal, was ein Aspekt zwischen dem Herrscher des 8. Hauses und dem Herrscher des 12. Hauses beinhalten kann.

In erster Linie kommen so die beiden Häuser in Verbindung miteinander und wirken aufeinander ein. Wie das im einzelnen geschieht, wird durch die Art des Aspekts angegeben. Die Bedeutungen des 8. und des 12. Hauses haben wir bereits an früherer Stelle betrachtet. Psychologisch gesehen kann es sich um die folgenden Möglichkeiten handeln: Der Herrscher des 8. Hauses hat mit der Art zu tun, wie wir unsere Probleme angehen und wie wir uns hinsichtlich unserer Komplexe und neurotischen Neigungen verhalten. Das 12. Haus ist ein sehr unbewußtes Haus, das sich durch Bildersprache und Symbolik, durch Träume und Phantasien äußern kann. Eine harmonische Beziehung beider Herrscher weist darauf hin, daß der Geborene allerlei Möglichkeiten hat, mittels seiner Phantasie, der Traumanalyse, Assoziationstechniken, (Selbst-)Hypnose, kreativer Imagination und anderem mehr zum Kern seiner Probleme vorzudringen, um sie letztlich zu lösen. Dies kann sowohl durch ihn selbst mittels seiner eigenen Gaben als auch mittels therapeutischer Hilfe geschehen.

Ein Spannungsaspekt bedeutet in dieser Hinsicht zumindest am Anfang gewisse Schwierigkeiten. Hier sind es unter anderem die Phantasien und Träume des 12. Hauses, die uns auf eine falsche Fährte locken und von den wahren Problemen ablenken können. Die Träume, Symbole und Phantasien würden an sich zwar wertvolle Informationen für den Therapeuten darstellen – es kann aber sein, daß der Geborene nur einen Teil davon erzählt oder wahrhaben will oder daß er die Dinge (zumeist vollkommen unbewußt) anders auslegt. Insbesondere bei einer subjektiven Realitätsverzerrung kann er im Kreis laufen. Nicht selten habe ich bei einem schwierigen Aspekt zwischen dem Herrscher des 8. Hauses und dem Herrscher des 12. Hauses gesehen, daß ein therapeutischer Prozeß sehr langsam verlief, weil immer wieder neue Themen auftauchten und es schwer war, zum Kern der Sache vorzustoßen. Auch fielen mir bei Konflikten zwischen dem 8. und dem 12. Haus öfter als aufgrund der Statistik zu erwarten war, Patienten mit nervös bedingten Eßstörungen auf, die ebenfalls schwer zu heilen waren.

Für Aspekte zwischen dem Herrscher des 8. und dem Herrscher des 12. Hauses gibt es noch mehr Auswirkungsmöglichkeiten. Zum Beispiel: Psychologische Einsichten und Menschenkenntnis (8. Haus) werden auf dem Gebiet der sozialen Dienstleistung eingesetzt (eine Angelegenheit des 12. Hauses). Bei einer Beziehung zwischen dem 8. und dem 12. Haus kommt dann auch oft bei einer Betätigung für das Wohl der Allgemeinheit das Bedürfnis nach Erkenntnis und Vertiefung zum Tragen. Selbstverständlich wird dies mit harmonischen Aspekten leichter gelingen als mit disharmonischen; bei den Spannungsaspekten aber besteht oft eine enorme Bezogenheit auf die Arbeit oder auch ein enormer Einsatz. Diese Aspekte liefern uns schließlich auch Energie.

Wiederum eine andere Auswirkungsmöglichkeit wäre die, daß wir, indem wir die Probleme in uns selbst (8. Haus) lösen, ein breiteres und tieferes Verständnis für die Menschheit insgesamt gewinnen, vielleicht in Verbindung damit, Abstand zu gewinnen (12. Haus). Umgekehrt kann die Beschäftigung mit den Angelegenheiten des 12. Hauses – vom Gebet bis hin zur Arbeit in einem Gefängnis, um zwei willkürliche Beispiele zu nennen – uns mit uns selbst und unseren Problemen (8. Haus) konfrontieren, mit der Konsequenz, daß wir uns dann einfach damit befassen müssen.

Bei all dem geht es zunächst einmal um die Tatsache, daß hier ein Zusammenhang besteht. Insbesondere bei dieser Häuserbeziehung aber habe ich bei Konfliktaspekten extreme Auswirkungen gesehen: Krisensituationen (hier ist noch einmal auf die Patienten mit nervös bedingten Eßstörungen hinzuweisen) bis hin zu sehr viel kreativer Energie bei Menschen, die für sozial Benachteiligte eintreten. Auch hier ist es keineswegs so, daß wir mit Spannungsaspekten zwangsläufig Schiffbruch erleiden müssen. Wo gehobelt wird, da fallen Späne, sagt ein treffendes Sprichwort. Das gilt für alle Spannungsaspekte. Nur ist es so, daß uns diejenigen, die mit dem 8. Haus zusammenhängen, besonders tief berühren.

Auch auf okkultem Gebiet hat eine Beziehung zwischen dem 8. und dem 12. Haus Auswirkungen. Intensive Erfahrungen und der Wunsch, sich als Einheit mit etwas zu erleben, sind hier zu erwähnen, die Suche nach dem Kern (8. Haus) und der Quelle (12. Haus) der Dinge kann uns zu unvermuteten Einsichten in bezug auf uns selbst und die Welt des Unsichtbaren leiten. *Harmonische* Aspekte machen es uns hier möglicherweise leichter, sie haben aber den Nachteil, daß wir die Energie, etwas damit anzufangen, von anderer Stelle beziehen müssen – es handelt sich in dieser Beziehung zumeist um »faule« Aspekte. *Disharmonische* Aspekte beinhalten den Nachteil von Irrwegen und Konflikten, verleihen aber sehr wohl Energie, um durch Aktivität zu Erfahrungen zu kommen. Mit ihnen können wir letztlich doch dahin gelangen, wo wir hinwollen, auch wenn wir auf unserem Weg von Zeit zu Zeit straucheln werden.

Aspektlose Häuserherrscher

Wie Planeten können auch die Häuserherrscher aspektlos sein. In »Deutung von Aspekten und Aspektfiguren« habe ich der Frage, wie aspektlose Planeten wirken, ein ganzes Kapitel gewidmet. Im Prinzip können wir die Regeln, die ich dort formulierte, auch bei den Häuserherrschern anwenden. Aspektlose Planeten haben die Neigung, sich nach dem »Alles-oder-Nichts-Prinzip« zu äußern. Für die Häuserherrscher gilt dasselbe.

Wir wollen kurz wiederholen, was es bedeutet, wenn ein Planet aspektlos ist. Wir nennen einen Planeten dann aspektlos, wenn er nicht durch einen Hauptaspekt mit einem oder mehreren Planeten des Horoskops verbunden ist. Als Hauptaspekte gelten die Konjunktion, das Sextil, das Quadrat, das Trigon und die Opposition. Der Quincunx wird immer häufiger ebenfalls als Hauptaspekt gewertet, es steht aber nicht in der Reihe der traditionellen Aspekte. Insofern ist es strittig, ob ein Planet mit einem oder mehreren Quincunx-Aspekten ohne andere Hauptaspekte als aspektlos aufzufassen ist oder nicht. Ein aspektloser Planet führt zumeist zu Spannungen und Unsicherheiten (siehe weiter unten). Der Quincunx-Aspekt äußert sich jedoch ebenfalls in Unsicherheit und einer latenten Spannung. Es ist darum sehr schwer festzulegen, ob ein Planet, der nur an Quincunx-Aspekten beteiligt ist, nun als aspektlos einzustufen ist oder nicht. Meine Erfahrung spricht für den Quincunx als Hauptaspekt. Ich beziehe mich damit auf verschiedene Fälle, in denen ich gesehen habe, daß ein Quincunx nach einer Krise zu einem stabilen Faktor geworden ist (der Quincunx kann schließlich auch eine besondere Gabe darstellen). Die Betroffenen lernten, ihre nur durch Quincunxe verbundenen Planeten besser zu verstehen und besser zum Ausdruck zu bringen, und zwar oft in jüngeren Jahren, als das normalerweise bei aspektlosen Planeten zu beobachten ist.

Wir neigen dazu, das, was mit aspektlosen Planeten verbunden ist, in den Vordergrund zu rücken, jedoch auf eine unvorhersehbare Art und Weise und zumeist – wir sagten es bereits – mit einer »Alles-oder-Nichts-Haltung«. Das trifft auch auf den aspektlosen Häuserherrscher zu. Mit anderen Worten: Dieser wird das Haus, über das er herrscht, mit großem Nachdruck betonen. Allerdings werden wir uns hier lange Zeit keinen Rat wissen, werden rätseln, welche Haltung wir gegenüber den Themen dieses Hauses einnehmen sollen und uns ganz allgemein unsicher auf diesem Gebiet fühlen.

Aspektlose Planeten wirken sich manchmal sehr stark aus, um danach wieder in den Hintergrund zu treten. Es ist allerdings die ungezügelte Wirkung, die hier den Ton angibt. Wir beschäftigen uns ständig mit dem Wesen und dem Wert des betreffenden Hauses, wissen jedoch in unserem Bewußtsein nicht, daß wir dies tun, und erst recht nicht, wie wir mit diesem Kuckucksei umzugehen haben. Der Nachdruck, den das Haus dadurch in unserer persönlichen Entwicklung bekommt, bewirkt jedoch auch, daß es sich nahezu ungehindert entfalten kann, was manchmal außerordentliche Leistungen zur Folge hat. Es gibt zahlreiche Menschen, die dank ihrer aspektlosen Planeten und Häuserherrscher in die Geschichte eingegangen sind.

Der Geborene erfährt den Inhalt eines aspektlosen Planeten als schwierig, ebenso wie den Inhalt eines Hauses, dessen Herrscher aspektlos ist. Wegen der Mühe, die ihm dies bereitet, fühlt er sich auf diesem Gebiet unsicher und braucht Zuspruch und Stimulanz. Die Umgebung versteht dies meistens nicht, da sie die Kraft dieses Hauses sehr deutlich wahrnimmt und sieht, was der Geborene hier alles leistet. Dies kann zu Kommunikationsproblemen führen.

Aspekte bilden das wichtigste Mittel, psychische Inhalte (Planeten) innerhalb der Psyche zu integrieren. Für die anders gearteten psychischen Bedürfnisse und Bedürfnismuster (Häuserherrscher) gilt dasselbe. Aszendent und Himmelsmitte (MC) repräsentieren allerdings keine dynamischen Bedürfnisse; und Aspekte von Planeten zum Aszendenten und zur Himmelsmitte, wie wichtig sie auch sein mögen, ändern nichts an der Aspektlosigkeit eines Planeten. Allerdings bietet eine solche Verbindung die Möglichkeit, die Reaktionen der Außenwelt auf die betreffenden Inhalte schneller zu erkennen. Dies gilt ebenfalls für die Häuserherrscher.

Im Horoskop sowohl von Fred als auch von Paul sind aspektlose Planeten vorhanden. Bei Fred ist dies Merkur als Herrscher des 8. Hauses und des 10. Hauses; bei Paul handelt es sich um Mars, den Herrscher des 5. und des 6. Hauses, und um Jupiter, den Herrscher des 2. Hauses. Wir gehen wir nun bei der Deutung eines solchen aspektlosen Häuserherrschers vor?

Zuerst beschäftigen wir uns wieder mit der Bedeutung des

Hauses, über das er herrscht. Wir knüpfen an dessen Rolle im Horoskop an und beziehen uns auf die Extreme dieses Hauses – weil die Aspektlosigkeit nun einmal häufig nach dem Alles-oder-Nichts-Prinzip zum Ausdruck kommt. Weiterhin ist davon auszugehen, daß alles, was mit diesem Haus zusammenhängt, den Geborenen mit Unsicherheit konfrontiert und von ihm wahrscheinlich lange Zeit nicht erkannt und verstanden wird. Damit steht die Deutung in groben Zügen fest.

Wir wollen hierzu ein konkretes Beispiel anführen. Pauls Herrscher des 6. Hauses ist aspektlos. Das 6. Haus spiegelt unser Bedürfnis nach Reflexion, Analyse und Verständnis der Tatsachen wider, vor allem aus dem Grund, um das Ergebnis der Analyse konkret und nutzbringend anwenden zu können. Wir finden hier unsere kritische Einstellung und unsere Haltung in bezug auf Arbeit beziehungsweise die Arbeit als Untergebener und die Arbeitsbedingungen wieder. Auch unsere Einstellung zum Körper, zu Hygiene, Krankheit und Gesundheit fällt unter dieses Haus. Es sagt etwas aus über das Maß, in dem wir innerhalb unserer gesellschaftlichen Umgebung funktionieren können beziehungsweise dazu bereit sind. Auch die Selbstkritik ist zu erwähnen, die hierbei nicht fehlen darf.

Wenn nun der Herrscher des 6. Hauses keine Aspekte aufweist, könnte sich eine Anzahl von Extremen manifestieren. Wir investieren dann womöglich Monate oder sogar Jahre in harte Arbeit, ohne zu begreifen, daß wir hauptsächlich deshalb soviel Energie in unsere Arbeit stecken, weil wir in dieser Beziehung das Gefühl haben, immer noch »nicht gut genug« zu sein. Und dann ändert sich das vielleicht von einem Tag zum anderen, und wir haben die größten Schwierigkeiten, die Arbeit wiederaufzunehmen – oft natürlich genau in einer kritischen Situation. Es ist dann so, als ob etwas in uns blockiert wäre und wir erst ausruhen müßten, um weitermachen zu können.

Bei der Arbeit werden wir mit einem solchen Horoskopfaktor lange Zeit überkritisch vorgehen (häufig zum Ärger der Kollegen, weil die Kritik auch sie betrifft), um dann plötzlich infolge einer Überdosis Selbstkritik wie gelähmt zu sein und keinen Ausweg mehr zu sehen. Wir können uns jahrelang durch schlechte Ernährung oder durch übermäßige Verausgabung schädigen, um dann urplötzlich von einer »Gesundheitsmanie« überfallen zu werden. Oder wir halten trotz besseren Wissens an schlechten Gewohnheiten fest, um dann von heute auf morgen ins andere Extrem zu verfallen.

Es besteht mit diesem Horoskopmerkmal durchaus ein Blick für Details sowie große analytische Fähigkeiten – allerdings kommt es darauf an, hier im eigenen Tempo zu arbeiten, ohne von außen gehetzt zu werden. Wenn nämlich von einem aspektlosen Planeten oder einem aspektlosen Häuserherrscher gesellschaftlich schnelle und direkte Leistungen verlangt werden, kommt es womöglich zu Blockaden. Dann geht gar nichts mehr, wie begabt der Mensch auch sein mag.

Mit einem aspektlosen Herrscher des 6. Hauses fällt es uns nicht immer leicht, innerhalb einer bestehenden gesellschaftlichen Ordnung zu funktionieren. Wir haben unsere eigenen Auffassungen und können die – oft berechtigte – Kritik an uns nicht nachvollziehen. Nicht, weil wir sie nicht sehen *wollen* – wir verstehen nur unsere eigene Haltung in dieser Angelegenheit nicht. Das macht einen aspektlosen Herrscher des 6. Hauses trotz seines Bedürfnisses zum Dienen und Arbeiten doch eher zu einem Einzelgänger in diesen Dingen, als wir vielleicht zunächst erwarten würden. Guter Rat dringt nur selten sofort zu ihm durch; von seinem Inneren aus kommt er nicht gut damit zurecht. Er wird aber seine Erfahrungen gründlich analysieren und abspeichern und schließlich im Laufe der Jahre eine eigenständige Position in der gesellschaftlichen Ordnung beziehen, die individueller ist, als sich zu Anfang abzeichnete.

Der Mensch mit dem aspektlosen Herrscher des 6. Hauses entpuppt sich oft als ein harter Arbeiter, der den Dingen Form verleiht, der ein Gespür für Details besitzt und praktische und nützliche Einsichten hat. Doch aufgrund seiner Unsicherheit werden sich die Gegenteile dieser Eigenschaften – wie zum Beispiel Nachlässigkeit – ebenfalls bemerkbar machen.

Die Rolle der Häuserherrscher
in der weiteren Deutung

Häuserherrscher und die Planeten
in den Häusern

Es besteht ein kleiner, jedoch nicht unwichtiger und prinzipieller Unterschied zwischen der Rolle von Planeten in einem Haus und der Rolle des Herrschers über dieses:

> *Planeten in einem Haus beinhalten ein Versprechen (in welchem Sinne auch immer) – es ist aber der Häuserherrscher, der angibt, ob (und wenn ja, wie) dieses Versprechen erfüllt wird.*

Damit wird der Häuserherrscher zu einem Deutungsfaktor, der faktisch das Schlußstück der Beurteilung bildet. Er ist es schließlich, der die Richtung anzeigt – auch wenn er das Versprechen als solches, das mit einem Planeten in einem Haus verbunden ist, nicht beeinflußt. Er kann nur auf die Einlösung dieses Versprechens einwirken, behindernd oder fördernd.

Den Unterschied in der Wirkung können wir am besten anhand von einigen Beispielen illustrieren. Der Deutlichkeit halber lasse ich hier andere Faktoren des Horoskops unberücksichtigt (zur Deutung des Ganzen müssen diese natürlich immer hinzugezogen werden). Angenommen, es gälte, die folgenden zwei Horoskopsituationen zu deuten:

Horoskop A:
  Löwe-Aszendent, Saturn im 1. Haus und der Herrscher des 1. Hauses in Konjunktion zu Jupiter;
Horoskop B:
  Löwe-Aszendent, Jupiter im 1. Haus und der Herrscher des 1. Hauses in Konjunktion zu Saturn.

Beide Situationen ähneln sich sehr; wenn wir ein grobes Urteil zu beiden abgäben, würde sich das etwa wie folgt anhören: Es handelt sich hier um einen Menschen, der sehr viel Aufmerksamkeit benötigt (Löwe-Aszendent) und sich gern jovial zeigt (Jupiter im 1. Haus beziehungsweise der Herrscher des 1. Hauses in Konjunktion zu Jupiter), der aber durchaus etwas ängstlich oder zurückhaltend ist (Saturn im 1. Haus beziehungsweise der Herrscher des 1. Hauses in Konjunktion zu Saturn). Faktisch ist mit dieser oberflächlichen Deutung nichts Falsches gesagt. Doch wir können viel tiefere Erkenntnisse gewinnen.

Löwe als Aszendent gibt an, daß wir in unseren Kontakten mit der Außenwelt das Bedürfnis haben, deutlich in Erscheinung zu treten und unsere Persönlichkeit auf »dramatische« Weise einzusetzen, um Anerkennung zu finden. Wir spüren den Drang, eine wichtige Rolle und Autorität zu verkörpern, und strahlen Selbstvertrauen und Stolz aus. Nicht, daß wir dieses Selbstvertrauen mit dem Löwe-Aszendenten auch tatsächlich in uns fühlen – es geht vielmehr darum, daß wir nach Mitteln und Wegen suchen, um durch unser Funktionieren in der Außenwelt Selbstvertrauen zu gewinnen. Dabei ist durchaus ein gewisses Maß an Reserviertheit zu verzeichnen: Der Löwe-Aszendent läßt sich nicht gern in die Karten schauen. Dadurch kann er manchmal ins Brüten geraten, wenn es Probleme gibt, ohne dies nach außen hin erkennen zu lassen. Im günstigsten Falle strahlt der Löwe-Aszendent Wärme und Sympathie aus und gibt sich gegenüber seiner Umgebung väterlich-freundlich. Im ungünstigsten Fall ist er ein ichbezogener Machthaber, der nur an Selbstbestätigung und Komplimenten interessiert ist.

Das Zeichen am Aszendenten sagt viel aus; Planeten im 1. Haus färben aber seine Ausdrucksweise. Wenn wir das Horoskop mit einer befestigten Burg vergleichen, stellt der Aszendent die Zugbrücke dar. Wie diese Zugbrücke aussieht und welchen Eindruck sie auf die Außenwelt macht (einen einladenden, abweisenden, großzügigen oder schwachen), wird durch das Zeichen des Aszendenten, die Planeten im 1. Haus, die Aspekte des Aszendenten sowie Stellung und Aspekte des Herrschers des 1. Hauses näher bestimmt. Das sind also eine ganze Reihe von Deutungsfaktoren, die zu einem Ganzen zusammengefügt werden müssen. Im folgenden Abschnitt werden wir hierzu konkrete Beispiele angeben. Jetzt wollen wir betrachten, wie es sich mit Saturn im 1. Haus verhält.

Mit Saturn im 1. Haus sind wir in unserem äußeren Auftreten verletzbar. Wir haben das Bedürfnis, uns in unserer Manifestation nach außen hin auf eine begrenzte und auch reservierte Weise zu präsentieren, wodurch wir als verschlossen und zurückhaltend, vielleicht auch als gehemmt oder ängstlich gelten. Oft betrachten wir mit Saturn im 1. Haus die Welt sehr ernsthaft und erwarten auch ernstgemeinte Antworten. Nicht selten vermittelt die Außenwelt bei dieser Stellung etwas Unbestimmt-Bedrohliches. Wir haben hier das Bedürfnis, in unserem Auftreten Verantwortungsbewußtsein erkennen zu lassen, und gehen erst dann aus uns heraus, wenn wir uns entweder unserer Sache ganz sicher sind (was eine ganze Weile dauern kann) oder wenn wir die Zeit gehabt haben, uns an eine Situation zu gewöhnen.

Der Herrscher des 1. Hauses in Konjunktion zu Jupiter als dem Formgeber und Wegbereiter dieses etwas gehemmten »Versprechens« verleiht dem Ganzen jedoch eine joviale und optimistische Färbung. Jupiter in Konjunktion zum Herrscher des 1. Hauses bedeutet ja Expansionsdrang; und mit einem solchen Horoskopmerkmal tritt der Mensch der Welt mit Optimismus und Elan, mit einer Vision oder Lebensphilosophie entgegen. Jupiter in Konjunktion zum Herrscher des 1. Hauses ist auf Möglichkeiten aus, sich frei zum Ausdruck zu bringen; außerdem hilft er gern anderen mit Rat und Tat und kann mit seiner Jovialität aufmunternd auf die Umgebung wirken. Die Schattenseite besteht darin, daß hier womöglich eine besserwisserische Haltung zu verzeichnen ist, wodurch ein anmaßender Eindruck entstehen könnte.

An sich scheint es sehr wenig Unterschiede zwischen einem Planeten in einem Haus und einem Planeten im Aspekt zu dem betreffenden Häuserherrscher zu geben. Schließlich können wir das, was wir über Saturn im 1. Haus gesagt haben, auch als Deutung von Saturn in Konjunktion zum Herrscher des 1. Hauses gebrauchen; und das, was wir bei Jupiter in Konjunktion zum

Herrscher des 1. Hauses festgestellt haben, kann auch ohne weiteres als Deutung für Jupiter im 1. Haus angeführt werden. Bevor wir auf den konkreten Unterschied in unserem Beispiel eingehen, sollten wir uns noch über das Prinzip klarwerden: Ein Planet in einem Haus äußert sich auf diesem Lebensgebiet und färbt dieses; er hat aber nichts mit der Art und Weise zu tun, wie das Gebiet als Ganzes in Erscheinung tritt – dies hängt vom Häuserherrscher ab. Wenn der Häuserherrscher durch einen Aspekt mit einem Planeten verbunden ist, haben die Art und die Eigenschaften dieses Planeten auch einen Einfluß darauf, wie das Haus mitsamt seinem Herrscher in Erscheinung tritt. Doch nun zu dem Unterschied in unserem Beispiel:

Mit Saturn im 1. Haus ist unser Auftreten nach außen hin reserviert und zurückhaltend (siehe oben). Dies in Kombination mit einem Löwe-Aszendenten gibt uns einerseits das Bedürfnis, uns in unserer Umgebung markant zum Ausdruck zu bringen (Löwe-Aszendent); auf der anderen Seite werden wir hier mit Saturn entweder auf eine zurückhaltende oder zögerliche Weise vorgehen oder aber als Überkompensation in übersteigerter Form (mit Saturn ist schließlich manchmal die Neigung verbunden, sich aus einem Gefühl der Minderwertigkeit und Verletzlichkeit heraus nichts anmerken zu lassen oder auch des Guten zuviel zu tun). Die Reserviertheit des Löwe-Aszendenten wird durch Saturn im 1. Haus verstärkt. Der Löwe als Aszendent fühlt sich in gewisser Weise unsicher und sucht nach Bestätigung in sich selbst. Er kann Saturn im 1. Haus also überhaupt nicht brauchen, denn dieser verstärkt sein Gefühl der Unsicherheit sowie sein Bedürfnis nach Bestätigung nur noch.

Löwe als Aszendent mit Saturn im 1. Haus wird sich der Außenwelt darum etwas reserviert und zurückhaltend nähern, manchmal vielleicht auch mißtrauisch – alles aber aus einer gewissen ichbezogenen Haltung heraus, einer Haltung, die insgeheim nach Aufmerksamkeit verlangt. Steht nun Jupiter in Konjunktion zum Herrscher des 1. Hauses, so bekommt dieses etwas gehemmte Versprechen eine joviale Färbung. Das bedeutet, daß wir mit dieser Kombination zwar eine abwartende Reserviertheit an den Tag legen und vielleicht etwas zu ängstlich sind, um spontan auf die Außenwelt zuzugehen – allerdings sagt uns unser Herz mit Jupiter in Konjunktion zum Herrscher des 1. Hauses, daß alles gar nicht so schlimm ist und schon gut ausgehen wird. Jupiter verleiht uns Selbstvertrauen, sieht auch das Gute in unserem abwartenden Verhalten (aus Gründen, die nicht von der Hand zu weisen sind) und bewirkt, daß wir nicht in Depressionen verfallen. Er fördert auch das Bedürfnis, in expansiver, wohltuender oder heilender Weise etwas für die Umgebung zu tun. Mit einer solchen Stellung fühlen wir uns vielleicht zwar verletzlich, besitzen aber doch ein ausgeprägtes Selbstwertgefühl. In positivem Sinne kann dies beinhalten, daß wir den Enthusiasmus und das häufig überstürzte Vorgehen Jupiters mit Hilfe von Saturn im 1. Haus zähmen können, woraus als Endergebnis eine ruhige, ausgewogene Einstellung resultiert. Diese entspringt dann der Kombination einer ängstlichen, gehemmten oder reservierten Haltung (Saturn im 1. Haus) mit einem unterschwelligen inneren Optimismus und Vertrauen (Jupiter in Konjunktion zum Herrscher des 1. Hauses).

Mit Jupiter im 1. Haus dagegen treten wir voller Spontaneität und Begeisterung nach außen. Diese Eigenschaften besitzen wir selbst damit auch in reichlichem Maße. Wir wollen alle gern daran teilhaben lassen und sind schnell mit Ratschlägen bei der Hand – ob wir nun darum gebeten wurden oder nicht. Kargheit und Mäßigkeit sind uns ein Dorn im Auge. Oft zeigen wir mit Jupiter im 1. Haus eine Art väterliche Einstellung, was mit dem Löwe-Aszendenten noch verstärkt gilt. Das widerspricht dem, was wir bei Saturn im 1. Haus gesehen haben, völlig. Jupiter im 1. Haus kann kindlich begeistert sein, aber auch moralisierend und arrogant. In Kombination mit dem Löwe-Aszendenten sehen wir ihn oft in der Rolle des Charmeurs. Mit seinem freien, spontanen und offenen Verhalten gelingt es ihm problemlos, Menschen von sich zu überzeugen, was er auch gern tut.

Steht nun Saturn in Konjunktion zum Herrscher des 1. Hauses, werden wir diese spontane Haltung nach außen hin zwar bewahren, dem allerdings im verborgenen eine gewisse Reserviertheit hinzufügen. Wir sprechen dann nicht mehr alles aus, fühlen uns trotz unseres jovialen Auftretens doch unsicher und haben vielleicht auch unter Minderwertigkeitsgefühlen zu leiden. Wenn wir uns dann gerade wieder einmal voller Begeisterung in den Mittelpunkt der Aufmerksamkeit gebracht haben, werden wir innehalten und uns die Frage stellen: »Was mache ich hier eigentlich?« Das färbt auch die Art und Weise, wie die Geschehnisse auf uns wirken und wie wir sie erleben. Wir sehen also, daß hier das freundlich-joviale Versprechen von Jupiter im 1. Haus behindert wird durch die Konjunktion des Herrschers des 1. Hauses zu Saturn.

Auch hier kann es fraglos zu einer ausgewogenen Haltung kommen, allerdings in Verbindung mit einem anderen Prozeß. Wir lernen durch die Verletzlichkeit Saturns in Konjunktion zum Herrscher des 1. Hauses vielleicht, daß es auch noch eine andere Seite in unseren Kontakten zur Außenwelt gibt als nur die enthusiastische und ausgelassene und daß Ernst und Tiefe ebenfalls ihren Wert haben. Durch innere Unsicherheit geplagt, werden wir im Laufe der Zeit akzeptieren, daß wir uns um so einfacher zum Ausdruck bringen können, je mehr wir die Umgebung auch einmal zum Zuge kommen lassen – eine nicht ganz einfache Aufgabe für Jupiter im 1. Haus und den Löwe-Aszendenten. Die Ausgelassenheit Jupiters kann durch Saturn in Konjunktion zum Herrscher des 1. Hauses in gute Bahnen gelenkt werden. Es ist hier also die Hemmung und die Begrenzung (Saturn), die unsere anfängliche Spontaneität bändigt; bei Saturn im 1. Haus und Jupiter in Konjunktion zum Herrscher des 1. Hauses dagegen ist es unsere Unsicherheit, die relativiert und zurechtgerückt wird durch eine innere Zuversicht und inneres Vertrauen.

Wir sehen an diesem Beispiel, daß sich beide Horoskopsituationen zum Verwechseln ähneln, wenn wir an der Oberfläche bleiben. In den psychischen Mechanismen und beim Erleben dieser Horoskopfaktoren zeigen sich aber doch große Unterschiede, wenn wir sie näher unter die Lupe nehmen. Dadurch dürfte deutlicher geworden sein, welche Rolle die Häuserherrscher spielen: Sie haben zwar das entscheidende Wort, können aber nichts, was von vornherein in einem Haus angelegt ist, ungeschehen machen.

Ein weiterer Punkt, der vielleicht Fragen aufwirft, ist der

Unterschied zwischen einem Aspekt zum Aszendenten und dem Herrscher des 1. Hauses. Beispielsweise: Worin besteht der Unterschied zwischen Saturn im Quadrat zum Aszendenten und Saturn im Quadrat zum Herrscher des 1. Hauses? Im Licht des Vorangegangenen wird deutlich, daß Saturn im Quadrat zum Herrscher des 1. Hauses mit dem Einlösen eines Versprechens zu tun hat (der Inhalt des Versprechens wird, wie wir wissen, durch die Planeten in diesem Haus bestimmt). Aspekte zum Aszendenten (und der Himmelsmitte) dagegen bilden einen Teil des Versprechens, das vom 1. (beziehungsweise vom 10.) Haus angezeigt ist. Mit anderen Worten: Saturn im Quadrat zum Aszendenten ist der Wirkung des Herrschers des 1. Hauses nachgeordnet, während Saturn im Quadrat zum Herrscher des 1. Hauses die Rolle des Herrschers des 1. Hauses – also die Manifestation des gesamten Hauses – mitbeeinflußt. In der Deutung zeigt Saturn im Quadrat zum Aszendenten zwar wieder eine gewisse Ähnlichkeit zu Saturn im 1. Haus oder zu Saturn im Quadrat zum Herrscher des 1. Hauses, allerdings wissen wir ja mittlerweile, daß zwischen ihnen nicht zu vernachlässigende Unterschiede bestehen. Saturn im Quadrat zum Aszendenten wird sich außerdem deshalb deutlich anders als Saturn im 1. Haus auswirken, da er seine Wirkung von einem anderen Haus her entfaltet, von einem anderen Zeichenhintergrund aus und so weiter. Das kann beträchtliche Unterschiede bei der Deutung in ihrer Gesamtheit ergeben.

Die unterschiedliche Auswirkung von gleichen Horoskopfaktoren werde ich im folgenden Abschnitt dieses Kapitels behandeln. Zum Schluß dieses Teils noch eine – möglicherweise überflüssige – Bemerkung: Wenn wir die Häuserherrscher betrachten, wirkt sich der Herrscher des 3. Hauses im 1. Haus anders aus als der Herrscher des 1. Hauses in Konjunktion zum Herrscher des 3. Hauses. Und auch hier ist der Aspekt zum Herrscher des 1. Hauses wieder die »Würze« bei der Deutung. Das gleiche gilt für die Wirkungsweise des Häuserherrschers in einem Haus. Sie – und damit auch die Einlösung des Versprechens – hängt ab von der Rolle des Planeten, der über dieses Haus herrscht. Aber auch die Aspekte des Häuserherrschers zu den anderen Herrschern sind von großer Bedeutung.

Wie gehen wir bei der Deutung eines Hauses vor?

Wenn wir gerade erst mit dem Deuten angefangen haben, kann die Arbeit mit den Häuserherrschern und den Häuserbeziehungen uns das Gefühl vermitteln, es mit einer Unzahl von Deutungsfaktoren zu tun zu haben; besitzen wir dann etwas Erfahrung, ist es gar nicht mehr so schlimm. Wir sollten bei der Analyse von Anfang an systematisch vorgehen. Es ist falsch, sich mehr oder weniger zufällig mit einigen bestimmten Aspekten und Häuserbeziehungen zu beschäftigen, weil wir so unweigerlich den roten Faden verlieren würden. Wir sollten anfangen, indem wir aufschreiben, was wir für die Deutung eines bestimmten Themas oder Teils des Horoskops berücksichtigen müssen. Anschließend ist zu überprüfen, welche Faktoren welche Richtung nahelegen.

Um ein Beispiel zu geben: Beim Skorpion-Aszendenten mit einem Aspekt des Herrschers des 8. Hauses zum Aszendenten können wir ohne weiteres davon ausgehen, daß die Wirkung des Aszendenten durch diesen in die gleiche Richtung weisenden Aspekt verstärkt wird. Natürlich müssen wir alle Teile für sich deuten – bei der abschließenden Beurteilung eines Themas oder eines Hauses aber können wir all die Teile, die in dieselbe Richtung weisen, zusammenbringen. Wir sind dann bei der Deutung nicht nur systematisch vorgegangen, sondern haben auch feststellen können, was schwerer und was weniger schwer wiegt. Damit sind wir in der Lage, den Umfang der Deutung in Grenzen zu halten und Schwerpunkte zu setzen. Wir können dann auch der Faustregel Rechnung tragen, daß ein Hinweis in eine bestimmte Richtung eine *Möglichkeit* angibt, daß zwei Hinweise eine *Wahrscheinlichkeit* und drei oder mehr *Sicherheit* hinsichtlich einer bestimmten Aussage bedeuten. Bei der zusammenfassenden Interpretation der Faktoren gilt es aber, den Unterschied zwischen Planeten in einem Haus und den Häuserherrschern nicht aus dem Auge zu verlieren.

Angenommen, wir wollen in einem bestimmten Horoskop den Aszendenten beziehungsweise das 1. Haus analysieren, um zu sehen, wie es um die Haltung zur und gegenüber der Außenwelt bestellt ist. Wir müssen dann die folgenden Faktoren beachten:

a) das Aszendentenzeichen
b) die Planeten im 1. Haus
c) Häuserherrscher im 1. Haus
d) Aspekte von Planeten zum Aszendenten
e) Aspekte der Häuserherrscher zum Aszendenten
f) das Haus, in dem der Herrscher des 1. Hauses steht (das Zeichen scheint in der Praxis weniger wichtig zu sein)
g) Aspekte des Herrschers des 1. Hauses zu Planeten
h) Aspekte des Herrschers des 1. Hauses zu anderen Häuserherrschern.

Es dürfte deutlich sein, daß a) ausschließlich für den Aszendenten gilt. Die Zeichen, die sich an den übrigen Häuserspitzen befinden, sind für die Betrachtung der betreffenden Häuser unwichtig – wenngleich sie natürlich bestimmen, welcher Planet über welche Häuser herrscht. Von der Wirkung der Zeichen an den Häuserspitzen habe ich bislang kaum etwas gemerkt, außer eben beim Aszendenten. Bezüglich des Zeichens der Himmelsmitte (MC) sind die Diskussionen noch in vollem Gang; es gibt Astrologen, die diesem großen Wert beimessen, und andere, die es für unwichtig halten. Meiner Erfahrung nach hat das Zeichen am MC wenig Einfluß.

Wir wollen in den Horoskopen von Fred (Seite 43) und Paul (Seite 46) nachsehen, welche Deutungsfaktoren es in Zusammenhang mit dem 1. Haus gibt.

Fred

a) Skorpion als Aszendent
b) keine Planeten im 1. Haus
c) (folglich) keine Herrscher im 1. Haus
d) der Mond im Trigon und Saturn im Sextil zum Aszendenten
e) der Mond als Mitherrscher des 8. Hauses, also: der Mitherrscher des 8. Hauses steht im Trigon zum Aszendenten, Saturn ist Mitherrscher des 2. Hauses, also: Der Mitherrscher des 2. Hauses im Sextil zum Aszendenten
f) der Herrscher des 1. Hauses (Pluto) steht im 9. Haus

g) der Herrscher des 1. Hauses steht im Quadrat zur Sonne, im Sextil zu Venus, im Quadrat zu Mars und im Sextil zu Neptun

h) der Herrscher des 1. Hauses steht im Quadrat zum Herrscher des 9. Hauses (Sonne), im Sextil zum Herrscher des 6., 7. und 11. Hauses (Venus), im Quadrat zum Herrscher des 5. Hauses (Mars) und im Sextil zum Herrscher des 4. Hauses (Neptun).

Paul

a) Skorpion als Aszendent

b) keine Planeten im 1. Haus

c) (folglich) keine Herrscher im 1. Haus

d) Sonne im Trigon, Venus im Quadrat und Pluto im Quadrat zum Aszendenten

e) der Herrscher des 10. Hauses (Sonne) im Trigon zum Aszendenten; der Herrscher des 7., 11. und 12. Hauses (Venus) im Quadrat zum Aszendenten und der Herrscher des 1. Hauses (Pluto) ebenfalls im Quadrat zum Aszendenten

f) der Herrscher des 1. Hauses (Pluto) steht im 9. Haus

g) der Herrscher des 1. Hauses steht in Konjunktion zur Venus und im Sextil zu Neptun

h) der Herrscher des 1. Hauses steht in Konjunktion zum Herrscher des 7., 11. und 12. Hauses (Venus) und im Sextil zum Mitherrscher des 4. Hauses (Neptun).

Wenn wir die Deutungsfaktoren von Fred und Paul betrachten, sehen wir, daß sie sehr viel gemeinsam haben, zum Beispiel: Skorpion als Aszendenten, keine Planeten im 1. Haus, den Herrscher des 1. Hauses im 9. Haus, Venus-Aspekte, Neptun-Aspekte und so weiter. Die Unterschiede im Auftreten nach außen sind aber sehr groß. Warum das so ist, werden wir in den folgenden Abschnitten analysieren, in denen wir das 1. Haus entsprechend dem oben vorgestellten Schema betrachten.

Das 1. Haus von Fred

Zu a): Skorpion als Aszendent

Die Haltung und das äußere Auftreten sind beim Skorpion-Aszendenten abwartend und reserviert. Menschen mit diesem Aszendenten tasten ihre Umgebung oft erst einmal gefühlsmäßig ab, ohne die eigenen Gefühle und Emotionen zu erkennen zu geben. Der Skorpion als Aszendent fühlt sich in seinem Auftreten häufig verletzlich und versucht dies mit einer vermeintlich selbstbewußten Haltung oder durch Ausweichmanöver zu kaschieren. Er hat einen Riecher für die Schwächen anderer, nicht zuletzt deshalb, weil er diese Schwächen in sich selbst so deutlich wahrnimmt. Die heiklen Stellen der Mitmenschen und das, was der andere verbergen möchte, »gräbt« er sozusagen aus, so daß es ihm gelingt, den Finger auf den wunden Punkt zu legen. Dabei ist er nicht unbedingt bewußt darauf aus, die Schwachstellen bei anderen ausfindig zu machen. Dies ergibt sich bei ihm wie von selbst, weil er das (zumeist unbewußte) Bedürfnis hat, ganz allgemein Motive und verborgene Triebfedern zu ergründen. Der Skorpion als Aszendent verfügt auch über viel Einfühlungsvermögen und erkennt sogleich, ob etwas authentisch oder Lug und Trug ist.

Einige Astrologen bezeichnen den Skorpion-Aszendenten als mißtrauisch, was für meinen Geschmack nicht ganz zu Recht geschieht, wenn wir untersuchen, was seiner Haltung zugrunde liegt. Kennzeichnend für das Zeichen Skorpion ist ein ständiger innerer Kampf – der ihm nicht unbedingt Unbehagen bereiten muß – in bezug auf die Frage, inwieweit der Mensch sein Leben selbst bestimmt und inwieweit er bewußt oder unbewußt durch andere beeinflußt beziehungsweise gelenkt wird. Hauptsächlich deshalb, weil dieses Zeichen so sehr unter seiner Verletzlichkeit leidet und sich so intensiv mit seiner eigenen Problematik auseinandersetzt (es handelt sich um ein fixes Zeichen!), stellt sich die Frage, warum das so ist. Jemand mit einem Skorpion-Aszendenten ist sich dieser Verletzlichkeit in seinem äußeren Auftreten immer bewußt, was die Ursache für seine häufig reservierte und abwartende Haltung darstellt. Unter dem Deckmantel dieser Haltung brütet und gräbt er, sowohl in sich selbst als auch in anderen, um zum Kern aller Dinge vorzustoßen. Die Außenwelt wird taxiert und gewogen und – falls für zu leicht befunden – ein für alle Male abqualifiziert (was übrigens durchaus auf eine freundliche Weise geschehen kann). Den Skorpion als Aszendenten kennzeichnet zumeist eine Alles-oder-Nichts-Einstellung.

Der Skorpion-Aszendent ist wegen seiner Emotionalität (die er um jeden Preis verbergen will) tatsächlich sehr auf die Umgebung bezogen. Wenn er einen Menschen liebgewonnen hat, geht er für ihn durchs Feuer. In bezug auf seine Auffassungen kann er sich durch eine unerschütterliche und nicht zu beeinflussende Haltung (fixes Zeichen!) mit einem verbissenen Willen zum Kampf auszeichnen.

Jemand mit dem Skorpion-Aszendenten hat noch ein anderes Bedürfnis, ein Bedürfnis, das weder ohne weiteres zu erkennen noch zu verstehen ist. Grundsätzlich sind diese Menschen in der Lage, ihre Umgebung mittels Intrigen aufzustacheln und zu schädigen. Nur derjenige, der auf bedingungslose Art und Weise die eigenen Motive zu ergründen versucht und der Ausgewogenheit auf humanem Gebiet anstrebt, wird hier auch konstruktiv sein können. Ein solcher Mensch versucht, in seiner unmittelbaren Umgebung bei der Lösung von psychologischen Problemen zu helfen; er ist bestrebt, für sich und für andere Möglichkeiten der Stimulation zu finden, was ihn und andere dazu befähigen kann, Großes in Angriff zu nehmen. Dabei schreckt er nicht davor zurück, Überflüssiges oder Hinderliches erbarmungslos auszumerzen. Das kann sich in psychologischer Hinsicht darauf beziehen, daß er Verdrängungen aufzulösen versucht (sowohl bei sich selbst als auch bei anderen). Konkret-gesellschaftlich könnte sich das zum Beispiel darin auswirken, daß er veraltete Maschinen, die den Produktionsprozeß behindern, ausrangieren läßt, gegen verkrustete Machtstrukturen vorgeht und dergleichen mehr.

Der Skorpion-Aszendent hat seine Umgebung gern im Griff, weil er auf diese Weise steuern kann, welche Emotionen auf ihn zukommen. So umgeht er es, ständig mit seiner Unsicherheit konfrontiert zu werden. In den problematischeren Fällen kann sich das in einem wahren Machthunger auswirken, während der ausgewogenere Typus vielmehr abwartet, wie sich die Dinge entwickeln, und in aller Vorsicht danach strebt, den Lauf der Geschehnisse zu lenken.

Fred wirkt nach außen hin offen und herzlich, was dem oben Angeführten zu widersprechen scheint. Der aufmerksame Zuschauer aber wird rasch bemerken, daß diese freundliche und offene Haltung nur eine Maske ist und die wahre Persönlichkeit nicht so schnell zum Vorschein kommt. Fred hat die Angewohnheit, mit einem mitunter sarkastischen Humor (der viele Menschen anspricht und einige auf die Palme bringt) die Atmosphäre in einer Gruppe so zu lockern und zu lenken, daß keine Situation entstehen kann, in der er mit seiner Verletzlichkeit in Gefahr gerät. Fred kann auch sehr ernst sein, doch nur mit ein oder zwei Menschen um sich herum: In größeren Gesellschaften spielt er, ohne sich dessen bewußt zu sein, Theater. Damit wirkt er steuernd und bekommt seine Umgebung in den Griff. Wir sollten niemals vergessen, daß eine Haltung von Fröhlichkeit und Leutseligkeit nicht immer bedeutet, daß jemand tatsächlich eine unkomplizierte Frohnatur ist. Sehr oft dient dies als wirksame Maske. Horoskopdeutungen in bezug auf heikle Inhalte können sich, wenn dies nicht berücksichtigt wird, als »Schuß in den Ofen« entpuppen.

Wenn wir wiederum von Fred behaupten würden, daß er mit seinem Skorpion-Aszendenten anderen gegenüber verschlossen ist, hätten wir uns getäuscht. Fred redet durchaus, und sogar recht viel. Und wenn wir sagen würden, daß ein Skorpion-Aszendent Verbissenheit und Humorlosigkeit nahelegt und folglich »sauertöpfisch« auf andere wirkt, lägen wir wiederum daneben – Fred ist nämlich oft heiterer Stimmung und hat ein großes Bedürfnis zu lachen. In einer Hinsicht hätten wir allerdings recht: Er macht in manchen Situationen seinen Mund überhaupt nicht auf, dann nämlich, wenn es um ihn selbst und seine Gefühle geht. Er zeigt sich fröhlich, was aber lediglich eine Maskierung seiner Melancholie darstellt. Wir müssen also immer sehr darauf achten, wie wir die Dinge formulieren. Aus einem Horoskop können wir niemals präzise ableiten, wie jemand seinem Skorpion-Aszendenten konkret Ausdruck verleiht. Das oben Gesagte spielt zwar immer mit hinein, die äußere Auswirkung und Maskerade fällt jedoch unterschiedlich und höchst individuell aus. Wir sollten also besser sagen, daß Fred nur wenig von sich preisgibt und zur Vermeidung von Konfrontationen eine Haltung annimmt, die ihn entweder als redegewandte Frohnatur zeigt (was ihn oberflächlicher erscheinen läßt, als er tatsächlich ist) oder als unzugänglichen Eigenbrötler. Aussagen wie »er macht den Mund nicht auf« können in ihrem Absolutheitsanspruch verkehrt verstanden werden; dann unterbleibt es auch, den Hintergrund – also das Warum – zu beleuchten.

Der Mensch mit einem Skorpion-Aszendenten ist oft viel stärker auf seine Umgebung bezogen, als es den Anschein hat. Intensität ist das Stichwort für dieses Zeichen – alles, was sich um ihn herum abspielt, erlebt der Skorpion-Aszendent auf das intensivste. Deshalb können ihn auch Dinge, die sich in ihm selbst in bezug auf seine Umgebung abspielen, sehr lange beschäftigen – Dinge, die von anderen vielleicht als unwesentlich abgetan würden.

Zu b) und c): Planeten und Häuserherrscher im 1. Haus

Wie wir bereits sahen, hat Fred keinen Planeten und dadurch auch keinen Häuserherrscher in seinem 1. Haus. Wäre das anders, müßten wir uns die Bedeutung dieses oder dieser Planeten in Skorpion beziehungsweise Schütze vor Augen führen.

Zu d): Aspekte der Planeten zum Aszendenten

Bei Fred sind zwei Aspekte zum Aszendenten vorhanden: ein Mond-Trigon und ein Saturn-Sextil. Das Trigon des Mondes zum Aszendenten verleiht Fred eine große emotionale Bezogenheit auf die Umgebung. Wir können oft sehen, daß Menschen mit harmonischen Aspekten zwischen dem Mond und dem Aszendenten sich nach außen hin sehr gut darstellen können – und folglich vielleicht auch eine Maske tragen. Das Angenehme eines harmonischen Aspekts zwischen Mond und Aszendent ist, daß die Umgebung nicht als bedrohlich für das eigene gefühlsmäßige Wohlbefinden erfahren wird. Das steht allerdings im Widerspruch zu der Tatsache, daß der Skorpion-Aszendent sich unter Umständen sehr schnell bedroht fühlt. Durch den Mond im Trigon zum Aszendenten dürfte die Bedrohung, die Fred empfindet, allerdings einiges an Macht verlieren, was ihm dabei helfen kann, sich besser in seiner Umgebung zum Ausdruck zu bringen. Letzteres gelingt ihm dann auch, wie wir gesehen haben, ohne weiteres. Das Moment der Reserviertheit ist damit jedoch keineswegs ausgeschaltet.

Der zweite Aspekt des Aszendenten – das Saturn-Sextil – unterstützt diese abwartende Haltung noch. Wir haben es also eigentlich mit zwei entgegengesetzten Aspekten zum Aszendenten zu tun: einem, der für Offenheit steht (Mond), und einem, der Reserviertheit bedeutet (Saturn). Daß es hier um ein Sextil geht, ändert grundsätzlich nichts am Moment des Abwartens; bei einem Aspekt steht immer die Verbindung zwischen zwei oder mehreren Inhalten an erster Stelle, erst dann kommt die Art der Verbindung. Und Saturn bleibt der reservierte Saturn, in welchem Aspekt zum Aszendenten er auch stehen mag. Das Sextil bewirkt eine harmonischere Verbindung und eine einfachere Integration – aber auch mit ihm treten wir der Welt ernsthaft und pflichtbewußt entgegen und neigen zu einem etwas zurückhaltenden Verhalten. Das scheint auch wieder ein Widerspruch zu dem zu sein, was wir schon von Fred angeführt haben, seiner Maske der Fröhlichkeit nämlich. Wie bereits gesagt, liegt dieser Maske etwas Melancholisches zugrunde. Freds Freunde wissen dann auch nur zu gut, daß er sehr ernsthaft und pflichtbewußt ist, wie sehr er das auch zu verstecken sucht beziehungsweise Witze darüber macht.

Wir dürfen derartige gegensätzliche Inhalte niemals »gegeneinander kürzen« in der Annahme, daß sie sich aufheben – nichts ist weniger wahr. Beide Inhalte wollen sich verwirklichen, mit der Folge, daß Fred das Bedürfnis nach einem offenen und gefühlsmäßigen Kontakt mit der Umgebung spürt (Mond im Trigon zum Aszendenten) und gleichermaßen bestrebt ist, gegenüber der Umgebung eine abwartende und reservierte Haltung zu bewahren

(Saturn im Sextil zum Aszendenten). In Kombination mit dem Skorpion-Aszendenten hat sich für Fred die oben beschriebene Haltung ergeben. Es hätten sich aber auch andere Äußerungsmöglichkeiten herauskristallisieren können, und vielleicht zeigen sich im Laufe seines Lebens noch andere Manifestationen. Grundsätzlich aber geht es darum, daß die Gefühle und Bedürfnisse hinter dieser äußeren Haltung immer dieselben bleiben werden.

Der Mond im Trigon zum Aszendenten verleiht Fred das Bedürfnis, gefühlsmäßig seiner Umgebung etwas zu bedeuten, für andere zu sorgen, Wärme zu geben und anderes mehr – wenngleich das noch nicht bedeutet, daß er eine Art Barmherziger Samariter werden möchte. Es ist auch nicht ausgemacht, daß andere diese Merkmale überhaupt bemerken werden. Viel von dieser Charakteristik könnte sich auch im Inneren abspielen. In Kombination mit dem saturnischen Ernst (das Saturn-Sextil zum Aszendenten) kann es ohne weiteres dazu kommen, daß Fred nur wenige Worte verliert, wenn es um die emotionale Bindung zu anderen geht, aber mit seiner Verläßlichkeit zu erkennen gibt, daß andere immer auf ihn rechnen können.

Zu e): Aspekte der Häuserherrscher zum Aszendenten

Der Mond ist Mitherrscher des 8. Hauses, was also bedeutet, daß wir es mit dem Mitherrscher des 8. Hauses im Trigon zum Aszendenten zu tun haben. Der Unterschied zwischen dem Hauptherrscher (dem Planeten, der über das Zeichen an der Häuserspitze herrscht) und dem Mitherrscher (dem Planeten, der über das eingeschlossene Zeichen in diesem Haus herrscht) ist nicht sehr groß. Der Hauptherrscher beziehungsweise der eigentliche Herrscher gibt zwar immer den Ausschlag, wie wir aus dem theoretischen Teil bereits wissen, der Mitherrscher aber spielt bei der Deutung ebenfalls eine wichtige Rolle.

Mit dem Mitherrscher des 8. Hauses im Trigon zum Aszendenten stehen das Bedürfnis, nach dem Kern der Dinge zu suchen, unsere Komplexe anzugehen und verborgene Talente ans Licht zu bringen sowie unser Machtstreben in einer harmonischen Verbindung zum Aszendenten. Dies verstärkt natürlich Freds Skorpion-Aszendenten, der sich in derselben Richtung auswirkt: aufs neue also das Abtasten und Ergründen der Umgebung, auch in Zusammenhang damit, daß er dabei (auch unbewußt) Machtkonflikte anzettelt, um auszuloten, wie weit er gehen kann. Auch die Reserviertheit (ob nun mit einer vermeintlichen Offenheit kaschiert oder nicht) tritt damit in den Vordergrund. Ich habe oft festgestellt, daß solche Personen den Menschen ihrer Umgebung eine Anzahl von »Prüfungen« auferlegen, also sehr anspruchsvoll sind. Wenn diese nur einen kleinen Teil davon nicht bestehen, sind Personen wie Fred kaum mehr dazu bereit, sich wirklich mit ihnen auseinanderzusetzen. Ausschließlich denjenigen, die *allen* Anforderungen genügen (und das ist manchmal nur eine einzige Person), wird Vertrauen geschenkt.

Diese hohen Anforderungen sind die Folge derselben Verletzlichkeit, die wir auch schon beim Skorpion-Aszendenten gesehen haben. In dem Maße, in dem Menschen mit dieser Stellung innerlich etwas sicherer werden und sich besser zu akzeptieren lernen, kann das Prüfungsprogramm etwas entschärft werden. Dabei habe ich nur wenige Unterschiede in der Auswirkung zwischen dem Trigon und dem Quadrat zwischen dem Herrscher des 8. Hauses (oder Pluto) und dem Aszendenten entdecken können, außer vielleicht in folgender Hinsicht: Beim *Trigon* kann der Mensch länger bei seinem Verhalten bleiben, weil die Umgebung es ohne weiteres akzeptiert; jemand mit einem *Quadrat* ruft eher Konfrontationen hervor, kann aber dadurch eventuellen Problemen auch eher begegnen.

Eine Verbindung zwischen dem 8. Haus und dem Aszendenten kann noch etwas anderes zur Folge haben, nämlich daß wir unsere Probleme unbemerkt in unserem äußeren Verhalten erkennen lassen, ob wir das nun wollen oder nicht. Dies gilt speziell für die Verbindung zwischen dem 8. und dem 1. Haus – und beispielsweise nicht für einen Aspekt zwischen Pluto und dem Aszendenten. Pluto spiegelt nämlich nicht unsere persönlichen Komplexe und Probleme wider, er ist vielmehr die allgemeine menschliche Antriebskraft, das Unterste zuoberst zu kehren und mittels Konfrontation zur Transformation zu gelangen. In der

Deutung unterscheidet er sich dann auch in bestimmten Punkten vom Herrscher des 8. Hauses.

Freds Mitherrscher des 8. Hauses steht im Trigon zum Aszendenten. Das bewirkt, wie ich eben andeutete, daß Fred vieles auf eine angenehme Weise zum Ausdruck bringen kann. Es kann auch bedeuten, daß er die Dinge unbewußt so präsentiert, daß die Umgebung wohlwollend darauf reagiert, ihm beisteht oder ähnliches mehr. Es geht jedoch um seine Haltung gegenüber den Problemen. Nach wie vor ist davon auszugehen, daß er die Probleme an sich und das, was ihn innerlich bewegt, kaum preisgeben wird. Ich habe übrigens bei Menschen in meiner Umgebung mehrmals bemerkt, daß diejenigen, die andere nachahmen können beziehungsweise den Clown spielen, oft wichtige Inhalte in Skorpion haben (wie beispielsweise den Aszendenten) oder ein stark betontes 8. Haus oder einen markant gestellten Herrscher des 8. Hauses aufweisen. Vielleicht steht das in Verbindung damit, daß sie die kleinsten Gefühlsnuancen so perfekt aufgreifen können. Hierbei handelt es sich auf jeden Fall um eine Rolle, die Fred mit dem Skorpion-Aszendenten und dem Mitherrscher des 8. Hauses im Trigon zum Aszendenten sehr leichtfällt.

Saturn ist Mitherrscher des 2. Hauses und steht im Sextil zum Aszendenten. Der Herrscher oder Mitherrscher des 2. Hauses im Sextil zum Aszendenten verbindet das Bedürfnis, konkrete Sicherheit zu schaffen, auf eine harmonische Weise mit unserem äußeren Auftreten und unserer Reaktion auf Anregungen der Umwelt. Oft bringt das eine Art »Sicherheit« in unserer Haltung zustande – nicht, weil wir uns tatsächlich sicher sind, sondern weil wir Sicherheit in der Außenwelt suchen und der Außenwelt auch Sicherheit vermitteln wollen. Wir brauchen die Verbindung zur Außenwelt, um wortwörtlich ein Gefühl des Halts zu bekommen und unseren Platz kennenzulernen. Daneben brauchen wir die Außenwelt auch, um Motivation zu erhalten (das 2. Haus umfaßt ja unsere Lust- und Unlustgefühle und unsere Motivationen). Der Herrscher des 2. Hauses im Aspekt zum Skorpion-Aszendenten kann unserer äußeren Haltung etwas Störrisches und Klammerndes verleihen; da dies in Übereinstimmung zum Skorpion-Aszendenten steht, wird der Aspekt zum Herrscher des 2. Hauses fraglos zum Ausdruck kommen. Die Undurchdringlichkeit wird dadurch noch größer.

Betrachten wir nun das »Versprechen«, das mit Freds Aszendenten – bestehend aus dem Zeichen Skorpion am Aszendenten, Mond im Trigon und Saturn im Sextil, dem Mitherrscher des 8. Hauses im Trigon und dem Mitherrscher des 2. Hauses im Sextil zu diesem – insgesamt gegeben ist, so sehen wir als wichtigstes Merkmal Reserviertheit. Fred kann froh sein über seinen Mond im Trigon zum Aszendenten, der das abwartende Moment (auch wenn dies mit Fröhlichkeit maskiert wirkt) der anderen Horoskopfaktoren etwas abmildert. Wir werden uns anschließend damit beschäftigen, auf welche Weise Fred dazu neigt, diesem »Versprechen« Form zu geben.

Zu f): Das Haus, in dem der Herrscher des 1. Hauses steht

Bei Fred ist Pluto der Herrscher des 1. Hauses, er steht im 9. Haus. Es gilt nun, den Herrscher des 1. Hauses im 9. Haus zu deuten. Mit dieser Verbindung sind wir auf die Idee des Reisens im weitesten Sinne ausgerichtet: im wörtlichen Sinn in Form des Herumziehens im Ausland oder in übertragener Vorstellung mittels Studium, Philosophie und anderem mehr. Was von beidem zutreffen wird, läßt sich nicht ohne weiteres sagen. Es kann auch sein, daß einmal das Reisen als solches zum Zuge kommt und ein andermal das Reisen im übertragenen Sinne. Fest steht aber, daß wir bestrebt sind, über den Tellerrand unserer alltäglichen Umgebung hinauszusehen. Das 9. Haus hat auch mit unserer Meinungs- und Urteilsbildung zu tun – alles, was wir in der Außenwelt wahrnehmen (1. Haus), werden wir in einen Zusammenhang bringen wollen, ob sich das nun auf eine Lebensanschauung, eine Religion oder eine andere Art der Synthese bezieht. Wir haben unsere individuellen Auffassungen und Urteile, und wir sind bestrebt, ihnen gemäß zu leben. Auch unsere Freiheit – eine typische Angelegenheit des 9. Hauses – wird uns sehr am Herzen liegen; wir wollen ein Leben führen, in dem wir für unser Gefühl so wenig wie möglich durch äußere Regeln einge-schränkt werden. Inneren Regeln dagegen, die in Übereinstim-mung zu unseren Idealen und Auffassungen stehen, unterwerfen wir uns ohne weiteres.

Fred hat lange Zeit eine feste Stelle gehabt, zwar im Außen-dienst, war aber doch an alle möglichen Regeln, Einschränkun-gen und Bedingungen gebunden. Als bei ihm zum ersten Mal der progressive Mond zur Geburtsstellung zurückkehrte und die er-ste Saturn-Rückkehr bevorstand, hat er sich davon freigemacht und mit dem Reisen begonnen. Er wollte, bevor er sich definitiv an eine Arbeit, Wohnung und Familie binden würde, noch etwas von der Welt sehen – was auch geschah. Das führte wiederum zu Plänen der Auswanderung; später ist er tatsächlich emigriert.

Das 9. Haus hat sich hier in Form von Reisen ausgewirkt, zu einem Studium ist es nicht gekommen. Allerdings legt Fred immer mehr Wert auf seine eigenen Urteile und Meinungen, was ebenfalls eng mit dem 9. Haus zusammenhängt und sehr deutlich durch den Herrscher des 1. Hauses im 9. Haus angezeigt ist (siehe auch die Deutung des Herrschers des 1. Hauses im 9. Haus im praktischen Teil dieses Buches).

Der Herrscher des 1. Hauses im 9. Haus ist einer der Faktoren, die zeigen, wie Fred dem Versprechen, das im Vorhergehenden gedeutet wurde, Ausdruck zu geben versucht. Es scheint jedoch so, als ob hier ein ganz neues Thema angesprochen wurde. Wir dürfen diese neue Information aber nicht mit einem »Verspre-chen« verwechseln. Wie gehen wir nun mit ihr um? Wir haben gesehen, daß Fred ein gewisses Maß an Reserviertheit zeigt und zwar gefühlsmäßig stark auf die Umgebung bezogen ist, dies aber nicht gut äußern kann. Weiterhin erkannten wir, daß er im An-satz ernsthaft ist und sehr empfindlich, was er auf die eine oder andere Weise zu verbergen sucht. Ansonsten sahen wir eine untersuchende und abtastende Haltung im Hinblick auf die Außenwelt.

Für die Einlösung dessen, was dies verspricht, müssen wir nun das 9. Haus betrachten. Mit dem Herrscher des 1. Hauses im 9. Haus wird Fred versuchen, all diese Dinge in einen übergeord-neten Rahmen zu stellen – eine Lebensanschauung zum Beispiel, eine Sichtweise auf die Gesellschaft oder etwas in diesem Sinne, was ihm die Möglichkeit eröffnet, seine oft widersprüchlichen Gefühle gegenüber der Außenwelt zu ergründen.

Sein Interesse für das Ausland kann auch mit seinem äußeren Auftreten in Zusammenhang gebracht werden. Wenn jemand sehr empfindlich ist und dies nur schwer zum Ausdruck bringen kann, ist es oft schwierig, in einer »vorbelasteten« Umgebung zu bleiben, die von Vorfällen geprägt ist, welche nicht geklärt sind. Der – befristete oder unbefristete – Aufbruch und Wegzug in die Ferne kann hier die Möglichkeit bieten, noch einmal ganz von vorn anzufangen.

Auch die Beschäftigung mit dem weit Entfernten, mit einem Studium oder mit dieser oder jener Philosophie kann ein Gefühl von »Raum« eröffnen, Raum und Weite, die in den täglichen Kontakten fehlen, aber sehr wohl nötig sind, um sich selbst und andere mit Abstand zu sehen. Mit dem Herrscher des 1. Hauses im 9. Haus können wir uns also auf das beziehen, was vom 9. Haus angezeigt ist, um unserer Haltung nach außen hin einen Sinn zu geben, um zu verstehen, zu integrieren – oder aber, um zu fliehen und Ausflüchte zu finden. Es geht grundsätzlich darum, daß wir hier auf eine 9.-Haus-Weise tätig werden.

Zu g): Aspekte des Herrschers zu den Planeten

Freds Herrscher des 1. Hauses, Pluto, steht im Quadrat zur Sonne, im Sextil zu Venus, im Quadrat zu Mars und im Sextil zu Neptun. Wir sollten jetzt vergessen, daß es Pluto ist, der über das 1. Haus herrscht, weil der Inhalt eines Planeten keine Rolle für seine Funktion als Häuserherrscher spielt. Es ist also der Herrscher des 1. Hauses mit seinen 1.-Haus-Eigenschaften, den wir mit der Sonne, mit Venus, Mars und Neptun in Verbindung bringen.

Der Herrscher des 1. Hauses im Quadrat zur Sonne gibt an, daß Fred Probleme mit seinem äußeren Auftreten hat. Er hat ein großes Bedürfnis danach, er selbst zu sein, Beachtung und Anerkennung zu finden, sich selbst zu verwirklichen und von seinem Gefühl her eine wichtige Rolle für seine Umgebung zu spielen

(Sonne in Verbindung zum Herrscher des 1. Hauses). Das Quadrat zeigt aber, daß ihm dies nicht leichtfallen wird. Das eine Mal zieht er sich infolge eines Mangels an Kühnheit vorzeitig zurück, beim nächsten Mal tut er des Guten zuviel, beim dritten Mal klappt alles mehr oder weniger gut, und beim vierten Mal verhält er sich dann wieder zu reserviert und so weiter. Fred fühlt sich von innen heraus gehemmt, wenn es darum geht, er selbst zu sein und sich in der Umgebung zum Ausdruck zu bringen. Natürlich kann er diese Probleme durchaus überwinden: Wie immer bei Quadraten muß hier erst einiges in Scherben gehen, bevor wir merken, wo unsere Probleme liegen. Wenn es soweit gekommen ist, können wir sie auch aktiv angehen.

Im positiven Sinne könnte Fred mit der Sonne im Quadrat zum Herrscher des 1. Hauses eine aktive Manifestationsform, in welcher Richtung auch immer, anstreben und in Verbindung damit voller Feuer und Begeisterung eine wichtige Rolle spielen (mit der Gefahr, des Guten dann wieder zuviel zu tun). Allerdings steht diese Aussage doch in einem recht großen Widerspruch zu dem Versprechen, das hier gegeben ist. Die Unsicherheit des Quadrats vergrößert schließlich noch die Empfindlichkeit, die Fred von vornherein fühlt. Fred zeichnet sich eher durch eine abwartende Haltung aus; durch den Herrscher des 1. Hauses im Quadrat zu seiner Sonne wird er bei seiner Suche nach Sicherheit in der Umgebung beständig an seine innere Unsicherheit erinnert. Er wird dadurch fortwährend mit diesem Bedürfnis konfrontiert, und zwar ausgerechnet durch den Kontakt zu der Umgebung, die er so sehr für seine Selbstbestätigung braucht. Das ist bereits in dem Versprechen angelegt. Aber auch der Herrscher des 1. Hauses im Quadrat zur Sonne hat Lob nötig. All dies macht es für Fred nicht einfacher.

Der Herrscher des 1. Hauses im Quadrat zu Mars verstärkt das Problem, das der Herrscher des 1. Hauses im Quadrat zur Sonne geschaffen hat. Auch Mars drängt nach Ausdruck, steht gern im Scheinwerferlicht und hat viel Spaß daran, sich selbst und seine Umgebung zu aktivieren. Er braucht zu seiner Anregung Impulse von außen, reagiert aber oft etwas zu scharf oder zu hitzköpfig, zu gedankenlos oder zu schnell und kann auch taktlos sein (das Quadrat). Mars ist auch in gewisser Weise zielorientiert, nicht, um der strahlende Mittelpunkt zu sein, sondern wegen des Drangs, mit der Umgebung zu konkurrieren. Fred fühlt folglich eine bestimmte Konkurrenz gegenüber der Außenwelt in sich und ist dabei gleichzeitig ihr gegenüber sehr verletzlich. Diese Empfindlichkeit hängt jedoch auch wieder mit dem Bedürfnis zusammen, sich hier geltend zu machen. Sie treibt Fred dazu, sich aus seiner Situation herauszukämpfen, manchmal vielleicht auf eine etwas unbedachte oder taktlose Weise, aber doch durchaus energisch.

Allerdings befreit ihn dies nicht von seiner Unsicherheit, nicht nur wegen des Quadrats, sondern auch deshalb, weil in seinem Horoskop ein 1.-Haus-Konflikt angelegt ist. Sein individueller Herrscher des 1. Hauses steht im Konflikt zum allgemeinen (mundanen) Herrscher des 1. Hauses (Mars) – und das führt zu Spannungen im äußerlichen Auftreten, sei es durch innere Unsicherheit oder durch äußere Konfrontation aufgrund des Sachverhalts, daß er für seine Aktionen oft nicht den richtigen Zeitpunkt findet. Fred sieht das selbst auch so.

Neben diesen zwei Spannungsaspekten gibt es auch zwei harmonische Aspekte zum Herrscher des 1. Hauses, nämlich ein Sextil von Venus und ein Sextil von Neptun. Mit Venus im Sextil zum Herrscher des 1. Hauses sind wir für soziale Kontakte empfänglich, können uns gut in der persönlichen Umgebung zum Ausdruck bringen und machen dadurch einen freundlichen und ausgewogenen Eindruck. Damit sind wir auch bestrebt, angenehme und unproblematische Kontakte zu haben, in denen nicht allzu tief gegraben wird, weil dies die Harmonie beeinträchtigen könnte. Venus im Sextil zum Herrscher des 1. Hauses liebt das Angenehme und das Heitere und kann sehr förderlich sein für die sozialen Kontakte im weitesten Sinne.

Nun zu Neptun im Sextil zum Herrscher des 1. Hauses. Eine Bemerkung am Rande: Sehr viele Menschen aus Freds Generation haben ein Sextil zwischen Neptun und Pluto (welches auch davor und danach noch für einige Zeit zu verzeichnen war). Aber längst nicht bei jedem davon bedeutet dies auch ein Sextil zwischen dem Herrscher des 1. Hauses und Neptun. Auch hier sehen wir also wieder, daß ein Aspekt, der allgemein Gültigkeit hat, bei der Interpretation der Häuserherrscher zu einem ganz persönlichen Faktor wird.

Das Freundliche, das Neptun im Sextil zum Herrscher des 1. Hauses kennzeichnet, hat auch etwas Ungreifbares, wodurch wir manchmal träumerisch erscheinen oder auch einen sehr unbestimmten und vagen Eindruck hinterlassen. Neptun im Aspekt steht oft für etwas Ungreifbares, als ob wir erst einen Schleier lüften müßten, um die Wirklichkeit dahinter zu erkennen. Ungeachtet dessen, daß es sich hier um ein harmonisches Sextil handelt, verleiht Neptun mit seiner Überempfindlichkeit bei allen Aspekten Fred eine Extraportion Empfindsamkeit beim Funktionieren in der Außenwelt. Der Herrscher des 1. Hauses im Sextil zu Neptun gibt ihm entweder Einfühlungsvermögen oder macht ihn sehr empfindlich für die Atmosphäre und unterschwellige Strömungen. Neptun ist auch idealistisch; mit ihm können wir Gefühle in Musik und Kunst zum Ausdruck bringen. Fred liebt die Musik sehr, eine Anzahl seiner Kontakte gründet sich auf die gemeinsame Liebe dafür. In der Kombination mit dem Venus-Sextil zum Herrscher des 1. Hauses kann ein Sinn für die bildende Kunst oder die Musik und so weiter – in aktiver oder passiver Form – bei den Kontakten zur Außenwelt eine wichtige Rolle spielen. Wie bereits gesagt, handelt es sich bei Fred hier um die Musik (für Neptun bestehen noch viel mehr Möglichkeiten, beispielsweise die Liebe zur See, zur Mystik, zur Religion und dem Religiösen, zur Fotografie, zum Film und so weiter).

Wie kombinieren wir dies nun mit dem vorher Angeführten? Dort ging es um Reserviertheit, die Neigung zum Abwarten, das Bedürfnis nach Kontakten aus dem Wunsch nach Anerkennung und gleichzeitig um eine gewisse Unfähigkeit, infolge der eigenen Unsicherheit und der eigenen Ziele (Sonne und Mars im Quadrat zum Herrscher des 1. Hauses) der äußeren Haltung eine passende Form zu geben. Die Aspekte zu Venus und Neptun heitern all dies etwas auf. Fred konnte bei einigen seiner Freunde auf viel Verständnis rechnen, nicht nur, weil sie ihn gern mochten, sondern weil sie seine Unsicherheit verstanden und hier mit ihm fühlten. Dadurch sahen sie seine manchmal recht taktlosen Bemerkungen in einem anderen Licht als andere Bekannte, die sich über diese Seite von Fred überhaupt nicht im klaren waren. Letztere kannten ausschließlich den in geselliger Runde schlagfertigen und immer zu einem Scherz bereiten Fred, der aber trotz seiner humorvollen Seite hart zupacken und arbeiten kann, wenn es sein muß. Fred hat trotz seiner rauhen Schale, die ihre Ursache in seiner Unsicherheit hat, in dem Kreis von Menschen, die ihn besser kennen, immer wieder gemerkt, daß er beschützt und beschirmt wird. In anderen Kreisen dagegen, wie beispielsweise bei der Arbeit, weckte er durch seine zurückhaltende und eigensinnige Haltung oft Unmut. Da er aber gute Arbeit ablieferte, wurden ihm kaum Vorwürfe gemacht; Fred war ja auch immer fähig, mit einem freundlichen Scherz die Situation wieder aufzuheitern. Allerdings sah er sich außerstande, die Arbeitsatmosphäre weiter zu ertragen, als es zu der bereits obenerwähnten Mond/Saturn-Krise kam. Daß diese ihm so schwer zu schaffen machte, ist in der Kombination seiner Empfindsamkeit und dem Herrscher des 1. Hauses im 9. Haus begründet, der nach Freiheit verlangt.

Wir sehen also, daß Fred sehr wohl die scharfen Kanten von Sonne und Mars im Quadrat zum Herrscher des 1. Hauses aufweist – irgendwie aber hat er doch auch etwas Freundliches, das vieles wieder gutmacht (natürlich nicht immer). Es kommt also beides zum Zuge, beides beeinflußt die Art und Weise, wie das bereits behandelte Versprechen verwirklicht wird. Dabei müssen wir noch hinzufügen, daß das Sextil von Neptun zum Herrscher des 1. Hauses, das Freds Verletzlichkeit und Empfindsamkeit in der Umgebung trotz der Wirkung des Sextils noch vergrößert, nicht immer einfach für jemanden ist, der ein großes Bedürfnis hat, mit beiden Füßen fest auf dem Boden zu stehen: Fred ist Stier.

Zu h): Aspekte des Herrschers des 1. Hauses zu anderen Häuserherrschern

Der Herrscher des 1. Hauses steht, wie wir gerade sahen, im Quadrat zur Sonne und zu Mars. Die Sonne ist der Herrscher des 9. Hauses und Mars der Herrscher des 5. Hauses, so daß wir den

Herrscher des 1. Hauses im Quadrat zum Herrscher des 9. und im Quadrat zum Herrscher des 5. Hauses deuten müssen. Zusätzlich ist der Herrscher des 1. Hauses an einem Sextil zu Venus als Herrscher des 6., 7. und 11. Hauses beteiligt (was wir alles im einzelnen deuten müssen), weiterhin zu Neptun als Herrscher des 4. Hauses. So haben wir es mit einer ganzen Reihe von Aspekten zu tun, nämlich: *Herrscher des 1. Hauses*

– im Sextil zum Herrscher des 4. Hauses
– im Quadrat zum Herrscher des 5. Hauses
– im Sextil zum Herrscher des 6. Hauses
– im Sextil zum Herrscher des 7. Hauses
– im Quadrat zum Herrscher des 9. Hauses
– im Sextil zum Herrscher des 11. Hauses.

Der Herrscher des 1. Hauses im Sextil zum Herrscher des 4. Hauses verleiht Fred das Bedürfnis nach einer gefühlsmäßigen Verbindung mit seiner Umgebung sowie den Wunsch, eine Atmosphäre von Häuslichkeit und Geborgenheit zu schaffen, für andere zu sorgen und selbst versorgt zu werden. Reaktionen auf seine Gefühle sind für ihn wichtig, und der Herrscher des 4. Hauses in einem harmonischen Aspekt zum Herrscher des 1. Hauses verleiht ihm in der Tat auch die Möglichkeit, warm, einfühlsam, aufmerksam und empfänglich aufzutreten. Der Aspekt verstärkt das Versprechen, das Freds Mond im Trigon zum Aszendenten beinhaltet, noch; er hilft ihm auch dabei, das Bedürfnis nach Wärme und gefühlsmäßiger Geborgenheit zu befriedigen. Er kann Fred dabei unterstützen, sich mit seinem Mond im Trigon zum Aszendenten allmählich zu öffnen und seine Gefühle erkennbar werden zu lassen. Schließlich zeigen die Stellung und die Aspekte der Planeten, auf welche Weise sich ein Versprechen bewahrheiten kann. Hier ist deutlich erkennbar Hilfe für den Mond angezeigt.

Der Herrscher des 1. Hauses im Quadrat zum Herrscher des 5. Hauses beschert Fred das Problem, in seiner Umgebung eine zentrale Rolle spielen, die Aufmerksamkeit auf sich ziehen und Lob empfangen zu wollen, ohne dabei zu wissen, wie er dies anstellen soll. Dadurch macht er einmal einen sehr egoistischen Eindruck, während es beim nächsten Mal genau andersherum ist. Das 5. Haus hängt mit dem Zeichen Löwe zusammen; der Herrscher des 1. Hauses im Quadrat zum Herrscher des 5. Hauses betont folglich das Quadrat, das zwischen Freds Sonne und seinem Herrscher des 1. Hauses vorhanden ist. Weil es sich hier in beiden Fällen um die Einlösung des Versprechens handelt, ist daraus zu schließen, daß Fred sich höchstwahrscheinlich mit vielen Zweifeln und Überkompensationen auseinandersetzen muß, bevor er sich auf eine für ihn befriedigende Weise zum Ausdruck bringen kann.

Vielleicht hat er bereits infolge von zwanghaften Aktivitäten, wie sie mit Quadraten immer verbunden sind, auf sich aufmerksam gemacht. Von seiner Umgebung wird er wegen seines Einsatzes und seiner Energie in der Tat geschätzt, was er aber wegen seiner fortwährenden Zweifel an sich selbst und seinem immer wieder auftretenden Bedürfnis nach Anerkennung nicht bemerkt. Es geht bei diesen Aspekten oft nicht einmal so sehr um die tatsächliche Situation um uns herum, sondern darum, wie wir diese von innen heraus erleben. Für Fred bedeutet dieses Sonne-Quadrat in Verbindung mit dem Quadrat zwischen dem Herrscher des 5. Hauses und dem Herrscher des 1. Hauses ein ungeheures Bedürfnis, sich zum Ausdruck zu bringen, Dinge zu tun, die ihm Spaß machen, strahlender Mittelpunkt zu sein. Mit dem Blick auf andere Faktoren des Horoskops und dem Sachverhalt, daß es sich hierbei um Spannungsaspekte handelt, wird er dieses Bedürfnis aber nicht ohne weiteres befriedigen können.

Das 5. Haus zeigt astrologisch auch unsere Haltung zu Kindern an. Ein kleines Detail hierzu: Fred hat immer gesagt, daß er keine Kinder haben will, und falls er es doch mit Kindern zu tun haben sollte, müßten allein seine Regeln verbindlich sein. Er könnte es nämlich nicht ertragen, die Aufmerksamkeit seines Partners zu verlieren oder sich nicht mehr seinen eigenen Angelegenheiten widmen zu können. Dies ist keine Haltung, die aus ignorantem Egoismus herrührt: Er hat einmal sehr nachdenklich gesagt, daß er das nicht ertragen könnte und dann das Schlimmste befürchten müßte.

Der Herrscher des 1. Hauses im Sextil zum Herrscher des 6. Hauses gibt Fred etwas Hilfsbereites und Dienstbares. Das

scheint dem, was wir eben gesagt haben, zu widersprechen – wir
führten an, daß Fred sich gern bedienen läßt. Trotz des Bedürfnisses, im Mittelpunkt zu stehen, ist Fred auch allzeit bereit, den
Menschen, die er mag, denen er sich verpflichtet fühlt oder die
ihn in seinem Selbstwertgefühl unterstützen, zu helfen. Und er
hilft ihnen gern – wobei er es gelegentlich übertreibt. Manchmal
verspricht er fast mehr, als er halten kann, was ihn dann sehr fordert. In Verbindung mit seinem Herrscher des 5. Hauses war er
eine Zeitlang mit nichts anderem beschäftigt als dem Kochen
(eines seiner Hobbys) und seiner Musik und anderen Dingen,
was ihm aber auch viel Spaß machte. Hilfsbereitschaft und Entspannung stehen hier also in einem Zusammenhang, wobei es
aber nicht immer ohne Reibung abgeht. Die beiden Inhalte stehen schließlich in Widerspruch zueinander, was wir bei der Deutung nicht außer acht lassen dürfen.

Die Sextile mit dem Herrscher des 7. Hauses und des 11. Hauses verleihen Fred eine Reihe von Möglichkeiten, sich in gesellschaftlicher Hinsicht gefällig darzustellen (das kam bereits einige
Male zur Sprache). Dies bedeutet in gewisser Weise, daß Fred
trotz verschiedener lästigerer Aspekte über die Mittel verfügt,
Konflikte mit seinem Partner oder seinen Freunden zu glät-
ten. Der Herrscher des 1. Hauses im Sextil zum Herrscher des
7. Hauses steht auch für das starke Bedürfnis nach Partnerschaft;
Fred neigt mit dieser Verbindung dazu, sich gegenüber dem anderen offen, harmonisch und freundlich zu präsentieren (auch
bei Spannungsaspekten kann der Mensch durchaus Offenheit beweisen, allerdings ist damit oft das Problem verbunden, sich dem
Partner gegenüber nicht richtig darstellen zu können).

Fred wünscht sich aber nicht nur einen Partner, dem er sich
offen präsentieren kann, er sucht auch nach Freunden (der Herrscher des 1. Hauses steht schließlich auch im Sextil zum Herrscher des 11. Hauses). Daß beide Sextile sich auf Venus beziehen,
spielt keine Rolle. Wichtig ist nur, daß Paul das Bedürfnis hat,
freundschaftlich aufzutreten und freundschaftliche Kontakte zu
knüpfen. In seinen Kontakten nach außen hin ist er um Freiheit
und Gleichheit bemüht: Einerseits kann ihm das etwas mehr
Offenheit verleihen und dabei gleichzeitig auch den durch den

Herrscher des 1. Hauses im 9. Haus angezeigten Wunsch nach Freiheit bestätigen; andererseits steht dies im Widerspruch zu seiner abwartenden und prüfenden Haltung. Fred muß also bestrebt sein, einen Mittelweg zwischen seinem Verlangen nach Freiheit und Offenheit und seiner Zurückhaltung und Reserviertheit zu finden. Nun stellt aber sein Bedürfnis nach Offenheit die »Einlösung« des Versprechens dar, das bei ihm durch Reserviertheit gekennzeichnet ist. Dies läßt die Schlußfolgerung zu, daß Fred im Laufe seines Lebens durch emotionale Erfahrungen lernen wird, sich zu öffnen und anderen etwas ruhiger und freier entgegenzutreten.

Der letzte Aspekt des Herrschers des 1. Hauses ist ein Quadrat zum Herrscher des 9. Hauses. Dies ist ein wichtiger Aspekt, weil sich der Herrscher des 1. Hauses im 9. Haus befindet und folglich im Quadrat zum Herrscher dieses Hauses steht. Ein Quadrat zum Herrscher des eigenen Hauses ist immer eine problematische Sache, es ruft sehr widersprüchliche Gefühle und oft auch Zweifel über das entsprechende Lebensgebiet hervor. Freds Bedürfnis zu reisen war und ist sehr stark. Seine Zweifel aber, ob es richtig war, die Arbeit aufzugeben, blieben diesem über lange Zeit mindestens gleichrangig. Als er diese Zweifel überwunden hatte und einsah, daß er die richtige Entscheidung getroffen hatte, dachte er darüber nach auszuwandern. Aufs neue traten damit Zweifel in Erscheinung, die Fred zwar unterdrückte, die sich aber körperlich in Form eines Ausschlags manifestierten. Was die Einlösung des Versprechens betrifft, sehen wir hier einen Konflikt: Er weist auf Schwierigkeiten und Probleme in bezug auf die Art und Weise hin, wie das Versprechen erfüllt wird.

Freds Bedürfnis nach Freiheit und Erweiterung des Horizonts wird durch diesen Widerspruch durchaus verstärkt. Dieser hat auch eine sehr kreative Seite, wenngleich sich meiner Erfahrung nach zunächst einmal die schwierigeren Momente präsentieren werden. Ein Studium zu bewältigen oder im Ausland tätig zu sein, immer wieder neue Dinge zu unternehmen, Offenheit zu beweisen und den Mut und den Willen zu haben, die eigene Meinung immer wieder zu überprüfen, können bei einem Herrscher des 1. Hauses im 9. Haus und im Quadrat zum Herrscher des 9. Hauses eine dynamische Person mit einem ruhelosen, erfindungsreichen Geist anzeigen. Die Kehrseite der Medaille besteht aber in dem Zweifel, der unterschwellig immer vorhanden ist. Fred wird lernen müssen, daß sich diese Zweifel nicht unterdrücken lassen, sondern als Herausforderung für die persönliche Weiterentwicklung akzeptiert werden müssen. Und Weiterentwicklung ist ganz im Sinne von Fred, der fürchterliche Angst davor hat, daß das Leben irgendwann einmal langweilig werden könnte. Er verfügt über Mittel, der Langeweile vorzubeugen – allerdings bezahlt er mit inneren Zweifeln dafür.

Nachdem wir nun alle Faktoren rund um Freds Aszendenten betrachtet haben, ist uns deutlich geworden, daß eine Anzahl davon in dieselbe Richtung weist. Bestimmte Faktoren lassen sich sehr gut zusammenfassen, während andere Modifikationen bedeuten oder für sich allein stehen. Auf diese Weise ist ein Bild der Erlebniswelt von Fred hinsichtlich seiner äußerlichen Haltung und seines Selbstausdrucks entstanden. Natürlich müssen wir dieses Bild weiter hinterfragen und in Übereinstimmung zum Rest des Horoskops bringen. Wir können jetzt aber Fred in bezug auf seine äußere Haltung und seine Handlungen und Aussagen in einer breiteren Perspektive sehen und recht gut verstehen – besser, als wenn wir die Häuserherrscher unberücksichtigt gelassen hätten. Dann wäre unsere Deutung nur auf den Skorpion-Aszendenten und den Aszendenten im Trigon zum Mond und im Sextil zu Saturn beschränkt geblieben!

Das 1. Haus von Paul

Zu a): Skorpion als Aszendent

Wie wir bereits festgestellt haben, weisen das 1. Haus von Fred und das von Paul viele Gemeinsamkeiten auf. Die großen Unterschiede, die beide im äußeren Auftreten erkennen lassen, werden wir im folgenden aus Pauls Horoskop herleiten. Zur Darlegung dieser Unterschiede wird es notwendig sein, regelmäßig auf Freds Horoskop zurückzukommen.

Wir haben in Freds Horoskop bereits ausführlich den Skorpion-Aszendenten behandelt. Paul verleiht seinem Skorpion-Aszendenten nach außen hin aber auf eine andere Weise Ausdruck als Fred: Er ist bedächtig, redet gern über tiefgründige Themen und am liebsten über die philosophische oder psychologische Seite der Dinge (auch er hat den Herrscher des 1. Hauses im 9. Haus!). Im größeren Kreis hält er sich eher bedeckt, im kleineren Kreis dagegen wagt er durchaus, sich zu geben, wie er ist. Für Paul kommt es nicht in Frage, Humor einzusetzen, um seine Umgebung zu kontrollieren, wie es Fred tut. Im Gegenteil, der ruhige Paul ist eher eine Vaterfigur, bei der sich andere »ausweinen« können, der dadurch selbst aber meist nicht zur Diskussion steht. Grundsätzlich gesehen ist dies eine Haltung, bei der er sich selbst nicht preisgeben muß und doch lenkend auf die Umgebung einwirken kann.

Wie wir bereits bei Fred festgestellt haben, ist es sehr schwer, mit der Astrologie zweifelsfrei zu begründen, daß Fred reisen wird und Paul lieber studiert. *Beide* Möglichkeiten sind im 9. Haus angelegt. Es wäre ja auch denkbar, daß Fred in späteren Jahren ein Studium aufnimmt und Paul doch noch einmal auf Reisen geht. Wir können das Horoskop niemals völlig konkret deuten und sollten uns auch einer gewissen Vorsicht befleißigen. Die weitaus beste Lösung ist es, in der Deutung auf das einzugehen, was grundsätzlich möglich ist.

Wenn wir auf den Herrscher des Aszendenten blicken, um herauszufinden, wie sich das 9. Haus auswirkt, sehen wir, daß dieser sowohl bei Paul als auch bei Fred an einem Spannungsaspekt beteiligt ist. Pauls Herrscher des 9. Hauses steht an der Spitze einer Yod-Figur, was die Deutung noch schwieriger macht, weil mit einer solchen Figur die Neigung zu Extremen mit vielen Zweifeln, mit Unruhe und Untätigkeit verbunden sein kann – allerdings auch das energische und motivierte Suchen. Auch dies kann die Frage beeinflussen, ob bei Paul die Auseinandersetzung mit fernen Horizonten in konkretem (Reisen) oder in übertragenem Sinn (Studium und Lernen) geschehen wird.

Was wir aber ohne Frage feststellen können, ist, daß sowohl Fred als auch Paul das, was in ihnen vorgeht, nicht gern erkennen lassen. Beide haben ein Mittel gefunden, selbst außerhalb der Schußlinie zu bleiben und doch steuernd wirken zu können, womit sie im Prinzip genau das zum Ausdruck bringen, was vom Skorpion-Aszendenten angezeigt ist.

Zu b) und c): Planeten und Häuserherrscher im 1. Haus

Weder Fred noch Paul haben einen Planeten im 1. Haus – dadurch auch keinen Herrscher.

Zu d): Aspekte der Planeten zum Aszendenten

Paul hat drei Aspekte zum Aszendenten, nämlich ein Trigon von der Sonne, ein Quadrat von Venus und ein Quadrat von Pluto aus. Die Sonne im Trigon zum Aszendenten ist ein Hinweis darauf, daß Paul von seiner Umgebung als Mittelpunkt gesehen werden will; er hat das Bedürfnis, von der Umgebung bestärkt zu werden, was wegen des Trigons auch ohne größere Schwierigkeiten gelingt. Er braucht das Gefühl, wichtig zu sein, was in gewisser Weise auch seinem Skorpion-Aszendenten entspricht. Das väterliche Verhalten gegenüber anderen, die sich bei ihm ausweinen können, spiegelt dann auch eine verkappte Autoritätsposition wider. Dieser Verhaltensweise verdankt er ein Gefühl der Bestätigung. Sie anzunehmen fällt ihm mit der Sonne im Trigon zum Aszendenten nicht weiter schwer. So ist es für seinen Skorpion-Aszendenten auch leicht, außerhalb der Schußlinie zu bleiben.

Fred hat den Mond im Trigon zum Aszendenten, was ihm auch das Bedürfnis verleiht, in die Umgebung einbezogen zu sein. Diesmal geht es nicht um den Wunsch nach Komplimenten – was von der Sonne im Aspekt zum Aszendenten angezeigt sein kann –, sondern nur um das Bedürfnis nach emotionaler Sicherheit. Eine gewisse Fürsorglichkeit kann ihm mit dem Mond-Trigon zum Aszendenten nicht abgesprochen werden, bei der es ihm ohne Frage auch weniger auf äußerliche Anerkennung ankommt, als es bei der Sonne im Trigon zum Aszendenten der Fall ist (außerdem hat Fred, wie wir wissen, mit dem Ausdruck seiner Autorität Probleme, unter anderem wegen des Herrschers des 1. Hauses im Quadrat zur Sonne und im Quadrat zum Herrscher des 5. Hauses). In der Art, wie Fred und Paul ihrer äußeren Haltung Ausdruck verleihen, liegt der erste Unterschied.

Pluto im Quadrat zum Aszendenten verstärkt die Neigung, die Umgebung intensiv zu beobachten und zu durchdringen. Das Quadrat läßt erkennen, daß sich hier hin und wieder Konflikte mit der Umgebung abspielen. Paul hat in dieser Beziehung tatsächlich Probleme; er ist manchmal zu taktlos, bringt die Dinge zum falschen Zeitpunkt vor, neigt zu übertriebenen Schlußfolgerungen oder spricht Tabuthemen an, auf die andere mit heftigen Abwehrmechanismen reagieren. Das schließt keinesfalls aus, daß auch er das Bedürfnis hat, seiner Umgebung Prüfungen aufzuerlegen, und daß er hier so vorgeht wie Fred mit dem Mitherrscher des 8. Hauses im Trigon zum Aszendenten. Nur ist es so, daß beide manchmal wie aus heiterem Himmel derart bohrende Fragen stellen, daß die Gegenseite sich dadurch abgestoßen fühlt. Paul selbst sieht das nicht so, für ihn muß es hier deshalb auch nicht zu Veränderungen kommen.

Das Quadrat als Aspekt verleiht jedoch auch Energie, Paul kann sich selbst weiter ergründen und erforschen. Mit dem Quadrat hat er auch die Möglichkeit, eine ganze Menge Menschenkenntnis zu sammeln und Einsichten in die verborgenen menschlichen Triebfedern zu gewinnen – wenn er dabei auch immer wieder Rückschläge hinnehmen muß. Während aber das Trigon des Mitherrschers des 8. Hauses Fred in die Lage versetzt, nach außen hin etwas lockerer aufzutreten, hat Paul mit Pluto im *Quadrat* zum Aszendenten viel weniger Möglichkeiten. Er löst auch unweigerlich Machtkonflikte und anderes mehr in seiner Umgebung aus, ohne dies bewußt zu wollen, was ihn dazu zwingen wird, seine Anliegen reiflicher zu überdenken und besser zu präsentieren. Übrigens verleihen auch Aspekte zu Pluto oft das Bedürfnis, sich unangreifbar zu machen beziehungsweise außerhalb der Schußlinie zu bleiben. Pluto steht oft sehr stark in Horoskopen von Menschen, die eine Machtposition bekleiden (im kleinen oder großen), wodurch sie sich einen gewissen Abstand zu ihren Mitmenschen schaffen. Pauls Pluto-Quadrat kann insofern eine Verstärkung seines Bedürfnisses, eine Vaterfigur abzugeben, bedeuten, die – allen guten Absichten und aller Fürsorglichkeit zum Trotz – ihren Ursprung sicherlich auch in seinem Wunsch hat, außerhalb der Schußlinie zu bleiben. Durch das Quadrat wird dieses Bedürfnis aber sicherlich Konfrontationen mit der Umgebung hervorrufen.

Venus im Quadrat zum Aszendenten verleiht uns häufig den Wunsch, beliebt zu sein (was bei jeder Venus/Aszendent-Verbindung der Fall ist); das gibt uns oft auch etwas Charmantes. Solche Quadrate müssen sich überhaupt nicht negativ auswirken, manchmal bringen sie sogar das »gewisse Etwas« in der Ausstrahlung, das Erwartungen weckt. Mit Venus im Quadrat zum Aszendenten haben wir nur Probleme, wenn wir Zuneigung zum Ausdruck bringen wollen. Beim Quadrat dauert es schließlich seine Zeit, bis alles klappt. So kann sich Paul in einem Moment nett und freundlich zeigen, im nächsten aber unergründlich und unzugänglich.

Paul hat mit diesem Aspekt auch das Bedürfnis nach Harmonie und Gleichgewicht in seiner Umgebung, in der er gern als eine Art Friedensrichter auftreten möchte. Die Gefahr beim Quadrat besteht aber darin, daß wir manchmal durch unser allzu gefälliges Verhalten Ärger bekommen oder daß wir Situationen, in denen wir glauben, als Friedensrichter auftreten zu müssen, falsch einschätzen.

Es dürfte deutlich geworden sein, daß das Venus-Quadrat schwer mit dem Pluto-Quadrat zum Aszendenten in Übereinstimmung zu bringen ist (wobei wir die Tatsache, daß Venus und Pluto in Konjunktion zueinander stehen, noch gar nicht berücksichtigt haben). Pluto kann durch seine Eindringlichkeit und sein Bedürfnis nach Tiefgang die von Venus so sehr gewünschte harmonische und oft oberflächliche Stimmung zerstören. Es heißt in der Theorie zwar, daß Venus die Wirkung von Pluto abschwächen kann – ich habe aber in der Praxis keine überzeugenden Beispiele hierfür gesehen. Es drängt sich mir vielmehr der Eindruck auf, daß Venus in diesem Fall in ihrer Wirkung (unter

Berücksichtigung der Konjunktion zu Pluto!) plutonische Züge annehmen wird. Paul kann durch diese zwei gegensätzlichen Aspekte zu seinem Aszendenten widersprüchliche Gefühle in seiner Einstellung der Außenwelt gegenüber erfahren und auch ein sehr widersprüchliches Verhalten an den Tag legen. Das eine Mal wird er intensiv forschend auftreten, ein anderes Mal dagegen freundlich und gesellig. Sein Skorpion-Aszendent aber wird hierbei bewirken, daß der Pluto-Aspekt im Vordergrund steht.

Die Kombination Pluto und Venus im Quadrat zum Aszendenten kann Paul hin und wieder einen Streich spielen; es besteht damit die Gefahr, daß er – wenn er allzu tief in der Seele eines anderen geforscht hat, was dieser als emotional bedrohlich empfinden könnte – auf unpassende und übertriebene Weise versucht, die Stimmung zu retten (Venus im Quadrat-Aspekt). Durch diese Übertreibung beziehungsweise falsche Einschätzung der Sache wird alles nur noch schlimmer. Beziehungsprobleme können auch eine (manchmal sehr große) Rolle für seine äußere Haltung spielen, was ihn zum Beispiel zu einem ausgezeichneten Beziehungstherapeuten machen würde, wenn er das wollte. Im Prinzip ist er im kleineren Kreise bereits als solcher tätig – die meisten Leute suchen seinen Beistand, wenn sie in der Beziehung Probleme haben.

Zu e): Aspekte der Häuserherrscher zum Aszendenten

Paul hat den Herrscher des 10. Hauses (die Sonne) im Trigon zum Aszendenten. Zum Aszendenten stehen darüber hinaus noch der Herrscher des 1. Hauses (Pluto) und der Herrscher des 7., 11. und 12. Hauses (Venus) im Quadrat. Der Herrscher des 10. Hauses zeigt an, wie wir vorgehen, um unsere Identität abzugrenzen; er informiert unter anderem darüber, wie wir ein Bild von uns selbst aufbauen, auf dessen Basis wir dann in der Außenwelt aktiv werden. Der Herrscher des 10. Hauses läßt auch erkennen, inwieweit wir aus uns selbst heraus Autorität besitzen und wie wir auf sie reagieren. Im Trigon zum Aszendenten kann er in Hinsicht auf Autorität nach außen hin zu einer selbstsicheren Haltung führen, zu einer Haltung, die Autorität ausstrahlt, was in schöner Übereinstimmung zu dem Bedürfnis steht, das die Sonne im Trigon zum Aszendenten widerspiegelt. Daß es sich zufällig um ein und denselben Aspekt handelt, macht nichts. Es ist für Paul ein angenehmer Umstand, daß Planet und Häuserherrscher hier einander in der Wirkung nicht in die Quere kommen.

Beim Herrscher des 10. Hauses im Aspekt zum Aszendenten oder dem Herrscher des 10. Hauses im 1. Haus sehen wir oft, daß die gesellschaftliche Rolle, Funktion oder Position des Menschen (10. Haus) auch außerhalb der »Dienstzeit« im täglichen Leben mitspielt. Das muß nicht bedeuten, daß diese Person unbedingt immer erfolgreich sein will oder um jeden Preis auf ihrer Meinung beharrt (was aber auch vorkommen kann). Oft haben Personen mit diesem Aspekt viele Menschen um sich, mit denen sie sowohl privat als auch beruflich in Verbindung stehen, was das Thema Autorität auf eine sehr subtile Weise zum allgemeinen Bestandteil der Kontakte werden läßt.

Pluto ist, wie wir bereits sahen, auch bei Paul Herrscher des 1. Hauses. Er steht bei ihm im Quadrat zum Aszendenten. Wenn sich der Herrscher des 1. Hauses im Quadrat zum Aszendenten befindet, bedeutet das, daß sich der Betreffende manchmal sehr unsicher über seine äußere Haltung ist. Das Quadrat deutet darauf hin, daß es hier zu einem Wechsel zwischen einer gewissen Schüchternheit und einem durchaus markanten Auftreten kommen kann. Die Außenwelt ist sich oft überhaupt nicht im klaren darüber, wie stark dieser Konflikt im Inneren wirkt, wenngleich auch hier viel Wechselhaftigkeit im Verhalten zum Ausdruck kommt – etwas, das wir bereits bei der Kontroverse zwischen Venus und Pluto, beide im Quadrat zum Aszendenten, gesehen haben. Unsicherheit und Wechselhaftigkeit werden also durch den Herrscher des 1. Hauses im Quadrat zum Aszendenten noch verstärkt.

Aber Paul hat auch, wie wir sahen, die Sonne im Trigon zum Aszendenten, womit er die eben angeführte Unsicherheit zumindest zum Teil kompensieren kann. Unsicherheit und Zweifel könnten Paul dazu verleiten, sich hinter der forschenden, freundlich abtastenden Maske des Skorpion-Aszendenten mitsamt der väterlichen Haltung zu verbergen – allerdings wird es Pluto im Quadrat zum Aszendenten Paul dann wieder schwer machen, weil dieser Aspekt bedeutet, daß er unbedingt eine wichtige Rolle spielen möchte, trotz der Tatsache, daß er ein großes Bedürfnis hat, sich bedeckt zu halten und erst einmal abzuwarten. All diese Facetten werden sich im Verhalten von Paul bemerkbar machen. Es ist nur schwer zu sagen, wann das der Fall sein wird.

Pauls Herrscher des 7. und des 11. Hauses im Quadrat zum Aszendenten weist auf ein großes Bedürfnis nach menschlichen Kontakten hin (das gilt für jede Verbindung eines Lufthauses mit dem Aszendenten). Wegen des Quadrates aber weiß Paul nicht gut damit umzugehen, er versteht es nicht, sich auf eine befriedigende Weise zum Ausdruck zu bringen. Manchmal ist er zu kompromißbereit (der Herrscher des 7. Hauses), dann wieder zeigt er sich sehr eigensinnig; manchmal verhält er sich sehr kameradschaftlich (der Herrscher des 11. Hauses) und dann wiederum sehr autoritär (die bereits angeführten Aspekte). Paul sollte in seinen Kontakten einen Mittelweg zu finden versuchen. Er hat ein großes Bedürfnis nach Partnerschaft (die Venus und der Herrscher des 7. Hauses im Quadrat zum Aszendenten); die Quadrate weisen aber darauf hin, daß er allmählich lernen muß, mit Beziehungen richtig umzugehen. Das gleiche gilt für seine Fähigkeiten, Zuneigung zu geben und zu empfangen. Mit dem Herrscher des 11. Hauses sind die Auseinandersetzungen mit Gleichgesinnten für ihn ebenfalls von großer Wichtigkeit. Aber auch hier läßt das Quadrat auf Konflikte schließen, die Paul als Spannung zwischen dem, was in ihm selbst an Bedürfnissen steckt (1. Haus), und dem, was in seinem Freundeskreis verlangt wird (11. Haus), erfahren wird.

Das 7. wie auch das 11. Haus fordern, daß er sich als offene Persönlichkeit präsentiert. Die sich entgegengesetzt auswirkenden Quadrate der Herrscher könnten ihn – zumindest eine Zeitlang – veranlassen, bewußt oder unbewußt auf seiner väterlichen Rolle zu beharren, weil diese ihn schließlich aus der Schußlinie hält. Es wären hier auch andere Rollen denkbar gewesen, die ihm erlaubt hätten, sich bedeckt zu halten, nur ist es so, daß das Väterliche gut zu der Situation rund um den Aszendenten paßt, wie wir gesehen haben. Sobald aber persönliche Kontakte eine Rolle zu spielen beginnen, bringen Quadrate unwiderruflich die problematischeren Seiten ans Licht – um so mehr, wenn es sich dabei um die Kombination von Pluto und dem Aszendenten handelt.

Der Herrscher des 12. Hauses im Quadrat zum Aszendenten gibt Paul etwas Sanftmütiges. Mir ist sehr oft bei Aspekten zwischen dem Herrscher des 12. Hauses und dem Aszendenten etwas Freundlich-Verlegenes aufgefallen, etwas Ungreifbares, als ob wir damit nicht richtig wissen, wie wir uns zum Ausdruck bringen sollen und darum einfach ein vages Bild aussenden, auf das von der Umwelt auch sehr unterschiedlich reagiert wird. Es ist nur logisch, daß wir dann »unfaßbar« für die Umgebung sind, auch wenn wir uns noch so freundlich zeigen. Die anderen wissen nicht, was sie von uns halten sollen – und wir selbst auch nicht immer! Dieser Aspekt kann überempfindlich und sehr mitfühlend machen und oft auch Vorahnungen eingeben (mitunter in erstaunlichem Maße). Paul kann sich auf diese Fähigkeiten beziehen, wenn er die menschliche Psyche ergründet und der Umwelt seine väterliche Haltung zeigt. Sein Mitgefühl und seine Ahnungen können ihn auf die Spur bringen, Probleme zu lösen, sie können ihn aber auch unsicher machen und zu Verletzungen führen – dann nämlich, wenn er Strömungen und Stimmungen aus der Umgebung empfängt, die er nicht einordnen kann oder die er mit Prozessen, die sich in ihm selbst abspielen, verwechselt. Bei Aspekten mit dem Herrscher des 12. Hauses müssen wir lernen, hier einen Unterschied zu machen, was noch verstärkt für Konfliktaspekte und die Konjunktion gilt. Das alles zusammen könnte die Neigung anzeigen, vor den Problemen davonzulaufen oder Energien für Angelegenheiten einzusetzen, die überhaupt nicht wichtig sind. Mit diesem Aspekt wird unsere Empfindlichkeit und Verletzlichkeit noch verstärkt, was Paul fraglos bestätigen kann.

Nachdem wir nun die »Versprechen« betrachtet haben, die Pauls Horoskop kennzeichnen, sehen wir neben den Übereinstimmungen zu Fred auch eine Anzahl von markanten Unterschieden. So spielt das Bedürfnis nach einer zentralen Position und nach Autorität bei Fred kaum eine Rolle (erst bei der Einlösung des Versprechens) – bei Paul dagegen springt dieser Sachverhalt von vornherein ins Auge. Möglicherweise ist dies eine der Ursachen, warum wir bei Paul diese »väterliche« Auswirkung sehen und bei Fred nicht, was ich schon angedeutet habe. Fred und Paul erfahren also bei ihrem Skorpion-Aszendenten in mancherlei Hinsicht dasselbe, in Verbindung mit der Vielzahl der Faktoren ergeben sich aber auch eine Reihe von Unterschieden.

Zu f): Das Haus, in dem der Herrscher des 1. Hauses steht

Was der Herrscher des 1. Hauses im 9. Haus bedeutet, können wir oben bei den Aussagen zu Freds Horoskop nachlesen (bei beiden besteht dieser Häuserzusammenhang). Wie bereits erwähnt, hat Paul ihm auf eine andere Weise Form verliehen. Er hat studiert und besitzt ein lebhaftes Interesse an Psychologie (die selbst nicht direkt unter das 9. Haus fällt, in Form eines Studiums aber doch), an Philosophie und an anderen Themen des 9. Hauses. Die Freiheit des 9. Hauses steht für Paul dagegen eher im Hintergrund. Solange er sich auf befriedigende Weise mit seinen Interessen beschäftigen kann, kümmert es ihn nicht, wo ihm die Außenwelt Grenzen auferlegt. Die Freiheit, sich eine eigene Meinung und ein eigenes Urteil zu bilden und zu verkünden, schätzt er sehr hoch, ebenso wie Fred.

Die Situation des Herrschers des Hauses gibt an, wie es um die Einlösung des Versprechens des Hauses bestellt ist. Wie Fred hat auch Paul die Möglichkeit, sein Leben durch die Entwicklung einer Lebensanschauung oder Perspektive auf die Gesellschaft mit einem Sinn zu erfüllen und sich durch Reisen weiterzubilden – oder auch, seinen Problemen zu entfliehen. Paul »wählte« den Weg der Lebensanschauung und der Psychologie. Sein eigenes Verhalten kann er in vielen Punkten gut erklären – was aber keineswegs ausschließt, daß er trotz seiner Einsicht weiter mit diesen Problemen zu kämpfen hat. Es wird sich dann später herausstellen, ob er seine Neigung, die Dinge zu erklären und in einen größeren Zusammenhang zu stellen, konstruktiv eingesetzt hat, um sich und andere besser zu verstehen und um seine Probleme anzupacken, oder ob er sie als Entschuldigung und Ausflucht benutzte, um seinen Problemen zu entrinnen. Aber auch, wenn er den »offenen Weg« eingeschlagen und die Auseinandersetzung mit sich selbst gewählt hat, besteht immer die Gefahr, das, was unliebsam ist, einfach zu ignorieren.

Zu g): Aspekte zwischen Häuserherrscher und Planeten

Pauls Herrscher des 1. Hauses (Pluto) steht in Konjunktion zu Venus und im Sextil zu Neptun. Dabei handelt es sich um zwei Verbindungen, die wir auch in Freds Horoskop wiederfinden (Venus und Neptun im Sextil zum Herrscher des 1. Hauses). Pauls Aspekte, die das Einlösen des Versprechens des 1. Hauses beeinflussen, sind harmonisch. Venus in Konjunktion zum Herrscher des 1. Hauses bedeutet, daß wir große Stücke darauf halten, eine freundliche Atmosphäre um uns herum zu schaffen. Damit haben wir das Bedürfnis nach Geselligkeit und Zuneigung und zeigen uns zumeist unbeschwert und oft auch recht charmant. Wie bei Fred ergeben sich hier aber einige Hindernisse.

Wie angenehm sich dieser Aspekt auch auswirken mag – mit den suchenden und tiefschürfenden Eigenschaften, die wir an anderer Stelle antrafen, ist er nur schwer zu vereinbaren. In Verbindung mit dem Sachverhalt, daß Paul in der Tat sehr tiefschürfend ist, neigt er, wie wir sahen, zu Taktlosigkeit und zum Ansprechen von heiklen Themen (Pluto im Quadrat zum Aszendenten und so weiter), was sich sehr negativ auf die allgemeine Atmosphäre auswirken kann. Aber Paul hat einen Venus-Aspekt zum 1. Haus (Venus im Quadrat zum Aszendenten). Da Venus sich harmonisch zum Herrscher des Aszendenten verhält, können wir wohl davon ausgehen, daß das Quadrat durch ihre Einwirkung abgemildert wird. So muß es hier wohl trotz der Energie des Quadrats nicht zu allzu großen Schäden kommen.

Der Herrscher des 1. Hauses im Sextil zu Neptun verstärkt die Tendenz der freundlichen Unverbindlichkeit, die der Herrscher des 12. Hauses im Quadrat zum Aszendenten hervorruft. Der Herrscher des 12. Hauses und Neptun haben Ähnlichkeiten und zeigen ähnliche Auswirkungen – allerdings dürfen wir nie vergessen, daß ihr Hintergrund unterschiedlich ist. Fred hat keinen Aspekt zum Herrscher des 12. Hauses und Neptun auch nicht als »Versprechen«, aber als »Einlöser«. Bei Paul sehen wir jedoch einen »Einlöser«, der ein »Versprechen« verstärkt – wiederum ein deutlicher Unterschied. Pauls Empfindsamkeit und Verletzlichkeit werden darum größer sein, als die Außenwelt meint, und er wird auch in sich mehr Unsicherheit fühlen, als er mit seinem Skorpion-Aszendenten zu erkennen gibt. Trotz der harmonischen Natur des Aspekts geht es hier doch um den vagen und manchmal chaotischen Neptun, der mehr in der Welt der Unendlichkeit zu Hause ist als in der Gesellschaft, wo es um die Abgrenzung einer festen Rolle und Identität geht. Und mit der Sonne und dem Herrscher des 10. Hauses im Trigon zum Aszendenten ist Paul nun gerade auf diese Abgrenzung und Identität aus, um das Gefühl zu haben, funktionieren zu können.

Wie wir bei Fred sahen, kann Neptun uns empfänglich machen für Musik und Kunst ganz allgemein, aber auch für Dinge wie Mystik, Religion, Film, das Meer und so weiter. Bei Paul ist es nicht die Musik geworden – die für Fred so wichtig war –, sondern die Religion. Wenn auch Paul die kirchlichen Normen nicht außer acht ließ, war ihm doch die Religion, wie er sie selbst erlebte, das Entscheidende, nicht der ritualisierte Gottesdienst. Er ließ sich auch von seinen in verschiedener Hinsicht abweichenden Meinungen nicht abbringen (der Herrscher des 1. Hauses im 9. Haus!). Ein weiterer Unterschied zu Fred, zugleich aber auch eine Übereinstimmung: Auch Paul hat etwas »gewählt«, das in das Bild seines Horoskops paßt.

Zu h): Aspekte des Herrschers des 1. Hauses zu anderen Häuserherrschern

Der Herrscher des 1. Hauses steht in Konjunktion zum Herrscher des 7., 11. und 12. Hauses (Venus) und im Sextil zum Mitherrscher des 4. Hauses (Neptun). Beim Deuten haben wir es also mit den bereits bekannten Faktoren zu tun – wir haben den Herrscher des 7., 11. und 12. Hauses auch bereits in Verbindung mit einem Versprechen angetroffen. Dort stellten sie noch ein

Problem dar, hier aber geht es um eine harmonischere Auswirkung. Damit stehen nun wieder das Bedürfnis nach sozialen und freundschaftlichen Kontakten und der Wunsch nach Partnerschaft und Beziehung im Vordergrund, zusammen mit dem Ahnungsvermögen und dem Bedürfnis, sich als Einheit von etwas zu erleben. An sich bedeutet dies, daß die angeführten Bedürfnisse und Fähigkeiten noch verstärkt werden, da auch andere, bereits besprochene Faktoren in diese Richtung wiesen. Jetzt geht es allerdings um die Beziehung dieser Aspekte zueinander. Da die Einlösung des Versprechens von harmonischen Umständen gekennzeichnet ist, können wir davon ausgehen, daß Paul in sich selbst eine gewisse Lockerheit hat und ohne weiteres lernen kann, mit Zuneigungsbeweisen umzugehen. Beziehungsprobleme kann er deshalb besser angehen, als wenn auch hier Spannungsaspekte zu verzeichnen gewesen wären – oder überhaupt keine weiteren Aspekte.

Paul hat es also in verschiedener Hinsicht viel einfacher als Fred, was die Einlösung des Versprechens des 1. Hauses betrifft. Bei Fred ergaben sich hier weitere Schwierigkeiten, die seine Unsicherheit nur verstärkten. Mit der harmonischen Situation bezüglich der Einlösung des Versprechens geht Paul dagegen im tiefsten Inneren davon aus, daß alles schon ins Lot kommen wird. Das trifft im allgemeinen auch tatsächlich zu, allerdings längst nicht immer auf die Weise, wie er glaubt. Wie dem auch sein mag – Pauls Lebensanschauung und religiöses Vertrauen können ihm hier eine Stütze sein.

Der Herrscher des 1. Hauses im Sextil zum Mitherrscher des 4. Hauses kann Paul in seiner freundlich-väterlichen Haltung bestärken, aber gleichzeitig in ihm das Bedürfnis nähren, seiner Umgebung auf gefühlsmäßiger Ebene etwas zu bedeuten. Emotionale Reaktionen auf das, was er tut, sind ihm auch sehr wichtig – und er erhält diese auch, trotz der erwähnten Probleme, die bei den Kontakten in Erscheinung treten. In Verbindung mit der harmonischen Situation um die Einlösung des Versprechens kann Paul diese aber lösen oder zumindest auf ein erträgliches Maß zurückdrängen.

Bei Fred war das Versprechen durch den Mond im Trigon zum

Aszendenten gekennzeichnet, die Einlösung allerdings durch Autoritätsprobleme und das Bedürfnis nach einer herausgehobenen Position (die auch in anderer Hinsicht noch mit Schwierigkeiten beladen war). Bei Paul sehen wir als Versprechen das Bedürfnis nach Autorität und nach einer Position im Zentrum der Aufmerksamkeit, gleichermaßen aber Kontaktprobleme, insbesondere, was die Ebene der Zuneigung betrifft. Die Einlösung des Versprechens ist hier allerdings durch freundlichere Umstände gekennzeichnet. Paul wird darum nach außen hin einen etwas ruhigeren Eindruck als Fred machen, bei dem die Einlösung mit Spannung verbunden ist. Paul ist beherrscht; er läßt in der Tat erkennen, daß er dem Lauf der Dinge vertraut. Fred dagegen strahlt Ruhelosigkeit aus. Er zeigt eine Haltung, die auf der einen Seite charakterisiert ist durch die Einstellung: »Da muß ich wohl selber ran!« Auf der anderen Seite vermittelt er den Eindruck, alle Probleme auch tatsächlich in den Griff bekommen zu können. Letzteres zeigt die kreative Vorgehensweise, zu der die Spannungsaspekte ihn nötigen.

Zusammenfassung

Aus dem Vorangegangenen ergibt sich, daß wir folgende Punkte beachten müssen:

1. Jedes *Zeichen* hat einen Planeten, der zu ihm gehört: den Tagherrscher. Zu einigen Zeichen gehört noch ein zweiter Planet, der dem ersten unterlegen ist. Diesen zweiten nennen wir den Nachtherrscher.
2. Jedes *Haus* hat seinen Herrscher. Dieser Herrscher ist der Tagherrscher des Zeichens, das sich an der Spitze des Hauses befindet (das gilt auch dann, wenn die Spitze auf dem letzten Grad eines Zeichens steht).
3. Wenn ein Zeichen in einem Haus eingeschlossen ist, bekommt das Haus damit einen zweiten Herrscher, nämlich den Tagherrscher des eingeschlossenen Zeichens. Diesen

dürfen wir bei der Deutung nicht außer acht lassen, auch wenn er etwas weniger wichtig als der Hauptherrscher ist.

4. Der Häuserherrscher läßt durch seine Plazierung im Zeichen, vielmehr aber noch durch seine Plazierung im Haus und durch seine Aspekte Informationen über das Haus, über das er herrscht, erkennen.

5. Der Häuserherrscher steht sowohl für psychische Auswirkungen als auch für Auswirkungen auf die Umstände, unter denen die Angelegenheiten des betreffenden Hauses Form annehmen.

6. Wenn wir einen Planeten als Häuserherrscher deuten, spielen seine Eigenschaften als Planet überhaupt keine Rolle mehr. Es ist also gleichgültig, welcher Planet beispielsweise über das 6. Haus herrscht. Als Herrscher über dieses Haus trägt der Planet ausschließlich eine 6.-Haus-Bedeutung.

7. Planeten in einem Haus beinhalten ein bestimmtes Versprechen (das verheißungsvoll, aber auch problematisch sein kann); der Herrscher des Hauses bestimmt aber darüber, auf welche Weise dieses Versprechen eingelöst wird.

8. Der Häuserherrscher läßt in Verbindung mit seiner Stellung und seinen Aspekten erkennen, welche individuellen charakterbildenden Erfahrungen das Individuum macht.

9. Was die Häuserherrscher in den Häusern betrifft, so ist immer dasjenige Haus entscheidend, in dem der Herrscher steht (welches meistens nicht das Haus ist, über das er herrscht!). Der Herrscher bezieht sich auf das Haus, dem er als Instrument dient und das für ihn gleichsam den Endpunkt bildet. Da er über ein Haus in seiner Gesamtheit herrscht, richten sich alle Faktoren dieses Hauses (die zusammen dessen Versprechen bilden) auf das Haus, in dem sich der Häuserherrscher befindet.

10. Das Haus, in dem der Häuserherrscher steht, wird selbst auch wieder durch einen Planeten beherrscht. So haben wir es mit einer Folge oder einer Kette von Häusern und

147

Häuserherrschern zu tun. In einem solchen Häuserzyklus erweist sich dann ein Haus als Endpunkt. Stellt sich bei der Untersuchung aller Häuserzyklen heraus, daß ein bestimmtes Haus häufig den Endpunkt markiert, nennen wir dieses das stärkste Haus, da es eine Schlüsselposition einnimmt.

11. Jedes Haus besitzt einen individuellen Herrscher, gleichzeitig aber auch einen allgemeinen oder mundanen Herrscher. Aspekte zwischen diesen beiden können bei allerlei kleinen Geschehnissen im Leben Licht auf den Lauf der Dinge werfen.

12. Die Häuserherrscher stehen zumeist im Aspekt zu anderen Planeten. Wir können diese alle deuten als Aspekt zu einem Planeten und als Aspekt zu einem anderen Herrscher, also als zwei verschiedene Aspekte, abhängig von der Frage, über wie viele Häuser ein Planet herrscht. Unaspektierte Häuserherrscher müssen wir so deuten wie unaspektierte Planeten.

Wenn wir mit den Häuserherrschern und den Häuserbeziehungen zu arbeiten gelernt haben, werden wir bemerken, daß sie oft in Übereinstimmung zu ganz anderen Faktoren des Horoskops stehen oder diesen zumindest sehr ähnlich sind und damit diese verstärken oder unterstreichen, ungeachtet dessen, ob es sich hierbei um eine harmonische oder disharmonische Einwirkung handelt. Dies ist von sehr großem Wert. Wir können nämlich auf diese Art die Frage, was sich von den vielen Facetten der Planeten in den Zeichen und Häusern nun tatsächlich manifestieren wird, mit allem Für und Wider gründlich abwägen.

Wenn wir einzig und allein auf die Planeten in den Zeichen und Häusern und ihre Aspekte zueinander und zu Aszendent und Himmelsmitte schauen, werden wir das, was sich deutlich manifestiert, nicht immer bestätigt finden. Die Häuserherrscher und die Häuserbeziehungen wirken hier erhellend, sie vermögen uns diese Bestätigung zu verschaffen. Es ist dabei überhaupt nicht wichtig, daß sich die Aspekte und anderes mehr genau wiederholen; es geht um die Verbindung *ähnlicher* Faktoren. Sogar Quadrate und Trigone können in bestimmter Hinsicht als gegenseitige Bestätigung wirken. Ein Beispiel: Die Personen A und B haben beide Merkur in Waage und verfügen beide über ein taktvolles Auftreten und eine gefällige Ausdrucksweise. A aber reagiert in der Praxis bei Schwierigkeiten schnell verwirrt, hat Probleme, sich zu entscheiden, und ist sofort zu Kompromissen bereit. Das könnte seine Ursache darin haben, daß bei A Merkur nicht nur in Waage steht, sondern sich beispielsweise auch noch in Konjunktion zum Herrscher des 7. Hauses befindet und daß weiterhin der Herrscher des 3. Hauses Venus oder den Herrscher des 7. Hauses aspektiert. In all den Jahren, in denen ich nun mit den Häuserherrschern und Häuserbeziehungen arbeite, hat sich immer wieder gezeigt, daß es sich bei diesen um ausgezeichnete Deutungsfaktoren handelt, die solche Unterschiede erklären können – wie zum Beispiel bei den auf den ersten Blick so ähnlichen 1. Häusern von Fred und Paul.

In der Praxis zeigt sich, daß es etwas dauert, sich in das Thema der Häuserherrscher einzuarbeiten. Im zweiten Teil dieses Buches habe ich kurze Deutungsbeispiele für die Häuserbeziehungen angegeben. Eine vollständige Ausarbeitung von allen Häuserherrschern in Aspekten zueinander oder zu den Planeten zu geben, erschien mir weniger sinnvoll.

Wir können uns das Üben etwas einfacher machen. Wenn wir beispielsweise den Herrscher des 6. Hauses im Aspekt zum Herrscher des 9. Hauses haben und nicht wissen, wie wir die Deutung angehen sollen, können wir es so machen: Wir wissen, daß ein Aspekt eine Verbindung ist. In erster Linie geht es um die Tatsache, *daß* eine Verbindung besteht, erst in zweiter Linie um die *Art* des Aspekts. Wenn beispielsweise der Herrscher des 6. Hauses im Quadrat zum Herrscher des 9. Hauses steht, können wir nun im folgenden Teil bei den Häuserbeziehungen nachlesen, was der Herrscher des 6. Hauses im 9. Haus und der Herrscher des 9. Hauses im 6. Haus bewirken und wie die zwei Herrscher einander beeinflussen. Dem fügen wir dann noch die Färbung des Quadrats hinzu, um das Ganze auch als Aspekt zu behandeln. Auf diese Weise können wir die Aspekte einbeziehen.

149

Nach einiger Zeit werden wir dann feststellen, daß wir die kurzen Deutungstexte nicht mehr nötig haben. Die Hauptsache ist, daß wir die Regeln kennen und sie beachten, nur darum geht es.

Eine kurze Charakteristik
der Häuser

1. Haus

Psychologisch:

Unsere unmittelbare Haltung in bezug auf die Außenwelt. Unser undifferenziertes Reagieren, sowohl geistig als auch körperlich, auf alle möglichen Anregungen von außen. Der Beginn, das Angehen von etwas Neuem. Die Persönlichkeit, die Vitalität, die Gesundheit (letzteres auch in Zusammenhang mit dem 6. Haus) und die körperliche Widerstandskraft. Ichbezogenheit. Das Maß, in dem wir uns psychologisch im Griff haben.

Äußerlich:

Die äußeren Kennzeichen der betreffenden Person, ihre Gebärden und ihre Erscheinung. Das Auftreten in der Öffentlichkeit in bezug auf Dinge und Menschen. Die äußere Form, Schönheit oder der Mangel daran.

Körperlich:

Der Kopf.

2. Haus

Psychologisch:

Unsere Haltung in bezug auf Werte und Objekte, die uns Sicherheit verschaffen. Unsere Lust- und Unlustgefühle und die daraus abgeleiteten Motivationen. Fähigkeiten, die es uns ermöglichen, unsere Existenz zu sichern, also das, womit wir unser Einkommen bestreiten können. Unser Bedürfnis nach konkreter Sicherheit und die Art und Weise, wie wir ihm Gestalt geben. Unsere

Einsicht in das, was mit Ökonomie zusammenhängt. Wie wir mit Materie umgehen.

Äußerlich:

Geld und Güter, alles, was mit Besitz und Materie zu tun hat. Wie es um unsere Einkünfte und unsere Ausgaben bestellt ist. Schulden, Reichtum, Verluste und Gewinne.

Körperlich:

Kehle und Nacken.

3. Haus

Psychologisch:

Unser praktisches Denken, unser Bedürfnis, alle Fakten und Umstände, die uns auf unserem Weg durchs Leben begegnen, zu betrachten und einzuordnen. Dadurch auch: das systematisierende Denken. Das 3. Haus ist auch das Haus des Verbindens, nicht nur des Verbindens der Fakten zu einem Ganzen – es verbindet auch Menschen untereinander durch die Mittel der Kommunikation, es bringt Menschen und Dinge in einen Zusammenhang, zum Beispiel durch Handel (Menschen, die untereinander Güter gegen Geld tauschen). Praktisches, analytisches Denken, Einteilen, Ordnen, kurze Kommunikation und unmittelbare, beiläufige, jedoch nicht allzu tiefe Kontakte. Unser Bedürfnis nach Neuem und Neuigkeiten (in aufnehmender wie auch in weitergebender Funktion). Unsere (handwerkliche) Geschicklichkeit. Die Art und Weise, wie wir den Fakten gegenüber im allgemeinen eingestellt sind.

Äußerlich:

Briefe, Mitteilungen per Post, alles, was publiziert wird. Kurze Reisen, Transportmittel, Abkommen und Verträge, Telefon, die Nachbarschaft oder die nächste Umgebung. Sprachen und Sprachstudien. Geschwister. Bildung.

Körperlich:

Lungen, die Luftwege und die Hände.

4. Haus

Psychologisch:

Unser Bedürfnis nach emotionaler Geborgenheit und Sicherheit, unsere innere emotionale Basis. Unsere Einstellung gegenüber und Erfahrung mit häuslichen Umständen. Unser Bedürfnis zum Hegen und Pflegen. Unser Gefühl für den Ursprung aller Dinge, also für Tradition, Familie und Abstammung. Vererbung. Auch unsere Jugend und der Lebensabend und unsere Einstellung dazu.

Äußerlich:

Grundstücke, Häuser, Landwirtschaft, Hotels, (antiker) Familienbesitz und Erbstücke, die Eltern und die Einrichtung des Hauses.

Körperlich:

Der Magen und die Brüste.

5. Haus

Psychologisch:

Das Bedürfnis, uns durch erfreuliche Dinge wie Sport, Spiel, Spaß, Vergnügungen und Sexualität zum Ausdruck zu bringen. Das Bedürfnis, wir selbst zu sein, Selbstvertrauen zu entwickeln und uns in den Mittelpunkt zu stellen. Unsere Schaffenskraft und der Drang, produktiv zu sein, kreativ in bezug auf Hobbys oder die Kunst oder auch in Verbindung mit der Sexualität, was das »Erschaffen« von Kindern zur Folge haben kann. Unser Bedürfnis, zu führen und eine herausragende Position einzunehmen.

Äußerlich:

Alle Plätze, die der Entspannung dienen, wie das Theater oder der Zirkus, Kinos, Kasinos, Konzerthallen, Vergnügungsparks, Golfclubs und so weiter.

Körperlich:

Herz und Rücken.

6. Haus

Psychologisch:

Unser Bedürfnis zum Überdenken, Analysieren und Verstehen mit dem Ziel, das Analysierte konkret und nützlich anwenden zu können. Unsere Einstellung zur Arbeit und zur Arbeitsumgebung, insbesondere hinsichtlich von untergeordneten und abhängigen Tätigkeiten. Unsere Freude oder Frustration in Verbindung mit der Arbeit. Unsere Einstellung zum Körper, insbesondere zu den körperlichen Reaktionen, die mit unserer Gesundheit zusammenhängen – also unsere Einstellung zur Ernährung, zu Krankheiten und verwandten Themen. Die Fähigkeit zur Kritik und zur Objektivierung von Tatsachen. Das Maß, in dem wir innerhalb einer bestimmten, vorgegebenen Gesellschaftsform funktionieren können beziehungsweise wollen und die hiermit einhergehende Selbstkritik.

Äußerlich:

Die Umstände, unter denen wir arbeiten, also: das Büro, die Fabrik, die Arztpraxis, Geschäfte, Restaurants, die Polizeiwache, die Militärdienststelle. Ansonsten: das Personal, die Ernte.

Körperlich:

Der Verdauungstrakt und die Eingeweide.

7. Haus

Psychologisch:

Unsere Haltung und unser Erwartungsmuster in bezug auf den Partner und die Erfahrungen mit Partnerschaften (dem Verheiratetsein oder Zusammenwohnen). Unsere Haltung zur Kooperation und unsere Erfahrungen hiermit. Unser Bedürfnis nach Harmonie und Schönheit, nach Ausgewogenheit und einer freundlichen Atmosphäre. Auch: unsere offenkundigen Feinde und unsere Haltung diesen gegenüber.

Äußerlich:

Die Hochzeitsurkunde, der Vertrag, das Friedensabkommen, die schönen Künste.

Körperlich:

Nieren und der untere Teil des Rückens.

8. Haus

Psychologisch:

Der Drang, auf extreme Weise zu leben, die tiefsten Motive zu erforschen und zum Kern zu kommen. Darum auch: das Graben auf dem Gebiet der Psychologie, der Parapsychologie, der Magie und des Okkulten. Unsere unbewußte Haltung im Hinblick auf den Partner und all das, was mit Zusammenarbeit in Verbindung steht. Unser Schöpfungsdrang. Unsere Angst vor dem Tod und zugleich unser Drang zu leben. Unsere Einstellung zur Sexualität. Unsere Komplexe und unsere regenerativen psychischen Fähigkeiten. Unser Wille und innere Kämpfe. Verborgene Gaben und Talente und unser Bedürfnis nach Macht.

Äußerlich:

Erbschaften, Begräbnisse, der Tod, psychische Krisen, (Lebens-) Versicherungen, Testamente, das gemeinsame Geld (bei privaten wie auch geschäftlichen Verbindungen), Steuern, Friedhöfe, verborgene Plätze; die Leichenschau.

Körperlich:

Fortpflanzungsorgane.

9. Haus

Psychologisch:

Unser Bedürfnis nach Erweiterung der Sichtweise und des Horizonts, das Bedürfnis zu reisen – sowohl in der Realität als auch im Geiste. Darum auch: unsere Einstellung zur höheren Bildung, zum Studium und zum Ausland, zugleich unsere Haltung zu Religion, Lebensanschauung und Philosophie. Unsere Ideale und unser Gerechtigkeitsgefühl. Das Wissen und die Überzeugungen auch nach außen hin deutlich werden lassen. Unser Urteilsvermögen sowie der Drang, die persönlichen Überzeugungen auch tatsächlich bekanntzumachen. Fakten und Erscheinungen in einen größeren Zusammenhang bringen.

Äußerlich:

Lange Reisen, das Ausland, alles, was jenseits des eigenen Wohnorts beziehungsweise der Umgebung desselben liegt, Lehrbücher, Botschaften, weltweite Kontakte, Höhere Gerichte, Export, Veröffentlichungen, Universitäten und Hochschulen, Transporte, Wissenschaft, Religion.

Körperlich:

Leber und Hüften.

10. Haus

Psychologisch:

Das Bedürfnis, das Ich abzugrenzen und ein Bild von sich selbst und der Außenwelt zu gewinnen. Das Anstreben einer gesellschaftlichen Position. Die bewußte Maske, die wir aufsetzen, um das Gefühl zu haben, in der Außenwelt tatsächlich funktionieren zu können. Das Bedürfnis nach Abgrenzung von uns selbst und von anderen. Das Maß, in dem wir Autorität besitzen, und die Art und Weise, wie wir auf Autorität reagieren. Das Bedürfnis, sich Gesetzen und Regeln zu unterwerfen.

Äußerlich:

Regierungsgebäude, die Karriere, Ruhm (oder Ruhmlosigkeit), die gesellschaftliche Position, der Leumund. Das Gesetz und alle Regeln und Verordnungen. Unser Status und unsere Position auf der gesellschaftlichen Leiter. Ein Elternteil: Vater oder Mutter.

Körperlich:

Knochen, das Gebiß, die Zähne, Haare, Finger- und Zehennägel, die Knie und andere Gelenke.

11. Haus

Psychologisch:

Das Bedürfnis, starre Grenzen zu durchbrechen und andere als gleichrangig zu sehen, weder als Höhergestellten noch als Untergebenen. Die Haltung gegenüber Freunden und Freundschaften und was als solche erfahren wird. Auch: das, was man sich von dem Kontakt zu Freunden erhofft und wünscht. Das Bedürfnis nach Gleichgesinnten und Gleichdenkenden und dem geistigen Austausch mit ihnen.

Äußerlich:

Versammlungsräume, Vereine, Parteien und ihre Gebäude, das Parlament und die Demokratie. Organisationen im allgemeinen. (Internationale) Freundschaften, Ratgeber.

Körperlich:

Knöchel und Waden.

12. Haus

Psychologisch:

Das Bedürfnis nach Absonderung und Loslösung. Die verborgenen Ängste und Behinderungen, die uns vielleicht lähmen (sogar bis hin zur Auflösung der Persönlichkeit), die aber auch die Antriebskräfte bei der Suche nach einer mystischen, innerlich erlebten Einheit sein können. Also: die Transzendierung der Persönlichkeit. Auf alle Fälle unsere Haltung in Hinblick auf das Aufgehen der Persönlichkeit im Kollektiven, in der Masse oder dem Unbewußten. Unser tiefstes unbewußtes innerliches Leben, unsere Traumwelt. Erfahrungen im Säuglingsalter. Das Bedürfnis, uns in Einheit mit etwas zu erleben. Fluchtneigungen. Die Relativierung des Bewußtseins. Die Verbindung zum kollektiven Unbewußten und die Empfänglichkeit für unterschwellige Strömungen und unbewußte Prozesse, was die unmittelbare Umgebung als auch die Gesellschaft überhaupt betrifft.

Äußerlich:

Klöster, geschlossene Anstalten, Gefängnisse, Krankenhäuser und andere kollektive Gebäude. Verborgene Plätze und einsame Orte. Das Meer. Geheime Organisationen, Drogen, Gift. Hellseherei und andere Wahrsagetechniken. Meditation, karitative und soziale Organisationen, Sozialarbeit, Sanatorien, Schlaf, Hypnose, Träume. Aber auch: Bestechungsgelder, Schwierigkeiten, Schmerz, Verleumdung, (Selbst-)Mord, Skandale.

Körperlich:

Die Füße.

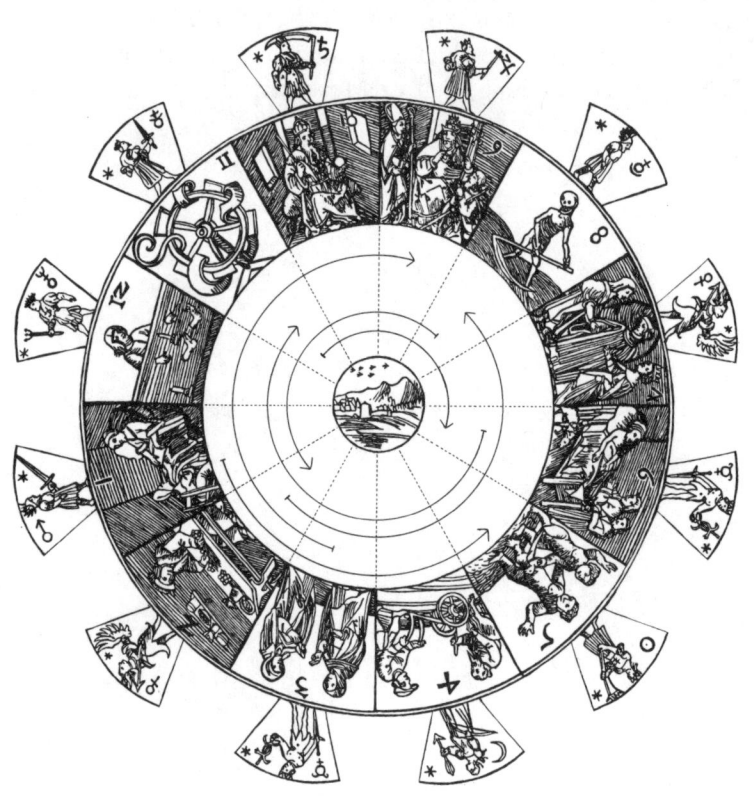

Die Häuserbeziehungen

Es ist unmöglich, hier alle Facetten der Häuserbeziehungen zu behandeln. Das Leben ist viel zu kompliziert, als daß es in einer Übersicht dargestellt werden könnte. Das Ziel dieses Abschnittes ist vielmehr, einen ersten Ansatz zu liefern beziehungsweise eine Richtung anzuzeigen, wie die Häuserbeziehungen zu deuten sind.

Diese Deutungen sollten aber aus verschiedenen Gründen niemals unreflektiert übernommen werden!

Der wichtigste Grund ist sicher, daß jede hier angeführte Verbindung nur eines von vielen Horoskopmerkmalen ist und wir niemals wichtige Aussagen aufgrund nur eines Hinweises treffen dürfen! Andere Facetten der Deutung können in eine ganz andere Richtung weisen, mit der Folge, daß in zwei verschiedenen Horoskopen dieselbe Häuserbeziehung ganz unterschiedliche Bedeutungen haben kann. Bei meiner Deutung habe ich mich um einen psychologischen Ansatz bemüht, um Aufschlüsse zu den Mechanismen zu liefern, warum wir dieses tun oder anstreben und anderes lassen. Beim 8. Haus kann es zum Beispiel in der Tat um das »Geld des Partners« gehen – bei sehr vielen 8.-Haus-Verbindungen aber werden wir feststellen, daß die betreffende Person sich überhaupt nicht mit dem Geld des Ehemanns beziehungsweise der Ehefrau beschäftigt. Dieses äußere Detail fällt zwar unter das 8. Haus, ist aber nur eines unter vielen. Es muß nicht notwendigerweise in jedem Horoskop in Erscheinung treten. Darum also die Betonung der *Mechanismen*: Das Horoskop soll in erster Linie zu einem besseren Verständnis von uns selbst und von anderen führen. Die äußerlichen Dinge werden dann schon für sich sprechen.

Obwohl ich mir der Gefahr bewußt bin, daß die im folgenden dargelegten Deutungen als »Kochbuchrezepte« mißverstanden werden könnten, finde ich es doch aufgrund meiner jahrelangen Unterrichtspraxis wichtig, Anhaltspunkte zu geben – allerdings mit der ausdrücklichen Warnung davor, die Texte als »Gebrauchsanleitungen« zu mißbrauchen. Wir können auch mit Hilfe der Regeln aus dem ersten Teil dieses Buches und der kurzen Charakteristik der Häuser im vorangegangenen Kapitel (für eine tiefergehende Betrachtung der Häuser siehe das Buch »Deutung der Häuser«) selbst zu einer Deutung kommen, welche wir dann mit den Beispielen in diesem Kapitel vergleichen können. Wenn dieses Kapitel als Übungsmaterial genutzt wird sowie als Quelle von Ideen, die es weiterzuentwickeln gilt, hat es seinen Zweck erfüllt.

Wenn wir die im folgenden angeführten Beispiele nachvollziehen wollen, tun wir das am besten, indem wir *beide* Verbindungen zwischen den Häusern betrachten. Diese sind so beschrieben, daß wir sowohl Einsicht in die Übereinstimmungen als auch in die Unterschiede der entsprechenden Häuserbeziehungen bekommen. Suchen wir also Material zum Herrscher des 11. Hauses im 8. Haus, so sollten wir neben den Informationen zum Herrscher des 11. Hauses im 8. Haus auch den Abschnitt zum Herrscher des 8. Hauses im 11. Haus lesen. Diese Vorgehensweise bewirkt, daß wir die Häuserbeziehungen schneller zu durchschauen lernen und sehr bald nicht mehr nachschlagen müssen. Wir können die Deutungen dann selbst herleiten.

Der Herrscher des 1. Hauses im 1. Haus

Unsere Aktivität und Manifestation ist auf uns selbst gerichtet. Dieses Ziel in uns selbst bedeutet konkret, daß wir in unserem Tun und Lassen sehr auf uns selbst bezogen sind und das zum Ausdruck bringen, was uns jeweils in den Sinn kommt. Ob das anderen gefällt oder nicht, ist uns dabei im Prinzip nicht wichtig. Nicht, weil wir auf unsere Mitmenschen keine Rücksicht nehmen wollten – es ist nur so, daß wir ganz allgemein erst handeln oder reden und erst später darüber nachzudenken beginnen.

Wir sind primär auf uns selbst gerichtet, auf unsere eigenen Impulse und spontanen Bedürfnisse, wodurch wir manchmal etwas egoistisch wirken. Diese Ichbezogenheit entspringt für gewöhnlich jedoch keiner bösen Absicht, ganz im Gegenteil: Häufig hat sie etwas Selbstverständliches oder auch sympathisch Naives an sich, mit der Folge, daß unsere Umgebung dies uns nur selten wirklich übelnimmt – vorausgesetzt natürlich, daß die anderen Faktoren des Horoskops dem nicht allzusehr widersprechen.

Weil das 1. Haus mit unserem äußeren Auftreten und unseren Reaktionen auf die äußerlichen Anregungen zu tun hat, kann diese Betonung auch bedeuten, daß wir in der Umgebung besondere Aufmerksamkeit und Bestätigung suchen, sei es beispielsweise durch unser Verhalten und unsere Gebärden, sei es durch die Art unserer Kleidung.

Abhängig von der Umgebung, wie wir es nun einmal sind, möchten wir keine Gelegenheit verstreichen lassen, uns in den Mittelpunkt zu stellen. Ein gewisser Ehrgeiz ist uns damit dann auch keineswegs fremd. Es handelt sich hierbei aber um kein Bestreben, das Ziel um jeden Preis erreichen zu wollen – am wichtigsten ist uns, uns so zu zeigen, wie wir sind. Es handelt sich um die Einstellung, sich voller Engagement mit etwas zu beschäftigen und uns selbst und unsere Mitmenschen zu einem anregenden Wettkampf herauszufordern.

In dieser Rolle können wir für die Umgebung ausgesprochen stimulierend sein, allerdings auch sehr ermüdend – weil es uns nun einmal nicht liegt herauszufinden, ob unsere impulsiven Aktivitäten und Wünsche anderen gelegen kommen oder nicht.

Handeln und Aktivität als Reaktion sind für uns, ob wir uns dessen bewußt sind oder nicht, nun einmal ungemein wichtig. Das beinhaltet auch, daß wir mit dieser Häuserbeziehung zumeist nicht besonders gut für uns allein, ohne die Anregung von außen, zurechtkommen. Wir suchen die Stimulanz weniger in uns selbst als vielmehr in der Reaktion auf alles, was uns auf unserem Weg begegnet, während wir allerdings anschließend durchaus auf eigene Initiative weitermachen und wiederum andere stimulieren können.

Wir sollten bei dieser Häuserverbindung vorsichtig sein und nicht Hals über Kopf aktiv werden: Das 1. Haus neigt des öfteren dazu, etwas zu unbesonnen und zu ungestüm zu Werke zu gehen. Das Ausmaß, in dem dies zutrifft, hängt allerdings stark von den betreffenden Planeten und Zeichen ab.

Der Herrscher des 1. Hauses im 2. Haus

Das 1. Haus ist hier ein Instrument, um dem 2. Haus Ausdruck zu verleihen. Unsere Aktivität und Manifestation richtet sich auf unser Bedürfnis nach Sicherheit und Geborgenheit, sowohl in wörtlicher Bedeutung im Sinne eines festen Bodens unter den Füßen als auch in übertragener Hinsicht: aus dem Umgang mit der Materie einen gewissen Halt zu beziehen. Früher wurde diese Verbindung des öfteren als »Geldgier« gedeutet – was aber höchstens eine unter diversen Auswirkungsmöglichkeiten ist, und sicher nicht die herausragende. Das 2. Haus hängt vielmehr mit der Rolle zusammen, die die Materie für uns spielt; es kann dadurch auch auf (handwerkliche) Geschicklichkeit im Umgang mit der Materie hinweisen, also auf die Tatsache, daß wir die Materie selbst formen wollen und in unserem Verhalten zum Ausdruck bringen, daß wir nicht von ihr abhängig sind. Darum können wir mit dem Herrscher des 1. Hauses im 2. Haus sowohl das Bedürfnis haben, konkrete Dinge zu sammeln, um Halt zu finden, als auch danach, mit der Materie kreativ und schaffend (nicht selten künstlerisch) umzugehen, unabhängig davon, ob es sich dabei nun um Stricken oder um Bildhauen handelt. Es geht hierbei darum, daß wir uns mit unserer Manifestation (1. Haus) auf unser Bedürfnis nach Sicherheit (2. Haus) in all ihren Erscheinungsformen beziehen.

Anregungen aus der Außenwelt, die wir brauchen und auf die wir reagieren (Herrscher des 1. Hauses), wecken auch oft Lust- und Unlustgefühle in uns (2. Haus), die uns dazu motivieren können, bestimmte Schritte zu unternehmen. Aber wir sind auch in der Lage, uns selbst durch den Kontakt mit der Umgebung zu motivieren. Anregungen, die wir als Reaktion auf die Außenwelt geben und empfangen, wirken sich bei dieser Häuserbeziehung sehr stark in bezug auf Lust- und Unlustgefühle aus.

Der Herrscher des 1. Hauses im 3. Haus

Das 1. Haus ist ein Instrument, dem 3. Haus Ausdruck zu verleihen. Mit unserer Aktivität und Manifestation richten wir uns aus auf unser Bedürfnis nach Kommunikation, Austausch, kurzen Kontakten, dem Sammeln und Ordnen von Informationen und anderem mehr. Wir beschäftigen uns gern mit diesen Angelegenheiten und fühlen uns wohl, wenn wir ungezwungen reden beziehungsweise uns austauschen können oder uns bei einem Hobby oder im Beruf auf dem Gebiet des 3. Hauses ausleben können. Eine andere Deutungsmöglichkeit besteht darin, daß wir große Stücke auf unsere Kontakte zu den Geschwistern beziehungsweise den Nachbarn halten (falls nichts anderes dem widerspricht), welche schließlich auch unter das 3. Haus fallen.

Mit dem Herrscher des 3. Hauses im 1. Haus sind wir im allgemeinen neugierig und daran interessiert, Verbindungen herzustellen. Alle äußeren Anregungen systematisieren und ordnen wir, sie spielen eine wichtige Rolle in unseren Gedanken und bei unserem Bedürfnis nach Austausch. Themen wie Journalismus, Schreiben, Lehren oder Lernen, Ausflüge, die Lektüre von Büchern und anderes mehr faszinieren uns, oft sind wir auch sehr kommunikativ in dieser Hinsicht. Wir haben überdies ein Bedürfnis nach anregenden und geistvollen Gesprächen. Im allgemeinen ist damit auch das Talent zum Handeln und zum Verkaufen verbunden. Unser Reagieren auf und das Agieren in der Außenwelt sind hauptsächlich darauf gerichtet, informative Antworten zu erhalten, die unser Denken inspirieren und neue Anstöße schaffen können. Die hiermit in Beziehung stehenden Fähigkeiten und unsere Abneigung gegen Angeberei könnten uns – ohne daß wir es bewußt darauf anlegen – sehr beliebt machen, allerdings mit dem Risiko der Oberflächlichkeit und des Opportunismus. Wie dem auch sein mag, mit diesem Horoskopmerkmal können wir Gespräche in Gang halten oder wieder in Gang bringen, was auf sozialem Gebiet viel Gutes bewirken kann.

Der Herrscher des 1. Hauses im 4. Haus

Das 1. Haus ist ein Instrument, das das 4. Haus mitgestaltet. Unsere persönliche Aktivität und Selbstmanifestation ist auf die emotionale Basis gerichtet, auf den emotionalen Austausch mit der Umgebung, auf das Zuhause und die häuslichen Umstände und auf Hege und Pflege. Wir sind oft und gern zu Hause beziehungsweise benutzen unser Haus als Heimathafen, von dem aus wir operieren. Oft zeigt sich auch das Bedürfnis, überall, wo wir sind, eine heimelige, gemütliche Atmosphäre zu schaffen, ein Zuhause auch bei der Arbeit oder an unserem Urlaubsort.

Aber auch in Hinsicht auf andere kommt das Bedürfnis, zu hegen und zu pflegen, deutlich zum Ausdruck. Meistens ist eine starke Verbindung zu einem oder auch beiden Elternteilen vorhanden (dabei gilt es zu beachten, daß die starke emotionale Auswirkung hiervon sowohl eine angenehme als auch eine unangenehme Erfahrung sein kann).

Mit unserem 1. Haus stehen wir sozusagen in der Außenwelt. Die Verbindung dazu und die daraus resultierenden Anregungen können von großem Einfluß auf unser Gefühl von Wohlbehagen und Geborgenheit sein; daher auch das Bedürfnis, Häuslichkeit zu schaffen: Auf diese Weise können wir möglichen Gefühlen der Unsicherheit die Stirn bieten. Mit dem Herrscher des 1. Hauses im 4. Haus müssen wir jedoch nicht unbedingt ans Haus gefesselt sein. Manchmal äußert sich diese Häuserbeziehung auch in symbolischer Form, beispielsweise in einem lebhaften Interesse an der Genealogie (Stammbaumkunde), an Folklore, Geschichte oder an anderem mehr, was mit den Wurzeln der Familie oder der Kultur zu tun hat. Diese Beziehung spiegelt hauptsächlich das Bedürfnis wider, die Verwurzelung gefühlsmäßig zu erfahren.

Der Herrscher des 1. Hauses im 5. Haus

Das 1. Haus ist das Werkzeug, das das 5. Haus mitformt. Unsere Aktivität und unsere Manifestation richten sich auf das Lebensgebiet von Freude, Sport und Spiel, Kreativität und Selbstbestätigung. Diese Verbindung sehen wir sehr oft bei Menschen, die ihr Hobby zum Beruf machen wollen. Wenn unser Verhalten nach außen hin ein Mittel ist, Selbstbestätigung zu finden und unsere Ambitionen und unser Bedürfnis nach einer führenden Rolle zu befriedigen, ergibt sich daraus zumeist eine ausgeprägte Ichbetonung. Wir nehmen uns dann selbst als Maßstab und tragen Sorge dafür, daß wir in einer Position landen, wo wir mehr oder weniger das tun und lassen können, wozu wir Lust haben.

Oft sind mit dieser Verbindung Führungsqualitäten verbunden sowie eine Art Gleichgewicht, das hauptsächlich Kinder anspricht. Das 5. Haus spiegelt auch unsere Haltung zu Kindern wider. Ich habe bei diesem Horoskopmerkmal häufig eine große Liebe zu Kindern gesehen sowie die Fähigkeit, auf eine natürliche und gleichzeitig lenkende Weise mit ihnen umzugehen.

Das Element der Freude des 5. Hauses kann sehr unterschiedlich ausfallen: vom großen Bedürfnis nach (Liebes-)Abenteuern, häufigen Diskothekenbesuchen oder anderen Vergnügungen bis hin zur hingebungsvollen Ausübung einer ernsthaften Liebhaberei, die mit viel Freude betrieben wird. Es muß auch nicht jeder mit dieser Hausbeziehung ein Abenteurer sein. Das Bedürfnis nach Selbstdarstellung im umfassendsten Sinn ist in ihr aber unzweifelhaft vorhanden, ob sich diese nun als Jagd nach Komplimenten oder als wahrhaft künstlerische Kreativität äußert.

Der Herrscher des 1. Hauses im 6. Haus

Unsere Aktivität und Manifestation ist auf unser Bedürfnis gerichtet, zu analysieren und zu systematisieren, um allem eine nützlichere und angemessenere Funktion im großen Räderwerk geben zu können. Deshalb gehen wir bei dieser Beziehung gern praktisch und konkret zu Werke; auch ist damit unser Augenmaß für Formen, für die Verhältnisse untereinander und für Details häufig gut entwickelt. Das kann zu einem ausgeprägten Sinn für Sauberkeit und Ordnung in äußerer Hinsicht führen; allerdings habe ich auch sehr unordentliche Menschen mit dieser Häuserbeziehung gesehen, die mir mit freundlicher Bestimmtheit versicherten, daß für sie die Ordnung in ihrem Kopf das Wichtigste sei. Und tatsächlich schienen sie, dem äußeren Anschein nach, alles ungemein systematisch, ordentlich und manchmal peinlich genau zu betrachten.

Arbeit und Dienstbarkeit sind die Themen, die wir mit dem 6. Haus in Verbindung bringen. Mit dem Herrscher des 1. Hauses im 6. Haus haben wir oft das Bedürfnis, für andere Menschen zu arbeiten beziehungsweise uns ganz allgemein dienstbar zu machen. Das kann eine Arbeit in untergeordneter Stellung bedeuten, in Verbindung mit der Medizin oder vielleicht auch beim Militär. Die Dinge werden hier aufmerksam geprüft; wir neigen dazu, sowohl uns selbst als auch andere kritisch unter die Lupe zu nehmen. Oft ist auch ein Gespür für das Auftreten und die unauffälligen Gesten und die Körpersprache von anderen gegeben.

Bei dieser Verbindung besteht, gesellschaftlich gesehen, kein Bedürfnis nach einer provozierenden Rolle. Unsere Kritik ist vielmehr auf die Anpassung im kleinen gerichtet, bei uns selbst und bei anderen, ohne daß wir das funktionierende Ganze antasten wollen. In vielen Fällen besteht das ausgeprägte Bedürfnis nach Anpassung an Normen. Allerdings ist auch sehr gut möglich, daß wir gegen die allgemeinen gesellschaftlichen Verhaltensweisen aufbegehren, uns aber brav an die Regeln und Werte der Subkultur oder Gruppe, zu der wir gehören, halten.

Der Herrscher des 1. Hauses im 7. Haus

Unsere eigene Aktivität und Manifestation richten sich im Horoskop auf das Lebensgebiet »des anderen« (insbesondere des Lebenspartners oder Kompagnons). Konkret bedeutet dies eine Haltung, bei der der Partner für uns in unserem äußeren Auftreten maßgebend ist. Wir messen dem, was der andere denkt und tut, großen Wert bei. Auch wenn es in unserem Horoskop noch soviel Selbständigkeit gibt, neigen wir unwillkürlich immer wieder dazu, Rücksicht auf den anderen zu nehmen und ihn – direkt oder indirekt – mitbestimmen zu lassen. Ich habe in dieser Beziehung auch nicht selten eine gewisse Unterwürfigkeit gesehen.

Partnerschaft bedeutet allerdings Geben und Nehmen. Im positiven Sinne geht es dabei um die Fähigkeit, annehmbare Kompromisse zu schließen und in verschiedener Hinsicht Ausgewogenheit zu schaffen. Der Nachteil bei dieser Stellung ist der Zweifel, der entstehen kann, oder Probleme in Verbindung mit der alles entscheidenden Frage: ein Partner oder ein selbstbestimmtes Leben? Dies gilt besonders dann, wenn an anderer Stelle des Horoskops große Selbständigkeit deutlich wird.

Das 7. Haus gibt auch an, welche Haltung wir dem anderen gegenüber einnehmen. Mit dem Herrscher des 1. Hauses im 7. Haus neigen wir dazu, uns selbst (1. Haus) im anderen (7. Haus) aufgehen zu lassen, aufs neue ein Hinweis dafür, wie wichtig der andere hier im Leben ist; dabei sollten wir bedenken, daß dies auch für die schwierigsten Ehen gilt. Es sagt nichts über die Qualität der Verbindung aus; es weist nur darauf hin, daß eine Verbindung – auf welche Weise auch immer – sehr bestimmend für uns, unsere Aktivität und unsere äußere Manifestation ist.

Der Herrscher des 1. Hauses im 8. Haus

Unsere Aktivität und unsere Manifestation richten sich auf das Lebensgebiet, in dem das Erforschen und Sich-Versenken im weitesten Sinn zu den offenkundigsten Auswirkungen gehören: das Ergründen unserer selbst und anderer (Psychologie), die Beschäftigung mit dem Verborgenen im Geist (Parapsychologie) oder der Materie (beispielsweise der experimentellen Physik), Tiefseetauchen, Altertumskunde, ferner auch die Auseinandersetzung mit dem Mysterium, das Leben und Tod umgibt (zum Beispiel in Form der Chirurgie, der Gerichtsmedizin, Leichenbestattung, Detektivarbeit, aber auch okkulter Themen). Das 8. Haus sucht beständig nach den tieferen Ursachen, den Hintergründen und dem Warum der Dinge.

Mit dem Herrscher des 1. Hauses im 8. Haus neigen wir dazu, unsere eigenen Aktionen auf ihre Hintergründe und Motive hin zu untersuchen. Noch häufiger aber beschäftigen wir uns mit dem Tun und Lassen der anderen, da unsere Haltung oft eine Reaktion auf die Umgebung darstellt. Deshalb wird von dieser Häuserbeziehung manchmal gesagt, daß wir uns selbst und andere immer wieder mit dem Abgründigen konfrontieren. Wir besitzen mit ihr eine bestimmte Reserviertheit; bevor nicht das eine oder andere vollkommen verarbeitet ist, werden wir damit nicht nach außen treten. Das kann zu einer vorsichtig abwartenden Haltung führen, womit aber auch der Schritt zur Manipulation nicht mehr groß ist.

Weil das 8. Haus jedoch auch das Haus unserer verdrängten und verborgenen Probleme und Konflikte ist, wird unsere eigene Aktivität und Manifestation in und unser Kontakt mit der Außenwelt (Herrscher des 1. Hauses) uns immer wieder aufs neue mit den Problemen in uns selbst konfrontieren. Abwehrmechanismen, eine reservierte Haltung, manchmal auch die Neigung zum Versteckspiel und zur Geheimniskrämerei können die Folge sein. Normalerweise fühlen wir uns bei unserem Kontakt zur Außenwelt und unseren diesbezüglichen Aktivitäten unsicher – auch wenn wir das unter keinen Umständen zugeben würden. Diese Unsicherheit trägt wiederum dazu bei, daß wir die Motive der anderen zu erforschen suchen, um vor Überraschungen gefeit zu sein. Das kann in konstruktiver Form zu Menschenkenntnis führen, auf der anderen Seite aber auch zu Machtgelüsten und dem Drang, unsere Umgebung zu kontrollieren.

Dieses (zumeist unbewußte) Bedürfnis finden wir auch beim Herrscher des 8. Hauses im 1. Haus – allerdings besteht hier ein großer Unterschied: Beim Herrscher des 1. Hauses im 8. Haus rufen die eigene Aktivität und Manifestation und die Kontakte mit der Außenwelt das Bedürfnis hervor, alles zu überdenken und in aller Stille nach den Motiven und Hintergründen zu suchen. Der Herrscher des 8. Hauses im 1. Haus dagegen präsentiert von vornherein als eigene Manifestation eine eindringliche, untersuchende Erscheinungsweise. Dadurch ist es möglich, daß jemand mit dem Herrscher des 8. Hauses im 1. Haus schnell auf die Themen des 8. Hauses zu sprechen kommt, während bei jemandem mit dem Herrscher des 1. Hauses im 8. Haus nicht ohne weiteres erkennbar wird, daß diese Themen von großem persönlichem Interesse sind.

Der Herrscher des 1. Hauses im 9. Haus

Unsere Aktivität und unsere Manifestation richten sich auf das Lebensgebiet, das unser Bedürfnis nach Expansion und Erweiterung des Horizonts widerspiegelt, sowohl im wörtlichen Sinn (Reisen, Ausland) als auch im übertragenen (Studium, der Prozeß der Urteils- und Meinungsbildung). Das 9. Haus gibt auch an, was wir als Recht und als Unrecht empfinden – mit dem Herrscher des 1. Hauses im 9. Haus fühlen wir uns oft zu Tätigkeiten hingezogen, bei denen ein weises und aufrichtiges Urteil im Dienst einer guten Sache gefällt wird. Idealismus und Zukunftsträume sind für das 9. Haus sehr wichtig. Oft tritt eines der angeführten Gebiete hervor, manchmal sind es mehrere. So könnte die eine Person mit dieser Stellung sich beispielsweise mit Plänen der Auswanderung beschäftigen, während eine andere sich ständig weiterzubilden bestrebt ist.

Mit dieser Stellung haben wir das Bedürfnis, die Angelegenheiten, die uns berühren, in einen größeren Zusammenhang zu stellen (das 9. Haus ist schließlich das Haus der Suche nach einer Synthese). Gleichzeitig ist damit unser Freiheitsdrang sehr groß; wir streben danach, unser Leben so zu gestalten, daß wir uns nicht allzusehr durch Regeln und anderes mehr eingeschränkt fühlen müssen.

Beim Herrscher des 1. Hauses im 9. Haus können wir nicht ohne weiteres sagen, daß der Mensch »zwangsläufig« eine akademische Ausbildung wählen oder »zweifellos« ein Leben als Herumtreiber oder Vagabund führen wird – dies wären viel zu schematische Schwarz-Weiß-Urteile. Es gibt schließlich auch Menschen, die mit dem Herrscher des 1. Hauses im 9. Haus nicht einmal aufs Gymnasium gegangen sind – sie haben dann beispielsweise breitgefächerte Interessen (was sich etwa darin äußert, daß sie keine Quizsendungen im Fernsehen auslassen oder die Volkshochschule besuchen) oder geben vielleicht viel Geld für den Urlaub aus oder anderes mehr.

Mit einer solchen Stellung sind wir stark auf die Ausbildung eines eigenen Urteils und einer eigenen Meinung ausgerichtet. Daß das 9. Haus auch mit unserer Meinungsbildung zu tun hat, hat zur Folge, daß wir mit dem Herrscher des 1. Hauses darin durchaus dickköpfig sein können, sowohl in negativer als auch in konstruktiver Form. Wenn wir uns ein Urteil gebildet haben, neigen wir nämlich dazu, dabei zu bleiben – trotz der Tatsache, daß das Prinzip dieses veränderlichen Hauses nicht das Festhalten an einer Meinung oder einem Urteil ist, sondern gerade das ständige Überprüfen derselben.

Der Herrscher des 1. Hauses im 10. Haus

Unsere Aktivität und unser Selbstausdruck richten sich auf das Lebensgebiet der gesellschaftlichen Manifestation (äußerlich) und der Abgrenzung unserer Identität (innerlich). Nicht selten fühlen wir bei dieser Stellung ein sehr großes Bedürfnis nach Anerkennung innerhalb der bestehenden Ordnung, sei es in der Gesellschaft an sich oder in einer Subkultur. Wir streben damit eine leitende Position an, möglicherweise aber auch nur eine festumrissene, die mit unserem Ich-Bild in Übereinstimmung steht. Wir haben das Bedürfnis nach einer gewissen Autorität und Struktur, und am liebsten erschaffen wir für andere einen Rahmen, der auch für uns selbst verbindlich ist.

Falls andere Faktoren des Horoskops dem nicht widerspre-

chen, haben wir hier ein ausgeprägtes Verantwortungsbewußtsein, das wir auch in unserem Beruf und täglichen Leben zum
Ausdruck bringen möchten. Ichbezogenheit kommt bei dieser
Stellung häufig vor, was aber nicht unbedingt für einen negativ
geäußerten Egoismus sprechen muß. Es dreht sich hier um die
Frage, wie zielstrebig und effektiv unser Handeln und unsere
Kontakte mit der Außenwelt sind und ob sie zu einer stabilen,
vorzugsweise einflußreichen gesellschaftlichen Position beitragen oder zumindest zu einer Stellung, die uns eine gewisse Anerkennung verschafft. Der Solist – ob nun der künstlerische oder
einer im Betrieb oder der öffentlichen Verwaltung – kann durch
die Plazierung des Herrschers des 1. Hauses im 10. Haus angezeigt sein.

Der Herrscher des 1. Hauses im 11. Haus

Unsere Aktivität und unsere Manifestation richten sich auf das
Lebensgebiet, auf dem wir Gleichgesinnte und Geistesverwandte
wiederfinden. Das 11. Haus gibt an, wie wir mit diesen umgehen,
was wir von ihnen erwarten und wie sich daraus freundschaftliche Beziehungen entwickeln. Mit dem Herrscher des 11. Hauses
im 1. Haus haben wir ein großes Bedürfnis nach Kontakt mit
Menschen, die die gleiche Wellenlänge haben wie wir; wir genießen es, uns mit ihnen auszutauschen und mit ihnen zusammen
aktiv zu sein. Wir richten uns gern nach dem, was sich aus diesem
Kreis ergibt, und wir fühlen das starke Bedürfnis, dazuzugehören. Das muß nicht unbedingt bedeuten, daß wir uns ständig in
Vereinen aufhalten oder eine große Schar von Freunden um uns
versammelt haben. Eine einzige Freundschaft kann diesem Haus
durchaus genug sein. Die Häuser spiegeln *Qualitäten* wider,
keine Quantitäten.

Das 11. Haus gibt an, in welchem Maße wir ein Auge dafür
haben, wie andere sich selbst zum Ausdruck bringen, auch dann,
wenn dies der Art, wie wir uns darstellen, gänzlich entgegengesetzt ist. Der Herrscher des 1. Hauses im 11. Haus fühlt vielfach
große Anteilnahme für das Wohl und Wehe der Menschen, die er

mag. Und er ist sehr bestrebt, daß andere sich auf einer Basis der Gleichwertigkeit entfalten können. Insofern ist mit dieser Plazierung oft eine tolerant-humanistische Einstellung verbunden.

Das 11. Haus stellt mehr als das Gebiet der Freundschaften und Vereine oder Parteien dar. Ein wichtiger Punkt dafür ist die Gleichheit aller Menschen, woraus sich das Bedürfnis ergibt, viele Menschen zu stimulieren – in welcher Hinsicht auch immer. Nicht selten können wir am 11. Haus ablesen, wie das Publikum auf unser Verhalten reagiert. Mit dem Herrscher des 1. Hauses im 11. Haus nehmen wir diese Reaktionen ernst und sind zumeist gewillt, sie in unserem Handeln zu berücksichtigen. Die Beziehungen zu denjenigen, die die gleiche Wellenlänge wie wir haben, sind von ausschlaggebender Bedeutung.

Der Herrscher des 1. Hauses im 12. Haus

Unsere Aktivität und unser Selbstausdruck richten sich auf das Gebiet der Erfahrung, sich in Einheit mit etwas zu erleben, des Rückzugs nach innen und der Stille, des Kollektiven und Unbewußten, aber auch der unterschwelligen Ängste und der Neigung, zu fliehen und sich der Wirklichkeit mit ihren Verpflichtungen zu entziehen. Konkret bedeutet das, daß wir bezüglich der Außenwelt etwas reserviert sind, manchmal ein wenig scheu, sehr oft als Folge einer überdurchschnittlichen Empfindsamkeit und Verletzbarkeit, die größer ist, als die Umgebung ahnen kann. Wir selbst bemerken diese Empfindsamkeit auch selbst oft erst spät, zu Anfang fühlen wir nur eine unbestimmte Angst, in den Vordergrund zu treten. Mit Stille und dem Alleinsein haben wir meist wenig Schwierigkeiten, wir suchen sie sogar regelmäßig, um »aufzutanken«. Unsere Empfänglichkeit für die Umgebung hat auch häufig eine ausgeprägte Beeinflußbarkeit zur Folge. Allerdings kann schon ein wenig Zeit der Zurückgezogenheit ausreichen, daß wir wieder zu uns selbst kommen.

Mit dieser Häuserbeziehung müssen wir uns davor hüten, manipuliert zu werden; wir fallen damit leicht Menschen, die an unsere Gefühle appellieren, zum Opfer. Wir können unsere Empfindsamkeit statt dessen sehr gut in Verbindung mit Hobbys oder in Berufen zum Ausdruck bringen, die mit Eigenschaften zu tun haben, wie sie vom 12. Haus angezeigt sind: Einfühlungsvermögen, Träume und Hypnose, Meditation und Yoga, religiöse oder dienende Arbeit und so weiter.

Oft suchen wir mit dieser Stellung nach dem Ungreifbaren oder auch dem Universellen. Wenn wir hier einen Ruhepunkt finden – beispielsweise in Form eines Glaubens (der nicht unbedingt kirchlich orientiert sein muß), einer Überzeugung oder einer Anschauung, die offen für die überpersönliche Einheit ist –, haben wir die Möglichkeit, eine sehr solide Basis aufzubauen, von der aus wir auch unter den schwierigsten Umständen zu handeln imstande sind. Dann finden wir Stille und Ruhe in uns selbst und strahlen diese auch an die Umgebung aus.

Das häufig ausgezeichnet entwickelte Einfühlungsvermögen kann uns anleiten zu lernen, die Nöte anderer nachzuempfinden oder die Haltung einzunehmen, die in einer bestimmten Situation die beste ist. Wir sind somit in der Lage, die unterschwelligen Gefühle von einzelnen Personen oder Gruppen in Worte zu fassen, wir können uns damit sehr gut in andere hineinversetzen. Mit dem Herrscher des 1. Hauses im 12. Haus bleiben wir am liebsten im Hintergrund – nicht selten aber reicht der Einfluß bis in die erste Reihe. Die Gefahr hierbei ist jedoch, daß wir uns selbst und andere mit einem so großen Abstand sehen, daß wir uns selbst demotivieren. In diesem Fall treten die mit Ängsten überladenen, destruktiven Facetten des 12. Hauses zutage.

Der Herrscher des 2. Hauses im 1. Haus

Das 2. Haus dient als Instrument, um das 1. Haus zum Ausdruck zu bringen. Unser Wunsch nach Sicherheit und der Umgang mit der Materie richten sich hier auf unser Bedürfnis, uns in der Außenwelt zur Geltung zu bringen. Oft verleiht der Herrscher des 2. Hauses im 1. Haus unserem äußeren Auftreten eine gewisse Sicherheit, wir wirken damit zielbewußt und selbstsicher, auch wenn wir das gar nicht sind oder uns nicht so fühlen. Die Sicherheit im Erscheinungsbild ist nicht überraschend, da das 2. Haus (analog zum Zeichen Stier) auch mit Beharrlichkeit und Lust- und Unlustgefühlen zu tun hat. Planeten und Häuserherrscher im 1. Haus färben unsere Art des Auftretens, und in diesem Fall wird unser Auftreten etwas Dickköpfiges und Eigensinniges haben. Wir beharren auf dem, was wir wollen, und erwecken hiermit bereits den Eindruck, uns unserer Sache sicher zu sein – sicherer, als dies in Wirklichkeit vielleicht der Fall ist. Im wesentlichen ist der Herrscher des 2. Hauses im 1. Haus auf der Suche nach Sicherheit in der Außenwelt. Wir haben das Bedürfnis nach einem konkreten Halt und sind auch durchaus bestrebt, anderen Halt zu geben. Das kann sich auf unterschiedliche Weise äußern, zum Beispiel darin, daß wir als Haltung nach außen hin der Umgebung unser Hab und Gut anbieten, bis hin zu der Position eines Felsens in der Brandung beziehungsweise des festen Halts für andere auf psychologischem Gebiet. Was die finanzielle Unterstützung betrifft, besteht allerdings die Gefahr, unbewußt Kontakte und Liebe zu erkaufen.

Der Herrscher des 2. Hauses im 1. Haus kann uns dazu bringen, für die Befriedigung unserer Lust- und Unlustgefühle in der Außenwelt aktiv zu werden und die Außenwelt zu stimulieren. Es besteht aber die Gefahr, daß unsere persönlichen Lust- und Unlustgefühle zu stark im Vordergrund stehen und die Bedürfnisse der Außenwelt zu kurz kommen. Mehrmals habe ich auch bemerkt, daß wir bei dieser Beziehung in Phasen der Unsicherheit zu Überkompensationen neigen könnten, die vielleicht mit dem Körper zusammenhängen (Eß- oder Naschanfälle) oder mit der Manie, plötzlich Berge von Kleidung zu kaufen oder anderes mehr. Doch dies hängt natürlich auch vom restlichen Horoskop ab.

Der Herrscher des 2. Hauses im 2. Haus

Wenn der Herrscher des 2. Hauses im eigenen Haus steht, kommen alle Aktivitäten, die mit dem Erlangen von Sicherheit und eines festen Fundaments unter den Füßen zu tun haben, auf diesem Gebiet in auffälliger Form zum Tragen. Diese Stellung bedeutet eine Unterstützung der Fähigkeit, Sicherheit und Solidität zu schaffen, sie verstärkt gleichermaßen aber auch unser Bedürfnis nach einem Halt im Leben und nach geistigen und materiellen Werten. Normalerweise ist hiermit verbunden, daß Lust- und Unlustgefühle im Vordergrund stehen, die uns in positivem Sinne zur Entwicklung von allerlei Fähigkeiten motivieren können, wodurch wir vielleicht eine solide Basis für unser Einkommen legen oder unsererseits wiederum andere motivieren. In negativem Sinne aber sind wir mit dieser Häuserbeziehung möglicherweise zu sehr auf das Ausmerzen der Unlustgefühle gerichtet, was zur Jagd auf Besitz, Luxus und Geld führen könnte, mit Eigenschaften wie Genußsucht, Bequemlichkeit und Habgier.

Sehen wir aber von diesen rein materiellen Werten ab, so erkennen wir, daß mit dieser Häuserbeziehung ein gut entwickeltes Gespür für das Konkrete verbunden ist (was beispielsweise bei beruflichen Tätigkeiten als Gutachter, Leiter des Einkaufs, Makler, Künstler und so weiter zum Ausdruck kommen kann) oder auch ein »Riecher« für all das, was mit Sicherheit zu tun hat – zum Beispiel auch in Verbindung mit Verträgen, wenn es um die Frage von Schuld und Haftung geht.

Immer, wenn ein Herrscher in seinem eigenen Haus steht, nimmt das, was mit dem betreffenden Lebensgebiet einhergeht, eine markante Stellung ein. Das bedeutet, daß selbst beim Fehlen weiterer Hinweise in dieser Richtung Sicherheit in bezug auf Notfälle wichtig ist, sei es in Form von greifbarem Besitz, sei es in Form von Wissen oder Fähigkeiten (als einer anderen Art von

Eigentum, auf das wir bei Bedarf zurückgreifen können). Damit wären wir zu allen Zeiten und überall dazu imstande, eine (neue) gesicherte Existenz zu begründen.

Dickköpfigkeit und Hartnäckigkeit sind weitere Kennzeichen für den Herrscher des 2. Hauses im 2. Haus: Sie spiegeln das starke Bedürfnis nach einem existentiellen Halt wider.

Der Herrscher des 2. Hauses im 3. Haus

Unser Bedürfnis, Sicherheit zu schaffen und zu bewahren, richtet sich auf das Denken, Ordnen, Übertragen und Verbinden, auf Kontakte und Kommunikation: In diesen Dingen suchen wir Sicherheit. Deshalb ist es keine Seltenheit, daß Menschen mit dieser Häuserbeziehung ihr Einkommen ganz oder teilweise mit Fertigkeiten verdienen, die zum 3. Haus gehören (trotz der Tatsache, daß für Arbeit und Beruf auch andere Stellen des Horoskops von maßgeblicher Bedeutung sind). Die Suche nach Sicherheit und einem soliden Fundament mittels Kontakten, Denken, Analysieren und so weiter wird manches Mal zum Resultat haben, daß wir in den Beziehungen nach außen hin sehr überzeugend und sicher wirken, auch wenn wir das von unserem Inneren aus gar nicht so fühlen. Der Herrscher des 2. Hauses im 3. Haus kann in solch einem Fall den Eindruck erwecken, daß wir von etwas felsenfest überzeugt sind, weil unsere Worte soviel Sicherheit vermitteln. Vielleicht klammern wir uns aber auch halsstarrig an Fakten, die schon überholt sind beziehungsweise nicht hundertprozentig passen. Das 3. Haus gibt unsere Einstellung Tatsachen gegenüber an, und der Herrscher des 2. Hauses darin kann die Neigung andeuten, hauptsächlich den Tatsachen einen Wert beizumessen, die zu unseren sicherheitsorientierten Vorstellungen passen und die damit verbundenen Wertvorstellungen bestätigen.

Falls der Rest des Horoskops dem nicht widerspricht, ist das Denken mit dieser Stellung konkret und praktisch, denn das Konkrete und die Sicherheit des 2. Hauses sind das Instrument für das Denken und Ordnen (3. Haus).

Der Herrscher des 2. Hauses im 4. Haus

Das Schaffen und Erlangen von Sicherheit ist ein Mittel, um das Bedürfnis nach einer häuslichen und emotionalen Basis zu erfüllen und uns mit der Familie, Vergangenheit und Tradition verbunden zu fühlen. Ein eigenes Haus, die Familie oder auch einfach ein Ort, an dem wir uns emotional geborgen fühlen, sind uns sehr wichtig: Es handelt sich hierbei um Mittel, die uns dabei helfen, festen Boden unter die Füße zu bekommen und eigene Wertvorstellungen zu entwickeln. Wir müssen mit dieser Häuserbeziehung keinesfalls in überschwenglichem Maße an der Familie hängen – auch wenn dies durchaus zu den *Auswirkungsmöglichkeiten* gehört. Es geht vielmehr darum, daß wir einen Platz haben müssen, im wörtlichen Sinne ein eigenes Haus oder ein eigenes Zimmer, im übertragenen einen bestimmten Ort oder einen Raum, in dem wir uns sicher und zu Hause fühlen. Ob sich dies auch auf Menschen bezieht (Eltern, Familie und so weiter), ist von nebensächlicher Bedeutung.

Oft haben wir mit dieser Stellung das Bedürfnis, viel Geld oder viel von unseren Fähigkeiten für die Schaffung oder Bewahrung eines solchen Ortes der Sicherheit zu verwenden. Weil das 2. und das 4. Haus die Pfeiler unserer Sicherheit sind (2. Haus: existentielle Sicherheit; 4. Haus: gefühlsmäßige Sicherheit), führt eine Häuserbeziehung zwischen diesen beiden immer zu einem großen Bedürfnis nach einem festen Platz oder Fleck, von dem aus wir wirken können. Menschen mit dieser Häuserbeziehung neigen mehr als andere dazu, die bestehenden Werte und Normen hoch einzuschätzen (allerdings muß auch der Rest des Horoskops damit in Übereinstimmung stehen).

Der Herrscher des 2. Hauses im 5. Haus

Unser Bedürfnis Sicherheit zu schaffen und zu erleben, richtet sich auf Kreativität und Kinder, auf den Bereich von Sport, Spaß und Freude. Unsere existentielle Sicherheit ist ein Mittel, uns zu einem Gefühl des Selbstvertrauens zu verhelfen. Ganz konkret geben wir bei einer solchen Stellung womöglich viel Geld für Dinge aus, die uns gefallen, für Hobbys und Sport oder für unsere Kinder.

Weil Fähigkeiten und Antriebskräfte (Herrscher des 2. Hauses) ebenfalls Instrumente des 5. Hauses sind, können wir so viel Energie in unsere Hobbys einfließen lassen, daß wir aus ihnen möglicherweise ein Einkommen erzielen. Wir könnten uns vielleicht auf dem Gebiet der Unterhaltung durch ein Sicherheit ausstrahlendes Verhalten auszeichnen, welches allerdings verbirgt, daß wir gerade aus dem Amüsement Sicherheit beziehen möchten. Diese Häuserverbindung verleiht uns das Bedürfnis, im großen oder kleinen etwas zu tun, das uns selbst und anderen gefällt. Dies darf nicht als eine Art unterwürfiges Dienen mißverstanden werden: Entscheidend ist, daß wir selbst eine Menge Spaß dabei haben und gleichzeitig Anerkennung bekommen. Mit dem Herrscher des 2. Hauses im 5. Haus kann uns dies ein Gefühl des sicheren Halts verschaffen.

Manchmal sehen wir bei dieser Häuserbeziehung, daß Eltern viel Unterstützung und Sicherheit bei ihren Kindern suchen. Oftmals genügt es hier aber auch schon, Kinder zu haben – Sicherheit wird aus der Beschäftigung mit den Kindern bezogen. Das reicht aus, damit sich ein positives Selbstwertgefühl und der Eindruck entwickelt, Bestätigung zu bekommen. Mit dieser Häuserbeziehung können wir die verschiedensten 2.-Haus-Aktivitäten zu unserem Hobby machen, wie die Beschäftigung mit finanziellen Angelegenheiten, das Sammeln (am liebsten von wertvollen Dingen), die Goldschmiedekunst, aber auch Gesang (das 2. Haus als Stier-Haus!) und anderes mehr.

Der Herrscher des 2. Hauses im 6. Haus

Unser Bedürfnis, Sicherheit zu schaffen und zu bewahren, richtet sich hier auf Arbeit und Dienstbarkeit, Kritik und Analyse, Gesundheit und Krankheit. Wir haben mit dieser Beziehung den Wunsch, bei und in der Arbeit Sicherheit und Beständigkeit zu erfahren; wir sind damit zu harter und langwieriger Arbeit fähig (das »störrische« 2. Haus als Instrument des 6.). Sowohl Menschen mit dem Herrscher des 2. Hauses im 6. Haus als auch mit der umgekehrten Häuserbeziehung sind zumeist bereit, unter allen Bedingungen mit anzupacken – Arbeit, Dienstbarkeit und Sicherheit sind bei ihnen schließlich eng miteinander verwoben. In Zeiten hoher Arbeitslosigkeit ist dies eine günstige Verbindung, da wir mit ihr über eine motivierte Ausstrahlung verfügen, die uns zu einer Stelle verhelfen kann. Mit dem Herrscher des 2. Hauses im 6. Haus bringen wir all unsere Fähigkeiten und (finanziellen) Mittel (2. Haus) in unsere Arbeit und unsere Arbeitsumstände ein, aber auch in das, was mit Gesundheit und Krankheit zusammenhängt. Dies kann sich auswirken im Ausgeben von (viel) Geld für Heilmittel bis hin zur Motivation, sich intensiv mit Krankheiten, Gesundheit und gesunden Lebensweisen auseinanderzusetzen, oder auch in einer Tätigkeit in diesem Umfeld. Auch die Arbeit in Anstellungen, die ein dienendes Element haben oder die mit dem Bereich der Heilung zusammenhängen, sind mit dieser Beziehung häufig (was gleichfalls für den Herrscher des 6. Hauses im 2. Haus gilt).

Das 6. Haus stellt sozusagen keinerlei Bedingungen hinsichtlich dessen, was wir bei unserer Arbeit zu tun haben und auf welche Weise. Das ist so zu verstehen, daß wir mit dem Herrscher des 2. Hauses im 6. Haus das Bedürfnis haben, vom Bedürfnis zum Dienen aus tätig zu werden. Das Militär, die Gastronomie, die Politik und so weiter – all das sind mögliche Betätigungsfelder. Entscheidend ist bei dieser Stellung, daß wir bei der Arbeit unser Bedürfnis nach Sicherheit und unsere Wertvorstellungen auch tatsächlich zum Ausdruck bringen können (sie sind in diesem Fall ja die Instrumente, mit denen wir unserer Dienstbarkeit Form verleihen). Hier hat jedoch in bezug auf Werte und Sicherheit das Kritische und Analysierende des 6. Hauses das letzte Wort. Bei allem, was mit Krankheit und Gesundheit zu tun hat, neigen wir dazu, am liebsten auf Nummer Sicher zu gehen.

Der Herrscher des 2. Hauses im 7. Haus

Unser Bedürfnis, Sicherheit zu schaffen und zu bewahren, richtet sich hier auf das Gebiet des Lebens- und des Geschäftspartners. Hier ist die Partnerschaft für das konkrete Wohlbefinden unentbehrlich, und wir neigen dazu, dem Partner in vielerlei Hinsicht zu folgen, vor allem aus dem Grund, einen festen Boden unter den Füßen zu spüren. Wahrscheinlich sorgen wir in der Beziehung auch dafür, daß wir dem anderen Sicherheit bieten können (beispielsweise dadurch, daß wir das Geld verdienen). In gewisser Weise ist das für uns ein Tausch: Im Gegenzug können wir unser Bedürfnis nach einem soliden Fundament befriedigen und uns des Partners sicher fühlen.

Unsere Bezogenheit auf den Lebenspartner oder unser intensiver Kontakt zu einem Kompagnon, manchmal auch unser gesellschaftliches Funktionieren in allgemeiner Hinsicht können uns derart intensiv mit unseren persönlichen Werten und dem Bedürfnis nach Sicherheit konfrontieren, daß wir durch Kontakte oder auch Konfrontationen Einblick in das erhalten, was uns so abhängig macht: unsere Unsicherheit beziehungsweise das Suchen nach Sicherheit. Wenn wir es aber lernen, Sicherheit von innen heraus zu entwickeln, haben wir viel Rückhalt in uns selbst. Beim Herrscher des 2. Hauses im 7. Haus können wir also anfänglich manchmal eine bestimmte Folgsamkeit beobachten, die ihre Ursache darin hat, daß der Partner Sicherheit bieten soll. Dies kann sich aber später dahin entwickeln, daß auch wir dem Partner Halt und Sicherheit bieten können. Dann wird eine gleichwertigere, kameradschaftlichere Einstellung möglich.

Manchmal habe ich das Bedürfnis wahrgenommen, zusammen mit dem Partner zu arbeiten oder ein Geschäft zu gründen. Das Bedürfnis nach Sicherheit hat hier ständig mit dem Dienst am anderen zu tun. Dieser spielt eine sehr wichtige Rolle im Hinblick auf unsere Motivation, unsere Lust- und Unlustgefühle und das Gefühl einer soliden Ausgangsbasis.

Der Herrscher des 2. Hauses im 8. Haus

Unser Bedürfnis, Sicherheit zu schaffen und zu bewahren, richtet sich hier auf das Lebensgebiet, das mit Unsicherheit in verschiedenster Hinsicht zusammenhängt. Es ist das Gebiet, auf dem wir den Kampf mit uns selbst angehen, auf dem wir Intensität und Tiefe suchen und uns Auge in Auge mit Ursache und Folge unserer Verdrängungen, Ängste und so weiter sehen. Mit dieser Häuserbeziehung sind wir also bestrebt, Sicherheit (das Bedürfnis nach Sicherheit kommt ja im 8. Haus zum Tragen) auf einem Gebiet zu finden, das die nötigen Konfrontationen auch tatsächlich in sich birgt. Das 8. Haus ist daneben auch das Haus der Macht. Wenn wir mächtig genug sind, können wir das, was auf uns zukommt, teilweise steuern und dadurch Konfrontationen vermeiden. Es sind also bei dieser Häuserbeziehung Auswirkungen von ganz entgegengesetzter Art möglich. Wir können unserem Bedürfnis nach Sicherheit durch die Beschäftigung mit dem »großen Geld« Ausdruck verleihen (zum Beispiel, indem wir für eine Bank oder eine Versicherung tätig sind oder anderes mehr) oder indem wir eine Machtposition bekleiden beziehungsweise anstreben (Politik oder auch ganz andere Gebiete).

Das 8. Haus ist ein Haus, das viel Intensität widerspiegelt, daneben unsere verborgenen Gaben und Talente. Wir können mit dem Herrscher des 2. Hauses im 8. Haus auch dadurch Sicherheit finden, daß wir uns intensiv mit uns selbst beschäftigen. Ein Weg wäre hier beispielsweise die Auseinandersetzung mit der Psychologie, ein anderer die Kunst. Es geht dabei darum, daß wir uns selbst und das Leben mit Hingabe und Intensität herausfordern, um von dieser ungeheuren Kraftprobe ausgehend die Erfahrung zu machen, Macht über uns zu besitzen, was uns Sicherheit verschafft. Der Künstler auf dem Podium, der sich voll und ganz einbringt und das Publikum mitreißt, kann zum Beispiel durch die ständige Herausforderung immer wieder aufs neue Sicherheit aus der Situation der Unsicherheit beziehen.

Aber auch im kleinen Rahmen bietet uns der Herrscher des 2. Hauses im 8. Haus die Möglichkeit der Konfrontation: Wir suchen mit ihm nun einmal Sicherheit auf einem Gebiet, das grundsätzlich von Unsicherheit geprägt ist. Wir können hier beispielsweise Halt im Leben durch die Auseinandersetzung mit dem Thema Tod finden, so paradox das auch klingen mag. Zur Sexualität, die ebenfalls mit diesem Haus zu tun hat, sei folgendes gesagt: Wir können hier auch Sicherheit durch provozierendes Verhalten suchen – was gleichfalls beim Herrscher des 2. Hauses im 5. Haus möglich wäre. Der Unterschied zwischen dem 5. und dem 8. Haus besteht darin, daß sich das 5. Haus auf das Element der Freude und des Vergnügens bezieht, während im 8. Haus die Hingabe oder auch Unterwerfung begründet liegt, um herauszufinden, wie weit wir das Leben herausfordern können (was nichts Spielerisches mehr hat). Da aber das Hauptthema des 8. Hauses der Kampf zwischen Lebensdrang und Todessehnsucht ist und die Sexualität nur eine Ableitung davon darstellt, muß dieses sexuelle Element längst nicht bei jedem in Erscheinung treten.

Der Herrscher des 2. Hauses im 9. Haus

Unser Bedürfnis, Sicherheit zu schaffen und zu erlangen, wird hier mit dem Phänomen des Reisens verknüpft, des Reisens sowohl in der Realität (Ausland) als auch im Geiste (Lebensanschauung, Studium, Religion und so weiter). Möglicherweise investieren wir viel Geld (2. Haus) in die aufgeführten Angelegenheiten – das Wesentliche dieser Häuserbeziehung ist aber, daß wir markante Meinungen und Auffassungen besitzen, weil schließlich unsere Sicherheit und unsere Wertvorstellungen (2. Haus) hier ein Instrument des Lebensgebietes der Reisen und der Meinungs- und Urteilsbildung (9. Haus) sind. Daraus resultiert, daß Stabilität und Wertvorstellungen in unseren Idealen zum Ausdruck kommen, im Rahmen unserer Auffassungen, unseres Gerechtigkeitsgefühls und all dessen, was wir als unsere Überzeugung deutlich werden lassen. Dabei besteht natürlich durchaus die Gefahr, Wahnideen aufzusitzen; allerdings hat die Beharrlichkeit hinsichtlich der eigenen Meinung auch eine positive Seite. Wenn wir erst einmal damit angefangen haben, uns mit einem Thema zu befassen, werden wir es wahrscheinlich mit großer Hartnäckigkeit weiter verfolgen. Vielfach sind konkrete Angelegenheiten, konkrete Bedürfnisse und konkrete Werte das, was wir näher erkunden und der Welt bekanntmachen wollen.

Das 2. Haus wirkt sich nicht immer materialistisch aus. Wenn wir uns mit den praktischen Nöten der Welt beschäftigen, kann sich unser Bedürfnis nach Sicherheit mit dem Herrscher des 2. Hauses im 9. Haus auch als Drang äußern, die existentielle Sicherheit der Mitmenschen zu verbessern. Daraus können wir ein Stück Halt beziehen. Im Vordergrund steht jedoch, daß die Dinge, über die wir uns eine Meinung oder ein Urteil bilden, auf bereits vorhandenen Vorstellungen zu Werten und zur Sicherheit basieren. Bei einer Verbindung zwischen dem 2. und dem 9. Haus sehen wir häufig, daß das, was mit unserer existentiellen Sicherheit (2. Haus) verbunden ist, mit den Themen Unterricht, Reisen, Lebensanschauung oder anderen Angelegenheiten des 9. Hauses in Beziehung steht. Beim Herrscher des 2. Hauses im 9. Haus liegt allerdings der Nachdruck darauf, daß wir unsere Sicherheit und unser Gefühl des Halts von der Außenwelt aus in unsere geistige Welt einbringen, während beim Herrscher des 9. Hauses im 2. Haus die Themen des 9. Hauses uns ein Gefühl der Sicherheit und des Halts vermitteln und hauptsächlich dazu dienen, eigene Wertvorstellungen aufzubauen.

Der Herrscher des 2. Hauses im 10. Haus

Unser Bedürfnis, Sicherheit zu schaffen und zu bewahren, richtet sich hier auf das äußere Anstreben einer gesellschaftlichen Position und das innerliche Abgrenzen der eigenen Identität aufgrund dessen, was wir (unbewußt) glauben, zu können und zu sein. Mit dieser Verbindung haben wir das Bedürfnis nach einer stabilen gesellschaftlichen Position, und nicht selten planen wir bei dieser Häuserbeziehung mehr oder weniger zielgerichtet eine Karriere und hegen den Wunsch, von der Umwelt als eine anerkannte und vertrauenswürdige Autorität eingeschätzt zu werden. Auf jeden Fall machen wir damit einen selbstsicheren und starken Eindruck.

Wir bringen unsere Vorstellungen von Werten und der konkreten Sicherheit (2. Haus) am liebsten in der Gesellschaft und in unserer Arbeit zum Ausdruck, und wir neigen dazu, diesen Werten, wenn möglich, in Regelungen, Bestimmungen und Vereinbarungen eine für alle Seiten verbindliche, konkrete Form zu geben. Von einer sicheren Basis auszugehen und sich sicher über die eigene Position zu sein – sowohl in der Innen- als auch in der Außenwelt –, ist bei dieser Häuserbeziehung von großer Wichtigkeit. Aus diesem Grund sind wir selbst dafür tätig, ein solches Fundament zu begründen.

Zugleich haben wir, wo es um die Abgrenzung unserer Identität (10. Haus) geht, ein großes Bedürfnis nach einem festumrissenen Bild von uns selbst. Dies ist wiederum verantwortlich dafür, daß wir auch bestrebt sind, die Außenwelt in klar strukturierten Zügen wahrzunehmen – weil sonst die Gefahr besteht, daß die Gedanken zu unserer eigenen Struktur nicht mit der Realität übereinstimmen.

Wir fühlen die starke Motivation, zu arbeiten und unsere Fähigkeiten für all das einzusetzen, was unserer Meinung nach zu uns paßt, was uns gesellschaftlich weiterbringt, was uns Klarheit über Wertvorstellungen verschafft oder uns zu einer maßgeblichen Rolle verhilft. Darum sind mit dieser Häuserbeziehung häufig Führungsqualitäten verbunden, was allerdings nicht unbedingt zu einer herausragenden Funktion führen muß. Wir sind hier auch dazu bereit, (viel) Geld für Dinge auszugeben, die unserer Meinung nach unserer Karriere, unserem Status oder unserer Position angemessen sind oder unser Ansehen steigern können.

Der Herrscher des 2. Hauses im 11. Haus

Unser Bedürfnis, Sicherheit zu schaffen und zu bewahren, verknüpft sich hier mit den Freunden und Gleichgesinnten. Mit dieser Häuserbeziehung neigen wir sehr stark dazu, unsere Wertvorstellungen und unser Bedürfnis nach Sicherheit davon abhängig zu machen, ob wir in diesem Kreis Wertschätzung und Verständnis finden. Das 11. Haus spiegelt unser Bedürfnis wider, andere als gleichrangig zu erleben, als Freunde, nicht als Höhergestellte oder Untergeordnete. Allerdings könnten wir uns mit dem Herrscher des 2. Hauses im 11. Haus doch womöglich von anderen abhängig machen, da wir sie so dringend brauchen, um uns sicher zu fühlen und den Eindruck zu haben, von einer stabilen Basis aus wirken zu können. Unsere Motivation und Werte können dann auch sehr stark von unseren Freunden und Gleichgesinnten geprägt sein.

Bei dieser Häuserbeziehung wird des öfteren behauptet, daß der Mensch viel Geld für seine Freunde, für seinen Verein oder ähnliches mehr ausgibt. Dies ist in der Tat eine Auswirkungsmöglichkeit – aber nicht die Regel. Die persönlichen Fähigkeiten und das Vermögen, uns selbst zu motivieren, können sich nämlich auch auf einen größeren Kreis richten. Wir würden auch damit für uns die Sicherheit finden, die wir suchen, und dabei dem Kreis selbst auf eine bestimmte Weise auch Sicherheit bieten beziehungsweise ihn stimulieren.

Das Bedürfnis nach stabilen Freundschaften ist mit dieser Stellung sehr groß. Ich habe dabei auch mehrmals die Beobachtung gemacht, daß – sowohl beim Herrscher des 2. Hauses im 11. Haus als auch im umgekehrten Fall – das Einkommen zusammen mit Freunden erzielt wurde, unter anderem etwa durch die Gründung eines Betriebes. Bei beiden Beziehungen ist aber auch denkbar, daß Arbeit verrichtet wird, bei der der Betreffende seinen Wertvorstellungen und Auffassungen in einem größeren Ganzen Ausdruck verleihen kann, zum Beispiel auch mit oder für Gleichgesinnte. Politische Tätigkeiten oder die Arbeit in gesellschaftlichen Gruppen und anderes mehr sind damit ohne weiteres möglich.

Der Herrscher des 2. Hauses im 12. Haus

Wir sind mit dieser Stellung bestrebt, auf einem nicht konkreten und in mancherlei Hinsicht sogar unfaßbaren Lebensgebiet Sicherheit zu schaffen und zu bewahren. Es scheint eine schwierig Verbindung zu sein: eines der konkretesten Häuser mit dem am wenigsten greifbaren Haus des Horoskops. Es muß hier aber nicht zwangsläufig zu Problemen kommen. Bei unserer Suche nach Sicherheit können uns allerlei – für andere sehr rätselhafte – Dinge wie Yoga, Meditation, Hypnose, Religion, Träume, kreative Imagination und dergleichen mehr sehr wohl ein Gefühl des Halts und der Sicherheit geben. Auf diesen Gebieten lassen sich durchaus deutlich wahrnehmbare Resultate erzielen.

Zum 12. Haus gehören jedoch auch gesellschaftlich faßbarere Themen wie aufopferungsvolle Dienstbarkeit (zum Beispiel unbezahlte Arbeit in der Dritten Welt) oder Arbeit in Krankenhäusern, Gefängnissen, Anstalten und so weiter. Mit dem Herrscher des 2. Hauses im 12. Haus können wir viele unserer Fähigkeiten auf diesen Gebieten zum Einsatz bringen. Ich habe dabei auch wiederholt die Feststellung gemacht, daß Menschen mit dieser Verbindung zwar keiner bezahlten Arbeit in diesen Bereichen nachgingen, sondern hier ehrenamtlich aktiv waren, einfach deshalb, weil ihnen dies Freude bereitete. Ein weiteres Merkmal war, daß sie bei ihrer Arbeit eine Haltung einnahmen, die aufopferungsvoll, einfühlsam beziehungsweise sehr sozial oder sogar religiös genannt werden kann.

Das 12. Haus beinhaltet noch etwas ganz Besonderes: Zu diesem Haus gehört unsere Fähigkeit, die unterschwelligen Ströme des Zeitgeschehens zwischen Vergangenheit und Zukunft wahrzunehmen. Menschen, bei denen das 12. Haus eine wichtige Rolle spielt, haben häufig »übernatürlich« anmutende Eigenschaften. Den Herrscher des 2. Hauses im 12. Haus (wie den Herrscher des 12. Hauses im 2. Haus auch) habe ich oft bei Menschen gesehen, die in beruflicher und/oder praktischer Hinsicht Dinge taten, die – wie später deutlich wurde – genau zum richtigen Zeitpunkt geschahen – ohne daß die Betreffenden selbst hätten erklären können, warum sie dies taten. Es hatte plötzlich den Anschein, als ob die Zeit, gesellschaftlich gesehen, nun reif war für das, woran sie gearbeitet hatten.

Mit dem Herrscher des 2. Hauses im 12. Haus können wir (viel) Geld für wohltätige Zwecke, konstruktive Ziele, kollektive Nöte oder religiöse Bedürfnisse ausgeben, und wir suchen unsere persönliche Sicherheit (2. Haus) in dem Gefühl, mit allen Menschen vereint zu sein (12. Haus). Dies könnte in manchen Fällen zu Alkohol- oder Drogenmißbrauch beziehungsweise zu religiösem Fanatismus führen – als überzogene negative Äußerung des Bedürfnisses, sich als Einheit mit etwas zu erleben. In positivem Sinne aber kann sich der Mensch mit dem Herrscher des 2. Hauses im 12. Haus das Schicksal von solchen Personen zu Herzen nehmen und seine Fähigkeiten und Mittel für sie einsetzen.

Herrscher von 2

Der Herrscher des 3. Hauses im 1. Haus

Das 3. Haus ist ein Instrument, um dem 1. Haus Ausdruck zu verleihen. Wir lassen unser Bedürfnis nach Kontakten, Kommunikation und dem Sammeln und Ordnen von Informationen unmittelbar nach außen hin deutlich werden. Oft ergibt sich daraus eine große Offenheit gegenüber der Umgebung, zumindest aber Mitteilsamkeit. Das Reden fällt uns leicht, wir knüpfen schnell Kontakte und können anderen gut folgen – sowohl im wörtlichen Sinn (kurze Reisen) als auch im übertragenen (Gedanken und Gedankensprünge). Wir sind ausgesprochen neugierig auf alles, was geschieht. Auch bei Herrscher des 1. Hauses im 3. Haus war von Neugier die Rede, dort aber war unser nach außen orientiertes Handeln ein Mittel dazu, mehr Fakten und Informationen zu bekommen; es ging also um die Stimulierung unserer Neugier. Hier jedoch ist es so, daß unsere Neugier unser Handeln beeinflußt, so daß wir dazu neigen, in unserem äußeren Verhalten unsere Nase in alles mögliche zu stecken. Was Kontakte betrifft, könnten wir auch sofort mit dem, was uns auf dem Herzen liegt, herausplatzen, um direkt oder indirekt Informationen loszuwerden.

Mit dem Herrscher des 1. Hauses im 3. Haus wirken wir nicht unbedingt immer kommunikativ (unter Umständen selbst dann nicht, wenn wir dies anstreben). Das Bedürfnis nach neuen Informationen könnten wir nämlich auch durch Lesen befriedigen; beim Herrscher des 3. Hauses im 1. Haus dagegen sind Kontakte ein Instrument des persönlichen Auftretens. Lesen kann dabei zwar eine Rolle spielen, häufig allerdings in Verbindung mit der augenfälligen Demonstration von Belesenheit. In verschiedenen Fällen habe ich – sowohl beim Herrscher des 3. Hauses im 1. Haus als auch beim Herrscher des 1. Hauses im 3. Haus – bemerkt, daß die im Spiel mit den Geschwistern oder den Kindern der Nachbarschaft gemachten Erfahrungen das spätere äußere Auftreten und das Verarbeiten von äußeren Impulsen überdurchschnittlich geprägt haben.

Der Herrscher des 3. Hauses im 2. Haus

Auch bei dieser Häuserbeziehung haben wir es mit dem praktischen Denken und Ordnen zu tun, allerdings von einem anderen Hintergrund aus. Bei Herrscher des 2. Hauses im 3. Haus kam die Suche nach Sicherheit vor allem im Denken und Kommunizieren zum Ausdruck – hier verhält es sich genau umgekehrt: Wir setzen unser Denken und unsere Fähigkeit, zu analysieren, kommunizieren und Verbindungen herzustellen dazu ein, um so viel Halt, Sicherheit und (manchmal auch Geld) wie nur möglich zu bekommen. Das konkrete und praktische Denken hat hier auch eine etwas wichtigere Rolle als beim Herrscher des 2. Hauses im 3. Haus. Dort waren es unsere Gedankenwelt und unsere Beziehungen zur Umgebung, die das letzte Wort hatten.

Auch bei dieser Plazierung können uns die Fertigkeiten, die mit dem 3. Haus in Verbindung stehen, dazu verhelfen, ein Einkommen zu erzielen. Sie stellen hier schließlich das Mittel dar, mit dem wir uns ein Fundament errichten und uns motivieren können. Menschen, die sich ansonsten durch einen ruhelosen Geist auszeichnen, können von dieser Stellung profitieren, weil das 2. Haus in mancherlei Hinsicht zu Besonnenheit und Bedachtsamkeit mahnt – Eigenschaften, die hier viel gelten. Mit dem Herrscher des 3. Hauses im 2. Haus kann jedoch auch Halsstarrigkeit und Unflexibilität verbunden sein, in einem größeren Maße als beim Herrscher des 2. Hauses im 3. Haus. Er sucht Halt und Werte durch das Denken und die Kommunikation und kann sich nur schwer dem öffnen, was nicht in seine Wertvorstellungen paßt.

Der Herrscher des 3. Hauses im 3. Haus

Bei unserem Bedürfnis, möglichst viele Fakten bezüglich dessen, was uns auf unserem Lebensweg begegnet, zu betrachten und einzuordnen, werden Denken und Analysieren als Instrumente eingesetzt. Das kann zu großem Scharfsinn führen, zu Schlagfertigkeit in Gesprächen und Diskussionen; es ist aber auch nicht auszuschließen, daß wir damit um des Denkens willen denken und um des Redens willen reden. Da das 3. Haus hauptsächlich die Art und Weise erkennen läßt, wie wir mit den einzelnen Fakten umgehen, ohne übergeordnete Struktur oder Synthese, können wir es bei dieser Stellung mit einer enorm großen Menge von Eindrücken und Fakten aufnehmen. Allerdings laufen wir Gefahr, vor lauter Bäumen den Wald nicht mehr zu sehen und den roten Faden zu verlieren. Darum werden wir mit dem Herrscher des 3. Hauses im 3. Haus höchstwahrscheinlich doch gewisse Schwierigkeiten haben, wenn es um Tiefgründiges geht beziehungsweise darum, einen eindeutigen Kurs zu verfolgen – und das trotz der Tatsache, daß wir zumeist ausgezeichnet mit den verschiedensten Fakten und Geschehnissen umzugehen wissen.

Für Berufe, die Flexibilität in Wort, Schrift und Auftreten verlangen, ist diese Häuserbeziehung sehr günstig. Sie ist unter anderem eine große Hilfe im Journalismus, wo beispielsweise sehr schnell eine große Menge von Fakten verarbeitet werden muß, oder in der Schule, wo wir ständig auf unvorhersehbare Fragen der Schüler oder auf unerwartete Situationen gefaßt sein müssen, oder in Berufen wie dem des Vertreters, der auf jede Bemerkung der Kunden eingehen können muß, ohne Widerspruch herauszufordern.

Mit dieser Verbindung haben wir jedoch auch oft einen ruhelosen Geist sowie das Bedürfnis, viel zu lesen, zu schreiben beziehungsweise zu reden. Dies kann mit der Übermittlung von Fakten oder auch Gütern zusammenhängen, ganz allgemein in Form von kurzen Kontakten. In positivem Sinn kann sich das so auswirken, daß wir belesen sind und überall mitreden können, daß wir erfinderisch sind, was Handel betrifft, und ein Bedürfnis nach neuen Eindrücken haben. Der Nachteil besteht in der Gefahr, daß unsere Kontakte oberflächlich bleiben, daß wir uns schnell ablenken lassen und Dinge nicht zum Abschluß bringen. Das Austauschen von Fakten fällt uns so leicht, daß wir dies sozusagen als Maske benutzen können. Nichtsdestoweniger können wir mit dieser Verbindung mittels unserer unverbindlichen Fröhlichkeit und unserer Schlagfertigkeit Menschen aufheitern.

Wir können die verschiedensten Situationen, die in kommunikativer Hinsicht blockiert sind, durch geistreiche und fröhliche Bemerkungen retten.

Der Herrscher des 3. Hauses im 4. Haus

Unser Denken und Ordnen und unser Bedürfnis, all das, womit wir in Berührung kommen, zu analysieren und einzuteilen, richten sich auf das Gebiet, das für Haus und Hof, die emotionale Basis und die Bindungen an Familie, Vergangenheit und Tradition steht. Fakten, Informationen und kurze Kontakte (3. Haus) spielen für unser Gefühlsleben eine wichtige Rolle beziehungsweise – noch genauer – für unser Familienleben; so sind beispielsweise Gespräche, ein freier, offener Umgang miteinander und offenherzige Kontakte zu anderen Familienmitgliedern sehr wichtig, damit wir uns emotional wohl und »zu Hause« fühlen, sowohl buchstäblich als auch in übertragener Bedeutung.

Mit dem 3. Haus als Instrument des 4. Hauses können wir die verschiedensten Aktivitäten des 3. Hauses unternehmen, um uns emotional geborgen zu fühlen. Mir ist zum Beispiel oft das Bedürfnis aufgefallen, zu Hause eine kleine Bibliothek einzurichten oder viele Zeitungen und Zeitschriften zu haben. Weiterhin wäre anzusprechen, daß der Betreffende gern und viel von seinem Zuhause aus telefoniert oder allerlei Menschen mit zu sich nimmt, um sich in gemütlicher Atmosphäre zu unterhalten.

Kurze Kontakte zu den verschiedensten Menschen, um eine Vielzahl von Fakten zu erfahren und Informationen zu bekommen sowie auch das, was mit unserem strukturierenden Denken zu tun hat (alles vom 3. Haus angezeigt), sind prägend für unsere gefühlsmäßigen Bindungen und unser Verhältnis zur Vergangenheit, zur Tradition und so weiter. Das 3. Haus hat auch mit Handel und Transport zu tun. Eine Verbindung zwischen dem 3. und dem 4. Haus (also auch der Herrscher des 4. Hauses im 3. Haus) könnte zu dem Bedürfnis führen, Handel mit etwas zu treiben, das mit Haus und Hof zu tun hat (mit dem Haus selbst oder zum Beispiel auch mit der Inneneinrichtung). Vielleicht ist es

193

auch für das Gefühl des emotionalen Wohlbefindens (4. Haus) ein Anliegen, zu Hause zu schreiben (3. Haus), wobei es wenig ausmacht, ob es sich dabei um einen Roman, Gedichte, Zeitungsartikel, Briefe oder das Tagebuch handelt.

Der Herrscher des 3. Hauses im 5. Haus

Unser Denken und Ordnen und unser Bedürfnis, alle Fakten und Angelegenheiten, mit denen wir es zu tun haben, zu betrachten und einzuteilen, konzentrieren sich auf Spaß, Freude und Kreativität, auf Kinder und all die Dinge, die uns Selbstvertrauen und ein Gefühl der Autorität verschaffen können. Unser Denken ist damit auf spielerische Dinge gerichtet wie Hobbys oder Sport oder Themen, die uns Freude machen (vom unbeschwerten Ausgehen bis hin zu ernsthaften Hobbys, für die wir hart arbeiten). Ganz allgemein geht es um Angelegenheiten, bei denen wir uns wohl fühlen, weil wir ein Stück von uns selbst einbringen oder uns beweisen können. Das kann vom Auftreten als Entertainer bis hin zur Vorstandstätigkeit in einem Verein reichen.

Schreiben, Malen, Kalligraphie, Sprachen, Handel, Verkehr, Denksportarten, das Gebiet der Informationen ganz allgemein und noch viel mehr 3.-Haus-Angelegenheiten lassen sich hier als Liebhaberei betreiben. Doch genausogut ist es möglich, daß wir alle Äußerungsformen des 5. Hauses – wie zum Beispiel den Umgang mit Kindern und die Ausübung von Sport und Spiel – auf Art und Weise des 3. Hauses behandeln, was heißt, daß wir uns auf mentale Weise damit auseinandersetzen, in Form von Lesen, Schreiben oder Reden. Mit dem Herrscher des 3. Hauses im 5. Haus haben wir oft das Bedürfnis, viel über eine Reihe von Themen, die uns fesseln, zu wissen, um auf diese Weise Selbstvertrauen und ein Selbstwertgefühl zu entwickeln. Die Kommunikation und unsere Kontakte (3. Haus) sollten im Idealfall dazu dienen, uns Bestätigung zu verschaffen. Manchmal ist hier zu sehen, daß sich das Denken auf die großen Zusammenhänge richtet und weniger auf die Details, das heißt mehr auf die Organisation als auf die praktische Durchführung.

Der Herrscher des 3. Hauses im 6. Haus

Unser Denken und Ordnen und unser Bedürfnis, alle Fakten und Angelegenheiten, mit denen wir es zu tun haben, zu betrachten und einzuteilen, richten sich auf das Lebensgebiet, in dem wir unsere Arbeitswilligkeit und Dienstbereitschaft wiederfinden und in dem wir das, was wir analysieren, möglichst konkret und nutzbringend anwenden wollen. Unser Denken ist darum bei dieser Stellung zumeist sehr praktisch und konkret ausgerichtet – wir müssen etwas mit den Informationen und den Kontakten anfangen können. Nicht selten ist mir hier auch ein Blick für Details, Arbeitsorganisation und Pläne aufgefallen.

Alle Arten von Aktivität, die zum 3. Haus gehören, können wir bei unserer Arbeit als Instrument nutzen. Oft sehen wir dann auch, daß das Ordnen und Sammeln von Fakten (zum Beispiel in Form von Arbeit in einer Bibliothek, im Journalismus) oder die Vermittlung von Fakten, Informationen oder Gütern (Schule, Handel und so weiter) beziehungsweise das Einsetzen von Fakten in ein Schema (Buchhaltung, Programmieren) mehr oder weniger unsere Arbeit bestimmt.

Das 3. Haus steht aber auch für Ruhelosigkeit sowie für Neugier, was wir in unserem Arbeitsverhalten oder unserem Arbeitsbedürfnis zum Ausdruck bringen können. Das Bedürfnis nach Abwechslung oder einer Vielzahl von Eindrücken bezüglich unserer Arbeitsumgebung ist groß, was schon einmal zu problematischen Auswirkungen führen kann, gleichermaßen aber auch zu einer ausgesprochen flexiblen, an neuen Eindrücken interessierten Arbeitshaltung.

Was das Thema Gesundheit und Krankheit (ebenfalls vom 6. Haus symbolisiert) angeht, herrscht oft eine sehr mentale Einstellung. Ein solcher Mensch liest und redet häufig viel über Ernährung und Gesundheit. Allerdings habe ich nicht sehr oft bemerkt, daß das Wissen dann auch tatsächlich Anwendung gefunden hätte.

Das 6. Haus läßt auch erkennen, wie wir uns gegenüber der objektiven Wirklichkeit verhalten. Den Herrscher des 3. Hauses im

6. Haus können wir regelmäßig bei Menschen sehen, die das Bedürfnis haben, sich dem allgemein Akzeptierten anzupassen (allerdings darf der Rest des Horoskops hierzu nicht im Widerspruch stehen). Das Denken ist bei dieser Stellung der objektiven Wirklichkeit untergeordnet. Nüchtern und praktisch die eingenommene Funktion zu erfüllen, wie immer sie auch aussehen mag – diese Einstellung ist typisch für diese Verbindung.

Der Herrscher des 3. Hauses im 7. Haus

Unser Denken und Ordnen und unser Bedürfnis, alle Fakten und Dinge, die sich uns zeigen, zu betrachten und einzuteilen, richten sich auf das Lebensgebiet der Partnerschaft und der Zusammenarbeit. Sowohl der Lebenspartner als auch der geschäftliche Kompagnon sind dadurch für die Art, wie wir die Welt sehen, sehr bestimmend; jede Form des Austauschs mit ihnen ist von großer Wichtigkeit. Deshalb sollte der Partner in erster Linie ein *Gesprächspartner* sein. Mit dieser Stellung haben wir das Bedürfnis nach einem Partner, der geistig flexibel ist und der sich für alles mögliche begeistern läßt, der unsere Neugierde befriedigen und wachhalten kann. Abwechslung (das 3. Haus steht für Rastlosigkeit!) in der Beziehung ist damit unbedingt erforderlich. Nicht daß wir ständig wechselnde Beziehungen wollen – wir wünschen uns im Prinzip einen Partner, der uns stets aufs neue fesseln kann, vor allem auf mentalem Gebiet (3. Haus).

Weil das 3. Haus (unser Denken) hier dem 7. Haus (Lebens- und Geschäftspartner) untergeordnet ist, besteht die Gefahr, daß wir durch die Menschen, die uns nahestehen, leicht zu beeinflussen sind und ihnen in unserem Denken und Reden unbewußt folgen. Andererseits besitzen wir damit im allgemeinen gegenüber den Gedankengängen und Meinungen anderer große Offenheit.

Eine Verbindung zwischen zwei auf Kontakt und Kommunikation ausgerichteten Häusern führt unweigerlich zu einem großen Bedürfnis nach Austausch, sowohl mit bestimmten Personen als auch ganz allgemein. Wenn der Rest des Horoskops dem nicht allzusehr widerspricht, ist davon auszugehen, daß wir uns gut auszudrücken wissen und leicht Kontakte herstellen können. In Gesellschaft könnten wir uns dadurch auszeichnen, daß wir Gesprächen durch witzige Bemerkungen eine angenehme Wendung geben oder bei Festen für gute Stimmung sorgen können (dies gilt auch für den Herrscher des 7. Hauses im 3. Haus). Bei Diskussionen und anderen mentalen Aktivitäten (3. Haus) neigen wir dazu, Gleichgewicht und Harmonie zu schaffen, festgefahrene Situationen aufzulockern, Kontakte herzustellen und durch unser diplomatisches Auftreten und unsere taktvollen Worte in jeder Hinsicht zu einer ausgewogenen Atmosphäre beizutragen.

Der Herrscher des 3. Hauses im 8. Haus

Unser Denken und Ordnen und unser Bedürfnis, alle Fakten und Dinge, die sich uns zeigen, zu betrachten und einzuteilen, richten sich hier auf die Konfrontation mit uns selbst, Tiefgang im allgemeinen und die Herausforderung des Lebens. Unser Denken beschäftigt sich dabei mit dem, was hinter den Erscheinungen liegt, mit der Suche nach dem Kern der Dinge. Auf diese Art konfrontieren wir uns selbst auch mit unseren Verdrängungen, Komplexen und neurotischen Zügen, die ebenfalls im 8. Haus begründet liegen. Die Wirkung hiervon kann sehr unterschiedlich sein: ständige Angst vor dem Tod, die wir nicht aus unseren Gedanken verbannen können, Angst, uns im Gespräch eine Blöße zu geben sowie ruheloses Suchen nach verborgenen Motiven in uns und in anderen, was im Laufe des Lebens zu großer Menschenkenntnis führen kann.

Vieles hängt davon ab, welche Haltung wir zur Problembewältigung einnehmen. Eins aber ist sicher: Beim Herrscher des 3. Hauses im 8. Haus dienen Kontakte, Gespräche, die mentalen Aktivitäten, das Lesen und das Schreiben allesamt als Instrument, um den Verarbeitungsprozeß in Gang zu setzen beziehungsweise am Laufen zu halten. Dabei könnte es sein, daß wir plötzlich, wenn wir beim Lesen (3. Haus) zufällig einen Anstoß erhalten, eine neue Einsicht oder Erkenntnis gewinnen: »Das bin ich« oder »Das ist ja mein Problem, hier steht es schwarz auf weiß«. Solche Konfrontationen können dabei helfen, uns mit den Motiven auseinanderzusetzen und das betreffende Thema zu verarbeiten.

Ein anderes Stichwort des 8. Hauses ist Intensität. In diesem Fall suchen wir die Intensität mittels unseres Denkens und nutzen die Fakten, um dieser Intensität Form zu geben. Das 8. Haus hat jedoch auch mit Macht zu tun, zumeist von dem Bedürfnis aus, unsere Unsicherheit zu verbergen, weniger als Ausdruck eines inneren Gleichgewichts in uns, wodurch wir von selbst Macht und Kraft ausstrahlen würden. Unser Denken (3. Haus) kann aus diesem Grund auf Themen der Macht gerichtet sein – womöglich stehen wir damit in direktem Kontakt (3. Haus) mit Angelegenheiten von großer Bedeutung (8. Haus), wie zum Beispiel der Welt des »großen Geldes« (Banken, Versicherungswesen und so weiter).

Unsere Art des Redens und Kommunizierens könnte sich in diesem Fall durch eine gewisse Zynik oder ein herausforderndes Element auszeichnen, in Verbindung mit dem Bedürfnis zu erkennen, wie weit wir gehen und womit wir andere aus der Ruhe bringen können.

Der Herrscher des 3. Hauses im 9. Haus

Unser Denken und Ordnen und unser Bedürfnis, alle Fakten und Dinge, die sich uns zeigen, zu betrachten und einzuteilen, zielen ab auf das Erweitern unseres Horizonts, das Zusammenfügen von Fakten zu einer Synthese, die Ausbildung einer Lebensanschauung und die Ausformung einer eigenen Meinung und eines eigenen Urteils. Alles, was wir sehen, hören und lesen, trägt in dieser Verbindung zu neuen Einsichten bei; wir versuchen, dies alles in unsere Lebensanschauung beziehungsweise unsere Auffassung von der Gesellschaft einzufügen. Wenn es hier zu Problemen kommt, gibt uns diese Verbindung zumeist die Mittel an die Hand, um unsere Sichtweise zu verändern.

Mit dieser Stellung haben wir ein großes Bedürfnis, über Angelegenheiten zu reden, die über das Tagtägliche und das Routinehafte hinausgehen, wie Religion, Philosophie, fremde Länder, Freiheit, Studien und so weiter. Der Mensch hält beim 9. Haus mit seinem Wissen und seiner Wahrheit nicht hinter dem Berg – mit einer Verbindung zwischen dem 3. und dem 9. Haus neigen wir dazu, etwas zu bestimmten Themen zu schreiben oder Vorträge zu halten oder dergleichen mehr, wobei wir uns am liebsten auf möglichst viele Fakten stützen. Wissen und Information sind hier schließlich Instrument der Urteilsbildung und der Art und Weise, wie wir unsere Meinung verkünden.

Dies kann unterschiedliche Folgen haben, zum Beispiel eine Scheinobjektivität: Wir meinen, nur die Fakten sprechen zu lassen, vergessen aber dabei, daß wir mit dem 9. Haus als Endpunkt Fakten in den Dienst unserer Meinung stellen können, weshalb wir doch keine objektive Wahrheit verkünden würden. Ferner kann bei dieser Stellung das Bedürfnis bestehen, in Verbindung mit Schreiben, Sprechen oder Vortragen eine Vision, eine symbolische Einsicht oder ein Ideal zu verkünden. Dabei kann es sich um politische Schriften handeln, aber auch um Märchen, die eine Botschaft beinhalten. Der Botschaft seines 9. Hauses möchte der Mensch Gehör verschaffen. Diese Häuserbeziehung verleiht auch häufig eine gute Ausdrucksfähigkeit, wenngleich die Gefahr der Taktlosigkeit (9. Haus) besteht.

Der Herrscher des 3. Hauses im 10. Haus

Unser Denken und Ordnen und unser Bedürfnis, alle Fakten und Dinge, die sich uns zeigen, zu betrachten und einzuteilen, richten sich hier auf den Drang, eine Identität abzugrenzen, uns ein (deutliches) Bild von uns selbst in Verbindung mit unseren Fähigkeiten zu machen sowie auf das Bedürfnis, der Außenwelt ein bestimmtes Bild von uns zu vermitteln, das uns in die Lage versetzt, eine bestimmte Rolle in der Gesellschaft zu spielen. Allerlei Angelegenheiten des 3. Hauses, wie das Sammeln und Ordnen von Wissen, das Analysieren und Übermitteln von Informationen, das Reden und Austauschen, können als Mittel dienen, uns eine äußere Haltung zu geben. Bei einer solchen Verbindung sind wir häufig sehr kommunikativ veranlagt. Es fällt uns damit leicht, uns auf einen »Plausch« einzulassen, und wir wecken in diesem Fall zumeist den Eindruck, daß es sich gut mit uns reden läßt. Inwiefern dies tatsächlich der Fall ist, geht aus dem Rest des Horoskops hervor.

Planeten im 10. Haus lassen oft Näheres zu der Art von Arbeit erkennen, die wir ausführen (das 10. Haus hat schließlich mit unserer sozialen beziehungsweise gesellschaftlichen Position zu tun). Der Herrscher des 3. Hauses im 10. Haus kann auf einen Beruf hinweisen, in dem Kommunikation und Kontakte, Informationen und Analyse sowie – allem voran – Abwechslung und eine Vielzahl von Eindrücken eine wichtige Rolle spielen.

Unser Denken (3. Haus) hilft uns bei dieser Verbindung auch, Strukturen zu schaffen (10. Haus). Mit dem Herrscher des 3. Hauses im 10. Haus haben unsere analytischen Fähigkeiten mit dem Finden und Begründen von Strukturen zu tun oder mit dem Aufstellen und Festlegen von Regeln. Das Denken ist in diesem Fall auch oft sehr praktisch orientiert und richtet sich auf den Nutzen in gesellschaftlicher Hinsicht oder aber auf das Formgeben und die Abgrenzung der eigenen Identität.

Der Herrscher des 3. Hauses im 11. Haus

Unser Denken und Ordnen und unser Bedürfnis, alle Fakten und Dinge, die sich uns zeigen, zu betrachten und einzuteilen, richten sich auf das Bedürfnis nach Kontakten zu Gleichgesinnten, zu Freunden und Menschen, mit denen wir uns auf irgendeine Weise innerlich verwandt fühlen. Das Denken orientiert sich hier an den Mitmenschen, mit der möglichen Folge, daß wir recht schnell deren Ideen, Auffassungen und Denkweisen übernehmen beziehungsweise es zulassen, daß ihre Meinungen unsere Sichtweisen, Interpretationen und Einordnung der Fakten beeinflussen. Mit dieser Stellung brauchen wir den intensiven mentalen Austausch mit anderen und haben ein großes Bedürfnis nach Informationen und Gesprächen mit Freunden und Bekannten. An sich weist diese Verbindung auf gut entwickelte Kontaktfähigkeiten.

Das 11. Haus hängt auch mit dem Vermögen zusammen, starre Formen und Grenzen zu durchbrechen und den Wert von Menschen zu erkennen, die ganz anders als wir selbst sind. Deshalb kann mit dem Herrscher des 3. Hauses im 11. Haus auch eine sehr große Individualität im Denken, Reden und Analysieren vorhanden sein, weil das Denken in diesem Fall ein Mittel oder Instrument zum Durchbrechen von Formen im weitesten Sinne ist. Auch besteht damit ein großes Bedürfnis nach Kontakten, die vom Prinzip der Gleichrangigkeit gekennzeichnet sind – was manchmal Widersprüche in sich birgt, da wir mit der Neigung, unser Denken durch andere bestimmen zu lassen, die Gleichheit selbst behindern. Wenn wir dies aber erkannt haben, kann der Herrscher des 3. Hauses im 11. Haus beiderseits Stimulanz für einen lebendigen Austausch von Eindrücken und Erfahrungen mit Freunden und Gleichgesinnten sein.

Manchmal suchen wir in unserer Rastlosigkeit (3. Haus) im Freundeskreis zuviel und erwarten uns zuviel von ihm, was große Veränderungen und häufige Wechsel zur Folge haben kann. In einem befriedigenderen Sinn suchen wir Freunde, die ihrerseits imstande sind, uns Abwechslung zu bieten. Manchmal kann diese Beziehung (auch der Herrscher des 11. Hauses im 3. Haus) auf das Bedürfnis hinweisen, ungewöhnlichere Kommunikationsformen auszuprobieren. Beispiele dafür wären die Zeichensprache von tauben Menschen, das Entziffern alter Schriftzeichen und Sprachen, die Beschäftigung mit Kodierungssystemen und so weiter.

Der Herrscher des 3. Hauses im 12. Haus

Unser Denken und Ordnen und unser Bedürfnis, alle Fakten und Dinge, die sich uns zeigen, zu betrachten und einzuteilen, richten sich auf unser Verlangen nach Einheit, auf unser Bedürfnis nach Rückzug und Loslösung und auf den Wunsch nach einem reichen Innenleben, bei dem weltliche Begierden ihren Glanz verloren haben. Bei dieser Verbindung sehen wir sehr oft ein großes Interesse an Themen wie Traumleben, Meditation oder Yoga, aber auch an Märchen, Mythen und Legenden wegen ihrer Sym-

bolik und tieferen Bedeutung. Wir können ihren Hintergrund er-
fühlen, verstehen und häufig auch deuten und anderen erklären,
oder wir können von unserem Gefühl für die allgemeine menschliche Symbolik aus möglicherweise so schreiben oder dichten,
daß etwas bei anderen im Inneren zum Klingen gebracht wird.

Es besteht hier die Gefahr, daß wir Traum und Wirklichkeit
miteinander verwechseln, da unsere Phantasie und Einbildungs-
kraft sehr stark entwickelt sind. Manchmal wird behauptet, daß
bei dieser Stellung (sowie auch beim Herrscher des 12. Hauses im
3. Haus) etwas mit den intellektuellen Fähigkeiten nicht stimmt –
meiner Erfahrung nach ist das aber vollkommen aus der Luft
gegriffen. Allerdings besteht bei der Verbindung von 3. und
12. Haus in der Tat die Möglichkeit, daß es etwas dauert, bis sich
die Fähigkeit zum linearen, kausalen Denken herausbildet. Dies
hat damit zu tun, daß mit dieser Stellung das intensive Bedürfnis
verbunden ist, so lange wie möglich in der »mythischen Phase«
zu verweilen. Wie dem auch sei – auffällig ist, daß Menschen mit
dieser Verbindung häufig über eine merkwürdige Art von Ge-
dächtnis verfügen und sich in allerlei Dinge, von denen sie faktisch nichts wissen, mittels assoziativer Gedanken einfühlen
können.

Mit dieser Beziehung sind wir in der Lage, uns für uns allein
auf sehr vergnügliche Weise mit Beschäftigungen des 3. Hauses
die Zeit zu vertreiben, zum Beispiel mit Lesen, Schreiben, Dichten, dem Vorbereiten von Vorträgen oder Unterrichtsstunden
und so weiter. Während dieser einsamen Stunden haben wir häufig die besten Ideen und Einfälle. Nur bleibt die kommunikative
Seite des Herrschers des 3. Hauses dabei etwas im Hintergrund.
Wir neigen mit dieser Stellung auch manchmal dazu, auf Unaus-
gesprochenes zu reagieren, und wir sehen dabei manches durchaus so, wie es gemeint ist (allerdings ist es nicht immer ratsam,
darüber viele Worte zu verlieren). Manchmal bestehen hier allerdings auch Konzentrationsschwierigkeiten, da die Gedanken
durch das reiche Innenleben schnell abgelenkt werden.

Der Herrscher des 4. Hauses im 1. Haus

Bei dieser Verbindung sind die Inhalte des 4. Hauses eher Instrument denn Ziel. Wir können unsere Fähigkeit zu Hege und Pflege hier als äußere Haltung einsetzen, wodurch unser Auftreten etwas Väterliches oder Mütterliches bekommen kann. Unser Bedürfnis nach Häuslichkeit und nach emotionaler Geborgenheit können wir in aktiver Form äußerlich erkennbar werden lassen, indem wir anderen gefühlsmäßig auf die Beine helfen, sie versorgen und anderes mehr. Auch spielen hier die emotionalen Bande zur Umgebung zumeist eine wichtige Rolle. Bei beiden Häuserbeziehungen beschäftigen uns die gefühlsmäßigen Beziehungen und die gefühlsmäßige Sicherheit stark. Der Unterschied zwischen ihnen ist, daß wir mit dem Herrscher des 4. Hauses im 1. Haus den emotionalen Aspekt selbst aktiv nach außen bringen und zum Bestandteil unserer Haltung machen, während beim Herrscher des 1. Hauses im 4. Haus alle Impulse von uns selbst und von außen gefühlsmäßig erfahren werden und zu einem Gefühl von Wohlbefinden oder aber Bedrohung führen. Auch beim Herrscher des 4. Hauses im 1. Haus können wir davon ausgehen, daß die Verbindung zu einem oder beiden Elternteilen von großer Wichtigkeit ist; zusätzlich ist aber die Situation um das Elternhaus herum in ihrer Gesamtheit sehr prägend für unser äußeres Auftreten.

Der Herrscher des 4. Hauses im 2. Haus

Bei dieser Häuserbeziehung sind es unsere gefühlsmäßige Basis und unsere Bindung an Haus, Herd, Familie und Vergangenheit, die zu konkreter Sicherheit führen. Oft haben wir ein sehr starkes Bedürfnis, denen, die uns lieb und teuer sind, körperlich nahe zu sein (das 2. Haus hängt schließlich mit den Wahrnehmungen der Sinne zusammen).

Weil das 2. Haus unter Umständen auch einen Hang zum Materiellen anzeigt, könnten wir uns auch gefühlsmäßig (Herrscher des 4. Hauses) auf das Einkommen und den Erwerb von konkreten Dingen und Besitztümern beziehen. Allerdings sind mir auch Menschen mit dieser Häuserbeziehung bekannt, die sich auf künstlerische Weise mit der Formung der Materie beschäftigen, und zwar hauptsächlich aus gefühlsmäßigen Impulsen heraus. Es handelt sich dabei um eine Betätigung, die ihnen Ruhe verschafft. Insofern sind Handfertigkeit und die kreative Auseinandersetzung mit der Materie (ob nun beim Stricken oder beim Bildhauen) aus dem Bedürfnis heraus, gefühlsmäßig zur Ruhe zu kommen, bei dieser Stellung weit verbreitet.

Sowohl beim Herrscher des 2. Hauses im 4. Haus als auch beim umgekehrten Fall kenne ich Geschäftsleute, die von ihrem Zuhause aus tätig sind oder die ihr Einkommen durch den An- und Verkauf von Häusern, durch Bodenspekulation oder die Arbeit mit der Erde (Bauer, Minenarbeiter und so weiter) beziehen.

Der Herrscher des 4. Hauses im 3. Haus

Hier ist unser Bedürfnis nach gefühlsmäßiger Sicherheit sowie unser Vermögen, Wärme zu spenden, ein Instrument, um unserer Einstellung zu Fakten Ausdruck zu verleihen. Im Prinzip bedeutet dies, daß unsere Gefühle eine große Rolle spielen bei der Art und Weise, wie wir Fakten ordnen und ihnen begegnen, selbst dann, wenn wir glauben, objektiv zu sein. Positiv gesehen können wir unser Gefühl gebrauchen, um den Wert bestimmter Fakten zu ermitteln oder einzuschätzen; wir können damit aber auch gleichermaßen wertvolle Fakten, die uns nicht in den Kram passen, ignorieren.

Das 3. Haus ist an sich sehr neutral und objektiv; in Verbindung mit dem 4. Haus verliert es aber etwas von seiner Neutralität. Unser Denken und Analysieren, unser Reden und Schreiben werden bei dem Herrscher des 4. Hauses im 3. Haus nicht allein durch unser gefühlsmäßiges Wohlbefinden und unser Bedürfnis nach emotionaler Sicherheit bestimmt. Die Umgebung ist zumeist ganz konkret aufs engste mit unserem gefühlsmäßigen Wohlbefinden verwoben – die Familie, in der wir aufgewachsen sind, und die Familie, die wir selbst gründeten, haben nämlich einen großen Einfluß auf unsere Einstellung zu den mentalen und kontaktbezogenen Aktivitäten des 3. Hauses.

Es gibt jedoch noch sehr viel mehr Auswirkungsmöglichkeiten, wie beispielsweise das Interesse für Sitten und Gebräuche unseres Landes, Folklore, Familienpsychologie, Ahnenforschung, Geschichte und allem anderen, was mit dem Land, dem Boden und unseren Wurzeln zu tun hat; oder die bildhafte schriftliche Darstellung von gefühlvollen Situationen in Form von (volkstümlichen) Märchen oder das Interesse für Sagen und Legenden. Die Basis bilden mit dem Herrscher des 4. Hauses im 3. Haus unsere Gefühle und unser Bedürfnis nach Geborgenheit und Fürsorge – das *Ziel* aber bleiben die Fakten an sich (3. Haus).

Der Herrscher des 4. Hauses im 4. Haus

Unser Bedürfnis nach emotionaler Geborgenheit und Sicherheit, nach Fürsorge für andere und für uns selbst und nach Häuslichkeit kann auf »ungeteilte« Weise zum Ausdruck kommen. Das bedeutet die Verstärkung unseres Bedürfnisses nach gefühlsmäßiger Wärme und Sicherheit, die wir gern auch anderen geben. Bei dieser Stellung entwickelt sich dann auch oft eine Einstellung, die auf Fürsorglichkeit abzielt, was uns in positivem Sinne zu einem warmen und hingebungsvollen Elternteil machen kann, der ein behagliches und sicheres Nest bereitstellt. In negativem Sinn aber kann es dazu führen, daß die Mutter oder der Vater Kinder und Gäste zu Hause in übertriebener Form »bemuttert« und mit Fürsorglichkeit erstickt, vorgeblich zu deren Besten, in Wirklichkeit aber aus dem Grund, selbst gefühlsmäßige Bestätigung zu finden.

Mit dieser Stellung haben wir die Fähigkeit, wo immer wir sind, eine Atmosphäre der Wärme und Häuslichkeit zu schaffen – wenn wir das wollen. Wir streben danach in der Umgebung, in der wir uns zu Hause fühlen, Nachbarn, Bekannte und Freunde gefühlsmäßig zu unterstützen und zu bemuttern. Im Grunde dreht sich alles darum, daß wir unser stark entwickeltes Bedürfnis, für andere zu sorgen und etwas für andere zu bedeuten, auch tatsächlich zum Ausdruck bringen können.

Wir sehen in diesen Fällen oft, daß die Bindung zum Elternhaus oder zu einem Elternteil sehr stark ist. Der Rest des Horoskops gibt weiter Auskunft darüber, ob diese Bindung vom Betroffenen als angenehm oder als erdrückend erfahren wird. Auch wenn wir uns gegen den Einfluß, den ein Elternteil oder auch beide auf uns gehabt haben, wehren, besteht diese Art von psychologischer Bindung doch fort. Bei dieser Häuserbeziehung stecken wir auch oft viel Zeit, Geld beziehungsweise Energie in Dinge, die mit Familie, Haus und Hof zu tun haben. Konkret kann das folgendes bedeuten: Man baut sich ein Haus, das mit Sorgfalt eingerichtet wird, nicht immer mit Betonung der Ästhetik, sondern der Gemütlichkeit und des praktischen Nutzens. Manchmal sehen wir auch, daß Menschen mit einem starken 4. Haus das Bedürfnis haben (falls der Rest des Horoskops dem nicht widerspricht), ihr Haus gemäß den aktuellen und gängigen Vorstellungen einzurichten, um so allgemeine Zustimmung zu finden.

Vielfach ist mit dieser Stellung ein ausgeprägtes Interesse oder besonderes Talent für ländliche Kunst, für Tradition und anderes mehr verbunden, vielleicht auch eine intensive Bindung an das Heimatland oder den Geburtsort.

Der Herrscher des 4. Hauses im 5. Haus

Unser Bedürfnis nach emotionaler Geborgenheit und Sicherheit, nach Fürsorge für andere und für uns selbst richtet sich auf Spiel und Freude, Kreativität, Kinder und auf all das, was uns ein Gefühl von Selbstvertrauen und Autorität geben kann. Eine gute Atmosphäre zu erschaffen und Wärme zu geben bereiten uns großes Vergnügen; dies ist ein Instrument, um Selbstvertrauen zu erlangen oder um uns Freude an unseren Hobbys empfinden zu lassen. Mit einer solchen Häuserbeziehung fällt es uns leicht, für Kinder aktiv zu sein – aber auch anderes zu unternehmen, was direkt oder indirekt mit Hegen und Pflegen zu tun hat. Beispiele dafür wären die Organisation eines Festes oder eines Basars für einen wohltätigen Zweck, wofür wir uns mit Leib und Seele einsetzen wollen. Anders als bei der folgenden Verbindung ist der gute Zweck (von einer gefühlsmäßigen Anteilnahme ausgehend) hier der Auslöser beziehungsweise ein Mittel; die wichtigste Rolle spielt unser Vergnügen oder auch die Tatsache, daß wir eine führende Position bei dieser Aktivität einnehmen.

Vielleicht haben wir in diesem Fall auch unser Zuhause und unser häusliches Leben (4. Haus) so organisiert, daß wir in seinem Rahmen die verschiedensten Liebhabereien ausüben können. Ich sah bei dieser Stellung regelmäßig, daß schon die Kindheit von einer Atmosphäre geprägt war, die Hobbys und Kreativität stimulierte. Manchmal jedoch gibt es auch die Situation, daß das häusliche Leben hinter die Wünsche, die mit Sport, Amüsement, Spiel und Freude verbunden sind, zurückgedrängt wird.

Mit dieser Häuserbeziehung haben wir vielleicht in bestimmten Phasen sehr wenig für Häuslichkeit übrig, weil wir auf der Suche nach Abenteuer, Romantik und Spaß sind und unsere emotionalen Bedürfnisse bei entsprechenden Aktivitäten befriedigen wollen. Das Zuhause ist dann gewissermaßen nur der Ort, wo unsere Ausflüge ihren Anfang und ihr Ende haben. Bei den weitaus meisten Fällen aber ist zu beobachten, daß Haus und Hobbys miteinander verschmolzen sind. Beim Herrscher des 4. Hauses im 5. Haus sind das Haus und die Familie Instrumente, um das Leben angenehm und erfreulich zu machen (das wiederum kann durchaus etwas sehr Ernsthaftes sein).

Der Herrscher des 4. Hauses im 6. Haus

Unser Bedürfnis nach emotionaler Geborgenheit und Sicherheit, Fürsorge für andere und für uns selbst richtet sich hier auf das Lebensgebiet der Arbeit und der Arbeitsumstände, der Dienstbarkeit, des Überdenkens und des kritischen Analysierens zu dem Zweck, Nützliches zustande zu bringen. Wir haben das Bedürfnis, Arbeit zu verrichten, bei der wir andere umsorgen und bemuttern und eine Atmosphäre von Häuslichkeit schaffen können. Häufig versuchen wir damit auch, bei unserer Arbeit eine behagliche und informell-häusliche Atmosphäre zu schaffen. Dies ist eine ausgezeichnete Verbindung für Menschen, die in der Familienbetreuung und -beratung und ähnlichem mehr arbeiten wollen.

Mit dieser Stellung besteht ein großes Bedürfnis danach, an der Arbeit gefühlsmäßig Anteil zu nehmen. Mehr als andere leiden wir darunter, wenn die emotionale Atmosphäre am Arbeitsplatz zu wünschen übrig läßt oder wenn die Art der Tätigkeit nicht zu uns paßt. Auf der anderen Seite können wir uns allen Tätigkeiten mit Leib und Seele verschreiben, die uns gefallen und die uns emotional ansprechen, welcher Art sie im einzelnen auch sein mögen.

Weil wir unsere gefühlsmäßige Sicherheit auf einem Gebiet befriedigen möchten, das unsere Art des kritischen Analysierens widerspiegelt, können emotionale Eindrücke (als Mittel oder als Instrument) unsere diesbezüglichen objektiven Fähigkeiten stark beeinflussen. Unser Ausgangspunkt ist in diesem Fall schließlich ein subjektiver. Mit dem Herrscher des 6. Hauses im 4. Haus hingegen liegt die Fähigkeit der Analyse und Formulierung von Kritik eher auf dem Gebiet, wo wir uns zu Hause fühlen oder zu dem wir uns als zugehörig empfinden. So ist dann nicht der Ausgangspunkt, sondern der Gegenstand der Kritik subjektiv bestimmt.

Mit dieser Stellung ist manchmal auch ein großes gefühlsmäßiges Interesse an Gesundheit, Krankheiten und der Ernährung verbunden. Wenn wir auf einem von diesen oder einem ähnlichen Gebiet tätig sind, können wir uns unseren Aufgaben auf eine warme, verständnisvolle und fürsorgliche Weise widmen. Dienstbarkeit und Gefühl sind bei dieser Verbindung eng miteinander verwoben. Mit dem Herrscher des 4. Hauses im 6. Haus wollen wir anderen hauptsächlich aus einem gefühlsmäßigen Bedürfnis heraus helfen und treten am liebsten auf eine fürsorgliche Art und Weise auf. Beim Herrscher des 6. Hauses im 4. Haus dagegen haben wir unsere Hilfsbereitschaft anderen gegenüber nötig, um uns emotional wohl zu fühlen und Bestätigung zu finden. Darum ist mit dem letzteren Fall auch ein weniger väterliches oder mütterliches Auftreten verbunden.

Der Herrscher des 4. Hauses im 7. Haus

Unser Bedürfnis nach emotionaler Geborgenheit und Sicherheit, Fürsorge gegenüber anderen und uns selbst richtet sich hier auf den Lebenspartner. Unsere Gemütsruhe hängt stark von den Höhen und Tiefen der Beziehung ab, weil in diesem Fall der andere (7. Haus) der Endpunkt der Häuserbeziehung ist. Wir suchen beim Partner emotionale Wärme und Sicherheit, wir sehnen uns nach einem väterlichen oder mütterlichen Typ und bringen selbst auch fürsorgliche Eigenschaften in die Beziehung ein. Häuslichkeit, eine harmonische Atmosphäre, Gefühlswärme und dergleichen mehr sind Voraussetzungen für uns, um die Beziehung als angenehm zu erfahren.

Wir laufen dabei Gefahr, uns selbst in einem mehr oder weniger starken Ausmaß zu verlieren, weil wir dazu neigen, den anderen in Watte zu packen oder uns zu sehr auf Kompromisse einzulassen, um in emotionaler Hinsicht die Beziehung nicht aufs Spiel zu setzen. Wenn andere Stellen des Horoskops auf Züge von ausgeprägter Individualität deuten, könnten wir hier Probleme bekommen.

Das 7. Haus steht auch für geschäftliche Beziehungen. Beim Herrscher des 4. Hauses darin sehen wir manchmal, daß es zur Zusammenarbeit mit einem Mitglied der Familie kommt oder mit jemandem, für den wir so etwas wie ein familiäres Gefühl hegen. Auf jeden Fall ist unsere gefühlsmäßige Anteilnahme am anderen sehr groß.

Herrscher von 4

209

Der Herrscher des 4. Hauses im 8. Haus

Unser Bedürfnis nach emotionaler Geborgenheit, Sicherheit und Fürsorge gegenüber anderen und uns selbst richtet sich hier auf Leben und Tod, auf unsere inneren Kämpfe, auf das, was wir verdrängen, aber auch auf unsere verborgenen Gaben und Talente. Das bedeutet im allgemeinen, daß das Gebiet, auf dem wir Geborgenheit suchen, zunächst einmal nur wenig Geborgenheit bietet.

Mehrfach haben Menschen mit einer Verbindung zwischen diesen beiden Häusern (sowohl mit dem Herrscher des 4. Hauses im 8. Haus als auch mit dem umgekehrten Fall) mir gegenüber geäußert, daß sie in ihrer Jugend ein Trauma erlebt hatten oder eine einschneidende oder emotional aufwühlende Erfahrung machen mußten, was tiefe Spuren hinterließ (auch dann, wenn die Erfahrung später verdrängt wurde). Mit dem Herrscher des 4. Hauses im 8. Haus fühlen wir uns emotional verletzlich, ein Grund, weshalb wir uns möglichst nicht in die Karten sehen lassen möchten. Darum neigen wir auch dazu, nur wenige Menschen an unserem Innenleben und unserem Gefühlsleben teilhaben zu lassen – vielleicht *zu* wenige. Wir spüren das Bedürfnis nach Fürsorglichkeit und Zuneigung in uns, haben aber sehr große Schwierigkeiten damit, dies zum Ausdruck zu bringen – was zur Folge hat, daß wir uns durch unser Verhalten das, wonach wir uns so sehr sehnen, selbst verscherzen. So schmerzhaft unsere emotionale Verletzlichkeit aber auch ist – wir können mit dieser Verbindung sehr viel erreichen.

Wir können uns mit ihr beispielsweise intensiv für etwas einsetzen, dann nämlich, wenn wir gefühlsmäßig an etwas Anteil nehmen (das 8. Haus steht schließlich auch für Tiefgang und Intensität). Unser Gefühl und unser Bedürfnis nach Behaglichkeit und Häuslichkeit, das so empfindlich ist und schnell unterdrückt wird, können genau der Anstoß sein, tiefer in uns selbst und in anderen zu forschen. So können wir zum Kern von uns und anderen vordringen und tiefe psychologische Einsichten gewinnen. Innere Gemütsruhe, ein Platz, an dem wir uns zu Hause fühlen, und die Empfindung, Teil von etwas zu sein (4. Haus), sind schließlich Instrumente, um unsere unbewußten und verdrängten Probleme zu entschlüsseln.

Das 4. Haus kann uns dabei weiterhelfen. Ich habe oft den Herrscher des 8. Hauses im 4. Haus (sowie auch den umgekehrten Fall) bei Menschen gesehen, die in ihrer Umgebung anderen, welche mit ihrer Familie Probleme hatten, psychischen Beistand gewährten. Beim Herrscher des 4. Hauses im 8. Haus erwachsen Einsicht und Verständnis hauptsächlich daraus, daß wir die Emotionen und Gefühle in uns selbst sehr stark erfahren (haben) und daß diese zum Ausgangspunkt unserer Suche nach dem Warum geworden sind.

Wir können mit dieser Verbindung eine starke gefühlsmäßige Anteilnahme an unterschwelligen Strömungen wie dem Okkultismus oder der Parapsychologie empfinden, gleichermaßen aber auch an dem, was mit Macht und Strategie zu tun hat.

Der Herrscher des 4. Hauses im 9. Haus

Unser Bedürfnis nach emotionaler Geborgenheit und Sicherheit, Fürsorge gegenüber anderen und uns selbst äußert sich auf dem Lebensgebiet der Reisen – sowohl im wörtlichen Sinne (Ausland) als auch im übertragenen (Lernen, Lebensanschauung) – und dem Feld der Meinungs- und Urteilsbildung. Das Ausland muß hier nicht zwangsläufig eine Rolle spielen; es kann aber, zum Beispiel in Form eines Hauses (4. Haus) im Ausland (9. Haus) oder in Verbindung mit Eltern (4. Haus), die etwas mit dem Ausland zu tun haben (9. Haus), die beispielsweise eine andere Nationalität haben oder die ihrerseits von ausländischen Eltern abstammen.

Psychisch wirkt sich diese Beziehung oft so aus, daß wir unsere Gefühle – insbesondere die fürsorglichen – im Rahmen unserer Meinung und unseres Urteils zum Ausdruck zu bringen versuchen oder auch bei unserem (Selbst-)Studium. Ganz allgemein haben die Emotionen bei der Art und der Strukturierung unserer Lebensanschauung eine gewichtige Funktion. Unsere Gefühle über etwas oder darüber, wie etwas sein sollte, können manchmal eine große Rolle bezüglich unserer geistigen Entwicklung spielen; bei einem Studium etwa ist es für uns von größter Wichtigkeit, daß wir gefühlsmäßig Anteil daran nehmen und nicht nur vom nüchternen Verstand her Zugang zum Lehrstoff finden.

Angesichts dessen, daß das 9. Haus auch mit dem Äußern der eigenen Meinung zu tun hat, kann der Herrscher des 4. Hauses darin manchmal zu einer engagierten Art der Darstellung führen, einer Art und Weise, die andere gefühlsmäßig anspricht. Die Sprache könnte hier vielleicht sehr emotional sein, voll von dramatisierenden oder theatralischen Effekten.

Das 9. Haus hat auch mit der Suche nach einer Synthese zu tun. Unser Gefühl nimmt dabei eine wichtige Rolle bei der Art und Weise ein, wie wir zu dieser Synthese zu kommen versuchen. Daneben kann der Herrscher des 4. Hauses im 9. Haus auch bewirken, daß wir unsere Gefühle und Emotionen in einem größeren, manchmal kosmischen Zusammenhang verstehen wollen – mit allen Gefahren, die dabei aufgrund von Distanziertheit und übertriebenem Rationalismus auftreten können. Manchmal steht das häusliche Leben und die Familie bei dieser Stellung im Zeichen eines (Selbst-)Studiums oder der geistigen Entfaltung einer Person.

Der Herrscher des 4. Hauses im 10. Haus

Unser Bedürfnis nach Häuslichkeit und nach emotionaler Geborgenheit und Sicherheit, nach Fürsorge gegenüber anderen und uns selbst richtet sich hier auf das Bedürfnis, unsere Identität abzugrenzen und eine gewisse Autorität und eine bestimmte gesellschaftliche Position anzustreben, die mit dem Bild übereinstimmen, das wir von uns selbst und der Außenwelt haben. Diese Häuserbeziehung können wir bei den Menschen sehen, die sehr viel Energie in den Aufbau ihrer Karriere stecken, während die Familie (nicht immer freiwillig!) daran mitarbeitet und unter Umständen eine Zeitlang in den Hintergrund treten muß. In anderen Fällen wiederum scheint es sich so auszuwirken, daß das, was mit dem Zuhause und dem Element des Fürsorglichen zu tun hat, einen Teil der Arbeit ausmacht und die gesellschaftliche Position bestimmt. Pflegeberufe oder Berufe, die im weitesten Sinne mit Innenarchitektur zu tun haben, können unsere gesellschaftliche Funktion begründen. Wir haben mit dieser Stellung oft das Bedürfnis, Arbeit zu verrichten, zu der wir eine gefühlsmäßige Beziehung spüren. Und manchmal sind wir trotz des ausgeprägten Bedürfnisses, eine Karriere aufzubauen, in unserer gesellschaftlichen Position so empfindlich oder verletzlich, daß wir lieber eine wichtige Rolle hinter den Kulissen spielen, als uns in vorderster Front mit frustrierenden Erfahrungen auseinandersetzen zu müssen.

Das 4. und das 10. Haus symbolisieren auch den Einfluß unserer Eltern. Sowohl beim Herrscher des 4. Hauses im 10. Haus als auch beim Herrscher des 10. Hauses im 4. Haus haben die Eltern einen wichtigen Einfluß. In Abhängigkeit vom Rest des Horoskops sehen wir dann auch bei beiden Stellungen entweder eine starke Bindung zu den Eltern – wobei wir am liebsten in ihre Fußspuren treten würden –, oder aber eine starke Gegenreaktion mit dem Wunsch, einen ganz anderen Weg zu gehen.

Der Herrscher des 4. Hauses im 11. Haus

Unser Bedürfnis nach Häuslichkeit und emotionaler Geborgenheit und Sicherheit, nach Fürsorge gegenüber anderen und uns selbst richtet sich auf das Gebiet der Kontakte mit Gleichdenkenden und Gleichgesinnten, mit Freunden und Menschen, mit denen wir uns auf irgendeine Weise innerlich verwandt fühlen. Wir suchen emotionale Geborgenheit beim Partner oder den Mitmenschen, was manchmal dazu führen kann, daß wir scheinbar kein Zuhause besitzen: Sobald wir gefühlsmäßige Unterstützung suchen, könnten wir mit dieser Häuserbeziehung das Bedürfnis haben, »mal eben kurz bei guten Freunden hereinzuschauen«. Ihre Meinungen und Auffassungen, Einsichten und Lebensweisen können uns stark beeinflussen, was mit unserer Neigung einhergeht, unsere Sicherheit vom Kontakt zu ihnen abhängig zu machen. Und um die Harmonie nicht allzusehr zu strapazieren, werden wir ihnen darum oft einfach folgen. Wir fühlen uns dabei meistens auch wohl.

Wir suchen Menschen, die uns im Geiste verwandt sind, die Wärme geben können und etwas Mütterliches oder Väterliches haben. Und unsererseits vermögen wir in der Freundschaft auch eine Menge Wärme und Fürsorge zu geben. Gefühlsmäßige Bindungen, Sicherheit und Freunde, die als eine Art Familie gesehen werden, sind bei dieser Häuserbeziehung viel wichtiger als gemeinschaftliche intellektuelle Interessen, auch wenn letztere nicht ausgeschlossen sind. Das Gefühlselement steht aber im Vordergrund.

Das 11. Haus symbolisiert auch unser Bedürfnis, Grenzen zu durchbrechen. Mit dem Herrscher des 4. Hauses darin können unser Zuhause und die Familie dabei eine große Rolle spielen, indem wir beispielsweise ganz neue gesellschaftliche Ideen über Erziehung und Häuslichkeit übernehmen, indem wir Rollenmuster durchbrechen (natürlich nur dann, wenn der Rest des Horoskops hierzu in Übereinstimmung steht) oder uns ganz allgemein in ethnischer, kultureller oder anderer Hinsicht offen zeigen für die verschiedensten Aktivitäten auf diesem Gebiet (das 11. Haus als Instrument).

Der Herrscher des 4. Hauses im 12. Haus

Unser Bedürfnis nach Häuslichkeit, nach emotionaler Geborgenheit und Sicherheit, nach Fürsorglichkeit gegenüber anderen und uns selbst richtet sich auf unser Verlangen nach Einheit, auf unser Bedürfnis nach Rückzug, Loslösung und einem reichen Innenleben, in dem die weltlichen Werte und Verlockungen unwichtig geworden sind. Mit dem Herrscher des 4. Hauses im 12. Haus sind wir meistens sehr empfindsam und verletzlich auf emotionaler Ebene. Wir fühlen ein sehr großes Bedürfnis, Wärme und Geborgenheit zu geben und zu erfahren, schaffen es aber zumeist aus irgendeinem Grund nicht ohne weiteres, dies direkt von Mensch zu Mensch zum Ausdruck zu bringen. Manchmal ist dies die Folge von Gefühlen oder Situationen der

Unsicherheit in unseren Kinderjahren; aber auch in anderen Fällen neigen wir dazu, uns gefühlsmäßig zurückzuziehen und unser fürsorgliches Bedürfnis auf allgemeinere Gebiete wie das der Dritten Welt, der sozialen Minderheiten, Unterdrückten, Notleidenden und anderweitig Hilfsbedürftigen zu richten. In dieser Beziehung können wir dann im übrigen tatsächlich herausragende Leistungen vollbringen; der einzelnen Person gegenüber aber fällt es uns ungemein schwer, Wärme und Anteilnahme zu zeigen.

Mit dieser Häuserbeziehung können wir uns, wie bereits gesagt, als Person sehr verletzlich fühlen. In unserer westlichen Kultur mit ihrem einseitigen Nachdruck auf Positivismus und Empirismus ist dies nicht immer eine einfache Häuserverbindung gewesen. Heutzutage gibt es jedoch unzählige Möglichkeiten, eine Form der emotionalen Sicherheit auf dem Gebiet des Unsichtbaren, des Unsicheren und Ungreifbaren zu finden. Träume und Traumbilder, Meditation oder Yoga, Hypnose oder kreative Imagination, Musik als Mittel des Gefühlsausdrucks und zahllose andere Dinge, die wir entweder in aller Stille betreiben können oder die uns in Kontakt mit unserer inneren Welt und religiösen Gefühlen bringen können, gehören zu den Gebieten, auf denen wir zur Ruhe finden können und für die wir auch eindeutig ein besonderes Talent haben.

Wir sehen sowohl den Herrscher des 12. Hauses im 4. Haus als auch den Herrscher des 4. Hauses im 12. Haus regelmäßig bei Menschen, die in einem überdurchschnittlichen Maße über hellseherische Fähigkeiten verfügen. Das 12. Haus, das wegen seiner entpersönlichenden Wirkung als Bedrohung erfahren werden kann, steht auch mit Ängsten in Verbindung. Das Problem, auf diesem Gebiet zu innerer Gefühlsruhe zu gelangen, kann bedrohend sein und zu Fluchtmechanismen führen, wie zum Beispiel der Abhängigkeit von Alkohol und Drogen oder dem Rückzug in eine Traum- beziehungsweise Phantasiewelt und so weiter. Das entpersönlichende 12. Haus ist hier der Endpunkt, und mittels der angeführten Fluchtmechanismen kann die daraus entstandene unechte und alles andere als stabile Gefühlsruhe zu den verschiedensten negativen Konsequenzen führen.

Bei dieser Häuserbeziehung (wie beim Herrscher des 12. Hauses im 4. Haus auch) werden wir oft zu Anfang Schwierigkeiten haben, herauszufinden, wie wir gegenüber dem Thema Häuslichkeit eingestellt sind und wozu Häuslichkeit dienen soll. Das kann ein Gefühl der Fremdheit oder Verlorenheit hervorrufen oder die Empfindung, nirgends zu Hause zu sein, auch dann, wenn wir seit Jahren am selben Ort wohnen. Nicht selten aber scheinen Menschen mit dieser Häuserbeziehung über sehr viel Kraft zu verfügen – in Zusammenhang mit dem Maß, in dem sie gefühlsmäßig mehr Sicherheit durch den positiven Einsatz der erwähnten Fähigkeiten gewinnen. Unsere emotionale Sicherheit können wir hier direkt aus der Quelle unseres Unbewußten (12. Haus) schöpfen. Wir können lernen, unser häusliches Leben mit Gleichmut, Atmosphäre und Menschlichkeit zu erfüllen.

Der Herrscher des 5. Hauses im 1. Haus

Das 5. Haus ist hier ein Instrument, um dem 1. Haus Ausdruck zu verleihen. Ein wohlwollend-autoritärer Einschlag ist häufig prägend für das äußerliche Auftreten. Wir bringen unser Bedürfnis nach Autorität in der unmittelbaren Umgebung zur Geltung (auch diese Beziehung zeigt Führungsqualitäten an). Wir schrekken mit dem Herrscher des 5. Hauses im 1. Haus nicht davor zurück, in unserer Umgebung nach der Macht zu »greifen«, um eine zentrale Rolle spielen zu können.

Der Herrscher des 5. Hauses im 1. Haus kann bezüglich der Außenkontakte Verspieltheit im umfassendsten Sinn anzeigen. Vielleicht übernimmt dieser Mensch in seiner Umgebung die Rolle des Entertainers, wobei das Element des Spielerischen gleichzeitig auch Anerkennung verschaffen kann. Möglicherweise sind aber damit auch naive oder sogar kindliche Züge verbunden, eventuell auch eine konkurrenzbetonte Note, die sich unter Umständen auch in sportlicher Aktivität äußern könnte.

Hobbys und ähnliches mehr können für uns ein Mittel sein, um mit der Außenwelt in Kontakt zu kommen: Wir zeigen unserer Umgebung nur allzu gern, womit wir uns selbst beschäftigen.

Der Herrscher des 5. Hauses im 2. Haus

Wie beim Herrscher des 2. Hauses im 5. Haus ist auch hier das Vermögen, Hobbys zur Quelle unseres Einkommens zu machen, vorhanden – hier aber in noch deutlich stärkerem Maße: Hobbys, Sport, Spiel, Spaß und Kreativität (Herrscher des 5. Hauses) bilden schließlich die Instrumente, um unserem Bedürfnis nach Sicherheit und Einkommen Form zu verleihen (2. Haus). Weil die Wahrnehmungen der Sinne (2. Haus) so wichtig sind, kann es sein, daß wir vor allem solche Hobbys haben, die mit etwas Konkretem zusammenhängen (Sammeln, Modellbau und so weiter). Aber auch bei anderen Angelegenheiten des 5. Hauses kann das Bedürfnis nach konkreter Sicherheit eine Rolle spielen. Die Gefahr dabei ist beispielsweise, daß wir Kinder als Besitz ansehen, auch in Verbindung mit der Neigung, unsere Kinder an unsere Wertvorstellungen anzupassen.

Das herausfordernde Element des 5. Hauses in Zusammenhang mit Spekulation und Wetten könnte in diesem Fall möglicherweise zu den Einkünften beitragen – ich habe aber auch schon viele Horoskope mit dieser Häuserbeziehung von Menschen gesehen, die noch niemals etwas gewonnen haben. Diese Beziehung sagt also absolut nichts aus über Gewinne oder Verluste. Zur Unterscheidung der beiden Häuserbeziehungen möge das Folgende dienen: Menschen mit dem Herrscher des 5. Hauses im 2. Haus könnten schon einmal ein Spielchen wagen, wenn im voraus feststeht, daß die Chance zu gewinnen groß ist, während Menschen mit dem Herrscher des 2. Hauses im 5. Haus meistens zu größeren Risiken bereit sind. Der ersten Gruppe scheint es mehr um den Einsatz beziehungsweise um den Gewinn zu gehen (2. Haus), der zweiten mehr um das Spiel an sich (5. Haus).

Der Herrscher des 5. Hauses im 3. Haus

Bei dieser Häuserbeziehung ist das Bedürfnis nach Selbstvertrauen, nach Autorität, nach angenehmen Dingen, Spiel und Hobbys ein Instrument für unser Denken und Sprechen sowie für die Art und Weise, wie wir uns gegenüber den Fakten verhalten. Wir haben das Bedürfnis, mit unseren Worten Autorität zu verkörpern und uns auch in den beiläufigen alltäglichen Kontakten zu beweisen, und zeigen hierbei durchaus auch Geschick. Mit dem 5. Haus sind wir ja an der freundlichen, auch romantischen Seite des Lebens interessiert, und häufig gelingt es uns auch, dies in Wort und Tat zum Ausdruck zu bringen. Insofern ist der Herrscher des 5. Hauses im 3. Haus schon einmal bei dem charmanten und einnehmenden Gesprächspartner anzutreffen, dem nicht immer anzumerken ist, daß er das Gespräch vollkommen unter seiner Kontrolle hat. Die Führung in Angelegenheiten des 3. Hauses zu übernehmen ist eine der Äußerungsmöglichkeiten.

Das Bedürfnis, ins Denken und Reden auch spielerische Elemente einzubeziehen, versetzt uns häufig in die Lage, das spielerischere Denken von Kindern zu verstehen. Das bedeutet, daß diese Häuserbeziehung günstig für den Umgang mit Säuglingen und Kleinkindern ist sowie für die Arbeit in der Grundschule (dies gilt übrigens auch für den Herrscher des 3. Hauses im 5. Haus). Das 3. Haus hat ja mit dem Austausch von Wissen und Informationen zu tun, und eine spielerische Veranlagung sowie mentale Beweglichkeit sind häufig Voraussetzungen dafür, den Lehrstoff vermitteln zu können.

Mit dem Herrscher des 5. Hauses im 3. Haus können gern ausgeübte Beschäftigungen das Denken beeinflussen oder verändern, sei es direkt oder indirekt. Ein Beispiel: Durch die intensive Beschäftigung mit einer bestimmten Sportart entdecken wir Zusammenhänge zwischen Körper und Geist, die uns eine ganz neue Perspektive auf die verschiedensten Fakten verleihen. Aber auch der Kontakt zu Kindern (5. Haus) oder das Ausleben des spielerischen Elements in uns selbst kann uns auf neue Gedanken bringen und zu einem anderen Umgang mit Fakten und Informationen führen.

Der Herrscher des 5. Hauses im 4. Haus

Bei dieser Verbindung sind die Hobbys und das Haus ebenfalls eng miteinander verbunden, doch jetzt mehr in dem Sinn, daß die Hobbys das Instrument sind, die dem häuslichen Leben Form geben. In übertragener Bedeutung geht es darum, daß der Mensch durch sie eine Gefühlsbasis erschaffen möchte. Dasselbe gilt auch für die anderen Inhalte des 5. Hauses wie Amüsement, Sport, Kinder, Kreativität und schöpferische Vorhaben; auch sie dienen hauptsächlich dazu, das Gefühl des Wohlbefindens und der Sicherheit zu bestärken. Sie bringen zum Ausdruck, wie wir unser häusliches Leben gestalten könnten. Hobbys können direkt oder indirekt auch dazu dienen, das Zuhause beziehungsweise die Atmosphäre darin zu verbessern.

Mit dieser Stellung fühlen wir eine starke Verbundenheit zu Haus und Hof, und wir bringen uns mit dem größten Vergnügen in der häuslichen Sphäre zum Ausdruck. Das kann dazu führen, daß ein solcher Mensch sein Haus zu einer Art Basis macht, von der aus er tätig wird.

Um ein Gefühl von emotionaler Sicherheit und Geborgenheit zu erfahren, ist es beim Herrscher des 5. Hauses im 4. Haus unbedingt erforderlich, daß wir zu Hause das tun können, wozu wir Lust haben, zu basteln beispielsweise – dem, was unser Hobby ist, mit Leidenschaft zu frönen, ob es sich dabei nun um eine verantwortungsvolle Tätigkeit handelt oder nicht. Wir streben auch danach, in unserer Aktivität ein gewisses Maß an Kompetenz zum Ausdruck zu bringen, was damit zu tun hat, daß alle diese Dinge Instrumente für den Aufbau eines Gefühls der Sicherheit sind. Bei beiden Häuserbeziehungen (dem Herrscher des 4. Hauses im 5. Haus und dem Herrscher des 5. Hauses im 4. Haus) ist mir in einzelnen Fällen das prunkhafte Zurschaustellen des eigenen Zuhauses begegnet – dort standen der Showeffekt des 5. Hauses und die unmittelbare Wohnumgebung (4. Haus) in direkter Verbindung miteinander. In den meisten Fällen allerdings ist einfach von einer starken Bezogenheit auf Haus und Hof auszugehen, mit dem Nachdruck auf dem Schaffen und Erleben der Atmosphäre, die damit verbunden ist.

Der Herrscher des 5. Hauses im 5. Haus

Das Bedürfnis, wir selbst zu sein, Selbstvertrauen zu entwickeln und uns selbst als Mittelpunkt zu erleben, und Kreativität sowie die Beschäftigung mit Dingen, die uns Spaß machen (wie Sport, Spiel, Vergnügungen und Liebhabereien), sind hier gleichzeitig Mittel und Ziel. Dies verstärkt sowohl unser Bedürfnis nach den angeführten Beschäftigungen als auch die Triebfeder, dieses Bedürfnis auch tatsächlich zu befriedigen. Deshalb werden die hiermit zusammenhängenden Merkmale in unserem Charakter deutlich hervortreten (falls der Rest des Horoskops dem nicht entgegenwirkt). Dies kann sich unter anderem in einem großen Drang nach Macht und Autorität zeigen, dem Wunsch, eine leitende Position zu bekleiden, oder dem Bedürfnis zu organisieren. All das dient dazu, um uns selbst zu bestätigen, daß wir wichtig sind. Wir können mit dieser Stellung sowohl eine Vorstandsfunktion in einem Unternehmen anstreben als auch ein unbezahltes Ehrenamt in einer idealistischen Organisation, einem Sportverein und anderes mehr. Das Wichtigste ist hier, die zentrale Rolle einzunehmen, da wir ein so starkes Bedürfnis nach Bestätigung haben.

Bestätigung können wir hier allerdings auch auf einem anderen Weg finden, nämlich indem wir das tun, wozu wir Lust haben – was sich hauptsächlich auf unsere Hobbys bezieht. Wenn wir ausreichend Zeit und Gelegenheiten für das haben, was uns Spaß macht, und dadurch die Möglichkeit besteht, Anerkennung zu erhalten (wobei ein ehrlich gemeintes Kompliment häufig bereits ausreicht), ist es in vielen Fällen nicht mehr nötig, in anderer Weise im Mittelpunkt zu stehen. Es läßt sich schwer sagen, welche Liebhabereien und Hobbys hier in Erscheinung treten werden – mir sind die verschiedensten Auswirkungen begegnet. Die Hauptsache ist, daß sie uns Spaß machen und uns zur Ehre gereichen oder Komplimente einbringen. Bleibt dies aus, so kann ein zwanghaftes Bedürfnis nach Anerkennung zutage treten. Dann können fanatische, obsessive und manchmal auch tyrannische Eigenschaften zum Vorschein kommen, mit der Folge, daß uns die Umgebung für egoistisch hält. Doch faktisch geht es nur darum, daß wir Spielraum und Anerkennung anstreben, um auf diese Weise Selbstvertrauen entwickeln zu können.

Kreativität in allen Formen spielt ebenfalls eine große Rolle. Mit dem Herrscher des 5. Hauses im 5. Haus können wir, wenn wir das wollen und der Rest des Horoskops dies unterstützt, auf den verschiedensten Gebieten schöpferisch tätig sein, von der Kunst bis hin zur Unterhaltung. Auch das Erzeugen im wahrsten Sinne des Wortes ist eine Äußerung dieses Hauses: die Zeugung von Kindern. Der Umgang mit Kindern geht bei dieser Häuserbeziehung häufig auf spielerische Weise vonstatten, unabhängig davon, ob es sich um die eigenen Kinder handelt oder nicht. Und sollten Kinder keine wichtige Rolle spielen – was natürlich auch vorkommt –, so sehen wir doch oft etwas Entwaffnendes an diesem Menschen, etwas Kindliches, in Verbindung mit einem naivpositiven Vertrauen auf den Lauf der Dinge (was wiederum nicht selten der Grund dafür ist, Risiken einzugehen, die manches Mal besser vermieden werden sollten). Bei der Arbeit und beim Hobby kann sich dies als besondere Aufgabe manifestieren, in anderen Fällen als Mut. Gleichermaßen könnte dies auch für die oft erwähnte Spielleidenschaft des 5. Hauses verantwortlich sein.

Der Herrscher des 5. Hauses im 6. Haus

Unser Bedürfnis, Dinge zu tun, die Freude bereiten und Hobbys und Kreativität zum Ausdruck zu bringen, unser Drang nach einer zentralen Rolle und Selbstvertrauen richten sich auf die Arbeit und Arbeitsumstände und auf das analytische und kritische Denken mit dem Ziel, nutzbringende Anwendungsmöglichkeiten zu erkennen. Hobbys können in diesem Fall in Arbeit ausarten. Oft sehen wir, daß beim Herrscher des 5. Hauses im 6. Haus und beim Herrscher des 6. Hauses im 5. Haus Hobbys und Arbeit miteinander verschmolzen sind, mit dem Unterschied, daß wir im ersteren Fall das, was uns gefällt, dazu benutzen, unserer Arbeit Gestalt zu geben, während wir im zweiten Fall danach streben, ausschließlich solche Arbeit zu verrichten, mit der wir entweder Anerkennung gewinnen können oder die uns von unserem Gefühl her ansprechend zu sein scheint.

Beim Herrscher des 5. Hauses im 6. Haus streben wir auch ein gewisses Maß an Selbständigkeit an (vielleicht auch innerhalb eines festen Anstellungsverhältnisses) beziehungsweise wollen über die Arbeit, die wir verrichten, in einem gewissen Maß mitbestimmen. Es kann sogar sein, daß wir die Arbeit als Hobby betrachten und unsere Ambitionen und unseren Ehrgeiz auf dem Gebiet der Arbeit und der Dienstbarkeit zum Ausdruck bringen. All das, was mit dem 5. Haus in Verbindung steht, wie Sport und Spiel, Kinder, das Vergnügen und Amüsement, kann einen wichtigen Einfluß darauf haben, welche Art von Arbeit wir ausführen (natürlich sind aber auch noch andere Faktoren des Horoskops für unsere Berufswahl verantwortlich).

Es ist eine bestimmte Spannung mit der Kombination Herr-

scher des 5. Hauses im 6. Haus verbunden, in dem Sinn, daß
die starke Ich-Ausrichtung des 5. Hauses nun als Instrument
des (selbst-)kritischen, oft zurückhaltenden und bescheidenen
6. Hauses zum Ausdruck kommen muß. Das ist der Grund dafür,
daß wir bei allem Ehrgeiz und allen hochgesteckten Zielen auf
dem Gebiet der Arbeit eventuell für lange Zeit auf routinehafte
oder sehr mühsame Tätigkeiten beschränkt sein werden und uns
selbst nicht geltend machen können. Die Spannung resultiert
letztlich aber nur daher, daß es zu keiner Identifikation mit der
Arbeit kommt. Das 5. Haus fördert manchmal auch eine Art von
Bequemlichkeit zutage, was bedeuten würde, daß wir andere für
uns arbeiten lassen. Es ist wohl überflüssig zu erwähnen, daß eine
solche Haltung bei der Arbeit zu Problemen führen muß. Und
das, obwohl die Dienstbarkeit hier doch Endpunkt ist.

Der Herrscher des 5. Hauses im 7. Haus

Unser Bedürfnis, Dinge zu tun, die Freude bereiten, nach Hobbys und Kreativität, nach einer zentralen Rolle und Selbstvertrauen richtet sich hier auf den anderen, den Lebenspartner. Mit
dem Herrscher des 5. Hauses im 7. Haus brauchen wir den anderen weitaus mehr, als wir uns vielleicht selbst eingestehen. Wir
präsentieren uns dem Partner voller Schwung und Ehrgeiz und
sehen es gern, wenn er sich beeindruckt zeigt. Die Motivation für
unser Handeln ist in erster Linie, daß wir nach Bestätigung und
Anerkennung durch den Partner streben. Wie selbständig wir mit
dieser Häuserbeziehung auch erscheinen mögen, ohne den Partner kommen wir eigentlich nicht aus – da unser Selbstvertrauen
vornehmlich aus der Beziehung zu unserem Lebens- oder auch
Geschäftspartner gespeist wird. Manchmal kann es hier in der
Beziehung dazu kommen, daß der Betreffende eine dominierende Rolle einnimmt, was allerdings zumeist aus einem Gefühl
der Unsicherheit heraus der Fall ist. Wenn der Mensch mit dem
Herrscher des 5. Hauses im 7. Haus nämlich erst einmal Selbstvertrauen entwickelt hat, ist seine Haltung anderen gegenüber
positiv und warmherzig.

Mit dieser Stellung genießen wir es sehr, zusammen mit dem Partner die verschiedensten Aktivitäten zu unternehmen (was übrigens auch für den Herrscher des 7. Hauses im 5. Haus gilt). Dabei richten wir uns weitgehend nach dessen Geschmack, Bedürfnissen und Interessen, die wir ohne weiteres zu den unseren machen. Allerdings ergeben sich hier Probleme in Verbindung mit unserem Ehrgeiz und unserem Ich-Trieb, da der Herrscher des 5. Hauses im 7. Haus auch bedingt, daß wir unseren Ehrgeiz und unsere Ambitionen auf dem Gebiet der Partnerschaft ausleben wollen (was zu der bereits angeführten Dominanz führen kann). Das Bedürfnis nach einer Partnerschaft und die bewußt oder unbewußt gefühlte Abhängigkeit lassen aber nicht immer viel Spielraum für eine solche zentrale Rolle in der Beziehung. Es kann hier auch dazu kommen, daß wir der Welt zeigen möchten, wie sehr uns unser Partner bewundert, oder daß wir mit unserem Partner angeben wollen.

Manchmal ergeben sich Hobbys auf dem Gebiet der Soziologie oder der zwischenmenschlichen Beziehungen. Aber auch eine Vorliebe für Mode, Kleidung und andere Dinge, mit denen wir aus unserem Bedürfnis nach Harmonie heraus das Leben schöner oder angenehmer machen wollen (das 7. Haus als Suche nach Gleichgewicht), können damit verbunden sein.

Der Herrscher des 5. Hauses im 8. Haus

Unser Bedürfnis nach Hobbys, Kreativität, nach Dingen, die Freude machen, und nach einer zentralen Rolle und Selbstvertrauen richtet sich hier auf ein intensives Lebensgebiet, das Gebiet, auf dem wir den Kampf mit uns selbst aufnehmen, um unsere Verdrängungen und Komplexe zu überwinden und zu unseren verborgenen Gaben und Talenten durchzudringen. Das 8. Haus ist wegen der Dualität zwischen Komplexen und Talenten ein schwer zu deutender Bereich. Wenn es eine wichtige Rolle bei der Ausbildung von Selbstvertrauen spielt, hängt sehr viel davon ab, wie es um unsere persönliche Entwicklung bestellt ist.

Die verschiedensten Themen des 8. Hauses können hier von besonderem Interesse sein – vom »großen Geld« über Leben und Tod bis hin zur Sexualität. Wir haben damit ein enormes Bedürfnis, uns selbst zu beweisen; unsere Ambitionen und unser Ehrgeiz kommen hier schließlich in einem sehr intensiven Haus zum Ausdruck. Bei diesem Bedürfnis aber spielt viel Unsicherheit mit, daher die Gefahr, des Guten zuviel zu tun. Machtstreben, riskante Spielleidenschaft aus dem Wunsch heraus, Anerkennung zu erhalten oder das Leben herauszufordern, mit hartnäckiger Zähigkeit etwas durchsetzen, ohne jede Rücksichtnahme auf andere, oder aber auch ganz andere Auswirkungen sind hiermit möglich: die intensive Beschäftigung mit dem Thema Leben und Tod, Hobbys, die uns mit uns selbst konfrontieren und uns dadurch weiterbringen können, Kreativität von einem wahren Schöpfungsdrang aus, der mit unseren verborgenen, individuellen und einzigartigen Gaben (8. Haus) verbunden ist.

Diese Tätigkeiten müssen aber nicht immer bedeuten, daß das Oberste zuunterst gekehrt wird. Es geht lediglich darum, daß sie mit einer gewissen Intensität betrieben werden. Zur Verdeutlichung: Unterhaltsame und allgemein verbreitete Hobbys werden zum 5. Haus gezählt. Im Gegensatz dazu etwas ganz Individuelles und Eigenständiges zu entwickeln und mit Kreativität, Blut, Schweiß und Tränen daran zu arbeiten, angetrieben durch eine Art »heiligen Zwang«, zählt zum 8. Haus. Mit dem Herrscher des 5. Hauses im 8. Haus können wir mittels unserer Hobbys eine eigene Kreativität entwickeln indem wir Dinge tun, die uns gefallen und die uns Selbstvertrauen geben (5. Haus). Dies bringt uns die Konfrontation mit einer nicht ganz so bedrohlichen Wirklichkeit, die fordert, daß wir uns unserem wahren Innern mit all seinen Schattenseiten ausliefern – und damit auch dem Partner. In diesem Sinne gehört auch die Sexualität zum 8. Haus. Das Spielerische zählt zum 5. Haus, die Hingabe und Intensität zum 8. Haus.

Der Herrscher des 5. Hauses im 8. Haus kann mit sexuellen Zwangsvorstellungen einhergehen. Es gibt sogar Stimmen, die den Tod (8. Haus) hier ins Spiel bringen und von Lustmördern sprechen. Wenn ich auch tatsächlich diese Häuserbeziehung im Horoskop eines Lustmörders gesehen habe (dieser hatte den Herrscher des 8. Hauses im 5. Haus und den Herrscher des 5. Hauses im 8. Haus), dürfen wir hier doch niemals Verallgemeinerungen treffen. Ich habe dieselbe Beziehung im Horoskop eines Sexualwissenschaftlers bemerkt sowie bei Menschen, die keinen eigentlichen Beruf hatten und das Leben auf eine sehr individualistische Art und Weise zu betrachten schienen. Sie zeichneten sich durch eine Lebensart aus, die zum großen Teil bestimmt war durch ihr totales Selbst – also sowohl durch ihre Gaben als auch durch ihre Komplexe. Kennzeichnend für sie war der Wunsch, sich in den Tiefen des eigenen Wesens kennenzulernen. Beziehungen zwischen dem 5. und dem 8. Haus sind oft von extremen Auswirkungen charakterisiert.

Der Herrscher des 5. Hauses im 9. Haus

Unser Bedürfnis nach Aktivitäten, die Freude bereiten, nach Hobbys und Kreativität, nach einer zentralen Rolle und Selbstvertrauen richtet sich auf unser Bedürfnis zu reisen, im buchstäblichen wie auch im übertragenen Sinne, auf den Drang nach Expansion, Erweiterung unseres Horizonts und nach der Ausbildung einer eigenständigen Meinung und Lebensanschauung. Mit dieser Häuserbeziehung ist oft große Freiheitsliebe verbunden. Dabei müssen wir kein zügelloses oder ungebärdiges Verhalten zeigen (was allerdings auch schon einmal vorkommen kann); es geht hier um das Bedürfnis, auf ungezwungene und für uns angenehme Weise (5. Haus) auf Gebieten tätig zu sein, auf denen unserer Entfaltung keine Zügel angelegt werden. Es handelt sich dabei um die Beschäftigung mit Dingen, die uns eine Perspektive bieten oder mit dem Reisen zu tun haben und auch eine gewisse Vision der Zukunft in sich bergen.

So kann ein Lehrer mit dieser Verbindung (die Übermittlung von Informationen zählt ja auch zum 9. Haus) mit seinem Enthusiasmus und seiner Begeisterung anregend wirken, wenn ihm das Thema, das er unterrichtet, am Herzen liegt, (was in diesem Fall meistens zutrifft). Als Zukunftsvision hat er vielleicht eine Idealvorstellung von Unterricht, und durch seine Haltung fordert er schon jetzt die Freiheit, um auf dieses Ziel hinzuwirken.

Das 9. Haus ist das Haus der Synthese und der Erwartung dessen, was uns die Zukunft bringen wird; wenn unsere Suche nach Selbstbestätigung damit verbunden ist, brauchen wir viel Freiheit und Begeisterung, viele Entfaltungsmöglichkeiten und Perspektiven, gestehen dies aber auch anderen zu.

Bei dieser Häuserbeziehung halten wir mit unserer Meinung nicht hinterm Berg, weil wir aus der Verkündung unserer Lebensanschauung Selbstbestätigung ziehen. Allerdings neigen wir dazu, unsere Meinung mit sehr großem Nachdruck zu vertreten, so daß die Ansichten anderer oft wenig gelten. Manchmal äußert sich diese Häuserverbindung in einer übergeordneten Funktion, beispielsweise in der Politik oder an Universitäten oder an Gerichtshöfen.

Der Herrscher des 5. Hauses im 10. Haus

Unser Bedürfnis nach Tätigkeiten, die Freude machen, nach Kreativität und Spiel, Spaß und Vergnügen, nach einer Position im Mittelpunkt und nach Selbstvertrauen ist hier das Instrument, um unsere Identität abzustecken, eine gesellschaftliche Position zu erreichen und ein gewisses Maß an Autonomie und Autorität zu erwerben. Mit einem auf Selbstvertrauen und Autorität gerichteten Herrscher in einem Haus, das ebenfalls mit Autorität zusammenhängt, ist im allgemeinen großer Ehrgeiz verbunden. Wir brauchen damit eine wichtige oder einflußreiche Position beziehungsweise eine Aufgabe, bei der wir nicht ständig Anordnungen Folge leisten müssen. Es ist unbedingt notwendig für uns, weitgehend selbst bestimmen zu können. Die Hausfrau mit dieser Verbindung zum Beispiel wird (falls das weitere Horoskop dazu nicht im Widerspruch steht) die häuslichen Abläufe aufs beste organisieren, wobei sie alles selbst überwachen und Aufgaben zuteilen dürfte.

Oft sind hier Dinge, die zum 5. Haus gehören, in einem mehr oder weniger großen Ausmaß Bestandteil unseres Berufs oder unserer sozial-gesellschaftlichen Position. Das kann eine breite Palette umfassen: vom Wirken im Showbusineß über organisatorische, selbständige oder leitende Funktionen bis hin zu Tätigkeiten im künstlerischen oder erzieherischen Bereich. Ich habe bei einer ganzen Reihe von Menschen gesehen, daß der Umgang mit Kindern subtile, aber doch tiefreichende Veränderungen in der Sicht auf sich selbst, ihrer Erscheinungsweise in der Außenwelt und den damit verbundenen Erwartungshaltungen bewirkt hat. Kinder (5. Haus) können schließlich als »Instrument« zum Aufbau unserer Identität (10. Haus) dienen. Es sind aber letztlich unsere Haltung, unsere Erwartungsmuster und unsere Position, die darüber bestimmen, inwieweit wir den Einfluß von Kindern zulassen. Das liegt daran, daß der Endpunkt dieser Häuserbeziehung in unserem Ich-Bild zu finden ist.

Das 10. Haus schenkt keine besondere Flexibilität. Bei dieser Verbindung ist auch die Gefahr gegeben, daß wir uns ziemlich unbeugsam verhalten, wenn unsere Identität und Autorität auf dem Spiel steht. Wir verfügen allerdings über eine zähe Kampfeslust, uns zu beweisen.

Der Herrscher des 5. Hauses im 11. Haus

Unser Bedürfnis nach Dingen wie Spiel und Hobbys, die uns erfreuen, nach Selbstvertrauen und Kreativität und nach einer Rolle im Mittelpunkt richten sich auf unseren Drang nach Kontakten zu Freunden und Gleichgesinnten und Menschen, mit denen wir uns innerlich verwandt fühlen. In unserem Freundeskreis und in der sozialen Umgebung im allgemeinen streben wir damit eine herausragende Rolle an; da hier aber das 11. Haus den Ton angibt, sind wir in bestimmter Weise doch abhängig von anderen: Was der Partner oder die Freunde denken, finden und verlangen, machen wir uns schnell zu eigen, um das Gefühl zu haben, dazuzugehören (und auch weiterhin dabeizusein). Das bringt eine gewisse Unsicherheit mit sich, der wir uns nicht immer bewußt sind (beziehungsweise sein wollen); wir verstehen uns im allgemeinen sehr gut darauf, dies vor uns selbst und anderen zu verbergen, und zwar durch unser natürliches, sympathisches und anregendes Auftreten. Das 5. Haus geht ja mit einem gewissen Stolz, mit Autorität und Charme einher und kann sich mit der Betonung des Vergnüglichen sehr angenehm auswirken.

Wir suchen Anerkennung und Selbstvertrauen, indem wir eine Rolle in den Kreisen spielen, in denen wir uns zu Hause fühlen. Wir haben auch oft das Bedürfnis, Hobbys mit Freunden und Gleichgesinnten zu teilen, wobei wir uns regelmäßig durch den Geschmack und die Entscheidungen der anderen beeinflussen lassen. Manchmal führt dies zu Problemen – im 5. Haus liegt unser eigener Selbstausdruck begründet und im 11. Haus der der anderen. Mit dem Herrscher des 5. Hauses wollen wir gern selbst bestimmen; allerdings ist dieser Wunsch unserem Bedürfnis, Kontakte anzuknüpfen und aufrechtzuerhalten, untergeordnet. Unsere Kreativität und unsere schöpferische Fähigkeit, auch in künstlerischer Hinsicht (5. Haus), können darum manchmal stark von den Menschen, mit denen wir umgehen, beeinflußt werden. Und womöglich entdecken wir hier plötzlich viel Neues in uns, wenn wir uns mit neuen Freunden auseinandersetzen.

Mit Kindern, die auch zum 5. Haus gehören, pflegen wir einen kameradschaftlichen, offenen und freien Kontakt, manchmal mit der Neigung, allgemeine Rollenmuster zu mißachten (im 11. Haus liegt das Bedürfnis begründet, Formen zu verändern). In der Erziehung bringen wir den Kindern nur allzugern bei, wie die Gesellschaft strukturiert ist und funktioniert. Das liegt daran, daß wir dieses Thema für uns selbst als so bestimmend erfahren.

Der Herrscher des 5. Hauses im 12. Haus

Unser Bedürfnis, erfreulichen Beschäftigungen nachzugehen, nach Hobbys und Kreativität, nach einer zentralen Rolle und Selbstvertrauen richtet sich hier auf den Drang nach Loslösung und auf unser Verlangen nach Einheit und einem reichen Innenleben, in dem weltliche Wünsche unwichtig geworden sind. Vermeintlich ist dies eine Stellung, bei der wir jeden Ehrgeiz und jedes Ziel verloren zu haben scheinen, da das 12. Haus scharfe Kanten abrundet. Wir sollten uns aber nicht täuschen lassen: Unseren Ehrgeiz können wir in unpersönlichen oder kollektiven Zielen bündeln, und unter Umständen spielen wir hinter den Kulissen eine wichtigere Rolle als viele andere. Wir treten nur nicht so gern ins Rampenlicht. Mit dieser Verbindung sind wir am liebsten in bezug auf die Dinge, die uns Freude und Selbstvertrauen schenken, auf uns allein gestellt; ein Künstler mit dieser Beziehung zum Beispiel wird sich während des schöpferischen Prozesses vollständig zurückziehen, um in der Einsamkeit aktiv zu sein.

Wir können unseren Ehrgeiz hier mit Aktivitäten des 12. Hauses befriedigen, wie beispielsweise der kollektiven Dienstbarkeit, wobei wir uns vielleicht für die Unterdrückten, Bedürftigen oder für andere Menschen in Not einsetzen. Möglicherweise sind wir aber auch an allem interessiert, was mit der Welt des Unsichtbaren zu tun hat, wie Meditation, Hypnose, Religion und andere spirituelle Angelegenheiten mehr. Und manchmal schöpfen wir auch einfach Kraft aus Dingen, die mit Wasser und insbesondere dem Meer zusammenhängen. Bezüglich dieser Themengebiete streben wir eine herausragende Position an und suchen nach Anerkennung. Das 5. Haus bedeutet schließlich viel Ehrgeiz, und es dient hier ja als Instrument für die angeführten Themen. Bei allem, was sich auf dem Gebiet des Unsichtbaren, der kollektiven Dienstbarkeit oder hinter den Kulissen abspielt (wobei dies nichts mit Heimlichkeit zu tun haben muß), nehmen wir gern eine zentrale Rolle ein.

Oft haben Menschen mit dieser Verbindung ein besonderes Gefühl für die Traum- und Phantasiewelt des Kindes und für dessen Gedanken. Zum 12. Haus werden auch Märchen, Mythen, Legenden und die mythische Phase des Kindes gerechnet. Manchmal äußert sich das auf eine Weise, die scheinbar nichts mit Kindern zu tun hat – im Schreiben von phantastischen Geschichten nämlich. Die Welt des Unbegrenzten und der unbeschränkten Möglichkeiten ähnelt faktisch jedoch der Welt des Kindes – und mit dem Herrscher des 5. Hauses in diesem Haus können wir diesbezüglich in sehr kreativer Form tätig sein. Hier lauert aber auch die Gefahr des 12. Hauses: daß wir die Wirklichkeit aus den Augen verlieren und uns von Phantasien oder unrealistischen Idealen mitreißen lassen oder von etwas abhängig werden. Auch dies sind Auswirkungsmöglichkeiten, die für eine – zumeist begrenzte – Zeit mit dem Herrscher des 5. Hauses im 12. Haus einhergehen können.

Herrscher von 5

Der Herrscher des 6. Hauses im 1. Haus

Unser Bedürfnis nach Analyse und Systematik, unsere Kritikfähigkeit und unser Vermögen, anderen Dienste zu leisten, werden zu Instrumenten bei unserem Kontakt mit der Außenwelt. In unserer ersten Reaktion nach außen hin können wir deshalb einen etwas unterkühlt-kritischen und analytischen Eindruck machen, mit einem Blick für Details und Strukturen, allerdings manchmal etwas umständlich, da die Dinge zunächst einmal in aller Gründlichkeit analysiert und auf ihren Wert hin betrachtet werden. Andererseits ist vielfach auch eine spontane Hilfsbereitschaft zu verzeichnen, geradezu so, als ob der Beistand für andere unsere Haltung gegenüber der Umgebung positiv beeinflussen kann. Dabei kann der Herrscher des 6. Hauses im 1. Haus sich durchaus in Situationen hineinmanövrieren, in denen er seine eigenen Bedürfnisse hintan stellen muß, weil er so vielen Menschen Hilfe versprochen hat, daß er keine Zeit mehr für sich selbst hat.

Die kritische Haltung nach außen hin kann bei diesem Horoskopmerkmal Spannungen verursachen, zum Beispiel in Form von »nörgelnden« Reaktionen seitens der Außenwelt oder von innerer Nervosität. In unseren Gedanken sind wir mit dieser Stellung oft viel ruheloser, als die Mitmenschen glauben – der Herrscher des 6. Hauses verbirgt alles hinter einer ruhigen und äußerlich unbewegten Maske.

Der Herrscher des 6. Hauses im 2. Haus

Wie beim Herrscher des 2. Hauses im 6. Haus geht es auch bei dieser Häuserbeziehung um die Verschmelzung von Arbeit und Sicherheit. Hier aber dient das 6. Haus – also die Art und Weise, wie wir arbeiten, unsere Haltung gegenüber Krankheit und Gesundheit und unsere Fähigkeit des genauen Analysierens – dazu, unserem Bedürfnis nach existentieller Sicherheit Rechnung zu tragen. Das könnte bedeuten, daß wir auf dem Gebiet der Dienstbarkeit, Hilfeleistung oder im Gesundheitsbereich arbeiten oder arbeiten möchten. Obwohl von dieser Häuserbeziehung manchmal behauptet wird, daß sie für jeden erwiesenen Dienst (Herrscher des 6. Hauses) eine konkrete Belohnung fordert (2. Haus) – was manchmal tatsächlich der Fall sein kann –, ist nicht zwangsläufig eine sehr materialistische Haltung damit verbunden. Oft haben wir mit dieser Verbindung ein ausgeprägtes Gefühl für materielle Zusammenhänge und verstehen es, unsere Arbeit zu Geld zu machen. Genausogut kann es bei dieser Häuserbeziehung aber auch zu einem idealistischen, unbezahlten Arbeitseinsatz kommen, der dem Betreffenden das Gefühl gibt, seinen festen Platz in der Gemeinschaft zu haben. Eine solche Person erzählte mir einmal, daß sie sehr froh war, soviel bei dem, was sie tat, lernen zu können; dies motivierte sie, noch aktiver zu werden. Das ist ein Beispiel dafür, daß sich das 2. Haus nicht materialistisch auswirken muß, sondern sich auch auf Motivation und geistige Fähigkeiten beziehen kann.

Bei der Verbindung zwischen dem 2. und dem 6. Haus haben wir es oft mit einer praktischen, nützlichen und zweckdienlichen Vorgehensweise zu tun (falls der Rest des Horoskops dem nicht zu sehr widerspricht). Beim Herrscher des 6. Hauses im 2. Haus steht die Sachlichkeit hauptsächlich im Dienste unserer Wertvorstellungen; beim Herrscher des 2. Hauses im 6. Haus kann es sich auch um den allgemeinen Nutzen handeln, wobei wir uns merken sollten, daß sich alles beim 2. Haus um die existentielle Sicherheit und den persönlichen Nutzen dreht. Beim Herrscher des 6. Hauses im 2. Haus tritt das noch deutlicher zutage als im umgekehrten Fall. Bei letzterem sehen wir oft, daß die eigenen Interessen in Verbindung mit dem allgemeinen Nutzen stehen und letztlich der persönliche Nutzen den Ausschlag gibt – weil unsere persönliche Sicherheit uns wichtiger als alles andere ist.

Der Herrscher des 6. Hauses im 3. Haus

Hier richten sich unser Bedürfnis nach konkreter und nützlicher Anwendung des Analysierten und unser Bedürfnis nach Arbeit und Dienstbarkeit auf die Denkprozesse (innerlich) und auf die beiläufigen kurzen Kontakte (äußerlich). Anders ausgedrückt:

Das Praktische, Nützliche und Detailbezogene ist ein Instrument des Denkens. Auch bei dieser Häuserbeziehung gibt es also vielfältige Möglichkeiten, um zielstrebig, planend und pragmatisch vorzugehen. Wir haben das Bedürfnis nach Fakten, mit denen wir etwas Praktisches anfangen können, anders als beim Herrscher des 3. Hauses im 6. Haus, wo das Bedürfnis darin besteht, etwas Praktisches mit den Fakten zu bewirken, was doch einen gewissen Unterschied darstellt. Beim Herrscher des 3. Hauses im 6. Haus führten die Tatsachen, mit denen es der Mensch »zufällig« zu tun bekam, dazu, daß er mit ihnen auf eine konkrete Art und Weise aktiv wurde; beim Herrscher des 6. Hauses im 3. Haus dagegen treffen wir bereits eine gewisse «Vorauswahl» der Fakten; wir sind damit hauptsächlich an solchen Informationen interessiert, die wir praktisch nutzen können.

Unser Bedürfnis, zu arbeiten und von Nutzen zu sein, kommt auch auf dem Gebiet des 3. Hauses zum Ausdruck, so daß auch bei dieser Verbindung ein Zusammenhang zwischen unserer Tätigkeit und den verschiedensten 3.-Haus-Angelegenheiten bestehen kann. Mit dieser Stellung ist unser Denken (3. Haus) oft kritisch (6. Haus), mit dem Risiko der Nörgelei und Pedanterie. Wir sollten uns sehr davor in acht nehmen, besserwisserisch aufzutreten. Arbeit, Dienstbarkeit (6. Haus) und Kontakte (3. Haus) sind bei dieser Häuserbeziehung miteinander verschmolzen, was alles mögliche bewirken kann, beispielsweise das Bedürfnis nach beiläufigen kurzen Kontakten, in denen wir unsere Hilfsbereitschaft und Dienstbarkeit zum Ausdruck bringen können (das 6. Haus ist hier schließlich das Instrument des 3. Hauses) oder die mit unserer Arbeit zu tun haben. In alltäglichen Gesprächen (3. Haus) können wir unsere Gedanken zu allerlei Themen des 6. Hauses loswerden, wie beispielsweise zur Gesundheit oder zur Arbeit im umfassendsten Sinn, zur Wirtschaft oder zu unserem persönlichen materiellen Wohlergehen.

Der Herrscher des 6. Hauses im 4. Haus

Wie beim Herrscher des 4. Hauses im 6. Haus angesprochen, ist hier die Dienstbarkeit ein Instrument der gefühlsmäßigen Sicherheit und der emotionalen Geborgenheit. Wir können die Äußerungen des 6. Hauses auch dazu einsetzen, um uns zu Hause wohlzufühlen beziehungsweise um unserem häuslichen Leben Form zu geben. Die Dienstbarkeit kann dabei auf verschiedene Arten zum Ausdruck kommen: Entweder helfen wir anderen oder laden sie zu uns ein, was uns ein Gefühl des Wohlbefindens verschafft, oder wir rackern uns zu Hause ab, indem wir unermüdlich aufräumen, wischen und so weiter. Letzteres gehört bei dieser Häuserbeziehung zwar zu den Auswirkungs*möglichkeiten*, ist aber absolut nicht die Regel.

Die Arbeit im eigenen Haus oder eine Arbeit, bei der unser eigenes Haus eine wichtige Rolle spielt, ist eine häufige Auswirkung dieser Häuserbeziehung. Oft haben wir damit auch das Bedürfnis, Arbeit mit nach Hause zu nehmen (weil es uns angenehmer ist, sie in der häuslichen Sphäre zu erledigen) oder Arbeit zu verrichten, die uns in Berührung mit uns selbst und unserem Gefühl bringt oder die uns eine gewisse Ruhe verschafft. Ob es sich dabei nun um Schreiben, Buchhalten, Putzen oder Bohnern handelt, ist nicht von Belang.

Manchmal haben wir mit dieser Verbindung das Bedürfnis, uns für die Familie oder unser Land (4. Haus) nützlich zu machen (6. Haus) – was sowohl zu politischer Tätigkeit als auch zum aufopferungsvollen Einsatz für den Gemüsegarten der Familie führen kann. Der zentrale Punkt ist hier, daß das von einer psychischen Notwendigkeit aus der Fall ist. In der konkreten Auswirkung können sich dabei die verschiedensten Varianten zeigen.

Der Herrscher des 6. Hauses im 5. Haus

Die beim Herrscher des 5. Hauses im 6. Haus erwähnte Bequemlichkeit, andere die Arbeit für uns erledigen zu lassen, können wir auch beim Herrscher des 6. Hauses im 5. Haus sehen, sogar noch in verstärktem Maße. Alles, was mit Arbeit und Dienstbarkeit zu tun hat, dient hier dem Zweck, uns selbst zu formen und uns vor allem Spaß zu verschaffen. Wir brauchen mit dieser Stellung mehr als jeder andere eine Arbeit, die zugleich Hobby ist. Mir sind zum Beispiel Menschen mit dieser Häuserbeziehung bekannt, die es unglaublich viel Energie gekostet hat, eine Arbeit anzufangen, die ihnen nicht gefiel. Sie mußten dabei gegen ungeheure innere Widerstände angehen. Auf der anderen Seite sind diese Personen nicht zu halten, wenn es sich um eine Arbeit handelt, die ihnen wirklich zusagt.

Beim Herrscher des 6. Hauses im 5. Haus können die verschiedensten Angelegenheiten, die zum 6. Haus gehören, unser Interesse wecken beziehungsweise zu einer Liebhaberei werden. Das kann zum Beispiel die Planzeichnung sein (ein gutes Auge für Details gehört zum 6. Haus und Kreativität zum 5.), die Züchtung oder Haltung von Tieren, alles, was mit Gesundheit und Krankheiten zu tun hat, ferner Arbeit mit den Händen, das Reparieren von Gegenständen, Heimwerken und so weiter.

Auch bei dieser Häuserbeziehung streben wir nach einer gewissen Unabhängigkeit, nach Mitbestimmung bei der Arbeit. Am liebsten ist uns damit eine mehr oder weniger selbständige Tätigkeit, womöglich auch eine leitende Funktion (da das 5. Haus der Endpunkt ist). Wir sind in diesem Fall in der Lage, lange und hart zu arbeiten, um es gesellschaftlich zu Ruhm und Anerkennung zu bringen. Des weiteren ist mir diese Verbindung auch bei Müttern aufgefallen, die die Erziehung ihrer Kinder als eine dankbare Aufgabe betrachteten und mit dem Beruf der »Hausfrau« sehr zufrieden waren. Dort war die Dienstbarkeit buchstäblich auf die Kinder gerichtet, und zwar in sehr positiver Form. Es geht hier um nichts anderes als um die Frage, was uns gefällt.

Der Herrscher des 6. Hauses im 6. Haus

Hier geht es um unser Bedürfnis, zu überdenken und zu analysieren mit dem Ziel, die Erkenntnisse auf konkrete und nutzbringende Weise anzuwenden. Unsere kritischen Fähigkeiten und unsere Dienstbarkeit sind bei dieser Beziehung Mittel und Ziel zugleich, was natürlich zu einer intensiven Verstärkung der betreffenden Eigenschaften und Bedürfnisse führt und dadurch deren Befriedigung beziehungsweise Ausdruck begünstigt. Dies kann auf dem Gebiet des 6. Hauses deutlich in Erscheinung treten – selbst Extreme wie überkritische Reaktionen, die Suche nach dem Haar in der Suppe und der Verlust des Überblicks aufgrund von übertriebener Kleinlichkeit sind hier möglich, was unser Weiterkommen behindern und dafür verantwortlich sein könnte, daß wir die große Linie aus den Augen verlieren. In positivem Sinn aber kann diese Verbindung auf eine praktische und nüchterne Einstellung hinweisen und auf das Bedürfnis, die Energie nutzbringend anzuwenden oder in den Dienst konkreter Anliegen zu stellen. Dies könnte aber auch bedeuten, daß der Betroffene hart für sein Geld arbeiten muß.

Wir können mit dieser Stellung auf allen möglichen Gebieten des 6. Hauses tätig sein, also im Gesundheitswesen, beim Militär, bei der Feuerwehr, ganz allgemein in untergeordneter Stellung, in Restaurants oder Geschäften, in Verbindung mit Tieren oder der Ernährung. Die praktische Arbeit mit unseren Händen liegt uns damit zumeist sehr (zumindest dann, wenn das übrige Horoskop dem nicht allzusehr widerspricht) – wir könnten damit eine Begabung für handwerkliche Arbeit besitzen oder einfach der »Mann für alle Fälle« sein.

Wir sind, wenn es um unsere Arbeit geht, zumeist dazu bereit, alle möglichen praktischen Details zu berücksichtigen – selbst dann, wenn wir auf anderen Lebensgebieten so unordentlich wie nur denkbar sind. Mit dem 6. Haus ist zwar häufig eine Liebe zur Ordnung und Regelmäßigkeit verbunden, allerdings hat sich in der Praxis gezeigt, daß dies nicht immer auf der äußeren Ebene angestrebt wird. Vielleicht vermittelt hier die Wohnung einen chaotischen Eindruck, während aber das, was wirklich wichtig ist, sozusagen mental ordentlich in Reih' und Glied steht. Aber auch im äußeren Sinn kann Ordentlichkeit bei dieser Häuserbeziehung sehr wohl ins Auge springen – nur muß das nicht zwangsläufig der Fall sein.

Oft ist ein gutes Auge für Details und ein Sinn für Pünktlichkeit und Regelmäßigkeit in äußerer Hinsicht ein Merkmal für die Stellung des Herrschers des 6. Hauses im 6. Haus. Diese Verbindung kann für das Entwerfen und Planen von praktischen Dingen – wie zum Beispiel Möbel und ähnliches mehr – stehen wie auch für den Modedesigner mit einem Blick für Details oder den Buchhalter, der bei einem falschen Ergebnis so lange weiterrechnet, bis alles seine Ordnung hat. In ausgesprochen wenigen Fällen ist mir – hauptsächlich bei sehr reichen und etwas faulen Menschen – eine kritische (oder sogar überkritische) Haltung gegenüber Arbeitnehmern und Personal aufgefallen. Eine derartige Auswirkungsmöglichkeit wird sich aber wahrscheinlich in einer Zeit wie der unsrigen weniger oft zeigen als früher.

Wichtig ist hier, daß wir unsere analytischen und kritischen Fähigkeiten beim Entwerfen, Austüfteln und Forschen in unserer Arbeit auf positive Weise einsetzen können. Allerdings zeigen wir mit dieser Verbindung die Veranlagung, manchmal des Guten zuviel zu tun.

Der Herrscher des 6. Hauses im 7. Haus

Unser Bedürfnis, zu überdenken und zu analysieren mit dem Ziel, die Erkenntnisse auf konkrete und nutzbringende Weise anzuwenden, unsere kritischen Fähigkeiten und unsere Dienstbarkeit richten sich mit dieser Verbindung auf den anderen in unserem Leben, auf unseren Lebenspartner und auch auf einen eventuellen Geschäftspartner.

Der Herrscher des 6. Hauses im 7. Haus ist ein sehr deutliches Anzeichen für eine berufliche Partnerschaft: Arbeit und Partner stehen bei dieser Verbindung schließlich in einem engen Zusammenhang. Wir neigen dazu, großen Wert auf die Rolle des Partners zu legen. In positivem Sinne bewirkt dies, daß wir bei der Arbeit sehr darauf bedacht sind, die Dinge im Guten zu regeln, was die Zusammenarbeit vereinfacht. Und doch stehen wir mit dieser Verbindung dem Partner gleichzeitig sehr kritisch gegenüber, da dieser zugleich die Zielscheibe unseres Gespürs für Details ist. Manchmal kann diese Kritikfähigkeit in Konflikt mit

dem zugleich in Erscheinung tretenden Bedürfnis geraten, innerhalb der Arbeitsbeziehungen unter allen Umständen eine Atmosphäre der Harmonie aufrechtzuerhalten. In der Beziehung zum
Lebenspartner spielt dies ebenfalls eine Rolle – wir haben ein
Bündel an Forderungen an den anderen, das sich aus allerlei Kleinigkeiten zusammensetzt, auf die wir Wert legen oder die uns
aufgefallen sind. Andererseits aber ist die Harmonie in der Beziehung zum Partner womöglich so wichtig für uns, daß wir ohne
weiteres dazu bereit sind, einige unserer Forderungen unter den
Tisch fallen zu lassen. Ein Partner, der selbst kritisch ist, ist darum vielleicht die beste Lösung für uns.

Auch unsere Fähigkeit zur Objektivierung – ebenfalls ein
Thema des 6. Hauses – ist in diesem Fall auf den Partner gerichtet,
wodurch wir die Beziehung kühl und mit Abstand betrachten
und analysieren können. Mit dieser Einstellung bringen wir unseren Gefährten von Zeit zu Zeit schon einmal auf die Palme. Vielleicht setzen wir diese Fähigkeit aber auch bei ehelichen Streitigkeiten ein, um auf diese Weise unsere Emotionen nicht erkennen
zu lassen. Im umgekehrten Fall aber ist hier auch eine sehr auf-
richtige Beziehung denkbar, in der wir den anderen als Gleichen
sehen, nicht von der Idee der Brüderlichkeit aus, sondern lediglich
von einem objektiven und nüchternen Blick auf das Verhältnis.
Der Gleichheit in diesem Sinne kann auf sehr praktischer Basis
Ausdruck verliehen werden, indem wir beispielsweise konkrete
Vereinbarungen über die Arbeit, über Geld oder die Wohnung
treffen. Wie dem auch sein mag – auch in diesen Themen ist die
Rolle des Partners sehr bestimmend für unsere Handlungen.

Der Herrscher des 6. Hauses im 8. Haus

Hier geht es um unser Bedürfnis, zu überdenken und zu analysieren mit dem Ziel, die Erkenntnisse auf konkrete und nutzbringende Weise anzuwenden. Unsere kritischen Fähigkeiten und
unsere Dienstbarkeit richten sich hier auf das Gebiet, auf dem
wir uns selbst einen Kampf liefern, um unsere Komplexe zu bewältigen, unsere Verdrängungen zu überwinden und um mit aller

zur Verfügung stehenden Kraft zu unseren verborgenen Gaben und Talenten und zum Kern der Dinge vorzudringen.

Mit dieser Verbindung können wir unser Vermögen zur Kritik und unseren gut entwickelten Sinn für Details in der Forschung und im Aufspüren im umfassendsten Sinn anwenden. Wir sind oft übergenau, was die Suche nach dem Kern der Dinge betrifft, und können mit dieser Einstellung nach langer, harter und verantwortungsbewußter Arbeit zu überaus wichtigen Entdeckungen gelangen.

Eine andere Auswirkungsmöglichkeit ist die, daß wir mittels unserer Arbeit, unserer Hilfsbereitschaft oder unseres analytischen Objektivierungsvermögens gewollt oder ungewollt auf psychologische Gesetzmäßigkeiten und psychische Wahrheiten über uns selbst und über andere stoßen, die uns zu (weiteren) Studien ermutigen können. So führen wir fortwährend eine Auseinandersetzung mit uns selbst.

Wir können durch Situationen in Verbindung mit unserer Arbeit oder unserer Einstellung zu ihr plötzlich eine Konfrontation mit uns selbst erleben. Sind wir dazu bereit, unsere Probleme und Verdrängungen tatsächlich anzugehen, so kann von dieser Häuserbeziehung viel Unterstützung kommen, von der andere Menschen auf psychologischer Ebene sehr profitieren können. Zum Beispiel könnte eine Verkäuferin durch ihre Haltung und Einstellung dem Kunden genau den Anstoß geben, den er benötigt. Der Herrscher des 6. Hauses im 8. Haus hat dieses Talent.

Oft suchen Menschen mit dieser Stellung Arbeit auf dem Gebiet des 8. Hauses – Tätigkeiten, die sie voller Hingabe und mit großer Intensität verrichten können, wobei oft Probleme ans Licht gebracht werden oder es darauf ankommt, in die Tiefe zu gehen. Es kann sich auch um eine Arbeit handeln, die mit Macht oder Geld zusammenhängt (auch zwei Themenbereiche, die zum 8. Haus gerechnet werden).

Wenn wir bereit sind, die Probleme, die im 8. Haus begründet liegen, anzupacken, können wir mit dem Herrscher des 6. Hauses in diesem Haus die vielfältigsten Einsichten in den Zusammenhang zwischen Körper und Geist erlangen. Unsere Erfahrungen mit Krankheiten könnten uns in diesem Fall deutlich machen, wie es um unsere psychischen Funktionen und die der anderen bestellt ist (ein Arzt kann von dieser Häuserverbindung stark profitieren, auch vom Herrscher des 8. Hauses im 6. Haus). Derartige Einsichten versetzen uns in die Lage, verborgene Potentiale zu erschließen, durchzuhalten und neue Kraft zu schöpfen. Wenn wir uns aber nicht an unsere unbewußten Probleme heranwagen, können wir auf die verschiedensten Flucht- und Abwehrmechanismen verfallen, wie zum Beispiel auf das Bedürfnis nach Arbeit und Dienstbarkeit mit dem Ziel, uns selbst oder die Umgebung in den Griff zu bekommen (das 6. Haus als Instrument des 8. Hauses) – immer unter der Voraussetzung, daß wir uns bedeckt halten. Das kann Ehrgeiz und die verschiedensten Ambitionen bedeuten, welche allerdings nicht offen zum Ausdruck kommen. In diesem Fall würde das 8. Haus seinen unterschwelligen Machttrieb entfalten. Wir können versuchen, davor die Augen zu verschließen, indem wir auf einen bestimmten Aspekt unserer Arbeit tief eingehen. Dann waren wir bestrebt, einer Konfrontation auszuweichen, der wir letztlich doch nicht entkommen können.

Der Herrscher des 6. Hauses im 9. Haus

Hier geht es um unser Bedürfnis, zu überdenken und zu analysieren mit dem Ziel, die Erkenntnisse auf konkrete und nutzbringende Weise anzuwenden. Unsere kritischen Fähigkeiten und unsere Dienstbarkeit richten sich hier auf das Bedürfnis, durch Reisen in die Welt oder im Geiste unseren Horizont zu erweitern und unsere Meinungen und Ansichten zu verkünden. Manchmal bedeutet dies tatsächlich Arbeit im oder für das Ausland oder Arbeit in Organisationen, die mit dem Studium, mit Gerichtshöfen und anderem mehr zusammenhängen. Psychisch gibt es unter anderem die folgenden Auswirkungsmöglichkeiten: Wir haben das Bedürfnis, in bezug auf Studien die Dinge nüchtern und systematisch anzupacken (Ordnung und Regelmäßigkeit des 6. Hauses sind hier schließlich Instrument des 9. Hauses). Sobald wir etwas sorgfältig bedacht und analysiert haben, sind wir sogleich bestrebt, dies in einen größeren Rahmen zu bringen – ob dies nun die individuelle Anschauung oder die allgemeine Gesellschaftsphilosophie betrifft oder konkrete, ausführlichere Theorien hinsichtlich des fraglichen Themas bedeutet. In jedem Fall haben wir hier eine markante eigenständige Meinung oder Anschauung.

Oft haben wir mit dieser Stellung einen rastlosen Geist, wir suchen fortwährend nach neuen Möglichkeiten (für das 9. Haus sind schließlich immer neue Sichtweisen wichtig). Das kann manchmal Unbeständigkeit als Resultat nach sich ziehen – zumeist aber hat es zur Folge, daß der Mensch Veränderungen gegenüber positiv eingestellt ist, was sich nicht selten in dem Umstand äußert, daß er für seine Arbeit viel reisen oder vieles lernen muß.

In Situationen, die mit der Arbeit zusammenhängen (6. Haus), können wir uns sowohl durch Enthusiasmus als auch durch ein gewisses Maß an Eigensinn auszeichnen. Wir suchen nach neuen Möglichkeiten und werden das, was wir an Neuem kennenlernen, mit Begeisterung verkünden. Weil es uns aber hauptsächlich auf unser eigenes Urteil ankommt, könnten wir dazu neigen, Ratschläge von anderen in den Wind zu schlagen, auch dann, wenn sie sehr wertvoll sind. Ausschlaggebend hierfür ist die Ansicht, daß wir es besser wissen. Arbeit, die ein gewisses Maß an Mut, Gewandtheit oder Flexibilität verlangt, wird uns aber liegen.

Mir ist bei dieser Verbindung in einigen Fällen eine frappierende Unbekümmertheit in bezug auf Eß-, Kleidungs- und Lebensgewohnheiten aufgefallen. Das 9. Haus legt auf diese Themen keinen besonderen Wert; es kleidet sich sozusagen, wie es gerade kommt, ißt, wann es sich gerade ergibt, und kann sich nicht über äußerliche Ungerechtigkeiten aufregen. Deshalb kann mit dem Herrscher des 6. Hauses im 9. Haus ein manchmal irritierender Gegensatz zwischen einer gewissen äußerlichen Schlampigkeit und einer peinlich genauen Sorgfalt und Systematik in bezug auf Studien verbunden sein.

Der Herrscher des 6. Hauses im 10. Haus

Hier geht es um unser Bedürfnis, zu überdenken und zu analysieren mit dem Ziel, die Erkenntnisse auf konkrete und nutzbringende Weise anzuwenden. Unsere kritischen Fähigkeiten und unsere Dienstbarkeit sind hier das Instrument, eine Identität abzustecken, eine gesellschaftliche Position anzustreben und ein bestimmtes Maß an Autonomie und Autorität zu verkörpern.

Diese Verbindung scheint widersprüchlich zu sein: Das 6. Haus ist sozusagen ein eher untergeordnetes Haus, das 10. Haus dagegen stellt gern seine eigenen Gesetze auf. Beide können aber sehr wohl in Kombination zueinander zum Ausdruck kommen. So ist beispielsweise denkbar, daß wir es durch gewisse Formen der Hilfs- oder Dienstleistung sowohl zu einer gesellschaftlichen Position als auch zu einem Bild von uns selbst bringen. Mit dieser Verbindung sind wir häufig hilfsbereit und dazu imstande, praktische Lösungen für allerlei Probleme zu erkennen – nicht deshalb, weil wir nun unbedingt über herausragende, einzigartige Fähigkeiten verfügen oder besonders gut sind, sondern weil wir praktische Einsicht besitzen und sehr effizient vorgehen können. Wenn wir wollen, beweisen wir mit dieser Verbindung bei unserer Arbeit Einsatzwillen, Flexibilität sowie ein Auge für Details und Organisationsvermögen, was sehr wohl einen konkreten Nutzen hat und uns zu einer Position verhelfen kann, die von einem mehr oder weniger großen Maß an Selbständigkeit gekennzeichnet ist.

Wir besitzen unsere ganz persönliche Auffassung darüber, wie alles strukturiert und aufgebaut sein sollte, und oft lehnt sie sich an die Auffassungen der Allgemeinheit beziehungsweise der bestehenden gesellschaftlichen Ordnung an. Wir sind in den meisten Fällen dazu bereit, im Rahmen der Strukturen aktiv zu sein, und zeigen den Willen, uns hochzuarbeiten. Für gewöhnlich können wir es hier auch zu einer hohen Position bringen. Ein Beispiel dafür wäre der Direktor, der als Laufbursche angefangen und den Betrieb von der Pike auf kennengelernt hat. Seine praktischen Einsichten über den Ablauf der Dinge haben Führungs- und Organisationsfähigkeiten zur Folge, die zumeist von mehr

Nutzen sind als das Universitätswissen, das der frischgebackene Betriebswirtschaftler mitbringt, der noch keinerlei Erfahrung hat und sich einzig und allein auf Theorien berufen kann.

Mit dem Herrscher des 6. Hauses im 10. Haus haben wir die Möglichkeit, unser Selbstbild und unsere gesellschaftliche Situation objektiv und kritisch zu betrachten, in einem konstruktiven Sinn und als Ausgangspunkt für ein fortwährendes Feilen und Weiterentwickeln. Die Selbstkritik – wie wichtig sie als Fähigkeit des 6. Hauses auch sein mag – kommt aber erst dann richtig zum Zug, wenn das Horoskop anderweitig erkennen läßt, daß der Mensch den Mut hat, den eigenen Unzulänglichkeiten ins Auge zu sehen. Fehlt dieser Mut, kann die Selbstkritik in eine kritische Nörgelei an anderen münden, als Überkompensation der Kritik, die wir uns selbst ersparen. Und dann kann der Herrscher des 6. Hauses im 10. Haus der Pedant sein, derjenige, der auf peinliche Genauigkeit achtet und zu großer Präzision fähig ist, der aber andere mit seiner Haarspalterei abstößt und sie daran hindert, die große Linie zu erkennen. Übt er aber tatsächlich Selbstkritik, so kann die fortwährende Neuorientierung zu einer Art besonner Schlagfertigkeit führen.

Der Herrscher des 6. Hauses im 11. Haus

Hier geht es um unser Bedürfnis, zu überdenken und zu analysieren mit dem Ziel, die Erkenntnisse auf konkrete und nutzbringende Weise anzuwenden. Unsere kritischen Fähigkeiten und unsere Dienstbarkeit richten sich hier auf die Kontakte zu Freunden und Menschen, mit denen wir die gleiche »Wellenlänge« haben, auf Geistesverwandte also. Einerseits kann der Herrscher des 6. Hauses im 11. Haus bedeuten, daß wir diesen Kontakten gegenüber sehr kritisch eingestellt und manchmal zu anspruchsvoll sind; andererseits schließen wir uns am liebsten Menschen an, die sich selbst durch Kritikfähigkeit auszeichnen beziehungsweise durch eine praktische Einstellung. Sehr oft mündet dies in Freundschaften, die über die Arbeit hinausgehen, unabhängig davon, ob diese nun in selbständiger Position, in einem Angestelltenverhältnis oder ehrenamtlich verrichtet wird. Die Arbeitssituation und die Arbeitsumgebung sind hier förderlich, um Menschen kennenzulernen, die dieselben Interessen haben. Gespräche mit Personen aus diesem Kreis sind für uns von großer Wichtigkeit, und wir fühlen uns sehr wohl dabei, wenn sich der Inhalt in der Hauptsache auf praktische Angelegenheiten richtet. Das können Themen des alltäglichen Lebens sein, aber auch die Politik oder die Organisation eines bestimmten Vereins oder Klubs.

Wir neigen dazu, uns anderen gegenüber hilfsbereit zu erweisen, erwarten allerdings in mancherlei Hinsicht auch, daß die anderen wiederum uns Hilfsbereitschaft signalisieren – was in der Tat auch oft der Fall ist. Was den Freundeskreis betrifft, bringen wir objektivierende Standpunkte ein, laufen aber Gefahr, mit zweierlei Maß zu messen: einerseits mit dem unseren, das auf unserer wohlbegründeten Analyse fußt, andererseits mit dem Maß, das auf dem Urteil der Gleichgesinnten basiert, mit denen wir es uns nicht verderben wollen. Es handelt sich hier übrigens vor allem um praktische oder um Sachthemen.

Mit dieser Stellung finden wir möglicherweise auf den Gebieten des 11. Hauses Arbeit, zum Beispiel in einem Verein, in der Politik oder in Organisationen. Gleichermaßen könnten hier Tätigkeiten angezeigt sein, bei denen wir starre Grenzen oder Formen im wörtlichen oder im zwischenmenschlichen Sinn durchbrechen.

Der Herrscher des 6. Hauses im 12. Haus

Hier geht es um unser Bedürfnis, zu überdenken und zu analysieren mit dem Ziel, die Erkenntnisse auf konkrete und nutzbringende Weise anzuwenden. Unsere kritischen Fähigkeiten und unsere Dienstbarkeit sind hier ein Instrument, um unserem Bedürfnis nach Absonderung und Loslösung, unserem Verlangen nach Einheit und einem reichen Innenleben, in dem die Rolle der weltlichen Begierden unwichtig geworden ist, Form zu geben. Das scheint an sich ein Widerspruch zu sein: ein sehr konkret und praktisch ausgerichtetes Haus, das einem formlosen und manchmal sogar chaotischen Haus als Instrument zur Entfaltung dient. Wir haben hier aber eine ganze Menge von Möglichkeiten.

An erster Stelle steht in diesem Fall das Bedürfnis nach Arbeit (das Mittel), bei dem Ruhe (der Zweck) eine wichtige Rolle spielt. Das kann zur Folge haben, daß wir allein und in der Abgeschiedenheit arbeiten oder hinter den Kulissen, wobei wir weniger persönliche Kritik der Öffentlichkeit fürchten müssen. Es kann sich hier aber auch um Arbeit handeln, bei der *innere* Ruhe sehr wichtig ist, wie Hypnose oder Meditation. Möglicherweise geht es auch um Tätigkeiten, die auf andere Weise unsere Emotionen ansprechen oder an unser Mitgefühl appellieren; wir können mit dieser Verbindung dann auch sehr aufopferungsvolle und dienstbare Tätigkeiten verrichten. Manchmal haben wir es hier mit sehr konkreten Auswirkungen zu tun: mit einer Arbeit etwa, die mit dem Meer oder zum Beispiel auch mit der Analyse von Betäubungsmitteln und Halluzinogenen zusammenhängt.

Psychologisch zeigt diese Verbindung, daß unser Vermögen zur Analyse und unser Blick für Details beeinträchtigt ist und daß die Gefahr besteht, auf Abwege zu geraten. Das 12. Haus führt manchmal dazu, daß die Konturen verschwimmen. Wir können uns manchmal selbst in übermäßiger Form kritisieren oder eine Kritik formulieren, die überhaupt nicht zutrifft – für uns selbst wie für andere. Es ist sehr wichtig, hier eine Vorgehensweise zu finden, bei der wir unser analytisches Vermögen positiv einsetzen können. Das kann beispielsweise in der Unterstützung von Abhängigen geschehen oder in der Sozialarbeit, bei der unser Einfühlungsvermögen gefragt ist; ferner in kreativer oder künstlerischer Arbeit, wo wir versuchen, in anderen eine empfindsame Saite zum Klingen zu bringen, oder auch, indem wir die Welt des Unsichtbaren ordnen, zum Beispiel mittels objektiver Forschung auf den Gebieten der Spiritualität, des Aberglaubens, der Meditation und so weiter.

Träume, Gefühle, plötzliche Eingebungen und andere Bilder aus unserem Inneren können uns bei der Arbeit auf den Weg helfen und uns bei der kritischen Auseinandersetzung mit uns selbst unterstützen. Bei dieser Verbindung ist die Beziehung zwischen

Körper und Geist mindestens so wichtig wie bei der Verbindung zwischen dem 8. und dem 6. Haus. Wir brauchen weder beim Herrscher des 6. Hauses im 12. Haus noch beim Herrscher des 12. Hauses im 6. Haus Angst davor zu haben, frühzeitig an den verschiedensten Gebrechen zu erkranken, ganz im Gegenteil. Wenn wir das Unbewußte des 12. Hauses kreativ anwenden, können wir einen längeren Atem als viele andere haben. Allerdings besteht die Möglichkeit, daß wir uns bis zur Erschöpfung verausgaben, da wir wegen unserer gefühlsmäßigen Anteilnahme manchmal einfach nicht mehr haltmachen können.

Herrscher von 6

Der Herrscher des 7. Hauses im 1. Haus

Auch bei dieser Häuserbeziehung ist die Beziehung zum anderen von großer Wichtigkeit, jedoch mit dem Unterschied, daß beim Herrscher des 1. Hauses im 7. Haus das 7. Haus (der andere also) das Ziel war, während beim Herrscher des 7. Hauses im 1. Haus letzteres das Entscheidende ist (wir selbst also). Mit dem Herrscher des 7. Hauses im 1. Haus haben wir das Bedürfnis nach einer Beziehung, in der wir entweder selbst tonangebend sind und sagen, »wo es langgeht«, oder zumindest nicht das Gefühl haben, daß unsere Aktivität und Manifestation durch den anderen behindert wird. Am liebsten ist uns ein Partner, der uns Freiheit läßt, sich trotzdem an uns gebunden fühlt und alles unterstützt, was wir wollen und was uns gefällt. Der Partner hat einen großen Einfluß auf unser äußeres Auftreten (der Herrscher des 7. Hauses ist hier schließlich Instrument) – allerdings modifizieren wir diesen meistens, da bei dieser Stellung Selbständigkeit ein wichtiges Bedürfnis ist.

Die Qualitäten des 7. Hauses wie der Wunsch, Frieden zu bewahren, Harmonie herzustellen oder Kompromisse zustande zu bringen können bei dieser Häuserbeziehung nach außen hin deutlich zum Ausdruck kommen. Deshalb ist damit auch oft ein sympathisches Erscheinungsbild verbunden. Ganz bestimmt besteht damit auch ein großes Interesse an anderen und gute Kontaktfähigkeiten. Die eigene freie Selbstmanifestation steht aber immer im Vordergrund.

Der Herrscher des 7. Hauses im 2. Haus

Auch bei dieser Häuserbeziehung sind Sicherheit und der Bereich der Partnerschaft eng miteinander verwoben, und auch hier sehen wir oft, daß der Partner zum Gefühl der Sicherheit beitragen soll, allerdings auf eine andere Weise als beim Herrscher des 2. Hauses im 7. Haus. Dort waren wir es, die dem Partner Mittel (2. Haus) anboten; hier dagegen ist der Partner (7. Haus) Instrument für unsere Mittel (2. Haus), wodurch dieser vielleicht sehr viel zu unserem materiellen Wohlergehen beiträgt, zum Beispiel bei einer Ehe mit einem »betuchten« Partner.

Es gibt aber noch viele andere Auswirkungsmöglichkeiten. So kann der Partner eine wichtige Rolle für unsere Motivation spielen oder in enger Verbindung zu unseren Lust- und Unlustgefühlen stehen. Vielleicht suchen wir aber auch einen Partner, der unsere Wertvorstellungen teilt und der ein gleichgeartetes Bedürfnis nach Sicherheit hat. Falls dem nicht so ist, könnten wir dazu neigen, dem Partner diese Werte hartnäckig aufzudrängen. Das hätte wiederum möglicherweise Konflikte zur Folge, da wir den anderen – als Lebens- oder Geschäftspartner – ja unbedingt brauchen, um unserem Bedürfnis nach Halt Ausdruck zu geben (der Herrscher des 7. Hauses ist hier schließlich Instrument des 2. Hauses). Im positiven Sinn sehen wir dann auch bei dieser Häuserbeziehung Kooperation von einem motivierenden, gemeinsamen Ideal aus (unabhängig davon, ob es geistiger oder materieller Natur ist).

Der Herrscher des 7. Hauses im 3. Haus

Diplomatisches Reden und Auftreten ist auch ein Kennzeichen dieser Häuserbeziehung. Hier ist ja unser Bedürfnis nach Harmonie, Ausgeglichenheit, nach unkomplizierten Kontakten zu anderen (dem Lebenspartner, dem Geschäftspartner oder überhaupt mit anderen Menschen) das Instrument für unser Denken und Reden. Freundliche Worte, ein angenehmes Verhalten, diplomatisches Auftreten und anderes mehr finden wir, wie beim Herrscher des 3. Hauses im 7. Haus, auch hier wieder. Auch bei dieser Verbindung besteht das ausgeprägte Bedürfnis nach mentalem Austausch mit dem Partner – hier aber sind wir es, die die Themen und den Verlauf der Gespräche bestimmen. Auf die Meinung des Partners wird allerdings sehr wohl Wert gelegt – dieser ist schließlich dazu imstande, unsere kontaktbezogenen und mentalen Aktivitäten stark zu stimulieren.

Auch in Angelegenheiten wie Handel, Verkehr und Übermittlung von Fakten und Gütern (3. Haus) kann der Partner einbezogen sein (entweder ist er tatsächlich direkt dabei behilflich, oder er trägt dazu bei, Fakten und Informationen zu besorgen, oder er gibt Ratschläge). Der Austausch mit dem Partner und seine Konzentration auf uns ist uns sehr wichtig.

Manchmal sehen wir bei dieser Häuserbeziehung auch eine abstraktere Auswirkung: Das 7. Haus spiegelt dann nicht mehr den Partner oder unsere Haltung ihm gegenüber wider, sondern vielmehr unser Bedürfnis nach Schönheit, Harmonie und Gleichgewicht. Eine gewählte Ausdrucksweise, eine schöne Schrift, Kalligraphie, die wohlgesetzte Rede, auf daß sie harmonischer fließe und angenehmer klinge und anderes mehr sind weitere Auswirkungsmöglichkeiten dieser Beziehung.

Der Herrscher des 7. Hauses im 4. Haus

Bei dieser Häuserbeziehung suchen wir – wie beim Herrscher des 4. Hauses im 7. Haus auch – einen häuslichen Partner, jemanden, der fürsorglich ist und in einem starken Maße zu unserem Gefühl der Geborgenheit beitragen kann. Aber es gibt einen Unterschied zum Herrscher des 4. Hauses im 7. Haus. Dort war die Art und Weise, wie wir unser Bedürfnis nach Häuslichkeit und gefühlsmäßiger Sicherheit zum Ausdruck bringen, den Wünschen des anderen untergeordnet, während es jetzt der Partner ist, der sich anpassen beziehungsweise sich unseren Vorstellungen beugen muß. Dieses Horoskopmerkmal können wir in der Tat bei Menschen finden, die einen folgsamen, fürsorglichen Partner haben oder sich einen solchen wünschen, jemanden, der ihnen einen sicheren Hafen bietet, unabhängig davon, ob der Betreffende nun oft zu Hause ist oder nicht.

Manchmal kommt es auch bei dieser Verbindung zur Zusammenarbeit mit einem Familienmitglied. Die Zusammenarbeit könnte sich dabei auf Familienangelegenheiten richten (Verwaltung des Besitzes beispielsweise) oder auf etwas, was mit Haus und Hof, Sicherheit und vielleicht auch der Tradition oder der Heimat zu tun hat. Wie dem auch sein mag: Beim Herrscher des 7. Hauses im 4. Haus ist es so, daß der Partner in unsere

Sphäre passen sollte – beim Herrscher des 4. Hauses im 7. Haus neigen dagegen wir dazu, uns an die Sphäre des Partners anzupassen.

Der Herrscher des 7. Hauses im 5. Haus

Wie beim Herrscher des 5. Hauses im 7. Haus spielt auch bei dieser Verbindung der Partner eine wichtige Rolle. Dieser kann uns ebenfalls in unserem Selbstvertrauen bestärken, allerdings von einer deutlich untergeordneten Position aus. Mit dieser Stellung erwarten wir vom Partner, daß er unsere Liebhabereien unterstützt und seinen Beitrag dazu leistet, daß wir Anerkennung und Bestätigung finden. Nur dann, wenn das Horoskop an anderer Stelle erkennen läßt, daß wir dienstbar veranlagt sind, ist davon auszugehen, daß wir uns in den Dienst des Partners stellen. Durch Dienstbarkeit und Unterstützung des Partners versuchen wir dann, Komplimente oder Anerkennung zu erhalten, was uns Selbstbestätigung verschafft. Grundsätzlich aber dürfte bei dieser Häuserbeziehung eher der Betreffende selbst der dominierende Teil sein.

Im Vordergrund steht beim Herrscher des 7. Hauses im 5. Haus die Tatsache, daß die Beziehung zum Partner – auf welche Weise auch immer – uns ein Gefühl der Bestätigung verschaffen und angenehm für uns sein muß. Es kann hiermit auch eine romantische, schwärmerische Einstellung verbunden sein, im Extremfall sogar Verhaltensweisen eines Don Juans.

Der Herrscher des 7. Hauses im 6. Haus

Bei dieser Häuserbeziehung stehen Partner und Arbeit wie beim Herrscher des 6. Hauses im 7. Haus in einer sehr engen Beziehung zueinander – allerdings liegt der Akzent bei der gemeinsamen Arbeit und den Arbeitsumständen jetzt mehr auf *unseren* Auffassungen (ungeachtet der Tatsache, daß wir auch mit dem Herrscher des 7. Hauses im 6. Haus nach Harmonie und Gleichgewicht bei der Arbeit streben). Manchmal sehen wir auch beim Herrscher des 7. Hauses im 6. Haus eine Beziehung, bei der der Partner (freiwillig oder durch die Umstände gezwungen) in unserer Unternehmung mitarbeitet oder uns die Arbeit erst möglich macht. Und häufig liegt der Beziehung auch ein praktischer oder nutzorientierter Gedanke zugrunde. Das 6. Haus ist schließlich praktisch und nicht spielerisch veranlagt, präzise und nicht stürmisch. Für die Zusammenarbeit mit anderen ist dies eine ausgezeichnete Häuserbeziehung, ebenso wie die zuvor beschriebene.

Von dieser Häuserverbindung wird manchmal behauptet, daß wir einen Partner mit schlechter Gesundheit heiraten könnten, den wir umsorgen müssen, oder jemanden, der auf andere Weise unsere Hilfe braucht. In der Praxis aber muß es nicht zu dieser Art von Verbindung kommen. Natürlich kann es durchaus sein, daß wir dem Partner gern zu Diensten sind – was im übrigen auch beim Herrscher des 6. Hauses im 7. Haus oft der Fall ist. Beim Herrscher des 7. Hauses im 6. Haus aber gehen wir hier doch auf eine Art und Weise vor, die gewährleistet, daß manches nach unseren Bedingungen geschieht.

Machte uns der Herrscher des 6. Hauses im 7. Haus schon sehr kritisch für das Thema Partnerschaft – sowohl hinsichtlich des privaten als auch des geschäftlichen Bereiches –, so gilt dies für den Herrscher des 7. Hauses im 6. Haus noch verstärkt. In diesem Fall ist der Partner als solcher unserer kritischen Einstellung (6. Haus) unterworfen, und wir erwarten von ihm, daß er sich den detaillierten Vorstellungen von Arbeit und Leben, wie wir sie haben, beugen sollte. Auch hier kann es zu einer sehr objektiven und distanzierten Haltung kommen, potentiell ebenfalls in einem größeren Maße als bei der vorherigen Verbindung. Wie dem auch sein mag – wenn wir einen Partner finden, mit dem wir uns mehr oder weniger einig sind, was die Arbeit oder die Arbeitsumstände betrifft, oder für den wir arbeiten, den wir umhegen können, werden wir mit der Verbindung zwischen dem 6. und dem 7. Haus sehr glücklich werden.

Beim Herrscher des 7. Hauses im 6. Haus können die verschiedensten Themen des 7. Hauses, wie zum Beispiel Diplomatie und Kontakte, eine angenehme Atmosphäre und Harmonie, aber auch Luxus (Stichwort Kosmetik) und die schönen

Künste zu unserem Arbeitsfeld gehören oder einen Teil unseres Wirkungsbereichs ausmachen.

Der Herrscher des 7. Hauses im 7. Haus

Die Erfüllung unseres Bedürfnisses nach einem Lebenspartner ist beim Herrscher des 7. Hauses im 7. Haus Mittel und Ziel zugleich; kein Wunder also, daß wir mit dieser Verbindung den Partner, ob wir das nun wollen oder nicht, für unser Wohlbefinden unbedingt brauchen. Unzählige Male hörte ich Menschen mit dieser Verbindung seufzen, daß sie nicht wüßten, was sie ohne ihren Partner anfangen würden. Das Fehlen eines Lebenspartners wurde als eine Unvollkommenheit erfahren, in weit höherem Maße, als dies normalerweise der Fall ist; es hatte sogar etwas existentiell Bedrohliches an sich.

Das ändert nichts daran, daß wir mit dieser Verbindung sowohl glückliche als auch unglückliche Beziehungen haben können, in Abhängigkeit von unserem Horoskop in seiner Gesamtheit und der Einstellung, die beide Partner auch in anderer Hinsicht besitzen. Der Herrscher des 7. Hauses im 7. Haus zeigt aber im Normalfall an, daß wir ohne weiteres dazu bereit sind, dem Partner lang zu folgen. Schließlich beinhaltet das 7. Haus auch unsere Bereitschaft zum Kompromiß: Die Kompromißbereitschaft ist mit dieser Stellung größer als üblich.

Der Mensch mit diesem Horoskopmerkmal wird anderen zuliebe immer wieder einen Mittelweg wählen oder einen Schritt zurück tun. Dies kann letztlich zu großen Problemen führen, wenn er damit seinem Horoskop zuviel Gewalt antut. In erster Linie wird er versucht sein, den Frieden zu wahren, eine harmonische Atmosphäre zu erhalten und viel mit dem Partner zusammen zu unternehmen, vor allem im gesellschaftlichen Leben. Ganz allgemein dürfte ihn das Bestreben leiten, dem anderen soweit wie möglich zu folgen und seine Handlungsweise zu verstehen. Manchmal könnte sich dies über Jahre hinweg darin äußern, daß er sich etwas vormacht – daß er zum Beispiel die Dinge beschönigt, wenn die Beziehung eigentlich schon keinen Daseinsgrund mehr hat. Andererseits aber können wir durch die Beziehung zu einem kameradschaftlichen Partner, der unsere Unsicherheit und oft ungewollte Abhängigkeit versteht und nicht mißbraucht, einen wichtigen Entwicklungsprozeß durchmachen. Weil der andere eine solch große Rolle für uns spielt, kann er sehr anregend auf uns wirken und uns dabei helfen, Eigenständigkeit und Selbstvertrauen zu entwickeln. Wenn der Partner aber unsere auf ihn gerichtete Bezogenheit mißbraucht, kommt es manchmal zu einer Art von »Folgsamkeit«, die von der Außenwelt als »Ausnutzung« interpretiert werden könnte.

Bei der Zusammenarbeit mit einem Partner neigen wir dazu, eine solche Folgsamkeit an den Tag zu legen und allem voran den Frieden zu bewahren beziehungsweise Kompromisse zu schließen. Wenn wir uns aber erst einmal selbst gefunden haben, können wir mit dem Herrscher des 7. Hauses im 7. Haus auch einen anderen Eindruck von uns vermitteln, sowohl gegenüber dem Geschäfts- als auch dem Lebenspartner. Dann können wir durchaus subtil und taktvoll den anderen *unsere* Auffassungen über die Beziehung fühlen lassen, so daß ein wahres Gleichgewicht entsteht. Wenn der andere das aber falsch auffaßt oder wir hier falsch vorgehen, können in der Beziehung große Probleme auftreten. Es kann dann zum anderen Extrem kommen, nämlich dazu, daß wir mit keiner Beziehung mehr zufrieden sind, die nicht hundertprozentig unseren Erwartungen entspricht.

Wie dem auch sei – mit dem Herrscher des 7. Hauses im 7. Haus ist der Kontakt zu einem Partner von vitaler Wichtigkeit für uns, um zu uns selbst zu kommen. Manchmal sind hier Extreme in der Beziehung möglich; im allgemeinen sind wir aber doch dazu in der Lage und willens, das meiste gütlich zu regeln.

Der Herrscher des 7. Hauses im 8. Haus

Unser Wunsch nach einem Lebenspartner und unsere Haltung ihm gegenüber richten sich auf unser Bedürfnis, im Leben auf Herausforderungen zu reagieren und zum Kern der Dinge vorzudringen, sowohl im Hinblick auf unsere Komplexe und Neurosen als auch bezüglich unserer verborgenen Gaben und Talente. Was Beziehungen betrifft, ist dies eine sehr intensive Häuserverbindung. Wir suchen hier von einer Alles-oder-Nichts-Haltung aus die ideale Beziehung, um anschließend mit dem anderen einen Kampf auszufechten, in dem wir ausprobieren wollen, wie weit wir gehen können und über welche Macht der andere verfügt – was unter Umständen zu einem öffentlichen Machtkampf führen kann. Zumeist aber wird es sich darauf beschränken, daß wir den anderen eine Zeitlang (sehr häufig auch unbewußt) aus der Reserve locken und herausfordern, bis wir schließlich wissen, wo die Grenzen liegen. Und dann gibt es oft nichts mehr, was die Beziehung erschüttern kann: Das Unterste ist zuoberst gekehrt und alles geklärt worden. Es ist wohl unnötig zu erwähnen, daß wir mit dieser Verbindung in den meisten Fällen nach einem Partner suchen, der uns Paroli bieten kann. Es kann natürlich sein, daß der Partner uns nicht gewachsen ist – was zur Folge hat, daß die Beziehung dann nicht befriedigen kann, weil die Spannung des Kampfes für uns eine Notwendigkeit darstellt, um uns vollständig auf den Partner einlassen zu können.

Die Beziehung kann hier im allgemeinen unser Wachstum sehr fördern. Sie konfrontiert uns (manchmal auf sehr direkte Weise!) mit unseren Schattenseiten. Der Partner ist hier schließlich das Instrument, mit dem wir zu unseren eigenen Tiefen vordringen können – die Beziehung zu ihm zwingt uns dazu, daß wir uns selbst hingeben und uns mit dem Leben auseinandersetzen. Dieser Prozeß äußert sich auf konkreter Ebene dann zumeist in der sexuellen Hingabe an den Partner: Manchmal spielt Sex in der Beziehung hier die entscheidende Rolle.

Wenn wir der Konfrontation mit uns selbst aus dem Wege gehen, könnten wir mit dieser Stellung in der Beziehung ausgesprochen dominant sein. Macht (als Folge des Dranges, all das, was unangenehm ist, zu unterdrücken) gehört schließlich auch zum 8. Haus. Dann ist es der Partner, der sich nach uns zu richten hat.

Was das Thema Zusammenarbeit betrifft, gilt in groben Zügen dasselbe. Ich habe bei einer ganzen Reihe von Menschen mit dieser Verbindung gesehen, daß es infolge einer wichtigen Zusammenarbeit oder Partnerschaft zu einschneidenden – und oft durchaus vorteilhaften – Veränderungen kam. Diese waren auch nicht in allen Fällen von tiefen Krisen oder ähnlichen Erscheinungen begleitet. Allerdings sind mir auch Menschen mit dieser Häuserbeziehung begegnet, die sich bei der Arbeit als wahre »Sklaventreiber« erwiesen – sie versuchten auf diese Art und Weise, ihren Problemen zu entkommen. Wie dem auch sein mag, die Beziehung kann uns hier in einem wichtigen Maße verändern und uns helfen, unsere verborgenen Gaben und Talente zu erkennen. Sie kann aber ebensogut, wenn wir nicht mit uns ins reine kommen, zu einem erbitterten Machtkampf führen.

Der Herrscher des 7. Hauses im 9. Haus

Unser Bedürfnis nach einem Lebenspartner und unsere Haltung ihm gegenüber richten sich auf das Reisen in der Welt beziehungsweise im Geiste, auf die Erweiterung unseres Horizonts und auf die Notwendigkeit, eine eigene Meinung und Lebensanschauung zu entwickeln. Wir haben mit dieser Verbindung ein großes Bedürfnis nach einem Partner, mit dem wir eine Religion oder soziale Vision, Einsichten oder Anschauungen teilen können. Im Vordergrund steht allerdings, daß wir unsere Vision nicht vom Partner beziehen, sondern daß dieser lediglich eine Rolle bei deren Formung spielt – und sie gleichermaßen auch teilt. Gespräche mit dem Partner führen hier zu Veränderungen und zur Revision. An unseren Ausgangspunkten oder unseren grundsätzlichen Anschauungen lassen wir dagegen nicht rütteln.

In der Beziehung geht es uns hauptsächlich um die Möglichkeit zu Wachstum und Entwicklung, nicht so sehr in psychischer Hinsicht, sondern mehr in bezug auf Studium, Freiheit und Entfaltungsmöglichkeiten ganz allgemein. Im 9. Haus liegt unser Bedürfnis nach Perspektiven und Erwartungen für die Zukunft; mit einer Beziehung, von der keine Stimulation und keine Perspektiven ausgehen, werden wir in diesem Fall nicht glücklich sein. Wir brauchen Bewegungsfreiheit und gönnen diese auch dem anderen. Die Beziehung, in der beide Partner einander unterstützen –

vielleicht sogar dasselbe studieren –, gehört zu den positiven Auswirkungen dieser Verbindung.

Auch die Liebe zum Reisen kann mit dem Partner geteilt werden. Von dieser Beziehung wird manchmal gesagt, daß eine Heirat mit einem Ausländer oder einem Menschen mit einem vollkommen andersartigen ethnischen, sozialen oder kulturellen Hintergrund durchaus wahrscheinlich ist. Dies muß meiner Erfahrung nach aber nicht unbedingt der Fall sein.

Mit dem Herrscher des 7. Hauses im 9. Haus besitzen wir oft einen ausgeprägten Gerechtigkeitssinn. Das 7. Haus als Haus der Harmonie und des Friedens ist hier das Instrument für die Suche nach Recht und Wahrheit. Was die Zusammenarbeit betrifft, so streben wir nach Freiheit, billigen unseren Partnern aber ebensoviel Freiraum zu. Das Ausland, das Studium, die Übermittlung von Wissen oder die persönliche Überzeugung beziehungsweise das Streben nach Gerechtigkeit können in der Zusammenarbeit eine wichtige Rolle spielen.

Der Herrscher des 7. Hauses im 10. Haus

Unser Bedürfnis nach einem Lebenspartner und unsere Haltung ihm gegenüber hängen bei dieser Verbindung eng mit dem Aufbau des Bildes, das wir von uns selbst haben, und mit unserer gesellschaftlichen Position und unserer Karriere zusammen. Der Partner spielt hier eine große Rolle bei der Abgrenzung unserer Identität und beeinflußt auch in hohem Maße unsere Einstellung zu uns selbst und der Gesellschaft. Da sich dies alles auf das 10. Haus richtet, ist das Maß, in dem wir den Einfluß des anderen zulassen, aber von unseren eigenen Grenzen, unseren eigenen Werten und unseren eigenen Auffassungen abhängig. Beim Herrscher des 10. Hauses im 7. Haus ist das umgekehrt, dort gibt der Partner den Ausschlag.

Mit dem Herrscher des 7. Hauses im 10. Haus suchen wir einen Partner, der unsere Ziele und unsere Karriere unterstützt, sei es direkt in Form von Zusammenarbeit, gemeinsamen Plänen oder unmittelbaren Anregungen, sei es indirekt, indem er sich um all das kümmert, was nicht in engem Zusammenhang zu unseren Zielen steht. Ein solcher Partner muß durchaus kein Sklave sein: Ich habe in diesen Fällen mehrmals sehr fähige, energische Partner mit eigenen Interessengebieten erlebt, die dem anderen durch ihre Aktivitäten direkt oder indirekt Unterstützung gewährten.

Mit dieser Verbindung können wir an sich sehr gut mit anderen zusammenarbeiten. Allerdings sind hier einige Voraussetzungen zu nennen, von denen die wichtigste wahrscheinlich die ist, daß alle Beteiligten ihre eigenen Aufgaben mit einem klar abgegrenzten Verantwortungsbereich haben. Weiterhin sollte die Zusammenarbeit vor allem dem Erreichen eines gesellschaftlich anerkannten Ziels dienen. Wir stellen zwar mit dieser Verbindung unsere eigenen Werte und (gesellschaftlichen) Auffassungen in der Beziehung oder bei der Zusammenarbeit in den Vordergrund, schätzen aber die Meinung, Hilfe und den Einsatz des Partners sehr (oftmals haben wir auch das Bedürfnis nach allgemeiner Zustimmung). Es ist also keine Stellung, die mit großer Eigenwilligkeit oder Rücksichtslosigkeit einhergeht.

Weil für das 7. Haus Harmonie und Frieden außerordentlich wichtig sind und für das 10. Haus die Karriere und damit die Arbeit, bilden Themen des 7. Hauses hier oft einen Bestandteil unserer Betätigung – wie zum Beispiel bei einer Beschäftigung im diplomatischen Dienst oder bei einer Arbeit, die mit Harmonie und Ästhetik zu tun hat. Aber auch bei Betätigungen, bei der rednerische Gaben (vielleicht auch das »Schönreden«) gefragt sind wie beispielsweise in der Politik, kann diese Verbindung zum Tragen kommen.

Der Herrscher des 7. Hauses im 11. Haus

Unser Bedürfnis nach einem Lebenspartner und unsere Haltung ihm gegenüber sind bei dieser Häuserbeziehung eng mit unserem Bedürfnis nach Kontakten zu Gleichgesinnten, Freunden und Menschen, mit denen wir uns auf die eine oder andere Art innerlich verwandt fühlen, verwoben.

Sowohl beim Herrscher des 7. Hauses im 11. Haus als auch beim umgekehrten Fall haben wir das Bedürfnis nach einer kameradschaftlichen Form der Ehe, Partnerschaft oder Beziehung. Toleranz wiegt in der Beziehung zum Lebenspartner schwerer als Sex. Beide Häuserverbindungen sind im äußerlichen Sinn nur schwer voneinander zu unterscheiden; es gibt aber einen Unterschied: Beim Herrscher des 7. Hauses im 11. Haus sind Freundschaft und Kameradschaft das Hauptziel; es stehen Kontakte auf der Basis der Gleichheit im Vordergrund. Wenn wir Freunde haben, die unserem Partner nicht zusagen (wir sind bei dieser Verbindung durchaus auf dessen Zustimmung aus), so werden wir sie doch nicht aus diesem Grund allein aufgeben (was beim Herrscher des 11. Hauses im 7. Haus durchaus der Fall sein kann). Beim Herrscher des 11. Hauses im 7. Haus ist Freundschaft zwar sehr wichtig, sie spielt aber weder als solche noch innerhalb der Beziehung die Hauptrolle.

In beiden Fällen haben wir das Bedürfnis nach viel Freiheit in der Beziehung. Wir brauchen das Gefühl, uns in unserem Selbstausdruck so entfalten zu können, wie wir das selbst wollen (und machen dann davon oft keinen Gebrauch). Auch suchen wir einen Partner, der dieselben Freiheitsideen vertritt. Moderne Formen von Partnerschaft passen gut zu diesen beiden Verbindungen – allerdings kann beim Herrscher des 7. Hauses im 11. Haus die Beziehung dazu dienen, Rollenmuster und Grenzen zu durchbrechen, während beim Herrscher des 11. Hauses im 7. Haus derartige Durchbrüche der Beziehung dienen sollen.

Die Neigung bei dieser Stellung, dem Lebenspartner eine wichtige Rolle in unserem Freundeskreis zuzugestehen, birgt die Gefahr in sich, Liebe und Freundschaft miteinander zu verwechseln. Möglicherweise verbinden wir uns mit einem Partner, der uns zwar ein Freund sein kann, sich aber nicht zum Lebensgefährten eignet. Vielleicht versuchen wir vor dieser Tatsache die Augen zu verschließen, indem wir uns für eine moderne oder freie Form der Beziehung entscheiden (was auch gut zu dieser Verbindung paßt) – damit gehen wir aber das Risiko ein, daß unsere Bedürfnisse zu kurz kommen. Kameradschaft bedeutet schließlich nicht Liebe.

Wir neigen auch dazu, die Form und den Inhalt, die wir einer Beziehung geben, von den Normen der Gruppe abhängig zu machen, zu der wir uns zugehörig fühlen (mit dem Herrscher des 7. Hauses im 11. Haus neigen wir dazu, uns an der Gruppenmeinung zu orientieren). Wenn wir dann – andererseits – einen Partner suchen, der unseren Ansprüchen der Freiheit und Kameradschaft genügt, kommt es faktisch zum Widerspruch hinsichtlich dieser Abhängigkeit. Insofern sind bei dieser Verbindung sehr wohl Extreme möglich: der Beziehungsindividualist einerseits und andererseits derjenige, der voll und ganz in der Erlebniswelt des Partners aufgeht. Am häufigsten sind allerdings – wie bei den anderen Häuserbeziehungen auch – die verschiedenen Zwischenformen.

Der Herrscher des 7. Hauses im 12. Haus

Unser Bedürfnis nach einem Lebenspartner und unsere Haltung ihm gegenüber richten sich auf unser Bedürfnis nach Absonderung und Loslösung, auf unser Verlangen nach Einheit und einem reichen Innenleben, in dem die Rolle der weltlichen Begierden unwichtig geworden ist. Es ist dies eine Verbindung, die – genau wie der Herrscher des 12. Hauses im 7. Haus – extreme Auswirkungen haben kann. Ein formloses Haus wie das 12., das der Beziehung die Richtung weisen soll, kann leicht zu Verwirrung oder Entgleisungen führen.

Diese Gefahr ist hier sehr groß. Mit dieser Verbindung haben wir oft sehr idealistische Ansichten zu Beziehungen, sind bereit, große Opfer dafür zu bringen, und können uns selbst ganz und gar verleugnen. Die Gefahr dabei ist, daß wir Liebe (7. Haus) und Mitleid (12. Haus) miteinander verwechseln und jemanden heiraten oder mit jemandem zusammenziehen, den wir nett finden und von dem wir bewußt oder unbewußt wissen, daß er uns braucht. In einzelnen Fällen gehen wir die Verbindung aus einem unbestimmten Schuldgefühl heraus ein (ebenfalls ein Merkmal des 12. Hauses). Getrieben durch ein Ideal, eine Religion oder eine andere Quelle sind wir dazu imstande, die Rolle der Hilfsbereitschaft sehr lange ohne Murren zu spielen – und in gewisser Weise formen wir die Beziehung damit auch tatsächlich nach unseren Vorstellungen. Doch brauchen wir mit dieser Verbindung innerhalb der Beziehung einen Punkt oder Platz, wohin wir uns regelmäßig zurückziehen können, um aufzutanken oder zu uns selbst zu kommen. Das kann der Beziehung sehr guttun, auch wenn der Partner dies aus Unverständnis vielleicht als bedrohlich empfindet. Mit dem Herrscher des 7. Hauses im 12. Haus haben wir Ruhe in vielerlei Hinsicht nötig, um die Beziehung wieder mit Leben erfüllen zu können.

Da wir in diesem Fall die Beziehung auf dem Gebiet des Kollektiven zum Ausdruck bringen müssen, kann der Herrscher des 7. Hauses im 12. Haus auch die Gefahr bedeuten, daß wir in das Verliebtsein verliebt sind und nicht in den Partner; oder, anders ausgedrückt, daß wir unbewußt den Rausch dem prosaischen Element vorziehen, das das tägliche Leben in jeder Beziehung zum Vorschein bringt. Es dauert dann lange, bis wir den anderen wirklich kennenlernen, weil wir allerlei Traum- und Trugbilder, Ideale und Phantasien auf den Partner projizieren. Mit dieser Häuserverbindung sind wir oft lange unschlüssig, welche Form wir der Beziehung geben könnten.

Der Herrscher des 7. Hauses im 12. Haus bedeutet aber auch eine ganze Reihe von nicht zu unterschätzenden Pluspunkten, vorausgesetzt, daß wir uns der Welt des Unbewußten öffnen. Wir können eine innige Bindung mit dem Partner erleben, die durch nichts zu erschüttern ist, ohne daß wir nun genau sagen könnten, worauf die Bindung beziehungsweise ihre Anziehungskraft nun eigentlich beruht; ich habe hier mehrfach einen fast telepathisch anmutenden Kontakt bemerkt. Es ist auch gut möglich, daß wir in spiritueller oder anderer Hinsicht einen Menschen treffen, mit dem wir Gefühle gemeinsam haben, über die wir mit niemand anderem reden können, was dann die Basis einer soliden Beziehung bildet. Eigentlich lieben wir mit dieser Stellung die ganze Welt – und der Partner ist für uns das Symbol dieser Liebe (was ihm schon einmal das Gefühl geben kann, seine Rolle in der Beziehung nicht selbst bestimmen zu können, woraus wiederum die Gefahr resultiert, daß wir unter dem Gefühl leiden, ent-

Herrscher von 7

261

täuscht oder betrogen zu werden). Doch wie dem auch sein mag: Bei allen chaotischen Elementen hinsichtlich der Beziehung (oder der Zusammenarbeit), die hier wirken können, handelt es sich um eine ideale Häuserverbindung für Menschen, die an einem reichen Innenleben auf hohem geistigem Niveau interessiert sind.

Der Herrscher des 8. Hauses im 1. Haus

Die Eigenschaften und Werkzeuge, die mit dem 8. Haus verbunden sind, werden nun zu dem Instrument, das uns eine Haltung nach außen hin verleiht. Manchmal wird behauptet, daß die Person mit dem Herrscher des 8. Hauses im 1. Haus einen Mord begeht oder Selbstmord verübt beziehungsweise ermordet wird (manchmal wird das auch vom Herrscher des 1. Hauses im 8. Haus gesagt). Es sind in der Tat bei dieser Häuserbeziehung Fälle von (Selbst-)Mord bekannt – es gibt aber auch zahllose Fälle, in denen dies nicht so war. Deshalb sind diesbezügliche Aussagen zu unterlassen. Niemals sollten dem Betroffenen gegenüber derartige Anspielungen gemacht werden.

Unser Bedürfnis zu entwirren und zu entlarven äußert sich in unserer äußeren Haltung. Das bedeutet, daß alles, was auf uns zukommt, erst eine ganze Reihe von Prüfungen bestehen muß, bevor wir es für gut erachten. Das gibt dem Charakter an sich bereits etwas Reserviertes; hinzu kommt aber noch oft eine neugierig-herausfordernde und gleichzeitig abwartende Haltung. Letztere Eigenschaft wird übrigens von der Außenwelt oft als sexuell attraktiv eingeschätzt.

Der Kampf, den wir mit uns selbst und unseren verborgenen Inhalten führen, spielt sich in diesem Haus ab. Dadurch strahlen wir manchmal, wie unabhängig und reserviert wir auch zu sein versuchen, doch aus, daß wir mit dem einen oder anderen Thema in Verbindung mit diesem Haus Probleme haben. Die Umgebung merkt recht schnell, daß hier etwas nicht stimmt, auch dann, wenn wir uns mit keinem Wort dazu äußern. Auch erfahren wir mit dieser Stellung unsere Verletzlichkeit im täglichen Kontakt so intensiv, daß wir oft mit einer Haltung der Stärke diese Unsicherheit zu kaschieren versuchen. Vielfach sind wir bestrebt, in unserer Umgebung eine Machtposition einzunehmen.

Herrscher von 8

Der Herrscher des 8. Hauses im 2. Haus

Alles, was mit dem 8. Haus zu tun hat, können wir einsetzen, um Sicherheit zu gewinnen (manchmal auch in Form eines Einkommens). Das 8. Haus »geht in die Tiefe« – und darum sind Archäologie, Tiefseetauchen, das Okkulte, die Chirurgie, (Para-) Psychologie, die experimentelle Physik, die Arbeit der Kriminalpolizei oder der Geheimdienste und dergleichen mehr geeignete Instrumente, den eigenen Wertvorstellungen Ausdruck zu verleihen (das 8. Haus als Instrument) sowie sie zu bestätigen (beispielsweise im konkreten Sinn dadurch, daß wir durch sie unser Einkommen erzielen). Auch größere Geldgeschäfte können hier eine Rolle spielen.

Wir können ein Gefühl von Sicherheit bekommen, indem wir das Unsichere aufsteigen lassen (weil es sich um das 8. Haus handelt). Die Beschäftigung mit dem Verborgenen kann uns sehr stark motivieren. Wenn wir uns mit der Materie auseinandersetzen, können wir auf eine sehr intensive Art mit ihr umgehen. Ein Beispiel hierfür wäre der Angestellte, der für eine Bank arbeitet und genau weiß, was möglich ist und was nicht, oder der Künstler, der sehr viel Ausdruck in sein Werk zu legen versteht, was ihm zugleich ermöglicht, ein Gefühl der Ruhe zu erlangen und seine Lust- und Unlustgefühle in einen Zustand der Ausgewogenheit zu bringen.

Problemlösung (8. Haus) mittels der Formgebung beziehungsweise Beschäftigung mit der Materie (2. Haus) ist ein Merkmal beider Beziehungen zwischen diesen Häusern. Beim Herrscher des 2. Hauses im 8. Haus stellt der Umgang mit der Materie für uns ein Mittel dar, zu unseren Problemen vorzudringen (beispielsweise in Verbindung mit Kreativität – und keinesfalls nur auf mentale Art!). Mit dem Herrscher des 8. Hauses im 2. Haus dagegen beziehen wir unseren schöpferischen Umgang mit der Materie darauf, bereits erkannte Probleme zu lösen oder in kreative Prozesse umzusetzen, was uns zu einem gesteigerten Wohlbefinden und zu neuer Motivation für neue Aktivitäten verhilft. Manchmal kann auch das bildhafte Darstellen der Probleme (auf konkrete oder auf symbolische Weise) mit dem Herrscher des

8. Hauses im 2. Haus ein heilsamer Prozeß sein, der uns ein Gefühl des Halts in uns selbst verschafft.

Das 8. Haus kann zwanghaft wirken, beispielsweise in Verbindung mit Überkompensationen. Dann kann der Herrscher des 8. Hauses im 2. Haus bedeuten, daß wir aus Unsicherheit heraus – die wir sehr stark fühlen, wenn der Herrscher dieses mit Herausforderungen und Ängsten verbundenen Hauses in einem nach Sicherheit strebenden Haus steht – auf zwanghafte Art nach einem konkreten Halt und nach Sicherheit suchen. Das könnte sich so auswirken, daß wir alles mögliche sammeln, daß wir nichts wegwerfen können oder auch in anderer Hinsicht nichts aus der Hand geben. In positivem Sinn jedoch sind wir mit dieser Verbindung in der Lage, Ruhe zu finden, indem wir unsere Unruhe, unsere Herausforderungen und den Kampf mit uns selbst in unser Leben integrieren.

Der Herrscher des 8. Hauses im 3. Haus

Unsere Suche nach Intensität und Tiefgang, aber auch die Konfrontation mit uns selbst sind hier Instrumente des 3. Hauses, stehen also im Dienst unseres Denkens und unserer Kontakte. Das hat oft zur Folge, daß wir nach einer bestimmten Art von Fakten und Kontakten suchen, solchen nämlich, die mehr zu bieten haben als oberflächliches Wissen oder Kommunizieren. Diese Beziehung gibt dem rastlosen, vom Hundertsten ins Tausendste kommenden 3. Haus etwas Ruhiges. Wir neigen mit dieser Stellung dazu, die Dinge etwas gründlicher zu betrachten, was zu einer intensiveren Form der Verarbeitung führt; doch kann unser Bedürfnis nach Tiefe in Gesprächen auch zu Problemen führen. Das 3. Haus steht für unsere informellen, beiläufigen Kontakte – mit dem Herrscher des 8. Hauses im 3. Haus aber haben wir wenig oder gar kein Bedürfnis nach solchen Kontakten, da sie uns zu nichtssagend sind. Das kann dann zu Reserviertheit führen (wenig reden, viel beobachten) oder auch dazu, daß wir unseren Einfluß (Macht gehört ebenfalls zum 8. Haus) geltend machen, um das Gespräch in die Bahnen zu lenken, die uns lieb sind. Dies birgt das Risiko in sich, daß wir auf eine manipulative oder diktatorische Weise vorgehen.

Das 8. Haus hat auch mit dem Verarbeiten von Problemen zu tun beziehungsweise mit Verdrängungsmechanismen, wenn wir etwas nicht verarbeiten wollen oder können. Das Verdrängen führt hier oft zu dem zwingenden Bedürfnis, uns auf dem Gebiet von Wissen und Informationen zu beweisen, um damit unsere Unsicherheit zu verbergen. Durch eine solche Haltung aber isolieren wir uns, da es so zu keinem wahren Kontakt und Austausch kommen kann, weil wir den Lauf der Gespräche in eine bestimmte Richtung zwingen.

In weniger problematischen Fällen können wir mit dem Herrscher des 8. Hauses im 3. Haus uns selbst und andere dazu anregen, manches etwas tiefergehend beziehungsweise von einem anderen Standpunkt aus zu betrachten. Konkret gesehen könnten wir uns damit vielleicht auf eine eindringliche und intensive Art mit Mängeln in Verbindung mit Verkehr, Transport, Handel oder der Lehre beschäftigen. Wir wenden damit unsere Fähigkeit, Probleme gründlich und intensiv zu behandeln, auf das Gebiet des 3. Hauses an, mit dem Ziel, Verbesserungen vorzuschlagen beziehungsweise durchzuführen.

Der Herrscher des 8. Hauses im 4. Haus

Zugang zu unseren verdrängten und unbewußten Problemen zu finden ist hier ein Versuch, um ein Gefühl der emotionalen Stabilität zu erlangen. Unser Bedürfnis nach Tiefgang und das Bestreben, zum Kern der Dinge vorzudringen, aber auch die Konfrontation mit uns selbst und unseren Komplexen, Neurosen, verborgenen Gaben und Talenten richten sich hier auf die gefühlsmäßige Geborgenheit und Sicherheit, in ganz konkretem Sinn auch die unseres Zuhauses. Wie beim Herrscher des 4. Hauses im 8. Haus geht es auch hier um eine Ausgangssituation, die zunächst einmal keine Sicherheit bietet. Häufig sehen wir auch in diesem Fall, daß die eine oder andere Erfahrung oder Situation der Kindheit tiefe Spuren hinterlassen hat (ob der Betreffende sich diese Erfahrung bewußt eingesteht oder nicht, ist eine andere Frage).

Mit dieser Stellung haben wir ein enormes Bedürfnis nach einer intensiven emotionalen Verbindung zur Umgebung, häufig in einem Ausmaß, das nicht einfach zu befriedigen ist. Manchmal verlangen wir zuviel, und vielleicht finden wir uns dann in einer Situation wieder, in der wir auf uns allein gestellt sind. Die intensive Suche nach gefühlsmäßiger Sicherheit und Bestätigung kann sich mehr oder weniger vollständig im Unbewußten abspielen. Wir sind uns dann manchmal gar nicht im klaren darüber, daß wir unserer Umgebung so fordernd gegenübertreten. Das hat zur Folge, daß wir einfach nicht verstehen, warum es zu negativen Reaktionen seitens der anderen kommt.

Eine weitere Auswirkungsmöglichkeit wäre, daß wir uns wegen unserer übermäßigen Verletzlichkeit vollständig in die aufopferungsvolle Hingabe an eine bestimmte Tätigkeit versenken und uns dadurch abschotten. Diese Beschäftigung könnte mit Pflege und Fürsorge im umfassendsten Sinn zu tun haben.

Früher oder später ist es bei dieser Stellung so, daß wir dem ins Auge sehen müssen, was uns so tiefgehend geformt hat – womit wir dann die Möglichkeit besitzen, diese Erfahrungen endlich zu verarbeiten. Ich habe häufig gesehen, daß Menschen mit dem Herrscher des 8. Hauses im 4. Haus sich sehr veränderten – und zwar vielfach in sehr positiver Weise –, als sie eine neue Haltung zu ihrer Kindheit und Vergangenheit, zur Familie und den emotionalen Bindungen überhaupt gewannen.

Mit dieser Stellung können wir ein gutes Gefühl für Jugend- und Familienpsychologie entwickeln. Wenn wir aber den Kopf vor den Problemen, die sich in Verbindung mit den Emotionen ergeben, in den Sand stecken, könnte es dazu kommen, daß das Bedürfnis nach Macht und Manipulation in den Vordergrund tritt. Diese Macht ist dann zum Instrument geworden, um uns eine emotionale Ausdrucksform zu erschließen. Mit anderen Worten: Erst dann, wenn wir eine bestimmte Machtposition, im kleinen oder im großen, erobert haben, wagen wir es, etwas Zuneigung, Gefühl oder Häuslichkeit erkennen zu lassen. Insofern sind bei dieser Häuserbeziehung zwei Extreme möglich

Herrscher von 8

267

(mit allen verschiedenen Zwischenformen): das des Familientyranns (was glücklicherweise nicht sehr häufig ist) oder das desjenigen, der imstande ist, die Probleme der Familie zu ergründen.

Es ist häufig auch zu beobachten, daß wir in diesem Fall viel Energie oder auch Geld daransetzen, um eigenen Grund und Boden oder ein eigenes Haus zu erwerben oder um die Wohnumgebung gemäß den persönlichen Vorstellungen zu gestalten. Dies alles kann dazu beitragen, uns Ruhe zu verschaffen – mit dem Herrscher des 8. Hauses im 4. Haus bei einer sehr unruhigen und problematischen Ausgangslage.

Der Herrscher des 8. Hauses im 5. Haus

Hier stellen unser Bedürfnis nach Intensität, nach geistiger Suche und nach der Konfrontation zwischen uns und den anderen, um das Unterste zuoberst zu kehren und unseren Komplexen und Verdrängungen ins Auge zu sehen, aber auch die verborgenen Gaben das Instrument dar, um Selbstvertrauen zu erlangen und Spaß an unseren Aktivitäten zu haben. Wie beim Herrscher des 5. Hauses im 8. Haus sehen wir auch hier einen zwiespältigen Ausgangspunkt, denn der Weg zu Spaß und Selbstvertrauen kann hier sehr ernsthaft verfolgt werden. Der Herrscher des 8. Hauses im 5. Haus konfrontiert uns oft früher oder später mit der Notwendigkeit, Selbsterforschung zu betreiben, weil wir sonst das Risiko eingehen, uns von anderen zu isolieren. Aus Angst und Abwehr (8. Haus) könnten wir nämlich bei dieser Häuserbeziehung darauf aus sein, die Zügel in die eigenen Hände zu nehmen und eine Position zu bekleiden, ohne anderen Raum zu lassen – was zur Folge hätte, daß wir trotz unserer vermeintlich strahlenden Erscheinung doch einsam sind. Letzteres aber kann uns dazu zwingen, die Augen zu öffnen und tiefer in uns zu schauen.

Allerlei Angelegenheiten des 8. Hauses können hier zu einer Liebhaberei werden, beispielsweise die (Para-) Psychologie, Archäologie, das Tiefseetauchen und Detektivarbeit oder wissenschaftliche Forschung. Kurzum: Es geht um Dinge, in denen etwas Verborgenes liegt, das entlarvt, enthüllt oder bloßgelegt werden muß.

Weil der Kampf zwischen Lebensdrang und Todestrieb auch im 8. Haus ausgetragen wird, fühlen wir uns bei dieser Häuserbeziehung oft erst dann wohl, wenn wir das Leben herausfordern und testen, wie weit wir gehen können – meistens in psychischer Hinsicht, aber manchmal auch körperlich (wofür beispielsweise tollkühner Mut und Filmstunts anzusprechen wären). Eine andere, unbewußte Triebfeder ist die, den Tod dadurch überwinden zu wollen, daß wir unserer eigenen einzigartigen Individualität auf kreative Weise Geltung verschaffen: in einer herausragenden Tat, einem mit Hingabe angefertigten (Kunst-)Werk und so weiter. Und mit der Intensität und wahrhaften Kreativität des 8. Hauses als Instrument können wir zu eigensinnigen, dabei aber doch einzigartigen (Lebens-)Künstlern werden – unter der Voraussetzung, daß uns die Problematik des 8. Hauses nicht in mehr oder weniger großem Ausmaß lähmt.

Der Herrscher des 8. Hauses im 6. Haus

Auch mit dem Herrscher des 8. Hauses im 6. Haus können die beim Herrscher des 6. Hauses im 8. Haus beschriebenen Fluchtmechanismen verbunden sein. Wir neigen mit dieser Häuserbeziehung ebenfalls dazu, Komplexe und Neurosen in der Arbeit abzureagieren, beziehungsweise zu dem Versuch, ihnen dort zu entfliehen. Es gibt aber einen Unterschied zum Herrscher des 6. Hauses im 8. Haus. Bei letzterem führten Arbeit, Dienstbarkeit, Krankheit und Gesundheit unwiderruflich zu einer Konfrontation mit uns selbst, die uns vor die Wahl stellte, entweder den Kopf in den Sand zu stecken oder aber den Problemen ins Auge zu sehen. Beim Herrscher des 8. Hauses im 6. Haus dagegen versuchen wir, die Probleme in unserer Arbeit zum Ausdruck zu bringen, ungeachtet dessen, ob dies bedeutet, den Kopf in den Sand zu stecken oder die Schwierigkeiten tatsächlich anzugehen.

Wir können mit dieser Stellung einen enormen Arbeitseinsatz und große Intensität an den Tag legen und härter und länger als alle anderen arbeiten; möglicherweise fordern wir auch von unseren Untergebenen und Mitarbeitern zu viel – was auch damit zusammenhängt, daß wir gegenüber uns selbst so anspruchsvoll sind. Wir verlangen um so mehr, je mehr wir mit uns selbst Verstecken spielen; dies kann sich aber auch ins Gegenteil verkehren, wenn wir es wagen, unsere Komplexe und neurotischen Züge anzugehen und unsere verborgenen Gaben zu erschließen. Dann können psychische Einsicht, Verständnis für die Probleme der anderen, Erkenntnisse in das Wesen der verschiedensten Dinge, Einsichten in Machtstrukturen und so weiter uns in die Lage versetzen, zu einer ausgewogenen Arbeitshaltung zu gelangen, in der wir unsere Forderungen auf die Möglichkeiten und Neigungen der Menschen mit ihren unterschiedlichen Charakteren abstimmen.

Die Bereitschaft, immer für andere da zu sein und hart zu arbeiten, wird bei dieser Häuserbeziehung oft von der Allgemeinheit sehr geschätzt – in vielen Fällen aber resultiert sie aus inneren Problemen, die so kaschiert werden sollen. Auch mit dieser Häuserverbindung kann eine tiefe Einsicht in die Beziehung zwischen Körper und Geist verbunden sein, denn an diesem Gebiet besteht oft ein besonderes Interesse. Weiterhin verbunden ist damit häufig ein markantes Bedürfnis nach Analyse und Erforschung, und auch Menschen mit Hauptschulabschluß werden hier stets nach dem Warum der Dinge fragen. Das 8. Haus umfaßt ein Gebiet, auf dem wir uns allein fühlen (aber durchaus nicht immer einsam) – was der Grund dafür ist, daß wir es mit dieser Verbindung sehr schätzen, bei der Arbeit auf uns selbst gestellt zu sein oder eine Funktion zu bekleiden, bei der wir viel allein bewältigen müssen.

Der Herrscher des 8. Hauses im 7. Haus

Machtkämpfe, Intensität und eine Alles-oder-Nichts-Haltung sind beim Herrscher des 8. Hauses im 7. Haus mögliche Mittel (manchmal auch Waffen) in der Beziehung. Allerdings geht dies doch auf eine etwas andere Weise als beim Herrscher des 7. Hauses im 8. Haus vonstatten. Probleme in uns selbst (8. Haus) haben in diesem Fall einen viel direkteren Einfluß auf die Beziehung (7. Haus) und sind nicht die Folge von dieser. Das gilt natürlich mehr oder weniger für jeden Menschen – bei dieser Häuserbeziehung aber in einem überdurchschnittlichen Maße. Wir haben hier ein sehr starkes Bedürfnis danach, die Beziehung zu intensivieren und viel mit dem Partner zu unternehmen. Wenn wir den Mut aufbringen, uns selbst gegenüber ehrlich zu sein, kann der Herrscher des 8. Hauses im 7. Haus auch großes inneres Wachstum durch die Partnerschaft anzeigen.

Wir streben zwar danach, unsere Macht und unseren Einfluß in einer Beziehung geltend zu machen, suchen aber dennoch nach einem sehr starken Partner, so daß wir anfänglich auch selbst stark beeinflußt werden könnten. Daraus entwickelt sich dann vielleicht der bewußte Machtkampf. Ein solcher Kampf kann von langer oder von kurzer Dauer sein, er kann ein hartes oder ein freundliches Gesicht annehmen – was sehr von der Art und Weise abhängt, wie wir uns selbst gegenüber eingestellt sind und auch, wie sehr sich der andere seiner selbst bewußt ist. Ich habe bei beiden Beziehungen gesehen, daß die betreffenden Menschen nicht nur eine sehr starke Bindung zueinander hatten, sondern daß schon von einer übersinnlich anmutenden Kommunikation gesprochen werden konnte. Bei weniger entwickelten Personen dagegen bemerkte ich bei dieser Verbindung eine besitzergreifende und eifersüchtige Einstellung dem Partner gegenüber, weil dieser (7. Haus) dann das Ventil darstellte für die Unsicherheit, die sich als Folge von unterdrückten beziehungsweise ungelösten Problemen (8. Haus) ergeben hatte.

Mit dieser Verbindung können wir den Partner so sehr in Beschlag nehmen und einengen, daß wir ihm damit faktisch, ohne daß wir uns darüber im klaren sind, viel Macht über unser Unbewußtes geben. Aber auch das andere Extrem ist möglich, nämlich eine Beziehung, in der zwei starke Charaktere einander stimulieren, um ihre verborgenen Gaben und Talente zu entdecken und zu entwickeln.

271

Der Herrscher des 8. Hauses im 8. Haus

Intensität in jeder Hinsicht ist der Kernbegriff für den Herrscher des 8. Hauses im 8. Haus. Unser Bedürfnis, ein provozierendes Leben zu führen als Symbol der Herausforderung unserer selbst, der Drang, zum Kern der Dinge vorzustoßen und das Verborgene ans Licht zu holen, das Bedürfnis, Komplexe und Neurosen anzupacken und auf diese Weise unsere verborgenen Gaben und Talente zu enthüllen – all das ist auf diesem Lebensgebiet Ziel und Mittel zugleich. Das intensiviert die angeführten Bedürfnisse und damit zugleich auch ihre Auswirkungen. Wir sind bestrebt, die Grenzen unserer individuellen Eigenschaften und Qualitäten zu finden und sie auszuweiten. Und wenn wir uns dieses Drangs nicht bewußt sind, projizieren wir ihn nur zu oft auf die Außenwelt, in der wir dann testen, wie weit wir bei anderen gehen können, indem wir einen (unterschwelligen) Machtkampf mit ihnen führen (es ist übrigens eine Illusion anzunehmen, daß der gesamte Inhalt des Persönlich-Unbewußten beziehungsweise des 8. Hauses sich bewußt machen ließe und wir uns auf diese Art von Projektionen befreien könnten).

Wir haben das Bedürfnis, ständig und überall das Unterste zuoberst zu kehren, und forschen nach dem Warum, manchmal sogar tiefer als nötig. So suchen wir manchmal Motive hinter den Worten und den Handlungen der Mitmenschen, wo es gar keine gibt – was andere kränken könnte. Bei einer harmonischeren Entfaltung führt dies jedoch zu der Fähigkeit, in die Tiefe zu gehen, was Einsichten verschaffen kann und aus uns vielleicht herausragende Wissenschaftler, Detektive, Wirtschaftsspione oder anderes mehr macht. Es kommt uns darauf an, Herausforderungen anzunehmen und unter die Oberfläche zu schauen, um Großes zu leisten, das unserer Meinung nach von bleibendem Wert sein wird. Ob dieses »Große« nun eine neue Entdeckung auf dem Gebiet der Kernphysik ist oder etwas, das mit der Sphäre der zwischenmenschlichen Beziehungen zu tun hat (etwa indem wir einem Menschen helfen, sein Leben zum Positiven zu verändern), ist nicht weiter wichtig.

Auch die Personen mit diesem Horoskopmerkmal, die Unbe-

hagen gegenüber Herausforderungen verspüren, können das Bedürfnis haben, etwas zu tun, das sie über den Tod heraushebt
oder ihnen Macht verleiht. Da das 8. Haus sich zwischen Extremen wie Leben und Tod bewegt, können wir hiermit sowohl besonders konstruktiv als auch ausgesprochen destruktiv umgehen.
Manchmal ist es, als ob unser Drang, das Leben herauszufordern,
zu Ereignissen und Situationen um uns herum führte, die immer
neue Proben für uns bereithalten: »Beweise doch, ob du die Kraft
dazu hast!« Ich habe nicht selten gesehen, daß Menschen mit dem
Herrscher des 8. Hauses im 8. Haus in der Tat ein außerordentlich intensives Leben führten, aber auf gewisse Art einsam waren.
Für sie kam es hauptsächlich deshalb zum Kampf, weil es ihnen
Angst machte, sich eine Blöße zu geben.

Zum 8. Haus gehört auch die Sexualität. Mit dem Herrscher
des 8. Hauses im 8. Haus weisen wir oft ein besonderes Interesse
an ihr auf. Es gibt natürlich viele Abstufungen zwischen dem
»Sex-Besessenen« und dem Sexualwissenschaftler, der sich auf
ernsthafte Weise mit diesem Thema auseinandersetzt und soviel
wie möglich über dessen klinische, psychische und emotionale
Seite herausfinden möchte. Auch ihn leitet das Bestreben, das
Unterste zuoberst zu kehren. Unsere Fähigkeit zur Hingabe an
das Leben und an uns selbst äußert sich oft sehr direkt in dem
Maße, in dem wir uns dem anderen sexuell hingeben können. Mit
dem Herrscher des 8. Hauses im 8. Haus kann der Mensch in
extremer Form auf die Sexualität fixiert sein – dem zugrunde liegt
allerdings das Bedürfnis, die Form der Sexualität zu entdecken,
die den Betreffenden in die Lage versetzt, das Abgründige in sich
selbst und in anderen zu untersuchen. Diese Eigenschaft wäre
also eher Mittel als Ziel.

Mit dem Herrscher des 8. Hauses im 8. Haus wollen wir das
Leben ausprobieren, schmecken, herausfordern und die äußersten
Grenzen unserer Individualität kennenlernen. Dabei können wir
mit dieser Verbindung einer unbelehrbaren, dabei reserviert-
unterschwelligen Provokation begegnen, einer Art freundlichen,
aber doch unbeugsamen Eigenwilligkeit in bezug auf die herr-
schenden Werte und Meinungen. Allerdings läßt sich auf diesem
Gebiet auch sehr viel erreichen, und zwar gerade dann, wenn wir

273

der eigenen Stimme folgen; doch ist hier eine Art Kampf erforderlich – dem wir mit dem Herrscher des 8. Hauses im 8. Haus
zumeist gewachsen sind und den wir, wenn wir wollen, auch in
Kreativität umsetzen können. Im Prinzip können wir ohne Herausforderungen und Intensität nicht leben.

Der Herrscher des 8. Hauses im 9. Haus

Unser Bedürfnis nach Intensität, nach dem In-die-Tiefe-Gehen,
um zum Kern der Dinge vorzustoßen und unsere Komplexe und
Neurosen an der Wurzel zu packen, und unser Streben nach
Macht (über uns selbst und, in Ableitung davon, über andere)
sind hier auf das Reisen gerichtet, sowohl im wirklichen Sinne
(Ausland) als auch im geistigen (Studium, Lebensanschauung).
Sie beziehen sich ferner auf den Drang, nach unserer Wahrheit
zu suchen (die wir dann oft als *allgemeine* Wahrheit verkünden)
und eine Lebensanschauung zu entwickeln, die wir nur zu gern
bekanntgeben.

Mit dem Herrscher des 8. Hauses im 9. Haus tragen wir unsere
Worte eindringlich beziehungsweise so vor, daß wir anderen
durch unseren Eifer das Gefühl vermitteln, unsere Erkenntnisse
beziehungsweise Entdeckungen übernehmen zu müssen. Wir
selbst sind uns der Tatsache, daß unsere Äußerungen durch
Wortwahl und Betonung auf andere nötigend wirken können,
normalerweise kaum oder überhaupt nicht bewußt. Wir lassen
uns einfach von unserer eigenen Begeisterung mitreißen. Welche
Konsequenzen damit verbunden sind, entzieht sich zumeist
unserem Bewußtsein.

Mit dem Herrscher des 8. Hauses im 9. Haus vertiefen wir uns
gern in Angelegenheiten, die außerhalb der Grenzen des Alltäglichen liegen, in Dinge, bei denen es etwas zu tüfteln gibt, die mit
Macht zu tun haben oder mit Psychologie, Forschung im allgemeinen, mit Okkultismus, den Gesetzmäßigkeiten des Lebens,
mit dem Tod und allem, was damit zusammenhängt. Ein Studium
(9. Haus) in Verbindung mit diesen Themen ist ohne weiteres
möglich. Und wenn wir uns auch gefühlsmäßig von dem Thema,

mit dem wir uns auseinandersetzen, angesprochen fühlen (Instrument), können wir eine Alles-oder-Nichts-Haltung an den Tag legen, nächtelang durcharbeiten und alle anderen mit unserem Einsatz und Tempo überraschen. Fesselt uns aber das Thema nicht, dann gilt es, einen gewaltigen psychischen Widerstand zu überwinden, was sehr viel Energie kostet.

Welchen Eindruck wir auf andere machen und welche Themen uns interessieren, hängt davon ab, wie weit wir mit uns selbst ins reine gekommen sind. Spielen wir Versteck mit uns selbst, indem wir unsere Komplexe und Fehler verdrängen und leugnen, so kann der Herrscher des 8. Hauses im 9. Haus manchmal in einen erbitterten Machtkampf auf den Gebieten des 9. Hauses ausarten (in bezug auf Religion, Lebensanschauung, wissenschaftliche Theorien und dergleichen mehr), bei dem wir fast fanatisch und vielleicht auch manipulativ vorgehen können, indem wir die Aussagen anderer verfälschen. Unser Überzeugungsdrang resultiert aus Unsicherheit und dem Wunsch, die »Büchse der Pandora« verschlossen zu lassen (8. Haus). In diesem Fall sind wir kaum mehr zur Vernunft zu bringen und halten halsstarrig und verbissen an Ideen und Idealen fest.

Doch je mehr Toleranz wir entwickelt haben, mit desto mehr Eifer und Begeisterung können wir uns für unsere Zukunftsträume und Ideale einsetzen und unsere Ideen und Auffassungen ohne Manipulation oder Machtkämpfe einbringen – ohne daß das unserer Überzeugungskraft abträglich wäre. In vielen Fällen kann es hier zu psychischer Weiterentwicklung kommen (8. Haus), indem wir uns mit dem Thema Reisen, Studium, Religion, Lebensanschauung oder anderem mehr beschäftigt. Wenn wir erkannt haben, wie wir uns selbst und wie sich andere zum Ausdruck bringen, wollen wir auch den anderen unsere Erkenntnisse vermitteln, um sie von dem Reichtum, den wir erfahren, profitieren zu lassen. Der Herrscher des 8. Hauses im 9. Haus ist aus diesem Grund ein guter Propagandist.

Herrscher von 8

275

Der Herrscher des 8. Hauses im 10. Haus

Unser Bedürfnis nach Intensität, nach dem In-die-Tiefe-Gehen, um zum Kern der Dinge vorzustoßen und unsere Komplexe und Neurosen anzupacken, und unser Streben nach Macht dienen hier als Instrument, um eine eigenständige Identität abzugrenzen, eine gesellschaftliche Position zu erringen und es zu einer gewissen Autonomie und Autorität zu bringen. Es dürfte deutlich sein, daß dies eine Stellung ist, bei der wir einerseits intensiv mit uns selbst beschäftigt sind und uns andererseits mit Herausforderungen auseinandersetzen müssen. Das hängt damit zusammen, daß das Bewußtsein sich von all dem, was wir verdrängt haben (8. Haus), unbewußt angezogen fühlt – was sehr wohl deutlich wird in dem Bild, das wir von uns selbst und der Außenwelt haben und von dem unsere gesellschaftlichen Aktivitäten ausgehen (trotz der Tatsache, daß die Antriebskraft, diese Verdrängungen zu verarbeiten, ebenfalls mit dem 8. Haus verbunden ist).

Oft fühlen wir mit dieser Stellung eine unterschwellige Verletzlichkeit; allerdings stehen uns mit ihr auch viele Mittel zur Verfügung, um dies zu verbergen (das 8. Haus umfaßt schließlich die verschiedensten Abwehrmechanismen und das 10. Haus die Maskenfunktion). Einer der stärksten Abwehrmechanismen besteht darin, eine starke autoritäre oder anderweitig respekteinflößende oder abschreckende Haltung einzunehmen. Es ist in diesen Fällen oft so, daß wir der Außenwelt eine undurchdringliche Maske präsentieren und damit den Eindruck erwecken, daß wir alles im Griff und unter Kontrolle haben und daß alles nach Wunsch verläuft. Daß wir im Inneren aber vor Angst nicht ein noch aus wissen, wollen wir möglicherweise nicht einmal uns selbst eingestehen.

Ich habe Menschen mit dieser Häuserbeziehung gesehen, die an einem bestimmten Punkt in ihrem Leben tiefgreifende Veränderungen vornahmen, nicht selten nach einer Krise, die allerdings nicht immer besonders schwerwiegend war. Das Angehen der Probleme, der Wille, ihnen wirklich ins Auge zu sehen, hat bei dieser Verbindung große Auswirkungen dafür, wie wir uns selbst und die Welt betrachten, und folglich für unsere Aktivitäten ganz allgemein.

Wenn wir uns weigern, den Problemen ins Auge zu sehen oder sie anzugehen, kann die verborgene Angst vor uns selbst und dem Leben bewirken, daß wir fanatisch nach Macht streben, was sich auf die ganze Umgebung beziehen kann. Härte, Unzugänglichkeit und Reserviertheit bilden dann einen Panzer – während diese Verbindung doch die verschiedensten Möglichkeiten zur Lösung der Probleme bietet, wenn wir nur den Mut haben, den Panzer abzulegen. Dann können wir mit dem Drang zur Tiefe und der Fähigkeit zu intensiver Forschung mit allen dazugehörigen Hobbys und Interessen eine wirklich umfassende Persönlichkeitsentwicklung einläuten. Auf diese Weise würden wir auch den Drang nach Macht in den Griff bekommen.

Wir können alles nutzen, was zum 8. Haus gehört, um für uns eine Identität abzustecken und um unser gesellschaftliches Funktionieren sicherzustellen. Es kann sein, daß es uns mit dieser Häuserbeziehung durchaus behagt, eine Machtposition zu bekleiden, aber auch alles, was mit dem Tod zu tun hat, kann hier von besonderem Interesse sein – vom Bestattungsunternehmer bis hin zur Sterbebegleitung oder der (Para-)Psychologie. Mit dieser Verbindung haben wir – zumindest am Anfang – zumeist das Bedürfnis nach Anerkennung und äußerer Hilfe, um innerlich ein Gefühl der Sicherheit zu bekommen. Menschen, die uns rückhaltlos unterstützen, lernen wir gerade deshalb auch kennen, weil wir einen so selbstsicheren Eindruck machen. Der Rest aber muß von innen kommen.

Der Herrscher des 8. Hauses im 11. Haus

Unser Bedürfnis nach Intensität, nach dem In-die-Tiefe-Gehen, um zum Kern der Dinge vorzustoßen und unsere Komplexe und Neurosen anzupacken, und unser Streben nach Macht drücken unser Bedürfnis nach Kontakt mit Gleichgesinnten, Freunden und Menschen aus, die sich auf derselben Wellenlänge wie wir befinden. Mit dieser Verbindung suchen wir in unseren Kontakten zu Freunden und Geistesverwandten nach Intensität; wir suchen auch Freunde, die sich charakterlich mit uns messen können – denn wir neigen dazu, unser Bedürfnis zum intensiven Erforschen, auch in psychischer Hinsicht, bei ihnen zu befriedigen.

Uns ist mit dieser Verbindung (wie auch mit dem Herrscher des 11. Hauses im 8. Haus) am besten gedient mit »Sparringspartnern«, mit freundschaftlichen Beziehungen, in denen ein solch tiefes Vertrauen und gegenseitiges Akzeptieren herrscht, daß wir einander alles sagen können, ohne uns sofort verteidigen zu müssen oder uns angegriffen zu fühlen – in denen wir auch schwierige und zynische Stimmungen abreagieren können, ohne daß der andere das auf sich bezieht und die Verbindung darunter leidet. Das erfordert aber, daß wir es schon zu einer gewissen Offenheit uns selbst gegenüber gebracht haben; ohne diese Auseinandersetzung mit unseren eigenen Schwachpunkten können wir die Schwachpunkte des anderen nicht als das sehen, was sie sind. Aus diesem Grund können mit dieser Häuserbeziehung (wie auch mit dem Herrscher des 11. Hauses im 8. Haus) Extreme verbunden sein: intensive Machtkämpfe und Manipulation von Freunden und Parteigenossen, aber auch einzigartige, intensive und unzerstörbare Freundschaften. Auch die verschiedensten Zwischenformen sind hier möglich. Bei dieser Verbindung hängt besonders viel davon ab, wie wir mit uns selbst umgehen und ob wir Verstecken mit uns selbst und anderen spielen. Diese Faktoren beeinflussen unsere Freundschaften direkt – sie bilden schließlich die Bausteine unserer Beziehungen.

Vieles von dem, was wir mit uns selbst erleben, wird durch Freunde oder Geistesverwandte in Gang gesetzt; unser psychisches Wachstum kann sehr wohl von ihnen abhängen. Darum ist es mit dieser Verbindung auch sehr wichtig, wen wir zum Freund wählen, weil dessen Einfluß auf uns tiefer geht, als wir vielleicht vermuten. Es ist ein angenehmer Begleitumstand, daß wir mit unseren Problemen im allgemeinen bei unseren Freunden gut aufgehoben sind und daß diese uns in schwierigen Zeiten, wie lange sie auch dauern mögen, selten im Stich lassen.

Der Herrscher des 8. Hauses im 12. Haus

Unser Bedürfnis nach Intensität, nach dem In-die-Tiefe-Gehen, um zum Kern der Dinge vorzustoßen und unsere Komplexe und Neurosen anzupacken, und unser Streben nach Macht (über uns selbst und, in Ableitung davon, über andere) richten sich auf unser Bedürfnis nach Absonderung und Loslösung, auf unser Verlangen nach Einheit und einem reichen Innenleben, in dem die Materie ihren Glanz verloren hat. Es ist dies eine für die Außenwelt etwas ungreifbare Verbindung, die aber auch für die betreffende Person selbst manchmal schwierig sein kann, trotz der Tatsache, daß sie viele Versprechungen beinhaltet. So können wir beispielsweise intensiv (8. Haus) Anteil an den Themen des 12. Hauses nehmen. Dies könnte die Arbeit in kollektiven Einrichtungen wie geschlossenen Anstalten, Gefängnissen oder Krankenhäusern bedeuten, gleichermaßen aber auch die Suche nach Kontakt mit der Welt des kollektiven Unbewußten, in Verbindung mit dem Spirituellen, mit Yoga, Meditation, Hypnose, der Welt der Symbole und anderem mehr. Ein wichtiger Punkt dabei ist, daß wir uns voller Hingabe und Intensität der Sache widmen können.

Bei dieser Verbindung ist oft von persönlichen Krisen oder von persönlichen Problemen (12. Haus) auszugehen, die uns die Augen für neue Möglichkeiten öffnen, in bezug auf aufopferungsvolle Dienstbarkeit vielleicht oder bewußten Rückzug in die Einsamkeit, um uns intensiv mit unserer Innenwelt auseinanderzusetzen. Insofern kann es bei dieser Verbindung selbst bei einem ansonsten sehr »offenen« Horoskop geschehen, daß andere sehr lange brauchen, bis sie uns wirklich kennen. Es ist nicht so, daß wir Theater spielen – nein, wir haben nur etwas Unergründliches an uns, das wir selbst kaum einordnen oder in Worte fassen können und das auch vor der Außenwelt verborgen bleibt. Deshalb müssen wir auch von Zeit zu Zeit allein sein, um auf diese Weise wieder auftanken zu können und in Kontakt mit uns selbst zu treten. Auch unter Menschen können wir uns allein fühlen (was wiederum nicht bedeuten muß, daß wir keine Menschen um uns herum ertragen könnten). Das Gefühls des Allein-

279

seins muß in diesem Fall überhaupt nicht negativ gesehen werden.

Auch mit dem Herrscher des 12. Hauses im 8. Haus können wir die Stille und das Alleinsein nutzen, um zu uns zu kommen, aber wieder um auf andere Weise als beim umgekehrten Fall. Beim Herrscher des 12. Hauses im 8. Haus kann Stille oder Alleinsein unserem psychischen Wachstum und dem Anpacken von Problemen dienen (es ist hier schließlich das Instrument dafür). Beim Herrscher des 8. Hauses im 12. Haus dagegen werden wir vor allem in psychisch unruhigen Zeiten das Gefühl erleben, dichter an die universelle Quelle der Dinge gelangt zu sein, mit dem Leben in all seinen Ausdrucksformen verbunden zu sein und vielleicht auch eine Vertiefung unseres religiösen Gefühls spüren. Es können dabei auch bestimmte psychische Prozesse in uns und die Konfrontationen mit der eigenen Person zu einem Interesse an Träumen, der Symbolik von Märchen, Hypnose oder Meditation führen, was es uns ermöglicht, zu uns selbst zu kommen und unsere Komplexe anzugehen. Mit dem Herrscher des 8. Hauses im 12. Haus können wir es in bezug auf das Thema des 12. Hauses, für das wir uns entscheiden, sehr weit bringen.

Zu warnen ist vor der Gefahr, eine fanatische Einstellung zum Beispiel auf religiösem Gebiet an den Tag zu legen, als Ergebnis von Überkompensation von unbewältigten Problemen des 8. Hauses. Auf diese Weise könnte sich auch wieder das Machtbedürfnis dieses Hauses bemerkbar machen. Wir stürzen uns dann voller Hingabe auf etwas, um der Kraft, die von innen her wirkt, zu entkommen. Das kann durchaus in Form von gesellschaftlich anerkannten Werten geschehen, mit einer augenfälligen (8. Haus) selbstlosen Dienstbarkeit und Opferbereitschaft (12. Haus). Aus der Nähe betrachtet, werden wir uns dann aber auf Dauer als Wolf im Schafspelz entpuppen: Wir versuchen die Umgebung zu manipulieren, indem wir die Rolle einer bedauernswerten Person spielen oder indem wir eine aggressive Dienstbarkeit an den Tag legen, mit der niemandem geholfen ist.

Es sind auch andere Formen des Fanatismus möglich. Der Mensch aber, der diese Beziehung harmonischer zum Ausdruck bringt, verbindet zwei Lebensgebiete so miteinander, daß der Brunnen seiner Kreativität niemals austrocknet. Ihm steht hier ein unerschöpfliches Reservoir zur Verfügung, das ihn in die Lage versetzt, sein Leben auf eine gänzlich eigenständige, nicht provozierende und zumeist ruhige und unauffällige Weise zu leben, erfüllt von eigener Symbolik.

Herrscher von 8

Der Herrscher des 9. Hauses im 1. Haus

Kennzeichen des 9. Hauses sind in diesem Fall das Instrument unseres äußeren Auftretens und sind damit Teil unseres Charakters. Mit dieser Stellung halten wir nicht mit unserer Meinung hinter dem Berg und sind sehr schnell mit einem individuellen Urteil bei der Hand. Manchmal treten wir moralisierend und belehrend auf und lassen uns dazu hinreißen, andere von dem überzeugen zu wollen, was wir als »wahr« entdeckt haben. Dickköpfigkeit kann eine Folge davon sein, auch in positiver Weise, weil das engagierte Eintreten für das, was wir für richtig halten, ebenfalls ein Zug des Herrschers des 9. Hauses im 1. Haus ist: wir wollen der Welt zeigen, wie es eigentlich zugehen sollte.

Oft ist hiermit ein sportliches Auftreten verbunden, eine große Freiheitsliebe und manchmal auch Freigebigkeit. Kontakte sind erst dann wirklich interessant, wenn sie mehr bieten als nur das Praktisch-Alltägliche, zum Beispiel, wenn wir sie als Bühne für unsere Geschichte nutzen können. Letzteres sollte nicht unterschätzt werden: Mit dem Herrscher des 9. Hauses im 1. Haus hören wir uns selbst gern reden, und nicht selten überzeugen wir uns selbst erst dann, wenn wir anderen unseren Standpunkt darzulegen versuchen. Bei dieser Häuserbeziehung handelt es sich unter Umständen um Menschen, die anderen nicht zuhören können. Wenn aber der Herrscher des 9. Hauses im 1. Haus in seiner lebensanschaulichen Sichtweise auch Abstand zu sich selbst gewinnt, sehen wir ein offenherziges, wohlwollendes Auftreten, bei dem anderen sehr wohl Aufmerksamkeit geschenkt wird und weise Ratschläge erteilt werden.

Wir haben bei dieser Stellung das Bedürfnis, uns mit den verschiedensten Gebieten auseinanderzusetzen, mit dem Risiko, zu dick aufzutragen, indem wir beispielsweise durchblicken lassen, wie viele interessante, wichtige Persönlichkeiten wir kennen – sei es ein isländischer Minister oder ein einflußreicher Stammeshäuptling auf einer Safari, sei es eine herausragende Figur der Bildungspolitik oder das Oberhaupt irgendeiner Glaubensgemeinschaft. Es spielt keine Rolle, um was es sich hier handelt. Es geht bei dieser Stellung insbesondere darum, das, was außerhalb unseres beschränkten Horizonts liegt, in den Vordergrund zu rücken.

Der Herrscher des 9. Hauses im 2. Haus

Wie bereits aus dem beim Herrscher des 2. Hauses im 9. Haus Beschriebenen hervorgeht, sind wir bei dieser Häuserbeziehung auf unsere konkrete Sicherheit bedacht. Das kann bedeuten, daß wir unsere Fähigkeiten, Ideale, Auffassungen, unser Wissen und die Vermittlung all dessen nutzen, um ein Einkommen zu erzielen. Wichtiger noch ist das Bedürfnis, von unserer Lebensanschauung, unseren Studien, unserer Religion oder unserem Gefühl für Gerechtigkeit her zur Entwicklung von Wertvorstellungen und Prioritäten zu kommen und zu erkennen, was uns im wörtlichen oder im übertragenen Sinne einen Halt geben kann. Vor diesem Hintergrund können uns 9.-Haus-Angelegenheiten in einem starken Maße motivieren und uns dazu bringen, Fähigkeiten und Talente auszubilden. Die Erkenntnisse, die uns das verschafft, und die Meinungen, die wir uns hier bilden, können uns veranlassen, verschiedene Richtungen weiterzuverfolgen.

Auch hier besteht die Gefahr, daß wir uns fest an eine bestimmte Überzeugung (9. Haus) klammern (2. Haus), weil sie uns – falls wir sehr unsicher sind – Sicherheit bietet. Besitzen wir einen stabileren Charakter, so könnte das Bedürfnis aufkommen, andere von der solchermaßen erworbenen Sicherheit profitieren zu lassen, und zwar auf eine Weise, die sich nicht durch Fanatismus, sondern durch praktischen Wert und einen harmonischen Ausdruck auszeichnet.

Der Herrscher des 9. Hauses im 3. Haus

Bei dieser Verbindung sind unsere Meinung, die Lebensanschauung, unsere Einsichten und unser Urteil (9. Haus) sehr markant; sie werden im weiteren zum Instrument unserer Kontakte, unseres Denkens, Redens und zum Sammeln von Fakten. Das hat von

Herrscher von 9

283

vornherein Einfluß auf die Fakten, die wir suchen – wir haben hauptsächlich ein Auge für die Dinge, die uns dabei helfen können, unseren Horizont zu erweitern.

Vor einem etwas anderen Hintergrund als beim Herrscher des 3. Hauses im 9. Haus sehen wir hier vielleicht auch eine individuell gefärbte Meinung, was übrigens nichts mit Unehrlichkeit zu tun hat. Dies steht zumeist in Verbindung mit einer starken Bezogenheit auf eine bestimmte Idee oder ein Ideal, für das wir uns mit ganzem Herzen und ganzer Seele einsetzen und das dadurch auch eine wichtige Rolle in unseren beiläufigen Kontakten (3. Haus) spielt.

Mit dieser Stellung sollten wir uns aber vor der Gefahr in acht nehmen, einen allzu belehrenden Ton anzuschlagen oder uns der Umgebung gegenüber als Moralapostel aufzuspielen. Andererseits könnten wir unsere Begeisterung und unseren mitreißenden Überzeugungsdrang ausgezeichnet zur Vermittlung von Wissen und Informationen nutzen, so daß es sich hier um eine günstige Beziehung für Lehrer und Dozenten handelt. Beim Herrscher des 3. Hauses im 9. Haus sind es im Prinzip die verschiedensten Fakten, die zu einem Urteil, einer Meinung, einer Idee oder einem Ideal führen, während wir beim umgekehrten Fall gerade von einer bestimmten Idee oder Meinung oder einem bestimmten Ideal oder Urteil aus nach Fakten suchen, die unsere Sichtweise stützen können.

Der Herrscher des 9. Hauses im 4. Haus

Beim Herrscher des 9. Hauses im 4. Haus ist nicht die Familie Instrument für unsere geistige Entfaltung, sondern wir setzen unsere Lebensanschauung und unsere religiöse beziehungsweise gesellschaftliche Überzeugung als Basis für unser Familienleben und für unsere Gefühle im übertragenen Sinn ein. Oft sehen wir hier Menschen, die eine gewisse Freiheit (für Eltern und Kind) in Erziehung und Familie propagieren. Ich habe sowohl beim Herrscher des 4. Hauses im 9. Haus als auch bei der umgekehrten Häuserbeziehung gesehen, daß Menschen durch ihre unmittelbare Umgebung (Familie und ähnliches) stimuliert wurden, ein Studium aufzunehmen oder sich anderweitig weiterzuentwickeln.

Beim Herrscher des 9. Hauses im 4. Haus können wir manchmal eine befreiende Gemütsruhe erfahren, wenn wir den Sinn des Lebens mit allen freudvollen und schmerzhaften Erfahrungen für uns selbst erkennen oder fühlen. Der Sinn der Geschehnisse liegt im 9. Haus begründet, und dieses Haus ist hier schließlich das Instrument, welches das 4. Haus mitzuformen hilft. Beim Herrscher des 4. Hauses im 9. Haus sahen wir, daß die Gemütsruhe oder die familiäre Situation zur geistigen Entfaltung des Geborenen beitrugen; in diesem Fall haben wir es dagegen damit zu tun, daß die geistige Entfaltung die Familie und die gefühlsmäßige Sicherheit entwickeln und bewahren hilft.

Mit einem bestimmten Ideal (9. Haus) können wir uns für etwas einsetzen beziehungsweise im Hintergrund die Fäden ziehen und andere dazu bringen, für dieses Ideal zu wirken. Manchmal sind diese Ideale bereits sehr früh Teil unserer selbst geworden, weil sie das Klima bestimmten, in dem wir aufwuchsen (wie beispielsweise eine religiöse oder lebensanschauliche Atmosphäre, die uns prägte). Dies ist aber nicht zwingend notwendig. Auch zu späterer Lebzeit ausgebildete Ideale und Meinungen sind hier von großer Wichtigkeit.

Der Herrscher des 9. Hauses im 5. Haus

Auch bei dieser Verbindung ist die beim Herrscher des 5. Hauses im 9. Haus übergeordnete Funktion denkbar. Allerdings steht hier im Vordergrund, daß *wir* es sind, die lenken und organisieren. Dies ist wichtiger als das, wofür wir arbeiten – was bei der zuvor beschriebenen Häuserbeziehung anders war. In diesem Fall ist das 9. Haus das Instrument des 5. Hauses, so daß alles, was mit der Erweiterung unseres Horizonts, mit dem Studium, Reisen, der Lebensanschauung und Meinungsbildung zu tun hat, dazu dienen kann, ein Gefühl der Bestätigung und des Wohlbefindens zu erzeugen. Das Reisen kann hier zu einer ausgeprägten Liebhaberei werden, genauso wie das Studium verschiedener Wissensgebiete oder auch das Vorträgehalten über das Wissen, das wir uns auf spielerische Weise angeeignet haben. Gerade letzteres würde natürlich gleichzeitig unsere Autorität auf dem entsprechenden Gebiet bestätigen und folglich zu unserem Selbstvertrauen beitragen. Beim Herrscher des 5. Hauses im 9. Haus war es so, daß die Hobbys in der Folge in ein weiterführendes Lernen oder manchmal auch in ein Studium mündeten. Beim Herrscher des 9. Hauses im 5. Haus dagegen neigen wir dazu, solche Themengebiete zu wählen, in denen wir Bestätigung finden, die uns sehr am Herzen liegen oder die uns auch als Hobby dienen können.

Auch bei dieser Häuserbeziehung brauchen wir viel Freiheit, um uns wohl zu fühlen. Wir nehmen gern die verschiedensten Herausforderungen an, da das Abenteuer – ein Bereich des 9. Hauses – hier ein Mittel des Selbstausdrucks ist. Das kann manchmal zu einer freien und unternehmungsfreudigen Einstellung führen oder auch zu revolutionären Auffassungen, wodurch wir uns, ohne uns dessen sogleich bewußt zu sein, für neue Richtungen und Strömungen öffnen: Dies wird einfach aus unserer Art des Seins möglich.

Es ist hier letztlich gleichgültig, ob wir eine hohe oder eine niedrigere Funktion bekleiden; wichtig ist allein, daß wir Freiraum brauchen. Der Direktor eines großen Unternehmens mit dieser Verbindung wird freie Hand haben wollen, Risiken einzugehen und neue Wege zu beschreiten, um seine Kreativität zum Ausdruck zu bringen. Und mit dem Herrscher des 9. Hauses im 5. Haus hören wir uns auch selbst gern reden; auf diese Weise können wir unsere Meinungen und Urteile erproben, was hier eines der Mittel ist, um Selbstvertrauen zu erlangen.

Der Herrscher des 9. Hauses im 6. Haus

Unser Bedürfnis nach Expansion, Erweiterung unseres Horizonts durch Reisen im konkreten Sinne (Ausland) oder im Geiste (Studium, Religion) und nach einer eigenen Meinung und eigenen Lebensanschauung ist hier auf ein Lebensgebiet gerichtet, das am Nützlichen, Konkreten und Praktischen und an Arbeit orientiert ist. Damit ist zumeist eine praktische, konkrete Lebensvision und Lebensanschauung verbunden. Die persönlichen Pläne müssen einen Sinn und Zweck und alsbald Erfolg haben. Die Einsichten, die wir gewinnen, sollen praktisch verwertbar sein, und unsere Urteile Hand und Fuß haben. Wir denken gern über allerlei nach, so daß wir bei vielem erkennen können, welche Vorurteile mithineinspielen (das 9. Haus als Instrument des 6. Hauses). Wir sind auch gern dazu bereit, für die Arbeit Neues zu lernen und uns weiterzuentwickeln, oft auch ohne Anregung von außen, aufgrund von purem Interesse oder reiner Neugier.

Auch bei dieser Häuserbeziehung sind wir – wie beim Herrscher des 6. Hauses im 9. Haus – zufrieden mit der Art von Arbeit, bei der wir Mut und unsere persönlichen Eigenheiten zum Ausdruck bringen können. Beim Herrscher des 6. Hauses im 9. Haus war diese persönliche Note die Hauptsache – hier dient sie nur als Instrument, das notfalls Anwendung findet. In diesem Fall muß die Arbeit nicht ständig fesselnd und herausfordernd sein. Regelmäßigkeit und das Bedürfnis nach konkreten Ergebnissen (6. Haus) sind das Ausschlaggebende.

Auch bei dieser Verbindung haben wir womöglich eine Arbeit, bei der wir reisen müssen oder mit dem Ausland in Verbindung stehen. Das kann sich in verschiedenster Form äußern, zum Beispiel von einer Tätigkeit im Reisebüro bis hin zur Buchhaltung eines Exportunternehmens.

Das Studium, mit dem wir uns beschäftigen, oder der Unterricht, dem wir folgen, sollte hauptsächlich einen praktischen Nutzen oder mit praktischen Dingen zu tun haben (hierbei wäre zum Beispiel an Wirtschaftsthemen zu denken). Das Moment der konkreten Anwendung spielt für das 6. Haus eine wichtige Rolle, und in diesem Fall steht unser Bedürfnis nach Erweiterung des Horizonts in direkter Beziehung dazu. Die Übermittlung von Wissen kann zu unserem Aufgabengebiet gehören, sowohl in der Schule als auch auf anderen Gebieten, wie dem Schreiben eines Buches über Handwerkstechniken, überlieferte Herstellungstechniken, Tierpflege und so weiter. Der Eigensinn des 9. Hauses

Herrscher von 9

ist hier das Instrument, der persönlichen Arbeit Ausdruck zu verleihen. Das hat zur Folge, daß wir bei unserer Arbeit hier auch einen gewissen Freiheitsdrang an den Tag legen und daß uns die Einmischung von anderen nicht besonders behagt.

Der Herrscher des 9. Hauses im 7. Haus

Wie beim Herrscher des 7. Hauses im 9. Haus könnten auch in dieser Verbindung Freiheit oder Ausland, Recht oder Unabhängigkeit, Wissen oder Studium zentrale Themen in der Partnerschaft sein. Hier ist es jedoch eher der Geschäfts- oder der Lebenspartner, der die Richtung angibt, und auch hier ist das Bedürfnis vorhanden, mit dem Partner Auffassungen, Meinungen oder Visionen zu teilen.

Beim Herrscher des 7. Hauses im 9. Haus liegt die Betonung darauf, daß es sich um *unsere* Vision handelt; mit dieser Stellung aber neigen wir mehr dazu, dem anderen zu folgen: eine Vision weiterzuentwickeln oder zu vertreten, die vom Partner stammt, und eine Anschauung zu verkünden, die die Zustimmung des Partners findet. Natürlich bringen wir auch eigene Ideen und Auffassungen ein, dennoch spielt das Urteil des Partners eine sehr große Rolle bei unserer Beurteilung und bei den Ideen, die wir schließlich verkünden. Dies kann bedeuten, daß wir keine eigenständigen Anschauungen besitzen – Unabhängigkeit ist auf diesem Gebiet für uns auch tatsächlich von untergeordneter Bedeutung. Außerdem gibt es hier auch eine positive Seite: Das 9. Haus ist schließlich ziemlich eigenwillig, mit dem Herrscher des 9. Hauses im 7. Haus zeigen wir uns aber tatsächlich dazu bereit, auf die Meinung und die Ansichten des Partners einzugehen, was die Flexibilität hinsichtlich des Denkens und der Beziehung vergrößern kann. Beim Herrscher des 7. Hauses im 9. Haus kommt unsere Eigenwilligkeit oftmals in ungezügelter Form zum Ausdruck, was dazu führen kann, daß wir in der Beziehung womöglich kein Ohr für die Meinung des Partners haben und vielleicht sogar glauben, ihn erziehen zu müssen. Beim Herrscher des 9. Hauses im 7. Haus besteht dagegen viel eher die Chance für einen Dialog.

Auch hier kann das Bedürfnis vorhanden sein, zusammen mit dem Partner zu reisen, zu studieren oder für Zukunftsvisionen aktiv zu werden. Wir sehen dabei auch einen stark entwickelten Gerechtigkeitssinn (als Instrument unseres sozialen Gefühls), den wir möglicherweise bei der Arbeit (beispielsweise an einem Gericht) oder bei Hobbys zum Einsatz bringen, vielleicht, indem wir Vorträge über moralische Themen halten oder uns ganz allgemein hilfsbereit zeigen. Wenn genügend Raum ist, bringen wir viel Enthusiasmus und Idealismus in die Beziehung ein; eventuell leben wir (auch mit dem Herrscher des 7. Hauses im 9. Haus) die freie Ehe.

Der Herrscher des 9. Hauses im 8. Haus

Hier sind die Bedürfnisse des 9. Hauses Instrument für das 8. Haus. Sie gestalten die Bedürfnisse dieses Hauses mit und müssen auch auf dessen Lebensgebieten nach Erfüllung suchen. Das bedeutet, daß wir an einer Lebensanschauung interessiert sind, die uns tief berührt und die uns gefühlsmäßig stark anspricht, ungeachtet dessen, welche Inhalte sie bietet. Wir haben auch das Bedürfnis, unsere Erkenntnisse ständig weiter zu vertiefen. Die Dinge, auf die wir uns beziehen, die zu unserem Standpunkt passen oder die wir auf Reisen sehen und erleben, haben einen sehr großen Einfluß auf uns, weil sie innere Prozesse in Gang setzen können. Damit verbunden ist auch, daß dunkle Seiten von uns ans Licht kommen, was uns zwingt, unsere Rolle in der Welt und den Sinn der Geschehnisse auf eine tiefere Weise zu betrachten. Manchmal kann dies sogar zu Konfrontationen führen und uns in charakterlicher Hinsicht vollständig verändern.

Der unbewußte Charakter des 8. Hauses und die urmenschliche Neigung, Dinge zu vergessen (beziehungsweise vergessen zu wollen) oder zu verdrängen, sind zumeist der Anlaß für die Unsicherheit auf diesem Gebiet. Es kann sich insofern ergeben, daß wir eine bestimmte Lebensanschauung entwickeln, aus der wir viel Kraft schöpfen, deren Verlust aber mit dem Herrscher des 9. Hauses im 8. Haus eine so schreckliche Vorstellung für uns ist,

daß wir sie krampfhaft verteidigen – was auf andere den Eindruck von Starrheit macht. Für uns aber hängt Sicherheit schließlich von dieser Anschauung ab. Welcher Art diese nun ist – ob
religiös, philosophisch oder konkret gesellschaftsbezogen – ,
spielt weiter keine Rolle. Es geht darum, daß sie uns einen Halt
bietet. Das 8. Haus ist hier der Endpunkt: die Suche nach dem inneren Kern.

Mit dieser Verbindung interessieren wir uns häufig für Dinge,
die im verborgenen liegen, was okkulte Angelegenheiten sein
können, ebensogut aber auch unterschwellige politische Spannungen, Geheimnisse und Mysterien, das Tiefseetauchen oder
auch Fragen zu Leben und Tod. Tätigkeiten vom Totengräber bis
hin zum Sterbebegleiter können hier eine Rolle spielen. Diese
Interessen pflegen wir voller Begeisterung; wir sind wißbegierig
und suchen vor allem nach einleuchtenden Erklärungen oder
einer Synthese auf diesen Gebieten (das 9. Haus als Instrument
des 8. Hauses). Und haben wir hier einmal eine Fährte aufgenom-
men beziehungsweise einen bestimmten Gedanken gefaßt, so
geben wir bei beiden Verbindungen zwischen dem 8. und dem
9. Haus nicht auf, bevor wir es geschafft haben. Das kann bei anderen den Eindruck der Verbohrtheit erwecken – für uns dagegen geht es nur darum, daß unser Bedürfnis nach Intensität und
Tiefe einerseits und nach einer Vision und einem Zusammenhang
andererseits in gekoppelter Form zum Ausdruck kommen.

Der Herrscher des 9. Hauses im 9. Haus

Unser Bedürfnis nach Expansion und Erweiterung unserer Sichtweise und unseres Horizonts, nach Reisen in der Welt und im
Geist, nach zukünftigen Möglichkeiten und nach Gerechtigkeit
sind hier Mittel und Ziel zugleich. Darum werden wir in diesem
Fall ein starkes Bedürfnis verspüren, eine eigene Sichtweise zu
begründen, was Menschen und die Gesellschaft insgesamt betrifft – eine Sichtweise, die das Resultat unserer Suche nach
neuen Horizonten ist, sowohl wörtlich durch Reisen als auch im
übertragenen Sinne durch Lektüre, Studium und eigenständiges

Erkunden. Im 9. Haus liegt das Zusammenfügen der Fakten zu einem größeren Ganzen beziehungsweise das Bedürfnis nach einer Synthese und dem Sinn hinter den isolierten Fakten begründet.

Mit dem Herrscher des 9. Hauses im 9. Haus neigen wir dazu, die große Linie nicht aus den Augen zu verlieren. Dabei geht es uns weniger darum, zum Kern der Dinge vorzudringen, als vielmehr darum, daß das, was wir sehen, zu unserer Philosophie paßt – oder daß wir prinzipielle Veränderungen daran vornehmen müssen. Alles im Ausland mit eigenen Augen zu betrachten, kann Verständnis und neue Erkenntnisse zur Folge haben und die Gesellschaft in einem neuen Licht erscheinen lassen. Auch das Studium oder die Religion kann zu neuen Einsichten führen, jedes auf seine Art.

Wenn wir uns eine eigene Meinung gebildet oder eine eigene Lebensphilosophie entwickelt haben – was wir mit dieser Verbindung unweigerlich tun werden –, kann Eigensinn die Folge sein, denn für Wahrheitssucher wie uns hat die Meinung eher den Charakter eines Glaubens. Mit dieser Stellung ist der ausgeprägte Wunsch verbunden, andere zu überzeugen und herauszufordern: Weil wir selbst überzeugt sind, müssen auch die anderen überzeugt werden. Dabei gehen wir oft moralisierend und belehrend vor. Geben uns die anderen nicht recht (wenn wir zum Beispiel deutlich erkennbar auf einem Irrweg sind), so zeigen wir uns unbeeindruckt – denn eine Meinung zu überprüfen liegt uns weniger, als eine Überzeugung allgemein zur Diskussion zu stellen. In diesem Sinne kann Eigenwilligkeit auch bedeuten, daß wir uns nicht um Regeln und Gesetze kümmern. Unser Gerechtigkeitssinn kann dann auf unseren ganz persönlichen Werten und Normen basieren, die manchmal deutlich von denen der Gesellschaft abweichen, was natürlich zu Problemen führen könnte.

Beim Herrscher des 9. Hauses im 9. Haus kann dieser Eigensinn aber auch im Dienst erhabenerer Ziele stehen. Wenn wir mit dieser Stellung dazu bereit sind, auf die Ratschläge und das Urteil anderer zu hören, und ihnen den Platz in unserer Sicht der Welt einräumen, der ihnen gebührt, dann können wir mit unserem Bekehrungsdrang und unserem Enthusiasmus zum Beispiel andere

291

für neue gesellschaftliche Ideen begeistern oder davon überzeugen, daß wir zu weniger (gesetzlichen oder anderen) Einschränkungen des Individuums kommen müssen. Wir können neue Unterrichtsformen einzuführen helfen oder bestehende verbessern, weil wir über den Tellerrand hinausblicken können und ein Gespür dafür haben, was die Zukunft bringen kann (das 9. Haus hat schließlich auch mit der Ausrichtung auf die Zukunft, mit Freiheit und Entfaltungsmöglichkeiten zu tun). Unsere Begeisterung für das, was wir entdecken, und für die persönlichen Theorien, Ideen und Ideale, von denen wir überzeugt sind, ist oft sehr groß. Wir haben es in der Hand, entweder einer an sich selbst gebundenen Überzeugung verhaftet zu sein oder zum Missionar im Dienste der Suche nach Wahrheit und Weisheit zu werden.

Der Herrscher des 9. Hauses im 10. Haus

Unser Bedürfnis nach Expansion und Erweiterung unserer Sichtweise und unseres Horizonts, nach Reisen in der Welt und im Geist, nach zukünftigen Möglichkeiten und nach Rechtschaffenheit sind hier ein Instrument des Bedürfnisses, ein Bild von uns selbst zu begründen und eine Identität abzustecken, aufgrund derer wir uns in der Gesellschaft zum Ausdruck bringen und eine bestimmte gesellschaftliche Position sowie ein gewisses Maß an Autonomie und Autorität erreichen können.

Wir können hier im wahrsten Sinne des Wortes einen besseren Blick auf uns selbst erlangen, indem wir studieren, reisen oder uns auf eine andere Art mit dem Ausland beschäftigen. Aber auch andere Bedürfnisse des 9. Hauses können ihren Beitrag zur Formung der Identität leisten – die Darlegung unseres Gerechtigkeitsempfindens, das Propagieren der Meinungsfreiheit, die Verkündung der eigenen Überzeugung und so weiter. Diese Tätigkeiten müssen sich nicht unbedingt auf unseren Beruf beziehen – da das 10. Haus aber auch in Verbindung mit unserer Karriere steht, können die Themen des 9. Hauses hier durchaus eine unterstützende Rolle haben oder zu unserem Fortkommen beitragen. Es ist zum Beispiel davon auszugehen, daß jemand mit dem Herrscher des 9. Hauses im 10. Haus ohne weiteres dazu bereit ist zu studieren, wenn er sich davon berufliche Vorteile verspricht und dadurch vielleicht von der Lehrerstelle an einer Berufsschule zum Dozenten an der Fachhochschule aufsteigen kann oder zum wissenschaftlichen Mitarbeiter an der Universität, um nur ein paar Beispiele zu nennen. Es sind auch zahllose andere Berufe denkbar, zum Beispiel als Botschafter, Handelsvertreter, der viel und weit reisen muß, oder als Angestellter, der sein Brot in religiös oder philosophisch orientierten Organisationen verdient.

All dies kann auch beim Herrscher des 10. Hauses im 9. Haus zutreffen, aber doch mit einem Unterschied: Beim Herrscher des 10. Hauses im 9. Haus sind wir beim Aufbau unserer Karriere und Identität auf das Entwickeln einer Synthese, auf Reisen und auf Entfaltung ausgerichtet, während wir mit dem Herrscher des 9. Hauses im 10. Haus noch viele andere Dinge tun können. Wir können uns also auf das beziehen, wofür das 9. Haus steht, sind aber nicht darauf beschränkt. Mit dieser Stellung neigen wir auch dazu, mit unserer Meinung oder unserer religiösen oder politischen Überzeugung nicht hinterm Berg zu halten; und indem wir andere überzeugen, überzeugen wir auch uns selbst – was uns das Gefühl beschert, unsere Position gefestigt zu haben.

Der Herrscher des 9. Hauses im 11. Haus

Unser Bedürfnis nach Expansion und Erweiterung unserer Sichtweise und unseres Horizonts, nach Reisen in der Welt und im Geist, nach zukünftigen Möglichkeiten und nach Gerechtigkeit bezieht sich auf den Aufbau eines Freundeskreises und auf Kontakte zu Gleichgesinnten. Wir haben den Wunsch, mit Menschen befreundet zu sein, die uns etwas beibringen oder erzählen können, mit denen wir Erfahrungen und Ideen austauschen und reisen oder philosophieren können.

Grundsätzlich entscheidend ist hier, daß wir uns auf derselben Wellenlänge befinden wie unsere Freunde. Wir sind bestrebt, unsere Ideale und Zukunftspläne mit anderen zu teilen, wir brau-

chen Freiraum und suchen andere idealistische oder enthusiastische Menschen, die ihrerseits andere mit ihrem Schwung mitreißen können. Allerdings neigen wir dazu, in Diskussionen und
Gesprächen die Meinung der anderen zu übernehmen, was damit zusammenhängt, daß wir hinsichtlich Studium und Weltanschauung unbedingt auf die Gruppe angewiesen sind. Wir sagen
zwar unsere Meinung, sind aber ohne weiteres zu Abstrichen bereit. Eventuell besitzen wir so wenig Selbständigkeit, daß wir es
zulassen, von anderen beherrscht zu werden, wodurch wir uns
selbst ganz und gar verlieren würden. Dies aber ist längst nicht
immer der Fall.

Läßt das Horoskop an anderer Stelle auf Bequemlichkeit
schließen, so neigen wir möglicherweise mit dem Herrscher des
9. Hauses im 11. Haus – sowie auch beim umgekehrten Fall –
dazu, Freunde auszuwählen, mit denen wir die schönsten Reisen
machen können, ohne daß damit irgendeine Form der Weiterentwicklung verbunden ist, geschweige denn die Synthese, die im 9.
Haus doch im Vordergrund steht. Oft aber sind mit dieser Stellung die Ansichten und Meinungen im Rahmen der Freundschaft
von großer Wichtigkeit, sowohl bei uns selbst als auch bei anderen. Gibt es ein Ideal, für das wir uns starkmachen wollen und
das wir allgemein propagieren möchten, so werden wir unsere
Meinung mit dem Herrscher des 9. Hauses im 11. Haus zunächst
einmal Freunden und Geistesverwandten kundtun. Bestärken
uns die Reaktionen aus diesem Kreis, werden wir voller Zuversicht von innen heraus »loslegen«, auch wenn es um eine Meinung gehen sollte, die völlig abwegig erscheint. Das Entscheidende ist, daß uns die Zustimmung der Freunde ein Stück
Sicherheit verschafft hat.

Der Herrscher des 9. Hauses im 12. Haus

Unser Bedürfnis nach Expansion und Erweiterung unserer Sichtweise und unseres Horizonts, nach Reisen in der Welt und im
Geist, nach zukünftigen Möglichkeiten und nach Gerechtigkeit
richtet sich hier auf unser Bedürfnis nach Absonderung und Los-

lösung, auf unser Verlangen nach dem Erfahren einer Einheit in der Verschiedenheit und nach einem reichen Innenleben, in dem die Materie ihren Glanz verloren hat. Mit dieser Verbindung haben wir das Bedürfnis, uns mit Ideen, Theorien, Themen und Auffassungen zu beschäftigen – eigenen oder denen von anderen –, mit denen wir bewußt oder unbewußt zu einem tieferen Verständnis des Menschseins kommen können beziehungsweise zu der Einsicht, daß sich hinter unseren individuellen Ängsten eine tiefe Verbundenheit mit den Mitmenschen verbirgt. Es kann hier auch um die Vertiefung unseres Sinns für Religion gehen oder um die Beschäftigung mit den verborgenen Schichten in uns selbst, wodurch wir vielleicht beispielsweise lernen, Träume oder die Wirkungsweise der Archetypen zu verstehen oder mit Hypnose oder meditativen Techniken umzugehen, und was es dergleichen mehr geben mag. Es handelt sich hier darum, daß wir durch das Mittel des Studiums sowie als Folge der Antriebskraft, unsere Kenntnisse und unser Wissen zu erweitern, zur Stille und den Tiefen unserer eigenen Psyche durchdringen können, wo Materie, Raum und Zeit miteinander verschmelzen.

Diese Häuserbeziehung kann von sehr konkreten Auswirkungen begleitet sein. So zeigen beispielsweise das Meer und das Weltall eine symbolische Analogie mit der Tiefe der Psyche. Nicht selten ist festzustellen, daß Menschen mit dieser Verbindung sich zum Beispiel sehr für die Raum- oder Schiffahrt als konkretem Ausdruck einer archetypischen Gegebenheit interessieren. Diese Interessen wirken sich auch in psychischer Hinsicht aus: Das Gefühl, das sie uns vermitteln – und das wir weder beschreiben noch erklären können –, steigert unverkennbar unser allgemeines Wohlbefinden. Aber ungreifbar, wie es ist, können wir kaum darüber reden; insofern ist hier wieder die Zurückgezogenheit des 12. Hauses zu erwähnen.

Wir können uns in unserem Geist enthusiastisch mit typischen Themen des 12. Hauses beschäftigen, zum Beispiel Träumen, Hypnose, Mythen, Märchen, Legenden, Schöpfungsgeschichten aus den verschiedensten Kulturen und so weiter. Das 12. Haus steht aber auch für Dienstbarkeit sowie für das Bedürfnis, uns selbst zu ignorieren; mit dem Herrscher des 9. Hauses im

Herrscher von 9

295

12. Haus ist auch die intensive Beschäftigung mit allem, was mit Krankenhäusern, Anstalten und so weiter zusammenhängt, möglich.

Das Thema Ausland (9. Haus) oder Unterdrückung (12. Haus) könnte in dem einen oder anderen Fall zu dem Bedürfnis führen, sich in den Dienst der Dritten Welt zu stellen: in aktiver oder passiver Form, als Spendensammler, als Mitglied von Kommissionen oder Arbeitsgruppen, als Propagandist, als hinter den Kulissen aktive Person oder als Entwicklungshelfer vor Ort. All diese Aktivitäten haben das Resultat, daß wir uns selbst mit Abstand zu sehen lernen und etwas über das Allgemein-Menschliche in uns erfahren.

Der Herrscher des 10. Hauses im 1. Haus

Unser Bedürfnis, zu regeln, strukturieren und abzugrenzen (10. Haus) spielt eine wichtige Rolle bezüglich unserer primären äußeren Haltung, was ein gewisses Maß an autoritärem Auftreten zur Folge haben kann. Das 10. Haus ist durch seine geringe Beweglichkeit ein recht starres Haus, und sein Herrscher im 1. Haus kann unser Auftreten sehr unbeugsam machen. In positivem Sinne bedeutet dies, daß wir auch in schwierigen Situationen dazu neigen werden, unseren Kurs beizubehalten; in negativem Sinn besteht aber die Gefahr, daß wir der Umgebung nur sehr wenig Raum gönnen und gute Vorschläge von anderen nur dann annehmen, wenn wir uns davon einen persönlichen Vorteil versprechen.

Wir sind mit dem Herrscher des 10. Hauses im 1. Haus recht stark auf uns selbst bezogen und können, positiv gesehen, jemand sein, der durch die eigene Leistung an ein Ziel gekommen ist. In der negativen Ausprägung sind wir vielleicht aber hart und unzugänglich, weil wir um jeden Preis unser Ziel erreichen wollen. Beim Herrscher des 1. Hauses im 10. Haus hatten wir die Situation, daß wir unsere Außenkontakte gewissermaßen ins 10. Haus mitnahmen, um deutlich zu machen, was wir wollten; beim Herrscher des 10. Hauses im 1. Haus treten wir von vornherein so fordernd auf, daß die Gefahr besteht, daß es kaum zu Kontakten kommt.

Nicht selten habe ich bei dieser Häuserbeziehung ausgesprochene Führungseigenschaften gesehen, wobei manchmal ein nicht unerheblicher Teil der Kontakte der betreffenden Person aus »Anhängern« beziehungsweise »Jüngern« bestand.

Der Herrscher des 10. Hauses im 2. Haus

Bei dieser Häuserbeziehung steht die gesellschaftliche Position in erster Linie im Dienste der Sicherheit. Wir haben mit ihr ein großes Bedürfnis nach einer sicheren Arbeit. Unsererseits können wir wiederum die Arbeit, aus der wir unser Einkommen bezie-

Herrscher von 10

297

hen, mit Stabilität erfüllen. Stabilität und Sicherheit sind hier ein Ziel, das unser Streben zu einem sehr großen Teil bestimmt – schließlich ist die Abgrenzung der Identität (10. Haus) auf Sicherheit (2. Haus) gerichtet.

Einerseits laufen wir dadurch Gefahr, uns an allerlei Sicherheiten festzuklammern, einzig und allein deshalb, weil uns Veränderungen oder Verluste in dieser Beziehung das Gefühl vermitteln, auch ein Stück von uns selbst zu verlieren; andererseits haben wir damit das Bedürfnis, ein möglichst praktisches, nüchternes und realistisches Bild zu entwickeln, ein Bild, mit dem wir selbst »etwas anfangen« können, das uns in Abhängigkeit von unserer Zufriedenheit mit uns selbst (10. Haus) auch auf anderen Lebensgebieten anspornt. Letzteres gilt aus dem Grund, daß der Herrscher des 10. Hauses im 2. Haus uns dann, wenn wir mit unserem Selbstbild zufrieden sind, für alle möglichen Betätigungen motiviert (das 2. Haus umfaßt schließlich auch unsere Lust- und Unlustgefühle).

Der Herrscher des 10. Hauses im 3. Haus

Wie beim Herrscher des 3. Hauses im 10. Haus gehen auch hier das Denken und das Bedürfnis nach Strukturen Hand in Hand, allerdings auf eine andere Art. Hier setzen wir unser Bedürfnis nach Ordnung, Abgrenzung und Strukturen ein, um Fakten zu analysieren und einzuteilen und ihnen einen praktischen Nutzen zuzuweisen. Ich habe bei Menschen mit dieser Stellung (und beim Herrscher des 3. Hauses im 10. Haus) oft gesehen, daß Denken und Reden sehr stark auf bestimmte Zielvorstellungen ausgerichtet sind.

Beim Herrscher des 10. Hauses im 3. Haus sind die Prozesse, die die Identität abgrenzen, von großem Einfluß auf die Art und Weise, wie wir Fakten interpretieren und ordnen; was unsere gesellschaftliche Selbstdarstellung betrifft, versuchen wir, uns insbesondere auf Gebieten des 3. Hauses als Autorität zu zeigen.

Auch bei dieser Verbindung können wir also nach außen hin sehr kommunikativ veranlagt sein, aber wiederum auf andere Art und Weise als beim Herrscher des 3. Hauses im 10. Haus. Dort sind Kontakte, Kommunikation, Reden und Denken Mittel, um der äußeren Haltung Ausdruck zu verleihen; beim Herrscher des 10. Hauses im 3. Haus dagegen suchen wir die Identität und den Halt, mit denen wir uns in der Gesellschaft nach außen hin zum Ausdruck bringen können, hauptsächlich auf dem Gebiet der Kontakte, der Kommunikation, des Redens und Denkens, des Lernens und Lehrens. Was wir nicht vergessen sollten, ist, daß es uns insbesondere darauf ankommt, auf dem Gebiet des 3. Hauses hauptsächlich *uns selbst* wiederzuerkennen und wiederzufinden, wodurch es vielmehr zum Ziel wird. Ebenso wie beim Herrscher des 5. Hauses im 3. Haus kann dies zu der Neigung führen, mit Worten dominieren zu wollen. Wie dem auch sein mag – das Bild, das wir von uns selbst und von der Gesellschaft haben, möchten wir in unseren Kontakten deutlich werden lassen. Dies und die Tatsache, daß wir uns intensiv mit unserem Wissen identifizieren, könnte wiederum einerseits zu starren Überzeugungen und dem ewigen Beharren auf einem Thema führen, andererseits aber zu solide strukturierten Gedankengängen.

Daß wir mit unseren Worten gern Autorität erkennen lassen, kann uns beispielsweise im Handel durchaus nützlich sein, weil es dort gilt, mit praktisch orientierter Beredsamkeit zu überzeugen (beim Herrscher des 9. Hauses geht es um die informative, anregende Überzeugungskraft, beim Herrscher des 10. kommt es zu direkteren und zielgerichteteren Auswirkungen). Was den Herrscher des 3. Hauses im 10. Haus betrifft, sehen wir, daß Fakten, Kontakte und Informationen zu unserer Autorität beitragen können, während wir mit dem Herrscher des 10. Hauses im 3. Haus Autorität – oder richtiger: Identität – aus dem Umgang mit Fakten oder aus den Kontakten ziehen wollen. Erneut also ein Unterschied bezüglich der Hintergründe, wo wir zunächst einmal fast identische Auswirkungen erwarten würden.

Herrscher von 10

299

Der Herrscher des 10. Hauses im 4. Haus

Hier richtet sich unser Drang, eine gesellschaftliche Position zu bekleiden, eine Identität bezüglich dessen zum Ausdruck zu bringen, was wir zu sein meinen, und unser Bedürfnis nach Autorität und Autonomie auf den Bereich des Zuhauses, auf den Wunsch nach gefühlsmäßiger Geborgenheit und Sicherheit, auf Hege und Pflege. Bemerkenswert oft wird mit dieser Verbindung im wahrsten Sinne des Wortes die Karriere vom Wohnzimmer aus gemacht, wobei alles zu Hause beginnt und wieder nach Hause zurückführt. Damit können die unterschiedlichsten Beschäftigungen verbunden sein – allerdings stehen Aktivitäten des 4. Hauses im Vordergrund: Tätigkeiten, die mit Fürsorge oder mit Familien, Häusern und Wohnungseinrichtung, Ländereien und Bauernhöfen zu tun haben, sind allesamt möglich.

Mit unserer gesellschaftlichen Position wollen wir jedoch auch uns selbst und vielleicht auch unseren Familienangehörigen ein Gefühl der Geborgenheit und Sicherheit geben, was manchmal ein sehr hochgestecktes Ziel sein könnte. Besteht jedoch eine warmherzige, angenehme häusliche Situation, so kommt diese Ambition meistens auf eine harmonischere Weise zum Ausdruck, als wenn es häuslichen Unfrieden gibt. Unsere gesellschaftliche Position kann bei dieser Häuserbeziehung durch das, was sich zu Hause abspielt, gefördert werden – oder darunter leiden, mit stärkeren Beeinflussungen als bei den meisten anderen Häuserverbindungen (etwas indirekter gilt dies übrigens auch für den Herrscher des 4. Hauses im 10. Haus). Familie, Zuhause und Gefühlsbasis sind beim Herrscher des 10. Hauses im 4. Haus jedoch der Endpunkt – was der Grund dafür ist, daß sowohl unser Ich-Bild als auch die gesellschaftliche Situation in hohem Maße durch das beeinflußt wird, was sich zu Hause abspielt und was unsere Kindheit geprägt hat.

Der Herrscher des 10. Hauses im 5. Haus

Wie beim Herrscher des 5. Hauses im 10. Haus ist auch hier stark entwickelter Ehrgeiz zu verzeichnen. Unser Bedürfnis, ein Ich-Bild abzustecken und eine gesellschaftliche Position zu bekleiden sowie unser Drang nach Autonomie und Autorität sind nun das Instrument, um Bestätigung zu bekommen und Spaß aus den Dingen zu schöpfen. Das bedingt weiterhin ein starkes Bedürfnis, eine wichtige Rolle zu spielen. Beim Herrscher des 5. Hauses im 10. Haus ging es vor allem darum, eine Stellung bezüglich der Außenwelt zu erreichen. Beim Herrscher des 10. Hauses im 5. Haus dagegen ist die gesellschaftliche Position dem untergeordnet, was wir als angenehm oder wichtig empfinden – was hin und wieder im Widerspruch zu dem stehen kann, was die Gesellschaft erwartet oder verlangt.

Die gesellschaftliche Position wird bei dieser Verbindung übrigens sehr häufig durch Angelegenheiten des 5. Hauses bestimmt – was ebenfalls beim Herrscher des 5. Hauses im 10. Haus zutrifft. Dort ergründeten die 5.-Haus-Angelegenheiten zum Teil unsere gesellschaftliche Haltung und Position – jetzt aber ist unsere Haltung der Gesellschaft gegenüber auf unsere Kreativität, unsere Ziele, unsere Hobbys und unser Vergnügen konzentriert. Wir sehen sehr oft, daß der Beruf beziehungsweise die gesellschaftliche Selbstdarstellung sehr viel mit den Aktivitäten auf dem Gebiet des 5. Hauses zu tun hat.

Sehr oft treffen wir hier auch eine gewisse natürliche Überlegenheit an, die teilweise aus der Selbstverständlichkeit resultiert, mit der der Betreffende Autorität ausstrahlt. Wenn von anderer Stelle des Horoskops Widersprüche dazu bestehen, könnten wir bei dieser Verbindung ohne eigenes Zutun in leitende Positionen gedrängt werden, in denen wir uns überhaupt nicht wohl fühlen.

In manchen Fällen spielen die eigenen Kinder oder Kinder im allgemeinen eine sehr große Rolle, vielleicht auch, indem wir unseren Ehrgeiz zum Teil auf sie übertragen. Das kann sie in ihrer Entwicklung anregen, bei einer zu großen Dominanz aber auch einengen und lähmen.

Der Herrscher des 10. Hauses im 6. Haus

Unser Bedürfnis, eine Identität abzugrenzen, Autonomie und Autorität zu beweisen und eine gesellschaftliche Position zu bekleiden, ist hier das Instrument unseres Drangs, nützlich zu sein und auf konkrete Weise aktiv zu werden, um unsere analytischen Fähigkeiten zu entwickeln und uns dienstbar zu machen. Vielleicht klingt das etwas merkwürdig, aber ich habe bei dieser Verbindung ein großes Maß an Eigensinn gesehen, was auch erklärbar ist.

Das 6. Haus steht für eine Haltung, die kritisch und analytisch ist und nach Objektivität strebt; es geht also nicht von einer vorgefaßten Meinung aus. Bei Ratschlägen von anderen verspüren wir in diesem Fall durch das 6. Haus das Bedürfnis zu analysieren, inwiefern der Rat tatsächlich zu Recht erfolgt beziehungsweise zutrifft. Unser Ausgangspunkt ist hier unser Selbstbild, das Bewußtsein unserer Position sowie das Bedürfnis, weiter nach oben zu kommen und unsere Autorität bestätigt zu sehen. Darum neigen wir dazu, allen Angelegenheiten des 6. Hauses unseren Stempel aufzudrücken – allem, was mit Arbeit, Analyse oder Dienstbarkeit zu tun hat.

Widersprechen unsere Ansichten denen der anderen, kann das zu einem ausgeprägten Eigensinn führen, allerdings immer mit einem bestimmten praktischen Ziel vor Augen. Der Herrscher des 10. Hauses im 6. Haus kann insofern nicht immer folgsam genannt werden; er fordert das Recht, sich irren zu können, um in der Praxis aus dem Leben selbst zu lernen. Daß dies eine harte Lehre ist, stört ihn nicht weiter. Ohne Frage wird er seine Erfahrungen kritisch unter die Lupe nehmen. Und in Abhängigkeit davon, ob er sich selbst analysieren kann beziehungsweise will oder aber seine Analysen auf die Außenwelt projiziert, wird er durch seine Erfahrung wachsen – oder aber sich jedes Mal aufs neue den Kopf stoßen und unverständig darauf beharren, daß die Gesellschaft oder die Außenwelt »schuld« hat.

Ferner ist mir bei dieser Häuserbeziehung mehrmals aufgefallen, daß Fortschritte in der Karriere (10. Haus) stets zu mehr Arbeit führten (6. Haus). Oft wurden diese Tätigkeiten auch sehr gern verrichtet, da sie eben das praktische Ergebnis hatten, daß der Betroffene auf der gesellschaftlichen Leiter weiter nach oben stieg. Der Herrscher des 10. Hauses im 6. Haus läßt hier erkennen, daß der Mensch in der Tat hart arbeiten muß. Diese Stellung kann – wie der Herrscher des 6. Hauses im 10. Haus auch – auf Berufe im Dienstleistungssektor hinweisen, in Behörden, auf dem Feld der Gesundheit oder auch beim Militär, in Krankenhäusern, in Restaurants und so weiter.

Der Herrscher des 10. Hauses im 7. Haus

Bei dieser Verbindung sind die Abgrenzung unserer Identität, die gesellschaftliche Position und die Rolle des Geschäfts- oder Lebenspartners eng miteinander verwoben. Hier aber neigen wir – im Gegensatz zum Herrscher des 7. Hauses im 10. Haus – (manchmal zu sehr) dazu, auf den anderen zu hören und ihm zu folgen. Und wenn wir auch durchaus eine Position im Rampenlicht einnehmen können, während der Partner sich im Hintergrund hält, wird dieser doch zumeist die treibende und steuernde Kraft sein, dessen Meinung den Ausschlag gibt.

Diese Stellung ist sehr günstig für die Zusammenarbeit, weil wir zuhören können und wollen und bereit sind, harmonische und gerechte Kompromisse zu schließen (was natürlich durch den Rest des Horoskops bestätigt werden muß). Haben wir jedoch mit dem einen oder anderen Minderwertigkeitsgefühl zu kämpfen, so werden wir unser Wohlbefinden vielleicht vollkommen von unserem Partner abhängig machen. Wir bürden ihm damit eine solch schwere Last auf, daß es zu ernsthaften Problemen in der Beziehung kommen kann. Die Frage, wie sich die Beziehung dann entwickelt, hängt sehr davon ab, ob wir uns selbst akzeptieren und aus der Distanz betrachten können.

In konstruktiver Form kann diese Verbindung aber eine Beziehung bedeuten, die auf Gleichwertigkeit und Aufrichtigkeit basiert und von der sehr viel Kraft ausgeht. Die Partner können einander bei ihrer gesellschaftlichen Entwicklung stimulieren; ist hier nur einer von beiden aktiv, so wird der andere an seinen

Herrscher von 10

303

Aktivitäten regen Anteil nehmen, um daraus ein Gefühl des Zusammenhalts und der Zugehörigkeit zu beziehen. Oft geht damit auch eine Arbeit einher, die um ein Thema des 7. Hauses kreist und zu tun hat mit Diplomatie, Harmonie, Verträgen, Kunst, Politik und dem sozialen Leben, um nur einige der vielen Möglichkeiten zu nennen.

Der Herrscher des 10. Hauses im 8. Haus

Ebenso wie beim Herrscher des 8. Hauses im 10. Haus sehen wir auch hier oft, daß wir während unseres Lebens eine oder mehrere tiefgreifende Veränderungen durchmachen. Das liegt daran, daß Identität und Krise, Identität und Verdrängungen, aber auch Identität und verborgene Gaben und Talente in diesem Fall so eng miteinander verbunden sind. Ich habe bei dieser Stellung des öfteren ein großes Bedürfnis nach Anerkennung bemerkt, an der es während der Jugend häufig fehlte, neben anderen Ursachen entweder deshalb, weil die Eltern uns keine Bestätigung zukommen ließen, oder auch deshalb, weil wir selbst nicht zu erkennen gaben, daß wir Bestätigung brauchten. Wir sind bestrebt zu erkennen, wo unsere eigene Identität liegt, und stoßen dabei ständig auf die verschiedensten Unsicherheitsfaktoren in uns selbst. Und wenn wir dann ein bestimmtes Ich-Bild gewonnen haben, bringt uns das Haus der Konfrontationen wieder dazu, das zu sehen, was wir vergessen haben beziehungsweise vergessen wollten. Wir müssen so wieder Dingen ins Auge sehen, die in uns schmerzhafte Fragen über uns selbst und das Leben aufwerfen.

Das kann die Gefahr nach sich ziehen, daß wir unseren eigenen Bedürfnissen zuwider handeln: daß wir krampfhafte Anstrengungen unternehmen, um eine Identität zum Ausdruck zu bringen, oder daß wir uns hinter eine Mauer in uns selbst zurückziehen, wodurch wir die Außenwelt in mancherlei Hinsicht dahin bekommen, wo wir sie haben wollen. Allerdings gibt es hier für uns kein Halten – so lange nicht, bis wir mit uns selbst ins reine gekommen sind. Haben wir uns aber mit uns auseinandergesetzt, so finden wir die Kraft, nach der wir so intensiv gesucht haben.

Dann können wir auch unsere verborgenen Gaben und Talente zum Einsatz bringen, was uns im kleineren oder größeren Kreis viel Anerkennung einbringen wird. Bis es aber soweit ist, kennt die Außenwelt unser wahres Ich nicht; wir halten es aus unserer Angst vor Verletzungen verborgen.

Und so sehen wir bei beiden Verbindungen zwischen dem 8. und dem 10. Haus den Widerspruch, daß wir nach außen hin Kraft ausstrahlen und wertvolle Ratschläge erteilen können, weil wir die Dinge tiefgehend analysieren, uns aber zugleich sehr verletzlich und einsam fühlen in dem Bewußtsein, daß niemand uns wirklich kennt. Erst die Konfrontation mit uns selbst – die selten ausbleibt – kann diese Spirale durchbrechen und unsere verborgenen Gaben und Talente ans Licht bringen, dann aber auch auf eine sehr deutliche und intensive Weise.

Der Herrscher des 10. Hauses im 9. Haus

Die Entwicklung unserer Identität hat hier sehr viel mit den persönlichen Anschauungen und der persönlichen Sichtweise der Gesellschaft zu tun. Unser Selbstbild und all das, was zur Abgrenzung einer Identität beiträgt, sehen wir im Rahmen des größeren Ganzen, ob dies nun die Gesellschaft sein mag oder das Leben ganz allgemein (in Abhängigkeit von der Frage, ob wir eher politisch oder eher philosophisch eingestellt sind).

Mit dieser Beziehung mögen wir es nicht, wenn an unseren Überzeugungen beziehungsweise an ihrem Wert gezweifelt wird, weil das unsere Vorstellung von der Gesellschaft, die uns Sicherheit verschafft, erschüttert. Unsere Sichtweise, auf welchem Gebiet auch immer, hat nämlich einen außerordentlich großen Einfluß auf die Art und Weise, wie wir uns nach außen hin ganz allgemein und der Gesellschaft gegenüber im besonderen verhalten. Bei großer Unsicherheit kann sich hier ein gesellschaftlicher, religiöser, philosophischer oder andersartiger Fanatismus entwickeln, was im absoluten Widerspruch zu dem wahren Bedürfnis des 9. Hauses steht: aufgrund von Wissen und Weisheit eine Art philosophische Lebenseinstellung zu erlangen. Mit dieser

Herrscher von 10

305

Verbindung lernen wir vielleicht viel von der Welt kennen, entweder im wahrsten Sinne des Wortes durch Reisen, oder in übertragener Bedeutung, indem wir uns der Welt des menschlichen Wissens widmen – wodurch wir sehr wohl jene Art von philosophischer Einstellung gewinnen können. Allerdings ist hierfür auch eine offene und ehrliche Haltung uns selbst gegenüber erforderlich.

Mit dem Herrscher des 10. Hauses im 9. Haus können wir ein hervorragender Wissenschaftler oder Dozent sein, der anregend und begeisternd über sein Fachgebiet spricht. Aber auch hier lauert die Gefahr der maßlosen Propaganda oder des ausufernden Hobbys, wenn wir unsere Unsicherheit oder unsere Identität allein auf das 9. Haus beziehen (das 9. Haus ist schließlich Endpunkt für das 10. Haus!). Gehen wir hier maßvoll vor, so können offener Enthusiasmus, Flexibilität in der Meinungsbildung und Toleranz gegenüber anderen ein Markenzeichen von uns werden, das uns zur Ehre gereicht; und mit solchen Eigenschaften auf unseren Fahnen können wir auch im Berufsleben (10. Haus) feurige Missionare unserer idealistischen Vision sein. In unserer beruflichen Tätigkeit wird unsere Freiheitsliebe und unser Bedürfnis nach Erweiterung des Horizonts dann auch deutlich zum Ausdruck kommen (das 9. Haus ist hier das Ziel).

Der Herrscher des 10. Hauses im 10. Haus

Das Bedürfnis, ein eigenständiges Ego abzugrenzen und ein Selbstbild zu entwickeln, und der Drang nach einer gesellschaftlichen Position, die ein gewisses Maß an Autonomie und Autorität beinhaltet und respektiert wird, sind hier Instrument und Ziel zugleich; alles wirkt in die Richtung einer Verstärkung dieses Bedürfnisses. Das kann sich auf vielerlei Weisen manifestieren – vor allem entscheidend ist aber, daß wir mit dieser Verbindung unverkennbar uns selbst in unserer Umgebung beziehungsweise in der Gesellschaft beweisen und unsere Fähigkeiten zum Ausdruck bringen wollen. Wir führen sozusagen einen Wettkampf mit uns selbst, und dies stellt einen Mechanismus dar, mit dem wir es (oftmals unbewußt) in gesellschaftlicher Hinsicht immer weiter bringen oder in den Augen unserer Umgebung mehr Ansehen gewinnen.

Mit dieser Verbindung könnte eine gewisse Herrschsucht einhergehen. Vielleicht verbitten wir uns damit jegliche Einmischung und jeden Widerspruch; wahrscheinlicher ist allerdings, daß wir schon durch unser Auftreten eine Botschaft aussenden: »Achte auf das, was ich sage – ich bin derjenige, der hier bestimmt«, oder »Ich weiß schon, was jetzt getan werden muß; überlaßt alles nur mir«. Mit dieser Einstellung bürden wir uns manchmal auch Aufgaben auf, die eigentlich zu schwer sind – was wir aber unter keinen Umständen zugeben werden. So spornen wir uns immer wieder selbst zu neuen Leistungen an. Das bedeutet allerdings, daß wir sozusagen ununterbrochen auf Hochtouren laufen, was auf die Dauer nicht gut ist. Wie dem auch sein mag – findet sich diese Verbindung im Horoskop, so ist auch bei sonstiger Reserviertheit in jedem Fall großer Ehrgeiz die Folge.

Eigentlich sind wir fortwährend auf der Suche nach Werten in der Außenwelt, die uns in unserem Identitätsgefühl und dem Bild, das wir von uns selbst haben, bestätigen. Dieser angespannten Suche und dem Drang, uns selbst beweisen zu wollen, liegt Unsicherheit zugrunde. So ergibt es sich dann, wenn wir mehr Sicherheit erlangt und unsere Grenzen erkannt haben, daß wir unsere Ziele relativieren. Ungeachtet dessen aber werden wir immer wieder aufs neue das Gefühl haben, noch mehr Leistung bringen zu müssen. Unser Leistungsbedürfnis (sowie oftmals auch der Drang, angesehen und respektiert zu sein) ist hier schließlich der Ansporn für unsere Aktivität.

Mit dieser Häuserbeziehung kann auch die Gefahr einhergehen, daß wir uns für kürzere oder längere Zeit zu sehr auf unsere Rolle in der Gesellschaft und Außenwelt konzentrieren und so unsere Gefühlswelt, unser Inneres oder auch unser Familienleben vernachlässigen. Das kann sich auf Dauer rächen. Dann sind zwei Reaktionen möglich: entweder jedes auftauchende Problem und jede Konfrontation mit der ganzen Härte des 10. Hauses anzugehen, in dem Versuch, sich nicht beirren zu lassen und die eingeschlagene Richtung beizubehalten – oder aber einzusehen, daß wir zwar unsere Aufmerksamkeit auf die Außenwelt gerichtet halten können, aber wahre Bestätigung einzig und allein von innen heraus möglich ist. Ob wir uns nun vor uns selbst, vor unseren Eltern, dem Rest der Familie, vor Freunden oder der Gesellschaft beweisen wollen, tut nichts zur Sache. Worum es hier geht, ist, daß wir uns verwirklichen wollen.

Der vergeistigtere Herrscher des 10. Hauses im 10. Haus kann aber auch ein gewisses Maß an Selbstzufriedenheit erreichen, wenn er seine Grenzen akzeptiert und kreativ mit ihnen umgeht. Oft geschieht das allerdings erst dann, wenn wir eine Weile an der Spitze gestanden haben (relativ gesehen – ob das nun im kleinen oder großen der Fall war, ist nicht weiter wichtig); erst mit einer solchen Erfahrung sind wir in der Lage, die Dinge mit mehr Abstand zu sehen.

Der Herrscher des 10. Hauses im 11. Haus

Das Bedürfnis, ein eigenständiges Ego abzugrenzen und ein Selbstbild zu entwickeln, und der Drang nach einer gesellschaftlichen Position, die ein gewisses Maß an Autonomie und Autorität beinhaltet und respektiert wird, richten sich hier auf die Kontakte zu Freunden und Gleichgesinnten und anderen Menschen, mit denen wir uns innerlich verbunden fühlen. Zu dieser Verbindung zählt das gemeinsame Wirken mit Freunden oder mit Gruppen oder auch eine Tätigkeit, die sich über Freunde, Gruppen oder Organisationen ergibt beziehungsweise mit ihnen zu tun hat. Dies ist in der Tat bei dieser Verbindung möglich, kann aber auch beim Herrscher des 11. Hauses im 10. Haus zutreffen. Beim Herrscher des 10. Hauses im 11. Haus spielen jedoch die Freunde, Gleichgesinnten beziehungsweise die Organisation für uns eine große Rolle, weil wir dazu neigen, die Art und Weise, wie wir uns selbst und die Gesellschaft sehen, auf sie zu beziehen.

Kennzeichnend ist hier das Bedürfnis, dazuzugehören und ein »Aushängeschild« der betreffenden Gruppe oder Organisation zu sein, was auch unsere äußere Haltung zumindest zum Teil prägt. Selbst dann, wenn unser Horoskop ansonsten starke Tendenzen der Ichbezogenheit zeigt, sind wir mit dieser Verbindung auf äußere Zustimmung, Hilfe und Unterstützung für unser Wohlbefinden angewiesen. Das muß nicht bedeuten, daß wir mit dieser Beziehung nun immer viele Menschen um uns herum haben müssen, die wir Freunde oder Gleichgesinnte nennen. Wir können die angestrebte Bestätigung auch finden, indem wir uns – in welchem Maße auch immer – mit einer Strömung, einer kulturellen Gruppe, einer Gruppe mit einer geistigen oder gesellschaftlichen Zielsetzung identifizieren, ohne daß uns die betreffenden Menschen nun persönlich bekannt sind. Im wesentlichen geht es darum, daß wir aus der Perspektive, die wir von uns selbst haben, den Blick hauptsächlich auf Freunde und Gleichgesinnte richten, weil wir ihre Haltung und Urteil meist sehr schätzen und daraus Bestätigung beziehen – mehr, als uns selbst vielleicht bewußt ist.

Mit dieser Verbindung (und, wie gesagt, auch mit dem Herrscher des 11. Hauses im 10. Haus) unterstützen uns möglicherweise unsere Freunde in gesellschaftlicher Hinsicht; aber wir sind auch selbst dazu bereit, unsere eigene Position und unsere Mittel zum Wohle des Freundeskreises einzubringen.

Da das 11. Haus auch das Durchbrechen von Formen zum Inhalt hat, können wir mit dieser Verbindung wichtige Veränderungen erleben, bei denen wir uns auf eine ganz neue Art und Weise zu sehen lernen, was unsere Rolle in der Gesellschaft und im Freundeskreis betrifft. Auch haben wir damit das Bedürfnis, hin und wieder etwas Unkonventionelles und Humanistisches, etwas Soziales sowie ein Moment der Freiheit im Rahmen unserer Arbeit und unserer gesellschaftlichen Position zum Ausdruck zu bringen. Mir sind viele Menschen mit dieser Beziehung begegnet, die Ehrenämter in Vereinen oder in Organisationen bekleideten, was einen Einfluß auf ihre gesellschaftliche Position und Rolle hatte.

Herrscher von 10

Der Herrscher des 10. Hauses im 12. Haus

Das Bedürfnis, ein eigenständiges Ego abzugrenzen und ein Selbstbild zu entwickeln, und der Drang nach einer gesellschaftlichen Position, die ein gewisses Maß an Autonomie und Autorität beinhaltet und respektiert wird, richten sich hier auf Absonderung und Loslösung, auf unser Verlangen nach Einheit und einem reichen Innenleben, in dem weltliches Streben seinen Glanz verloren hat. Das 10. und das 12. Haus scheinen in vielerlei Hinsicht im Widerspruch zueinander zu stehen: Das 10. Haus richtet sich auf die Ausbildung eines Egos und die Manifestation in der Außenwelt, während das 12. Haus nun gerade auf Loslösung zielt und auf die Innenwelt; es scheut geradezu die Außenwelt.

Die Herrscher des 12. Hauses im 10. Haus und der Herrscher des 10. Hauses im 12. Haus kommen regelmäßig bei Menschen vor, deren frühe Kindheit (hauptsächlich die ersten Lebensjahre) von unsicheren Umständen geprägt war – was übrigens nicht die Schuld der Eltern gewesen sein muß: Durch diese Häuserbeziehungen könnten zum Beispiel ein Aufenthalt im Lager infolge von Kriegswirren oder anderweitige äußere Schwierigkeiten angezeigt sein.

Der Mangel an Sicherheit in einem so sensiblen Stadium kann zur Folge haben, daß wir den Großteil unseres Lebens auf der Suche sind, oft nicht einmal wissend, wonach wir suchen. Wir suchen Sicherheit, stellen sie aber zweifelnd sofort wieder in Frage, suchen an anderer Stelle Halt und können unserer Zweifel doch nicht Herr werden. Selbst wenn es uns gelungen ist, eine Identität zu begründen, zeigen wir doch – sowohl mit dem Herrscher des 10. Hauses im 12. Haus als auch im umgekehrten Fall – die Tendenz, auch diese Identität wieder in Frage zu stellen und zu untergraben. Bei den verschiedensten Konfrontationen mit der Außenwelt fühlen wir große Unsicherheit in uns, weil wir dazu neigen, uns sehr schnell beeinflussen zu lassen. Die Unsicherheit bewirkt, daß wir in der Tat sehr beeinflußbar sind (auch beim Herrscher des 12. Hauses im 10. Haus kann dieses Gefühl vorhanden sein).

Wie stark unser Charakter in anderer Hinsicht auch sein mag, in Zusammenhang mit Personen, die einen Einfluß auf uns haben, können wir uns sehr »folgsam« und hilfsbereit zeigen. Hier muß das 10. Haus auf dem Lebensgebiet des 12. Hauses zum Ausdruck kommen. Mit dem Herrscher des 10. Hauses im 12. Haus gilt es zu lernen, daß wir uns in unserer Unsicherheit nicht auf die Außenwelt und auf äußere Dinge stützen sollen, sondern daß einzig und allein unsere eigene innere Quelle in ausreichendem Maße Halt bieten kann. Die Menschen, die es verstanden haben, ihrem eigenen Gefühl, ihrer inneren Stimme, ihren Träumen und so weiter mehr oder weniger zu vertrauen, können zu sehr starken Persönlichkeiten werden, auch wenn sie es vorziehen, nicht ins Rampenlicht zu treten. Sie bauen dann nicht auf die Außenwelt; sie fühlen sich bereits befriedigt, wenn sie hinter den Kulissen aktiv sind. Mit ihrer persönlichen Art, sich mit etwas verbunden zu fühlen, haben sie ihre eigene Vorstellung von Ruhm und Glanz.

Mit dieser Verbindung sind eine ganze Reihe von konkreten Auswirkungen möglich, beispielsweise eine Karriere auf einem Gebiet, das Analogien zu den ungreifbaren Qualitäten des 12. Hauses aufweist. Dabei können wir an die Laufbahn eines Arztes oder Spiritisten denken, eines Kapitäns oder Hypnose-Therapeuten. Es geht darum, daß das Gefühl, sich als Einheit mit allem und jedem zu empfinden, eventuell auch in symbolischer Form (mit dem Weltall oder dem Meer), unentbehrlich für uns ist bei der Suche nach einer eigenen Identität.

Herrscher von 10

Der Herrscher des 11. Hauses im 1. Haus

Wie beim Herrscher des 1. Hauses im 11. Haus spielen auch hier die Kontakte mit Menschen derselben Wellenlänge eine wichtige Rolle – mit dem Herrscher des 11. Hauses im 1. Haus neigen wir allerdings dazu, selbst eine bestimmende Rolle zu übernehmen. Unser Tun und Lassen wird durch unsere Auffassungen von Gleichheit, freier Entfaltung und Freundschaft geprägt. Begriffe wie Kameradschaft und Gleichheit sind beherrschend für unsere äußere Haltung. Dabei zeichnen wir uns in unserem Auftreten durch Freundlichkeit und Toleranz aus.

Wir sind hier zwar der Meinung, daß jeder die gleichen Entfaltungsmöglichkeiten haben sollte, lassen in unserer Haltung aber doch auch etwas Besserwisserisches erkennen (was damit zu tun hat, daß in diesem Fall das 1. Haus der »Endpunkt« ist). Wir können damit auch ohne Frage eine bestimmte Dominanz an den Tag legen, wie freundlich sie auch maskiert sein mag. Bei unserem zumeist ungezwungenen Auftreten, bei dem kein Unterschied zwischen den Gesellschaftsschichten gemacht wird, kann eine gewisse Eigenwilligkeit und Eigenbrötlerei ins Auge fallen, manchmal auch etwas Provozierendes, was aber nur selten mit böser Absicht geschieht. Wenn wir eine bestimmte Haltung annehmen, dann häufig auch aus dem Grund, um vermeintlich starre Positionen auf die Probe zu stellen oder aufzubrechen. Sehr oft sind wir sehr wißbegierig und bestrebt, die Motive und Wünsche der Mitmenschen zu erkennen. Es besteht damit auch ein Interesse an der Menschheit im allgemeinen.

Der Herrscher des 11. Hauses im 2. Haus

Für diese Häuserbeziehung gibt es mehr Möglichkeiten als die beim Herrscher des 2. Hauses im 11. Haus erwähnten. Grundsätzlich geht es um das Bedürfnis, Freunde und Gleichgesinnte an unseren Werten teilhaben zu lassen. Auch hier suchen wir Sicherheit in diesem Kreise, jedoch auf eine andere Weise als beim Herrscher des 2. Hauses im 11. Haus. Hier ist es vielmehr so, daß wir bereits feste Wertvorstellungen haben und unsere Freunde unter denen finden, die diese teilen – während wir beim Herrscher des 2. Hauses im 11. Haus eher dazu neigen, zunächst Freundschaften zu schließen und dann durch den Kontakt zu diesen persönliche Wertvorstellungen zu entwickeln.

Mit dem Herrscher des 11. Hauses im 2. Haus sind wir damit auch weniger abhängig von anderen, was die Befriedigung unseres Bedürfnisses nach Sicherheit betrifft. Freunde und Menschen mit derselben Wellenlänge wie wir können uns sehr stark motivieren oder uns dazu anspornen, Fertigkeiten zur Entwicklung zu bringen. Sie stehen auch in enger Beziehung zu unseren Lust- und Unlustgefühlen und können uns allein durch ihre Anwesenheit zum Handeln anspornen, vorausgesetzt, daß dies zu einem Gefühl der Sicherheit führt oder zu konkret wahrnehmbaren und greifbaren Resultaten (2. Haus).

Der Herrscher des 11. Hauses im 3. Haus

Unser Bedürfnis nach Freunden, nach Kontakten mit Gleichgesinnten und nach Gleichheit als solcher und der Wunsch, starre Grenzen zu durchbrechen, sind hier das Instrument unseres Denkens, Analysierens und Ordnens der Fakten. Das führt oft zu einer sehr individuellen, manchmal etwas provozierenden Art, was das Herstellen von Verbindungen betrifft – auch mit den Menschen, die es gesellschaftlich weit gebracht haben. Das 11. Haus ist hier aber das Instrument, und aus dem Kreis der Gleichgesinnten kann der Mensch mit dieser Stellung viele Anregungen beziehen. Allerdings dürfte er dazu neigen, sein eigenes Denken und seine eigenen Ideen (3. Haus) in den Vordergrund zu stellen. Der Kern liegt bei dieser Verbindung dann auch darin, daß wir erst dann von Freunden reden können, wenn sie unseren geistigen und kontaktbezogenen Vorstellungen genau entsprechen.

Wie bereits gesagt, geht es hier darum, daß Freunde und Gleichgesinnte uns auf mentalem Gebiet stimulieren können: Wir erhoffen uns von diesen Kontakten den Austausch von Informationen und genießen das Reden. Manchmal kann das zu

313

dem Bedürfnis führen, so viele Freunde wie nur möglich zu haben, von denen jeder auf andere Art und Weise unsere Neugier erweckt. Dabei besteht jedoch die Gefahr, daß es durch das Übermaß an Kontakten zu Oberflächlichkeit kommt und es uns einzig und allein um Informationen und Eindrücke geht – während wir andererseits durch unsere Freunde auch bestimmte Wertvorstellungen erkennen könnten, die unser Denken auf eine höchst individuelle und einzigartige Weise bereichern. In diesem Sinn kann auch eine einzige Freundschaft vorrangig auf mentalem Austausch basieren und gleichzeitig sehr viel Tiefgang und Originalität im Denken verraten bezüglich der Art und Weise, wie wir Fakten sammeln und ordnen. Unabhängigkeit des Denkens in Verbindung mit der Fähigkeit, Menschen gleicher Wellenlänge aufmerksam zuzuhören, ist eine der charakteristischsten Auswirkungen des Herrschers des 11. Hauses im 3. Haus.

Der Herrscher des 11. Hauses im 4. Haus

Wie beim Herrscher des 4. Hauses im 11. Haus finden wir auch hier Offenheit für alles Neue und Andersartige und das Durchbrechen von Grenzen und Formen, allerdings vor einem anderen Hintergrund. Wir sind hier ebenfalls dazu bereit, uns auf das Neue und Andersartige einzulassen, unter der Voraussetzung, daß es uns auch gefühlsmäßig anspricht. Es sollte unsere Basis der Sicherheit nicht bedrohen – allerdings kann es durchaus dahingehend wirken, diese Basis zu erweitern oder langsam durch eine neue zu ersetzen; bei beiden Häuserbeziehungen kann es damit einhergehend zu einem »offenen Haus« kommen. Beim Herrscher des 11. Hauses im 4. Haus wird unser Haus immer Freunden und Gleichgesinnten offenstehen. Trotz der Tatsache, daß sie einen wichtigen Faktor für unser gefühlsmäßiges Wohlbefinden bilden, neigen wir mit dem Herrscher des 11. Hauses im 4. Haus aber in weniger starkem Maße dazu, Freunden zu folgen, als im umgekehrten Fall. Das liegt daran, daß mit dem Herrscher des 11. Hauses im 4. Haus unser eigenes Gefühl und die Urteile, die ihm entsprießen, letztlich den Ausschlag geben. Allerdings werden wir in den meisten Fällen jedoch unsere Freunde in dieser Hinsicht bereits aufgrund einer gewissen Übereinstimmung gewählt haben.

Mit dieser Verbindung machen uns Turbulenzen und Veränderungen im häuslichen Umfeld wenig aus, und wir haben nichts gegen häufige Besuche von Freunden – ganz im Gegenteil ist dies sogar ein ernsthaftes Bedürfnis von uns. Ein stilles, in sich ruhendes, häusliches Leben im altmodischen Sinn ist nichts, was uns bei dieser Stellung begeistern könnte.

Der Herrscher des 11. Hauses im 5. Haus

Wie beim Herrscher des 5. Hauses im 11. Haus spielen der Freundeskreis und das soziale Geschehen eine große Rolle. Nur neigen wir hier mehr dazu, selbst zu bestimmen, was geschieht. Schließlich ist in diesem Fall unser Bedürfnis nach Kontakt mit Menschen, mit denen wir uns verwandt fühlen, das Instrument; es tritt hinter das zurück, was wir selbst gern tun, und auch hinter das Bedürfnis nach einer zentralen Rolle. Um es subtiler auszudrücken: Wir suchen also Menschen, die sich mit *uns* verwandt fühlen. Bei Freundschaften ist es uns sehr wichtig, daß sich die Betreffenden auf unserer Wellenlänge befinden – nicht, daß wir uns auf ihre Wellenlänge einstellen müssen. Uns ist es am liebsten, wenn die anderen dem zustimmen, was wir schon immer gut fanden. Die Umgebung kann auch in diesem Fall einen gewissen Einfluß auf unsere Ideen haben, aber bei weitem nicht so viel, wie das beim Herrscher des 5. Hauses im 11. Haus zu verzeichnen war. Die Neigung zu einer gewissen Dominanz aber macht bei dieser Häuserbeziehung kaum Probleme – der Freundeskreis findet sich damit ab oder bemerkt sie kaum, weil wir auch sehr viel Wärme und Spontaneität zu geben haben.

Das Funktionieren im gesellschaftlichen Sinn und der kreative Ausdruck hängen bei der Verbindung zwischen dem 5. und dem 11. Haus so eng miteinander zusammen, daß wir bei beiden Beziehungen des öfteren unseren Selbstausdruck mit dem Freundeskreis zusammenbringen und unser soziales Leben mit unserer Kreativität verbinden.

Herrscher von 11

315

Der Herrscher des 11. Hauses im 6. Haus

Freunde und Gleichgesinnte stehen wie beim Herrscher des 6. Hauses im 11. Haus auch bei dieser Beziehung in einer engen Verbindung mit der Arbeit und unserem Bedürfnis nach Kritik und Analyse. Es geschieht bei dieser Verbindung nicht selten, daß wir mittels unserer Kontakte oder der Fürsprache befreundeter Menschen eine Stelle bekommen oder uns auf andere Weise nützlich machen können. Die Meinungen und Auffassungen der Freunde und Gleichgesinnten spielen für uns bei unserer Arbeit zwar eine wichtige Rolle, den Ausschlag bezüglich dieses Themas oder der konkreten oder sachlichen Angelegenheiten aber geben unsere eigene Analyse und unsere eigene praktische Einsicht. Ich habe mehrfach gesehen, daß Menschen mit dieser Verbindung auf die eine oder andere Weise ein humanitäres Element in ihre Arbeit einbrachten oder etwas, das zu ihrer eigenen individuellen Entfaltung oder der von anderen beitrug. Das ist nicht verwunderlich, wenn wir bedenken, daß hier das 11. Haus – das das Bedürfnis widerspiegelt, Grenzen zu durchbrechen und die persönliche Individualität aller Menschen zu achten – Instrument der Arbeit und Dienstbarkeit ist.

Wir sehen diese Häuserbeziehung auch bei vielen Personen, die in Organisationen mit Menschen zu tun haben, welche für das gleiche Ziel aktiv sind, wo folglich eine bestimmte soziale Atmosphäre herrscht (vielleicht könnten wir hier sogar von einer Subkultur sprechen wie beispielsweise beim Militär – bei Berufssoldaten, wohlgemerkt –, in der Politik, bei Gewerkschaften und anderen Verbänden). Ein kameradschaftliches Verhältnis bei der Arbeit ist uns mit dieser Stellung oft für unser Wohlbefinden wichtig; und sogar innerhalb streng hierarchisch organisierter Strukturen verstehen wir es, der Arbeitsatmosphäre ein ungezwungenes Element zu verleihen.

Der Herrscher des 11. Hauses im 7. Haus

Außer dem, was beim Herrscher des 7. Hauses im 11. Haus über diese Verbindung gesagt wurde, treten hier Freiheit und Kameradschaft als Instrumente zutage, die Beziehung formen sollen. Am liebsten ist es uns, wenn unsere Freunde auch die Freunde unseres Partners sind und umgekehrt; es ist hier jedoch der Partner, der in bezug auf Freundschaften den Ausschlag gibt. Wie beim Herrscher des 7. Hauses im 11. Haus könnten auch hier Liebe und Freundschaft miteinander verwechselt werden – die Gefahr dafür ist aber bedeutend kleiner, da wir nicht aus dem Bedürfnis nach einer Beziehung heraus Freundschaften schließen (was beim Herrscher des 7. Hauses im 11. Haus der Fall ist), sondern vom Bedürfnis nach Freundschaft aus eine engere Beziehung eingehen (Herrscher des 11. Hauses im 7. Haus). Die Freundschaft ist hier das Instrument der Beziehung. Wir neigen mit dieser Verbindung dazu, den Partner bestimmen zu lassen, wie wir uns gegenüber Freundschaften und Freunden verhalten sollten. Aber unsere provozierenden und herausfordernden Eigenschaften sorgen auch in diesem Fall für Widerspruch. Der auf Herausforderung und individuelle Entfaltung ausgerichtete Herrscher des 11. Hauses bewirkt – sowohl, was die eigene Person betrifft, als auch die anderen –, daß wir in der Beziehung nicht an starren Regeln festhalten werden.

Mit dieser Häuserbeziehung sind wir sehr an Kameradschaft und gegenseitigem Austausch auf der Basis von Gleichwertigkeit interessiert. Sowohl beim Herrscher des 7. Hauses im 11. Haus als auch im umgekehrten Fall besteht die Möglichkeit, mit Freunden zusammen wichtige Dinge zu unternehmen oder zusammenzuarbeiten. Dabei sind wir sehr daran interessiert, eine Form zu finden, in der Gleichheit möglich ist und in der die betreffenden Personen ihre Fähigkeiten auch tatsächlich zur Geltung bringen können.

Der Herrscher des 11. Hauses im 8. Haus

Wie beim Herrscher des 8. Hauses im 11. Haus sind auch hier
psychische Entwicklung und Freundschaften eng miteinander
verwoben; auch hier besteht das Bedürfnis nach einer Art Spar-
ringspartner. Freunde, Gleichgesinnte und Kontakte zu Menschen mit der gleichen Wellenlänge (das Instrument) haben zwar
ihren Einfluß auf unser psychisches Wachstum (das Ziel) – hier
aber sind wir es, die bestimmen, was wir tun und lassen wollen.
Deshalb kommt es bei dieser Verbindung manchmal zu einschneidenden Veränderungen in unserem Freundeskreis, mit
denen wir uns selbst ebenfalls verändern.

Mit dem Herrscher des 11. Hauses im 8. Haus richten wir uns
nicht nach den anderen, sondern sind (oft unbewußt) der Ansicht, daß die anderen sich an uns zu orientieren haben – oder uns
gestohlen bleiben können. Mit unserer Intensität und dem Bedürfnis, in die Tiefe zu gehen und alles psychisch zu ergründen,
könnten wir einige unserer Freunde überfordern. So könnte es
von allein zu einer »natürlichen Auslese« in unserem Freundeskreis kommen.

In negativem Sinne haben wir möglicherweise das Bedürfnis,
Macht über unsere Freunde zu gewinnen, weil wir sie als Stütze
und zur Tarnung unserer Unsicherheit brauchen. In diesem Fall
aber sind wir daran interessiert, daß sie nicht ihrerseits tiefgründige Fragen stellen – sonst könnte es ja geschehen, daß wir selbst
einmal unter die Lupe genommen werden! Die problematische
Auswirkung beim Herrscher des 11. Hauses im 8. Haus sieht
dann auch so aus, daß uns eine Schar von Anhängern lieber ist als
wahre Freunde. Das andere Extrem – wahre, gute Freundschaften zu begründen – ist aber gleichfalls möglich, vorausgesetzt,
wir erkennen unsere eigene Unsicherheit an und gehen aktiv gegen sie vor (wie beim Herrscher des 8. Hauses im 11. Haus auch).
Tun wir das, so sind wir nicht mehr darauf angewiesen, den
Freundeskreis zu mißbrauchen. Wir sehen hier also einerseits
eine psychische Abhängigkeit von Freundschaften, was wir
durch den Einsatz von Macht und Kraft zu verbergen suchen, andererseits jedoch tiefe und enge Beziehungen, die uns im Inner-

sten berühren und die nur der Tod beenden kann. Das 8. Haus bringt nun einmal oft sehr gegensätzliche Auswirkungen mit sich.

Der Herrscher des 11. Hauses im 9. Haus

Wie beim Herrscher des 9. Hauses im 11. Haus gehen auch hier Freundschaft und der Austausch von Gedanken und Meinungen Hand in Hand; hier aber sind wir viel weniger dazu bereit, anderen das Wort zu überlassen und die Meinung der Mitmenschen zu würdigen. In diesem Fall sind wir auf Freunde und Gleichgesinnte als Empfänger unserer Meinungen und Ideen angewiesen. Es drängt uns dazu, mit ihnen zu reden – allerdings ist hier die Gefahr groß, daß es sich um eine Einbahnstraße handelt. Reden bedeutet für uns zumeist, daß wir es sind, die das Wort führen und andere mit unseren Ideen begeistern. In der Tat ist es möglich, daß wir unsere Freunde mit unseren Worten mitreißen – die Kehrseite der Medaille ist aber, daß die Freunde hier manchmal überhaupt keine wahren, gleichberechtigten Freunde sind, sondern mehr eine Art Jünger, die wir fallen lassen, sobald sie uns nicht mehr zustimmen.

Es hängt hier viel davon ab, ob wir mit uns selbst ins reine gekommen sind. Wenn wir eine harmonische Beziehung zu uns selbst und zu anderen entwickelt haben, kann sich der Herrscher des 11. Hauses im 9. Haus auch anders auswirken. Dann sind wir durchaus dazu imstande, anderen zuzuhören; dann suchen wir nicht nach unterwürfigen Jüngern, sondern nach Freunden, die offen für unsere Ideen sind und die uns helfen können (Freundschaften sind hier schließlich Instrument), unsere eigene Sichtweise zu differenzieren, zu entwickeln und vielleicht auch umfassend zu verändern.

Wie beim Herrscher des 9. Hauses im 11. Haus macht es uns auch hier Spaß, mit Freunden zu reisen – sowohl durch aller Herren Länder als auch in geistiger Form (gemeinsames Lernen, Philosophieren über die verschiedensten Themen). Nicht selten verspüren wir bei dieser Beziehung das Bedürfnis, ein breiteres

319

Publikum (womöglich die ganze Welt) von unserer Meinung zu überzeugen. Das kann mittels Vorträgen, Veröffentlichungen oder durch andersartige Medienarbeit geschehen – oder vielleicht auch in Verbindung mit Erziehung oder Unterricht. Auch andere Formen sind denkbar, bei denen wir unserer Meinung auf deutlich erkennbare Weise Ausdruck verleihen können.

Beide Beziehungen zwischen dem 9. und dem 11. Haus haben jedoch etwas Widersprüchliches. Es sind dies beides Häuser, für die Freiheit sehr wichtig ist. Wir könnten folglich erwarten, daß Freiheit und Gleichheit dann auch bei beiden Häuserverbindungen eine herausragende Rolle spielen. Und in der Tat spielen Gleichheit und Freiheit hier eine wichtige Rolle – das Ausmaß aber, in dem wir sie uns selbst und anderen zubilligen, hängt sehr davon ab, ob wir uns unsicher fühlen oder nicht. Ich habe viele Horoskope mit diesen Beziehungen gesehen, die von extremen Auswirkungen begleitet waren – sowohl in Form einer vollständigen Abhängigkeit von der Meinung der Freunde (was beim Herrscher des 9. Hauses im 11. Haus eine unterwürfige Einstellung gegenüber den Freunden bedeuten kann) als auch – in bezug auf die Meinungsbildung beim Herrscher des 11. Hauses im 9. Haus – vollkommene Herrschaft über die Freunde, die keine echten Gefährten im freundschaftlichen Sinn sind (was wiederum eine Form der Ungleichheit widerspiegelt). Das Charakteristikum all dieser Fälle ist die persönliche Verletzlichkeit und Unsicherheit der Betroffenen. Personen, die ein harmonischeres Verhältnis zu sich selbst entwickelt haben, können dagegen in ihren Beziehungen Freiheit und Kameradschaft auf die herzlichste Weise zum Ausdruck bringen.

Der Herrscher des 11. Hauses im 10. Haus

Bei dieser Verbindung tragen unsere Kontakte zu Freunden und Gleichgesinnten zur Entwicklung unserer Identität bei. Das gilt auch wenn der Herrscher des 10. Hauses im 11. Haus steht – allerdings ist es dort so, daß Freunde und Gleichgesinnte unsere Identität sehr stark prägen. Beim Herrscher des 11. Hauses im

10. Haus dagegen geben unsere eigene gesellschaftliche Position und das Bild, das wir von uns selbst haben, den Ausschlag. Mit anderen Worten: Wir haben gern Kontakt zu Menschen und Freunden, vorausgesetzt, daß sie sich auf *unserer* Wellenlänge befinden – das gilt nicht, wenn wir uns auf *ihre* Wellenlänge einstellen müssen. Auch hier besteht das Bedürfnis, ein Element des Humanistischen und Rebellischen, der Freiheit und der Auseinandersetzung im Rahmen unserer gesellschaftlichen Rolle zum Ausdruck zu bringen (ein Grund, warum beide Beziehungen gute Verbindungen für Politiker sind).

Die harmonische Auswirkung dieser Häuserbeziehung versetzt uns in die Lage, das, was sich in unserer Gruppe abspielt (11. Haus), so in Worte zu kleiden, daß daraus gesellschaftliche Aktivitäten erwachsen können (10. Haus). Mit dieser Stellung lernen wir unsere Freunde vielleicht kennen, wenn wir damit beschäftigt sind, unsere Karriere zu begründen (möglicherweise verdanken wir sie ihnen sogar). Wenn Freundschaften nicht auf dem Prinzip der Ausgewogenheit beruhen, könnte es sein, daß wir unsere Bekannten mißbrauchen, indem wir sie immer wieder für unsere Zwecke einspannen. Bei einem harmonischeren Verhältnis aber werden beide Partner aus der Beziehung Nutzen ziehen und einander weiterhelfen.

Im 11. Haus liegen unsere Wünsche und Hoffnungen begründet, die mit den Kontakten zu anderen zusammenhängen. Auf der anderen Seite steht es für das Bedürfnis nach einer bestimmten Art von Freiheit – für die Freiheit, die wir uns nehmen, um inmitten der anderen wir selbst zu sein, ohne die anderen in ihrem Ausdruck zu behindern. Der Herrscher des 11. Hauses im 10. Haus bedeutet hier einen gewissen Ansporn: »Jeder hat die Freiheit, so zu sein, wie er will; und über mich bestimme ich ganz allein!« Das kann Eigensinnigkeit mit sich bringen, aber auch Erfindungsreichtum, um problematische Zeiten zu überstehen.

Der Herrscher des 11. Hauses im 11. Haus

Mit dieser Häuserbeziehung sind unser Bedürfnis nach Kontakten zu Freunden, Gleichgesinnten und anderen Menschen, mit denen wir uns innerlich verbunden fühlen, und das Durchbrechen gefestigter Muster aus dem Wunsch nach Gleichberechtigung heraus Mittel und Ziel zugleich. Das bedeutet, daß dieses Bedürfnis verstärkt zum Ausdruck kommt – was konkret heißt, daß der Austausch mit anderen für uns sehr wichtig ist: Oft sind wir in Vereinen, Clubs oder anderen Gruppen aktiv (die nicht unbedingt eine ausgeprägte Struktur haben müssen). Dabei streben wir keine Machtposition an – im Gegenteil, uns leitet der Drang nach Gleichheit und zumeist ein ausgeprägter Sinn für Demokratie. Trotzdem können wir uns mit dem Herrscher des 11. Hauses im 11. Haus einer bestimmten Form der Diskriminierung schuldig machen: Wir streben mit einer zu starken Ausrichtung auf die eigene Gruppe zwar *innerhalb* dieser Organisation Gleichheit an, lassen es aber vielleicht gegenüber anderen Gruppen an Toleranz fehlen. Das ist womöglich um so mehr der Fall, je mehr Horoskopfaktoren darauf hinweisen, daß viel von unserer Identität von der Gruppe (und nicht nur vom 10. Haus) abhängt.

In dem Kreis, in dem wir uns zu Hause fühlen, schließen wir uns gern mit Menschen zusammen, die etwas sehr Individuelles, vielleicht etwas Verschrobenes, jedenfalls etwas an sich haben, das sie von anderen unterscheidet. Insofern macht sich hier deutlich das Formdurchbrechende des 11. Hauses, wenn auch in sympathischer Art, bemerkbar. Wir haben zwar das Bedürfnis nach Gleichheit, ohne aber den Wunsch nach Individualität aufzugeben, so daß unser Freundeskreis aus den verschiedensten Persönlichkeiten bestehen dürfte.

Was oft nicht genügend Beachtung findet, ist, daß das 11. Haus auch eine herausfordernde Seite hat, was die eigene Person betrifft. Wirkliche Freunde spiegeln nicht nur Merkmale oder Neigungen von uns selbst wider – die Beziehung zwischen ihrem und unserem Leben kann uns erkennen lassen, was sich in uns selbst abspielt. Welche Art von Freunden im äußeren Sinn wir wählen, läßt sich nicht unbedingt vom 11. Haus ableiten (dies hat auch nicht nur mit dem 11. Haus zu tun); es läßt aber erkennen, was wir bei unseren Freunden suchen und wie wir ihnen gegenüber eingestellt sind. So kann Saturn im 11. Haus bei der einen Person bedeuten, daß sie keine oder nur ältere Freunde hat, bei der anderen dagegen vielleicht, daß die Bindungen von großer Intensität sind und möglicherweise nur weniger Worte bedürfen oder daß im Gegenteil tiefe und ernsthafte Gespräche für beide Seiten sehr anregend sind. Welche Auswirkungen nun im einzelnen gegeben sind, hängt von uns selbst ab, davon, wie weit wir uns selbst und andere als das akzeptieren können, was wir und sie sind.

Mit dem Herrscher des 11. Hauses im 11. Haus sehen wir uns durch den intensiven Einfluß von Freunden und Gleichgesinnten mit uns selbst konfrontiert. In Verbindung damit kann sich ein plötzlicher oder tiefgreifender Wandel in unserem Freundeskreis ergeben, dann nämlich, wenn sich in psychischer Hinsicht viel in uns verändert hat. Die Freunde und Gleichgesinnten sind für uns in jeglicher Hinsicht von großer Wichtigkeit: Wir sind stark auf sie bezogen und werden durch sie mit uns selbst konfrontiert, ohne daß wir uns dessen unbedingt bewußt sind.

Der Herrscher des 11. Hauses im 12. Haus

Unser Bedürfnis nach Kontakt zu Freunden, Gleichgesinnten und anderen Menschen, mit denen wir uns innerlich verbunden fühlen, richtet sich auf den Drang nach Rückzug und Loslösung, auf das Erfahren der Einheit aller Dinge und auf ein reiches Innenleben, in dem die Materie ihren Glanz verloren hat. Das bedeutet, daß wir Freunde und Menschen, die etwas mit uns gemeinsam haben, gefühlsmäßig oder auf anderweitig ungreifbare Art unbedingt brauchen, ob dies nun mit Musik, Poesie, Kunst, Religion oder Spiritualität zu tun hat. Dem zugrunde liegt, daß wir die Einheit in der Verschiedenheit nicht nur erfahren, sondern auch tatsächlich konkret zum Ausdruck bringen wollen.

Wie beim Herrscher des 12. Hauses im 11. Haus neigen wir dazu, Freundschaften zu idealisieren, wodurch wir offen sind für das Chaos und das Moment der Enttäuschung, das mit dem 12. Haus zusammenhängen kann. Wir sehen andere mit großer Wahrscheinlichkeit nicht so, wie sie wirklich sind, sondern auf eine Art und Weise, die zu unserem Traum-, Phantasie- oder Idealbild paßt. Damit werden wir unseren Freunden und der Wirklichkeit aber nicht gerecht; also gilt es, mit dieser Verbindung sehr vorsichtig zu sein, wen wir zum Freund wählen. Aufgrund unserer eigenen Haltung kann es hier leicht zu Enttäuschungen kommen; möglicherweise verehren wir bestimmte Freunde aber auch, opfern uns für sie auf und lassen es zu, daß sie uns ausnutzen.

Umgekehrt ist es sehr gut möglich, daß wir selbst es sind, die die Freunde für unsere Ideale einspannen, oftmals allerdings ohne bewußte Absicht. Mit dieser Verbindung müssen wir manchmal feststellen, daß sich in die Freundschaft ein Element der Distanziertheit, der Enttäuschung oder des Mißbrauchs einschleicht. Ich habe sowohl beim Herrscher des 11. Hauses im 12. Haus als auch beim Herrscher des 12. Hauses im 11. Haus mehrmals erlebt, daß andere Menschen versuchten, Freundschaften durch üble Nachrede von außen her zu untergraben. Eine diesbezügliche Warnung ist durchaus angebracht.

Diese Verbindung kann aber auch eine Auswirkungsmöglichkeit haben, die nicht mehr auf die Welt der Sinneswahrnehmungen bezogen ist – die Möglichkeit nämlich, eine mehr oder weniger telepathische Bindung zu Freunden aufzubauen und etwas mit ihnen zu teilen, das für beide Seiten sehr kostbar ist, sich aber nicht näher beschreiben läßt: Es geht dabei um eine besondere Atmosphäre oder Art des Gefühls, sich als Einheit mit etwas oder jemandem zu erleben. Freundschaften können bei dieser Stellung ein unverzichtbares Forum für uns sein, um tief in unsere Seele zu schauen, um gemeinsam Träume zu analysieren oder die Bibel zu lesen, um uns mit östlichen Religionen zu beschäftigen oder uns auf andere Weise zusammen mit dem Gebiet des kollektiven Unbewußten zu befassen.

Der Herrscher des 12. Hauses im 1. Haus

Bei dieser Häuserbeziehung sind das Einfühlungsvermögen, die Fähigkeit zum Mitleiden, Verletzlichkeit sowie andere 12.-Haus-Qualitäten die charakteristischen Merkmale unserer äußeren Haltung. Wir haben ein Gespür für Stimmungen und wissen, oft gleich beim Eintreten, um unterschwellige Spannungen und anderes mehr – worauf wir dann oft vollkommen unbewußt reagieren. Nicht selten ziehen wir uns bei dieser Häuserverbindung sozusagen von vornherein zurück oder fühlen uns in die Verteidigung gedrängt, wenn wir uns mit unterschwelligen Spannungen konfrontiert sehen. Wir wissen nicht, was die Spannung verursacht hat, und haben, verbunden mit unserer Empfindlichkeit, schnell den Eindruck, daß die betreffenden Menschen uns nicht mögen oder daß etwas gegen uns spricht, das uns zum Rückzug treibt. Manchmal können wir sogar etwas am eigenen Leibe nachfühlen, beispielsweise die Kopfschmerzen eines anderen.

Das 12. Haus ist ein Haus, das für die Auflösung der Formen steht. In unserer Haltung nach außen zeigt sich das vielfach als etwas Ungreifbares. Die Umgebung weiß hier oft nicht recht, woran sie mit uns ist, was zu den unterschiedlichsten Reaktionen auf unser Verhalten führt, weil jeder unsere Haltung anders interpretiert. Das kann störend auf unser Selbstvertrauen wirken, weil solche unterschiedlichen Reaktionen uns keinerlei Anhaltspunkte bieten. Einige Menschen wiederum werden uns vielleicht geheimnisvoll finden, was für sie einen besonderen Reiz ausmacht.

Wie beim Herrscher des 1. Hauses im 12. Haus neigen wir auch bei dieser Häuserbeziehung dazu, uns an das anzupassen, was im Unbewußten vorgeht, in dem Sinne, daß wir fühlen, welche Haltung wir in einer bestimmten Situation annehmen müssen. Die Gefahr besteht darin, daß wir unser Verhalten nach dem ausrichten, womit wir zuletzt in Berührung standen. Dabei sind wir infolge unserer Empfindlichkeit beeinflußbar, können aber auch auf andere suggestiv wirken.

Fragen zur Einheit und zur Isolierung, zum religiösen Erleben, zum Spirituellen, zu den Nöten der Menschheit und der Unterdrückten gehören zweifellos zu dieser Häuserbeziehung dazu. Nicht selten beschäftigen wir uns hier im kleinen oder großen derart intensiv mit einer oder mehreren Seiten dieser Themen, daß sie für die Umwelt einen wichtigen Teil unseres äußeren Auftretens bilden. Beim Herrscher des 1. Hauses im 12. Haus spielen diese Fragen ebenfalls eine Rolle, aber es besteht dort viel eher das Bedürfnis, sich mit ihnen in der Einsamkeit auseinanderzusetzen, so daß sie in weniger augenfälligem Maß unser äußeres Verhalten prägen.

Der Herrscher des 12. Hauses im 2. Haus

Bei dieser Häuserbeziehung können die Angelegenheiten des 2. Hauses als Instrument dienen, um Sicherheit zu erlangen – allerdings auf eine andere Weise als bei der vorigen Beziehung. Hier ist das Bedürfnis, sich als Einheit mit etwas zu fühlen und die Welt der zugrundeliegenden Wertvorstellungen zu entdecken, der Sicherheit und den praktischen Bedürfnissen untergeordnet. Wie beim Herrscher des 2. Hauses im 12. Haus könnte es auch hier dazu kommen, daß wir uns durch Arbeit oder durch Angelegenheiten, die mit dem 12. Haus in Verbindung stehen, ein Einkommen verschaffen; der Idealismus aber, der beim Herrscher des 2. Hauses im 12. Haus im Vordergrund steht – das Bedürfnis, uns als eine Einheit mit etwas anderem zu sehen –, ist hier praktischer ausgerichtet. Die Ansicht des Herrschers des 12. Hauses im 2. Haus ist gewissermaßen: Mit etwas eins zu sein ist ja schön und nett, es muß aber schließlich auch etwas dabei herauskommen. Allerdings gibt es hierbei Probleme, da – negativ betrachtet – alle nichtfaßbaren und unterschwelligen Faktoren (Frustrationen, Ängste, kollektive Bedürfnisse, die uns nicht bewußt sind und die unserem individuellen Bedürfnis nach existentieller Sicherheit ganz und gar widersprechen) unsere Sicherheit und unsere materielle Situation bedrohen können. Deshalb kann es hier womöglich zu extremen Auswirkungen kommen: zu einem Chaos der Unsicherheit oder auch zu einer klar umrissenen Motivation, bei der der Faktor der Ahnung durchaus geschätzt wird.

In negativer Auswirkung habe ich diese Verbindung (sowie auch den Herrscher des 2. Hauses im 12. Haus) manchmal bei Menschen gesehen, die vorsätzlich von der Sozialhilfe lebten und sehr wenig taten, um dies zu ändern – weil das Geld ja »vom Staat« kam. In positivem Sinn aber sehen wir hier beispielsweise den Yogalehrer oder den Traumanalytiker, was bei der vorigen Beziehung angeführt wurde. Die Voraussetzung ist allerdings, daß unsere eigene Sicherheit und Motivation das Ziel ist und die Dienstbarkeit das Mittel.

Häufig gehen mit dieser Verbindung ausgesprochen kreative Talente einher. Das 12. Haus scheint in der Praxis viel mit dem Ausdruck von Gefühlen auf dem Gebiet der Kunst zu tun zu haben. Künstlerische Aktivitäten beziehungsweise die Fähigkeit, eine Saite bei den Zuschauern oder Zuhörern zum Klingen zu bringen, können uns mit dem Herrscher des 12. Hauses im 2. Haus ein Gefühl der Sicherheit verschaffen oder sogar direkt zu einem Einkommen führen. Wir müssen also beim 12. Haus nicht sofort an Betrug und ans Gefängnis denken – es kommt nur in einer sehr begrenzten Zahl von Fällen zu derartigen Auswirkungen!

Der Herrscher des 12. Hauses im 3. Haus

Unser Verlangen nach Einheit, unsere Empfindsamkeit und unsere Fähigkeit des Einfühlens, unser Bedürfnis nach Rückzug und Loslösung und nach einem reichen Innenleben werden zum Instrument des Denkens und Ordnens, des Redens und Verhaltens und des Bedürfnisses nach Austausch. Das ergibt eine Reihe von sehr unterschiedlichen Auswirkungsmöglichkeiten. So werden wir unsere Fähigkeit des Einfühlens (12. Haus) ausgezeichnet im Handel nutzen können, wo es sehr wichtig ist, einschätzen zu können, welche Produkte wir wo verkaufen können oder welche Argumente der Kunde akzeptiert.

Das übersinnliche Moment spielt in allen unseren Kontakten eine Rolle, weil wir ab und zu dazu neigen, auf den gefühlsmäßigen Inhalt von Worten oder den Ton des Gesagten zu reagieren, also auf das, was *nicht* gesagt wurde, aber möglicherweise durchaus gemeint ist – was beim Herrscher des 3. Hauses im 12. Haus auch der Fall war. Bei letzterem war es aber so, daß die Kontakte und Gespräche manchmal zu uns unverständlichen und rätselhaften Gefühlen führen, die unser Reagieren mitbestimmen, ohne daß wir einen Einfluß darauf haben; beim Herrscher des 12. Hauses im 3. Haus dagegen merken wir bereits während des Gesprächs ein Unbehagen, das uns erkennen läßt, daß wir auf der Hut sein sollten. Hier handelt es sich also um ein etwas transparentes und besser zu handhabendes Instrument.

Beim Herrscher des 3. Hauses im 12. Haus gab es, wie erwähnt, Konzentrationsschwierigkeiten, weil dort die Phantasie oft mit uns durchgeht. Auch im umgekehrten Fall kann es Probleme in dieser Hinsicht geben, jetzt aber, weil wir die Dinge vielleicht etwas chaotisch angehen (12. Haus) oder erst in die richtige Stimmung kommen müssen, um uns über unsere Gedanken klarzuwerden oder uns konzentrieren zu können. Und manchmal haben wir ein solch gutes Gefühl zu dem, was abseits der normalen Vorgehensweise liegt, daß wir von unserer Linie abweichen – wobei wir aber durchaus auch einmal in die Irre gehen können. Doch dies kann uns andererseits auch zu wertvollen Informationen verhelfen.

In unserem Denken und Reden können viele Angelegenheiten des 12. Hauses eine wichtige Rolle spielen. So könnten wir zum Beispiel das Bedürfnis haben, mit anderen Gedanken über allerlei (manchmal utopische oder unrealistische) Ideale auszutauschen oder hierzu Aufsätze zu verfassen. Kollektive Aktivitäten oder die Arbeit für alte Menschen, für Geisteskranke, Abhängige und andere Hilfsbedürftige (12. Haus) können von besonderem Interesse für uns sein. Es ist auch möglich, daß wir Unterricht zu diesen Themen geben oder Aufsätze dazu verfassen oder lesen.

Bei einer Verbindung zwischen dem 12. und dem 3. Haus kommt es nicht selten dazu, daß wir Fakten auf eine kindlich-naive Weise behandeln. Beim Herrscher des 3. Hauses im 12. Haus sind es die Fakten selbst, die in uns eine Saite anklingen lassen und die wir in Übereinstimmung mit unserem religiösen Gefühl, unserem Bedürfnis nach dem Erleben der Einheit oder mit dem Ideal, für das wir uns aufopfern möchten, zu bringen versuchen. Mit dem Herrscher des 12. Hauses im 3. Haus dagegen neigen wir von vornherein dazu, die Fakten auf eine etwas unrealistische Weise oder durch die »rosarote« Brille zu betrachten.

Auch können verborgene Ängste, die ebenfalls zum 12. Haus gehören, die Gedanken erfüllen, wenn der Herrscher dieses Hauses im 3. Haus steht. Unser Denken kann aber dem Idealismus und dem religiösen Gefühl, das bei beiden Beziehungen eine Rolle spielt, auch Inspiration entnehmen. Beim Herrscher des 3. Hauses im 12. Haus können wir allerlei Informationen, Fakten und Kontakte dazu nutzen, Inspiration zu finden; beim Herrscher des 12. Hauses im 3. Haus ist diese Inspiration dagegen von vornherein Instrument unseres Denkens und unserer Kontakte.

Der Herrscher des 12. Hauses im 4. Haus

Vieles beim Herrscher des 4. Hauses im 12. Haus Beschriebenen trifft auch auf diese Häuserbeziehung zu. Hier herrscht nämlich das Bedürfnis vor, uns als Einheit von etwas zu fühlen, uns abzusondern und ein reiches Innenleben zu haben, das Instrument für den Aufbau unserer emotionalen Basis und Häuslichkeit. Oft führt dies zu einem starken Bedürfnis nach einem Ort der Ruhe im Haus, einem Platz, an dem wir auftanken können und an dem wir emotional sehr hängen. Außer den bereits genannten Beschäftigungen wie Meditation, Hypnose und so weiter können wir uns für unsere emotionale Basis auch auf andere Dinge beziehen, die zum 12. Haus gehören, wie zum Beispiel das Meer und alles, was zu seinem Einflußbereich zählt, weiterhin die kollektive Dienstbarkeit, Religiosität oder Spiritualität und anderes mehr. So wird der eine Mensch zur Ruhe kommen, wenn er bei sich zu Hause den Fischen in seinem Aquarium zuschaut, während ein anderer sein Haus zur Begegnungsstätte der Nachbarschaft macht und der dritte sich erst dann wohl fühlt, wenn er bei sich spiritistische Séancen abhalten kann. Dies sind nur einige der verschiedenen Auswirkungsmöglichkeiten.

Herrscher von 12

Manchmal wissen wir mit dieser Häuserbeziehung – wie auch beim Herrscher des 4. Hauses im 12. Haus – nicht recht, wie wir unserer Häuslichkeit Ausdruck verleihen sollen. Beim Herrscher des 4. Hauses im 12. Haus handelt es sich darum, daß wir für unsere individuelle emotionale Sicherheit den kollektiven Kontext brauchen; beim Herrscher des 12. Hauses im 4. Haus geht es dagegen darum, daß in Verbindung mit einer gefühlsmäßigen Basis allerlei kollektive Bedürfnisse an die Oberfläche kommen. Das kann uns eine Zeitlang zu einem rastlosen Vagabunden machen und uns weit von unserem Zuhause wegführen, bis in fremde Kontinente. Im übertragenen Sinn geht es hier um andere *Gefühls*welten. Mit dieser Stellung ist möglicherweise auch ein besonderes Gespür für die Vergangenheit, für Parapsychologie, für Träume, Märchen und so weiter vorhanden.

Nicht selten ist hier zu beobachten, daß wir unsere Fürsorglichkeit für andere (das Ziel) mit menschenfreundlichen Absichten (das Instrument) zum Ausdruck bringen, ob es sich dabei nun um Menschen im fernen Ausland oder um einen Familienangehörigen handelt. Ich habe bei dieser Verbindung auch festgestellt, daß es in der Kindheit eine kürzere oder längere Periode von großer Unsicherheit gab, in der der Betreffende das Gefühl hatte, nicht akzeptiert zu werden. Auch traten unter anderem häufig chaotische Tendenzen auf oder es gab infolge von ständiger Krankheit keinerlei Regelmäßigkeit. Insgesamt läuft es auf folgendes hinaus: Zu einem mehr oder weniger großen Teil fehlte uns eine Basis der Geborgenheit und Sicherheit. Diese Basis müssen wir uns nun selbst schaffen, was uns allerdings angst macht. Das kann sowohl zu Fluchtmechanismen führen als auch zum kreativen Einsatz der oben skizzierten Möglichkeiten dieser Häuserbeziehung.

Der Herrscher des 12. Hauses im 5. Haus

Die Welt des Unsichtbaren und Grenzenlosen spielt wie beim Herrscher des 5. Hauses im 12. Haus auch hier eine wichtige Rolle; jetzt aber nicht deshalb, weil wir sehr intensiv darauf be-

zogen sind, sondern weil sie mit unseren Hobbys zusammenhängen kann und ein Mittel für uns ist, Selbstvertrauen zu gewinnen. Das klingt zunächst vielleicht etwas merkwürdig: Vertrauen
durch Dinge zu entwickeln, die, genau betrachtet, keinen Halt
bieten *können*. Doch im besten Falle suchen wir dies mit dem
Herrscher des 12. Hauses im 5. Haus auch gar nicht. Mit dieser
Verbindung können wir ein Gefühl von Freude, Selbstvertrauen
und Autorität dadurch gewinnen, daß wir erkennen, daß es viel
mehr als die weltlichen Genüsse gibt und daß wir uns mit dem,
was darüber hinausgeht, als Einheit fühlen können. Im Grunde
spielt es keine Rolle, ob wir dieses Selbstvertrauen nun durch
religiöse Einstellung, durch Hypnose oder durch das träume-
rische Starren auf die unendliche Fläche des Ozeans entwickeln.

Oft liegen unsere Hobbys auf Gebieten, die mit kollektiver
Dienstbarkeit oder mit der Welt des Unsichtbaren in Verbindung
stehen. Das eine oder andere dieser Gebiete dürfte eine große
Rolle bei der Äußerung unserer Kreativität spielen. Der Künstler
beispielsweise könnte den Drang fühlen, die Einheit alles Leben-
den (12. Haus) in seinem Werk zur Darstellung zu bringen. Das
Schulkind mit dieser Verbindung wiederum ist möglicherweise
für tiefsinnige Gedichte sehr empfänglich, sei es, indem es sie
liest, sei es, indem es sie selbst schreibt.

Wir können also prinzipiell dieser grenzenlosen Welt ein Gefühl des Selbstvertrauens entnehmen. Bis es allerdings dazu
kommt, ergibt sich des öfteren eine (manchmal lange) Periode
der Unsicherheit und des Zweifelns über die eigene Identität.
Diese Unsicherheit ist übrigens auch mit dem Herrscher des
5. Hauses im 12. Haus verbunden, aber auf eine andere Weise. Bei
letzterem kann die Entwicklung von Selbstvertrauen (oder sogar das Empfangen von Komplimenten) unbestimmte Ängste
(12. Haus) hervorrufen – während wir beim Herrscher des
12. Hauses im 5. Haus von dieser unbestimmten Angst und Unsicherheit aus tätig werden. Haben wir erst einmal etwas Sicherheit gewonnen, so können wir dem Leben manchmal mit einem
nahezu kindlichen Frohsinn begegnen, und zwar deshalb, weil
wir das Vertrauen nicht aus vergänglichen Dingen beziehen, sondern aus tieferen Werten. Aber auch bei dieser Verbindung be-

steht die Gefahr, bei der Suche nach sich selbst auf abhängig machende oder betäubende Mittel zu verfallen, mit der Möglichkeit, sich selbst ganz und gar zu verlieren.

Im übrigen geht mit dieser Verbindung häufig ein großes Verständnis für die Phantasiewelt des Kindes einher. Allerdings neigen wir manchmal auch dazu, den Raum des Kindes zu begrenzen, da wir den Anspruch haben, daß die kollektive Phantasiewelt mit der unseren übereinstimmen soll – was nicht immer oder zumindest nicht völlig der Fall sein wird. Kinder auf kreative Weise zum Gebrauch ihrer Phantasie anzuregen ist ebenfalls möglich. So können wir Kindern etwas geben, das ihnen den Kontakt zum schöpferischen Unbewußten ermöglicht, auch als Erwachsene. Wovor wir uns aber in acht nehmen sollten, ist, das Kind mit allzu idealistischen, weltfremden oder verschrobenen Ideen zu konfrontieren.

Der Herrscher des 12. Hauses im 6. Haus

Die Welt des Unsichtbaren, des Traums und des kollektiven Unbewußten dient hier als Instrument unseres Bedürfnisses nach kritischer, nützlicher und konkreter Anwendung dessen, was wir überdacht und analysiert haben. Wie beim Herrscher des 6. Hauses im 12. Haus scheint dies etwas Gegensätzliches zu beinhalten: das Chaotische und Ungreifbare als Instrument für unseren aufs Praktische ausgerichteten Verstand und unser analytisches Vermögen. Bei beiden Häuserbeziehungen haben wir jedoch das Bedürfnis, unser Einfühlungsvermögen und unsere Intuition im Rahmen der Arbeit zum Einsatz zu bringen – was zur Folge hat, daß dies eine günstige Stellung für Tätigkeiten ist, bei denen wir auf sozialem, psychologischem oder gar medizinischem Gebiet Diagnosen stellen müssen, die mehr als bloßes Fachwissen erfordern. Der Unterschied zum Herrscher des 6. Hauses im 12. Haus liegt darin, daß es bei letzterem am wichtigsten war, zu unserem Gefühl durchzudringen – während es beim Herrscher des 12. Hauses im 6. Haus insbesondere auf die konkrete Anwendung ankommt. Aber in beiden Fällen steht die Welt des

Unsichtbaren mit Arbeit und Dienstbarkeit in Verbindung. Es ist dies eine ausgezeichnete Stellung für Menschen, die mit Heilmagnetismus oder ähnlichen alternativen Heilmethoden arbeiten; aber auch ein praktischer Hausarzt kann sehr von ihr profitieren.

Bei der Arbeit hegen wir manchmal sehr idealistische – beileibe nicht immer realistische – Auffassungen, die in vereinzelten Fällen zu einer unwilligen Einstellung gegenüber der Tätigkeit führen können. Genausogut ist aber das Gegenteil möglich: daß unsere Arbeit davon profitiert. Hierfür kommt es sehr auf den Rest des Horoskops an. Was die negative Auswirkung betrifft, so ist das Chaotische des 12. Hauses dafür verantwortlich, daß unser objektiver Blick auf die Dinge beeinträchtigt wird.

Manchmal können wir sehen, daß eine bestimmte religiöse Überzeugung sowohl unser gesellschaftliches Funktionieren als auch unsere Arbeitshaltung und unsere Einstellung zu Krankheiten und Gesundheit beeinflußt. Doch auch andere Ansichten oder Einflüsse können hier eine wichtige Rolle spielen: So kann zum Beispiel eine gefühlsmäßige Affinität zur vegetarischen Ernährung von Einfluß sein.

Mit dem Herrscher des 12. Hauses im 6. Haus können unter anderem Träume, Assoziationen und Gefühle, die für sich sprechen, wenn wir nur offen für sie sind, eine manchmal sehr direkte »Kritik« an unserem Leben liefern. Wenn wir uns vor ihnen verschließen, könnten wir in unpassende Nörgeleien verfallen und andere und die Gesellschaft ganz allgemein kritisieren, um damit von unseren eigenen Fehlern abzulenken. Mit dieser Verbindung brauchen wir – was ebenfalls für den Herrscher des 6. Hauses im 12. Haus gilt – nicht mehr Angst vor unangenehmen oder quälenden Begleiterscheinungen zu haben als bei anderen Beziehungen auch. Wir können mit ihr viel Energie aus Momenten der Stille und Absonderung schöpfen, aus dem Yoga, der Meditation oder dem Gebet. Und eine gewisse religiöse (nicht unbedingt kirchliche) Einstellung kann sowohl für unsere Arbeit anregend sein als auch einen heilsamen Einfluß auf unser körperliches Wohlbefinden haben.

Herrscher von 12

Der Herrscher des 12. Hauses im 7. Haus

Bei dieser Verbindung ist unser Bedürfnis nach Absonderung und Loslösung und unser Verlangen nach Einheit und einem reichen Innenleben auf unsere Beziehung mit dem Geschäfts- oder Lebenspartner gerichtet. Wie beim Herrscher des 7. Hauses im 12. Haus kann es zur Idealisierung des Partners kommen oder dazu, daß die Beziehung aus Mitleid eingegangen wird, allerdings auf eine andere Art. In diesem Fall erwarten wir sehr viel von der Beziehung. Wir bringen ein (kollektives) Bild als Instrument mit in die Beziehung ein und suchen einen Partner, in dem wir dieses wiederfinden; wir sehnen uns also nach einem idealistischen Partner, mit dem wir uns als ein Ganzes fühlen können – mit der Gefahr, in ihm vollständig aufzugehen und all unsere Handlungen an ihm auszurichten. Beim Herrscher des 7. Hauses im 12. Haus ging es insbesondere um die Form der Beziehung, in der unser Idealbild Gestalt annehmen konnte – mit der Folge, daß wir nach einem Partner suchten, der unsere Ideale teilte; beim Herrscher des 12. Hauses im 7. Haus handelt es sich dagegen darum, daß wir nach einem Partner suchen, der unserem Idealbild entspricht. Wir neigen dann dazu, unseren Idealismus und unsere Lebensträume von ihm abhängig zu machen.

Wenn wir uns noch eine gewisse Eigenständigkeit bewahrt haben, kann es ein großer Schock sein zu erkennen, daß wir selbst anders sind als gedacht und daß auch der Partner nicht dem entspricht, was wir uns vorgestellt haben. Beim Herrscher des 7. Hauses im 12. Haus war das genau umgekehrt: Dort ist unsere Traum- und Phantasiewelt der Endpunkt; dort besteht die Fähigkeit, die schlechte Beziehung in Gedanken als eine gute zu erleben oder sie zu idealisieren. Der Herrscher des 12. Hauses im 7. Haus wiederum kann von sehr unrealistischen Erwartungen ausgehen. Gleichermaßen können aber auch tief verborgene Ängste in der Beziehung eine Rolle spielen.

Manchmal ist zu hören, daß jemand mit dem Herrscher des 12. Hauses im 7. Haus (oder mit Neptun im 7. Haus) einen Partner heiraten wird, der oft betrunken ist. In der Praxis hat sich dies für mich keinesfalls als zwangsläufige Gesetzmäßigkeit herausgestellt. Es ist zwar in der Tat bei dieser Verbindung häufig der Fall, daß wir (vielfach unbewußt) aus Angst vor dem Ende der Beziehung alles zu verdrängen und zu ignorieren versuchen, was im Widerspruch zu unserer Idealvorstellung steht. Wir tun alles, damit es der Partner so gut wie möglich hat – wodurch wir die Beziehung eigentlich ersticken, dem anderen den Raum nehmen beziehungsweise ihm den schwarzen Peter zuschieben. Dann greift der Partner vielleicht wirklich zur Flasche – die Ursache dafür liegt aber tiefer. Dies ist also eine der Auswirkungs*möglichkeiten*, aber keinesfalls die Regel. Eine starke spirituelle Bindung, die nicht von der Außenwelt abhängig ist, von den Partnern aber als bereichernd erfahren wird, telepathischer Kontakt, Idealismus und Träume sind die positiven Auswirkungsmöglichkeiten dieser Häuserverbindung in bezug auf Beziehungen, bei denen gewisse Schwierigkeiten bestehen, eine definitive Form zu finden.

Der Herrscher des 12. Hauses im 8. Haus

Bei der Verbindung vom 8. und 12. Haus sind die verschiedensten Themen des 12. Hauses geeignet, um die Konfrontation mit uns selbst zu wagen, unsere Komplexe anzupacken und unsere verborgenen Gaben und Talente zugänglich zu machen. Träume, Hypnose, Meditation, Yoga und das Gebet, gleichermaßen aber auch ruhige Dienstbarkeit und das versunkene Schauen aufs Meer sind Hilfsmittel, um uns selbst zu entschlüsseln und zu entfalten. Nicht selten sehen wir bei dieser Verbindung (wie auch bei der zuvor beschriebenen) übernatürliche Gaben (was aber auch noch durch andere Horoskopfaktoren angezeigt sein muß).

Mit dieser Häuserbeziehung ergeben sich früher oder später einschneidende Veränderungen im Leben, plötzlicher oder auch sehr langsamer Natur. Die Quelle oder Ursache dieser psychischen Veränderungen, die uns gleichsam aufrütteln oder erwecken können, liegt im ungreifbaren, immateriellen 12. Haus. Der Herrscher des 12. Hauses kann auch Trauer und Chaos bringen, hauptsächlich aber nur dann, wenn unsere Erwartungen zu groß und vor allem auch zu unrealistisch sind oder wenn wir vor uns selbst davonzulaufen versuchen. Der Herrscher des 12. Hauses im 8. Haus hat hier die zwei Janusgesichter. Jeder Planet oder Herrscher im 8. Haus kann uns Erkenntnisse über uns selbst bringen, so auch der Herrscher des 12. Hauses, wie gerade beschrieben. Aber ausgerechnet das 12. Haus bietet uns Fluchtmechanismen in Form von Illusionen, Irrwegen und Abhängigkeiten, die uns eher einschläfern denn wachrütteln. Deshalb gilt es, bei der Deutung dieser Häuserbeziehung sehr vorsichtig zu sein. Wir können diese Beziehung bei einem Suchtkranken sehen, der vor sich selbst davonläuft, gleichermaßen aber auch bei einem Psychiater, der auf Träume und Symbolik spezialisiert ist.

Wie beim Herrscher des 8. Hauses im 12. Haus gilt auch hier, daß wir dann, wenn wir ein Gleichgewicht in uns entwickelt haben, den Zugang zu einem unerschöpflichen Brunnen in uns besitzen, bei dem das kollektive Unbewußte befruchtend auf das persönliche Unbewußte wirkt und beide in positivem Sinne zusammenfließen.

Der Herrscher des 12. Hauses im 9. Haus

Bei dieser Verbindung sind unser Bedürfnis nach Absonderung und Loslösung, unser Verlangen nach Einheit und einem reichen Innenleben, in dem die Materie keine Rolle mehr spielt, Instrumente zur Erweiterung unseres Horizonts und der Formung einer eigenständigen Meinung und Sichtweise, speziell im Hinblick auf das Lernen und Reisen. Aus der Tiefe kommende, für uns vielleicht kaum greifbare Gefühle (12. Haus), die aus einem unbewußten Wissen und der Urverbindung mit dem Leben stammen, könnten einen starken Einfluß auf unseren Glauben haben und unsere persönliche Sichtweise prägen. Auch die Auseinandersetzung mit unseren Interessensgebieten und die Kontakte zum Ausland könnten davon berührt sein. Das muß nicht bedeuten, daß wir Schwierigkeiten mit der rationalen Seite dieser Themen haben oder daß wir auf eine chaotische Weise lernen würden (das Chaos gehört auch zum 12. Haus) – es bedeutet aber sehr wohl, daß wir

nur dann gut lernen können, wenn uns das Studiengebiet gefühlsmäßig anspricht und wir hier zum großen Teil in unserem eigenen
Tempo vorgehen können. Und am liebsten wird uns eine Tätigkeit
sein, in der Aspekte des 12. Hauses deutlich zum Ausdruck kommen: Traumdeutung, Arbeit für die Dritte Welt, in psychiatrischen
Einrichtungen, mit oder auf dem Wasser oder in Zusammenhang
mit der Raumfahrt. Neben anderem mehr ist aber auch Arbeit mit
einer religiösen beziehungsweise okkulten Tendenz denkbar –
alles ist hier möglich, unter der Voraussetzung, daß ein Aspekt des
12. Hauses dabei zum Ausdruck kommt.

Unser Bedürfnis, Menschen in Not zu helfen (12. Haus), kann
uns zu einem Studium motivieren, das uns zu wirkungsvollem
Beistand befähigt (9. Haus). Es könnte uns auch dazu bringen,
ins Ausland zu gehen – der Entwicklungshelfer ist ein schönes
Beispiel für diese Kombination. Der Hintergrund ist hier aber
ein anderer als beim Herrscher des 9. Hauses im 12. Haus: Mit
dem Herrscher des 12. Hauses im 9. Haus wollen wir ins Ausland
und tun dies mittels unserer Hilfsbereitschaft. Mit dem Herrscher des 9. Hauses im 12. Haus dagegen setzen wir den Wunsch
zu helfen durch unsere Reiselust konkret um.

Die Nöte von Bedürftigen oder Unterdrückten zu lindern
muß sich bei dieser Verbindung nicht nur auf das Materielle beziehen. Wir können auch der Überzeugung sein, daß sich Menschen in *geistiger* Not befinden, denen geholfen werden muß.
Auch das kann uns zu einem Studium bringen oder zu einem
Auslandsaufenthalt führen (als Missionar, Guru und so weiter).
Bei einer unentwickelten Persönlichkeit können die Verbindungen zwischen diesen beiden Häusern Risiken bergen: Beim Herrscher des 12. Hauses im 9. Haus können weltfremde Ideen unsere
Einstellung zum Leben oder zur Gesellschaft prägen, beim Herrscher des 9. Hauses im 12. Haus führen bestimmte Ideen und
Auffassungen womöglich zu einem (selbst-)zerstörerischen Ver-
halten, sowohl in körperlicher, psychischer als auch sozialer
Hinsicht. Und dann ist das Gegenteil von dem erreicht, was mit
dieser Häuserbeziehung eigentlich möglich ist; dann kommen
anstelle von tiefem menschlichem Verständnis, Toleranz und
Einsicht Unverträglichkeit und Unverständnis zum Ausdruck.

Der Herrscher des 12. Hauses im 10. Haus

Bei dieser Verbindung habe ich noch mehr Unsicherheit bemerkt als beim Herrscher des 10. Hauses im 12. Haus. Hier ist schließlich das Chaos und die Loslösung Instrument, unsere Identität zu entwickeln – was sehr zerstörerisch wirken kann. Wir neigen dazu, uns jedes Mal aufs neue in Frage zu stellen (auch wenn es dafür überhaupt keinen Grund gibt), und wir überlassen es am liebsten den anderen, unser Selbstbild zu gestalten, wodurch wir zum Spielball für die unterschiedlichsten Reaktionen und Auffassungen der Außenwelt werden. Bei dieser Verbindung legen wir oft ein Verhalten an den Tag, das für andere und auch für uns selbst schwer nachzuvollziehen ist: Das ist zumeist die Folge von Unsicherheit in der frühen Kindheit, wie beim Herrscher des 10. Hauses im 12. Haus auch. Auch mit dieser Verbindung merken wir, daß wir nach außen hin ein konkreteres Bild abzugeben beginnen, wenn wir hinsichtlich unserer Sicherheit und unseres Halts nicht länger auf die Außenwelt angewiesen sind, sondern auf uns selbst, auf unsere Träume und Gefühle und ähnliches mehr bauen können. Hier können wir uns auf alles beziehen, was zum Gebiet des 12. Hauses gehört.

Mit dieser Verbindung benötigen wir eine Arbeit, in der wir unser (Mit-)Gefühl und unsere Ahnungen auch tatsächlich zum Ausdruck bringen können, etwa als Sozialarbeiter, als Arzt oder Pfleger, als Sozialhelfer oder als Yogalehrer; es geht darum, daß wir dem 12. Haus einen konkreten Ausdruck verleihen und es gebrauchen, um uns eine Identität zu geben. Lernen wir es, mit der ungreifbaren Seite von uns selbst umzugehen und aus ihr einen Halt zu beziehen, so können wir mit dieser Häuserbeziehung – die sehr chaotisch wirken kann – ungemein viel erreichen. Daß wir, wie manchmal zu lesen ist, von Alkohol oder Drogen abhängig oder in der Gosse landen werden, ist eine sehr extreme Auswirkung. Unsere innere Quelle lenkt uns meistens in eine gute Richtung, unter der Voraussetzung, daß unser Ego dazu bereit ist, einen Schritt zurückzutreten.

Der Herrscher des 12. Hauses im 11. Haus

Bei dieser Häuserbeziehung richten sich unser Bedürfnis nach Absonderung und Loslösung, unser Verlangen, uns als Teil der Einheit in der Verschiedenheit zu fühlen, und unser Wunsch nach einem reichen Innenleben auf unser Bedürfnis nach Freunden und Gleichgesinnten. Wie beim Herrscher des 11. Hauses im 12. Haus steht hier eine gewisse gefühlsmäßige Verbundenheit zu Freunden im Mittelpunkt. War es beim Herrscher des 11. Hauses im 12. Haus aber so, daß die Freunde unserem Idealbild entsprechen mußten, so neigen wir bei dieser Verbindung dazu, unser Idealbild in hohem Maß durch das, was von unserer Gruppe anerkannt wird, bestimmen zu lassen. Es besteht hier die Gefahr des Mißbrauchs von Freundschaften durch andere, aber auch durch uns selbst – weil wir unsere Hilfsbereitschaft, unsere Abhängigkeit und unser Bedürfnis nach einer Form im 12. Haus zumindest zum Teil im Rahmen von Freundschaften befriedigen müssen.

Unser Verhalten kann auch von chaotischen oder ungreifbaren Tendenzen gekennzeichnet sein und von dem Kreis, in dem wir uns bewegen, mit ähnlichen Reaktionen beantwortet werden. Das kann zur Folge haben, daß wir an uns selbst oder an anderen zu zweifeln beginnen – wodurch wir entweder noch zurückhaltender werden oder aber noch unterwürfiger; es handelt sich hier also um eine Spirale. Nur wenn wir Einsicht in unser Handeln entwickeln (unsere Träume, Tagträume, Phantasien, Assoziationen und so viele andere Ausdrucksmöglichkeiten des 12. Hauses können uns hierbei helfen), können wir einen solchen Teufelskreis durchbrechen. Haben wir das geschafft, so sind auch andere Ausdrucksmöglichkeiten denkbar. Um nur ein paar herauszugreifen: Ideale mit Freunden zu teilen oder einem größeren Kreis bekanntzumachen, zum Wohle der Gruppe aus einem Geist der vollkommenen Toleranz heraus hinter den Kulissen Freunden zu helfen, zusammen mit unseren Freunden an parapsychologischen Experimenten teilzunehmen, mit anderen die Liebe für das Meer, für Musik oder andere Themen des 12. Hauses zu teilen – woraus wir Bestätigung für unser tiefstes Inneres beziehen können und uns sowohl als Teil des unbewußten Stroms, der alle Menschen miteinander verbindet, fühlen als auch als Teil der bewußt erlebten Einheit mit denjenigen, die gleichen Geistes sind wie wir.

Der Herrscher des 12. Hauses im 12. Haus

Hierbei handelt es sich um eine der subtilsten, empfindsamsten und am extremsten wirkenden Häuserbeziehungen. Unser Bedürfnis nach Rückzug und Loslösung, nach einem reichen Innenleben und danach, uns als eine Einheit von etwas zu erleben, kommt bei dieser Häuserbeziehung verstärkt zum Ausdruck, mit der Folge, daß unsere Empfindsamkeit – die Mitgefühl, gleichermaßen aber auch Vorahnungen zum Inhalt haben kann – überdurchschnittlich ausgeprägt ist. Wir fühlen dann in einem intensiven Maße mit anderen mit, was uns anfällig für emotionale Manipulationen macht.

Wenn unser Bedürfnis nach Rückzug und Loslösung sich von sich aus verstärkt, sehnen wir uns nach Ruhe in jeglicher Hinsicht. Wir werden aber niemals das finden, was wir suchen – die Suche wird niemals enden. Es besteht die Gefahr, daß wir zuletzt bei den verschiedensten verschrobenen Ideen und Idealen landen, die einem harmonischen Ausdruck in der konkreten Wirklichkeit zuwiderlaufen. Dazu muß es aber nicht kommen.

Eine andere Form, in der sich unsere (Über-)Empfindlichkeit äußern kann, besteht darin, Situationen vorherzuahnen – in Form des Hellsehens also. Viele Menschen mit dem Herrscher des 12. Hauses im 12. Haus scheinen mehr als andere übernatürliche Gaben zu besitzen (wobei natürlich auch der Rest des Horoskops diese Tendenz bestätigen muß). Wenn wir diese Gaben erkennen, mit ihnen umzugehen lernen und es wagen, sie zu gebrauchen, haben wir Zugang zu einer Quelle in uns selbst gewonnen, die nie austrocknet und aus der wir fortwährend schöpfen können. So können wir eine für die Außenwelt merkwürdig und ungreifbar erscheinende Sicherheit entwickeln, die diese Häuserbeziehung kennzeichnet. Bei dieser Häuserbeziehung kann es also sowohl zu einer tiefen Verbundenheit mit der eigenen Person und anderen Menschen als auch zu Extremen in Form von eskapistischen Neigungen kommen.

Nicht selten stärkt uns hier ein bestimmter Glaube oder ein Optimismus, der nichts mit der Kirche zu tun haben muß. Unser Wesen, wie es vom Rest des Horoskops widergespiegelt wird, kann davon sehr stark geprägt sein. Die diesbezügliche Motivation basiert nicht auf Begeisterung oder der Aussicht auf konkreten Gewinn, die Motivation des 12. Hauses liegt vielmehr in dem oft unbewußten »Wissen«, daß das Leben seinen Lauf nimmt, ungeachtet der Tatsache, ob unsere Wünsche und Bedürfnisse nun Befriedigung finden oder nicht. Die Motivation des 12. Hauses kann auch darin liegen, ein unerschütterliches Vertrauen in den Sinn des Lebens zu haben und zu wissen, daß wir alle kleine Räder eines großen Getriebes sind.

Sehr oft wird diese unterschwellige Motivation im Bewußtsein durch etwas sehr Konkretes symbolisiert. So kann jemand mit dem Herrscher des 12. Hauses im 12. Haus beim Anblick der Fahne seines Vaterlandes bis ins Innerste gerührt sein und von innen heraus die Bereitschaft zum Kampf spüren – ohne sich im klaren zu sein, daß es nicht um das Vaterland geht, sondern daß das »Vaterland« lediglich die Projektion des Bedürfnisses nach Einheit ist, in diesem Fall die Einheit mit dem Volk. Mit dieser Häuserbeziehung sind wir imstande, aus absoluter Opferbereitschaft die größten Taten zu vollbringen, ohne Rücksicht auf die eigene Person. In vollkommen entgegengesetzter Auswirkung aber können wir es auch mit dem lethargischen Träumer zu tun haben, der sich mit seinen Gedanken in eine andere Welt zurückgezogen hat.

Das Bedürfnis nach Einheit ist bei dieser Stellung sehr stark; wir können zu einer Einheit werden, indem wir an sozialen Aktivitäten teilhaben, bei denen es darum geht, Menschen in Not zu helfen (Menschen, die letztlich wie wir selbst sind). Wir können diese Einheit aber auch durch Drogen oder andere suchterzeugende Mittel erleben, die unsere persönlichen Grenzen für kurze Zeit aufheben und uns die Illusion einer kollektiven Phantasie vermitteln; es ist überflüssig zu betonen, daß dies die negativste Auswirkungsmöglichkeit darstellt.

Herrscher von 12

341

Kindern, die den Herrscher des 12. Hauses im 12. Haus stehen haben, sollte bereits in jungen Jahren geholfen werden, ihre reichen Gefühle – die sie selbst weder begreifen noch in Worte fassen können – zum Ausdruck zu bringen, beispielsweise durch Musizieren, Malen, Dichten und so weiter: Je früher wir nämlich lernen, unsere Gefühle zum Ausdruck zu bringen, desto besser können wir sie später verstehen. Für keine andere Stellung gilt dies so sehr wie für den Herrscher des 12. Hauses im 12. Haus.

Literatur

Hamaker-Zondag, Karen M.: Elemente und Kreuze. Die Typenlehre C. G. Jungs in der Astrologie. Hamburg 1991.

Hamaker-Zondag, Karen M.: Deutung der Planeten. Wesen und Wirken der planetarischen Kräfte in Elementen, Zeichen und Kreuzen. Hamburg 1994.

Hamaker-Zondag, Karen M.: Deutung der Häuser. Eine Interpretation der Planeten in den zwölf astrologischen Häusern. Hamburg 1996.

Hamaker-Zondag, Karen M.: Deutung von Aspekten und Aspektfiguren. München 1998.

Hamaker-Zondag, Karen M.: Psyche en astrologisch symbool. Een astrologische beschouwing over psychische energieen. Amsterdam 1978.

Maternus, Firmicus: Matheseos Libri VIII. Erschienen als: Ancient astrology theory and practice. Herausgegeben von Jean Rhys Bram, Park Ridge, New Jersey 1975.

Morin de Villefranche, J. B.: Astrologia Gallicae. Liber Vigesimus Primus. Erschienen als: The Morinus system of horoskop interpretation. Aus dem Lateinischen übersetzt von R. S. Baldwin. Washington 1974.

Horoskopangaben

Horoskop 1:
  4. Juli 1948, 6.15 Uhr, Blokker. Tijd van de Burgerlijke Stand.
Horoskop von Fred:
  1. Mai 1951, 21.30 Uhr, Groningen. Tijd van de Burgerlijke Stand.
Horoskop von Paul:
  11. Juli 1949, 15.30 Uhr, Oosterhoud NB. Tijd van de Burgerlijke Stand.
Horoskop eines Politikers:
  2. Februar 1931, 10.15 Uhr, Geldrop. Quelle: Jan Kampherbeek: Cirkels, S. 186.
Horoskop von Wilhelm Conrad Röntgen:
  27. März 1845, 16.00 Uhr, Lennep. Quelle: Jan Kampherbeek: Cirkels, S. 133

Karen M. Hamaker-Zondag,
1952 in Schiedam/Niederlande
geboren, hat am C. G. Jung
Institut studiert. Sie gründete
1980 die inzwischen über die
Grenzen der Niederlande hinaus bekannte Astrologieschule
«Stichting Achernar». Ihre
Bücher sind Standardwerke
der astrologischen Literatur.

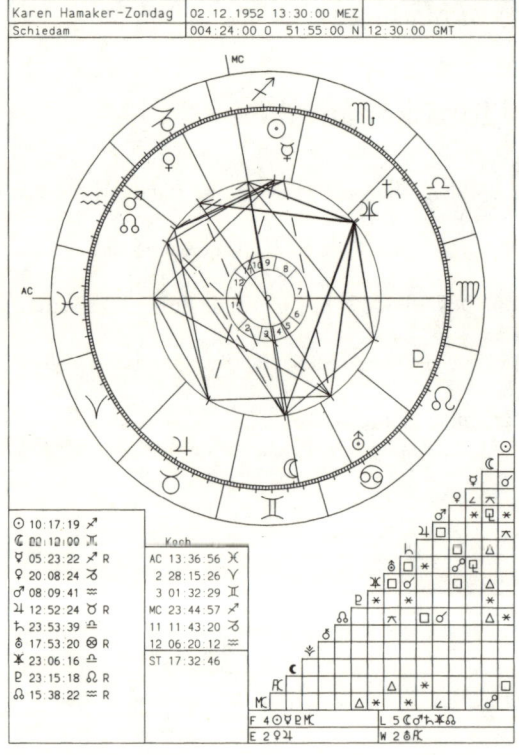